普通高等教育"十二五"应用型本科规划教材

应用统计学

中国高等教育学会 组织编写
主 编 刘贤昌
副主编 陈 忠

中国人民大学出版社
· 北京 ·

前言

根据中国高等教育学会关于普通高等教育“十二五”应用型本科规划教材的部署和要求，我们编写了这本《应用统计学》。

本书基于经济管理类培养“应用型”本科教学实践，认真总结和归纳编写而成。教材以培养“应用型”经济管理类人才为目标，结合经济管理类专业的培养方向和课程教学大纲要求，注重“基础理论”和“应用性”。强调对统计学的基本概念、基本思想、基本理论、基本方法等知识的传授，注重对应用技能培养突出“应用型”的原则，紧密联系生活实际，尽可能地应用经济现象中的一些最新实例进行分析和阐述，并配备有计算机操作实践和相应的技能训练，力求培养学生分析问题和解决问题的综合能力和创新能力。

本教材由福建师范大学经济学院刘贤昌担任主编，陈忠担任副主编。具体编写分工为刘贤昌编写第一章、第二章、第十章、第十一章及 Excel 实践部分；陈忠编写第四章、第五章、第六章；施丽娟编写第三章、第七章；赵晓编写第八章、第九章。本教材的篇幅、结构、内容等由刘贤昌设计安排，最后由刘贤昌对全书审订、修改、总纂定稿。

本书在编写过程中，参阅了很多相关专著、教材和资料，吸收了同行专家的研究成果；福建师范大学经济学院领导、福建师范大学经济学院张国教授等对本书给予热情关注，并提出了很多宝贵意见和建议；中国人民大学出版社为本教材的出版提供了大量的支持和帮助，在此一并表示感谢。由于编者水平所限，加之时间仓促，教材中的错误和疏漏之处在所难免，敬请同行专家和读者们提出宝贵意见，以便我们共同努力，促进高等院校经济管理类应用统计学教材的建设和本课程教学的改进与发展。

编　者

2015 年 8 月 1 日

目　录

第一章

总　论

学习要点

- 了解统计活动和统计理论的发展过程。
- 掌握“统计”一词的基本含义和三个方面理解之间的关系。
- 理解统计学研究对象和特点，熟悉统计研究的基本方法。
- 熟知和掌握统计学常用的基本概念。
- 了解 Excel 的统计功能。

第一节　统计学的产生与发展

一、统计的含义

“统计”一词是指对事物进行计数和汇总的意思。在社会发展过程中，统计一词始终与国家的政治经济和国家的事物管理联系在一起。统计一词源于拉丁语“status”（状态），后来转变为意大利语“stuto”（国家）和“statistica”（国情学），最早出现的德语统计学“statistik”就是在意大利语“statistica”的基础上转化而来的。现在英语“statistics”一词就是从德语“statistik”转译的。随着社会经济和统计实践的发展，统计一词的内涵和外延都发生了很大变化。从现实的社会经济生活中看，人们所称的统计一般可以做三个方面的理解：统计活动、统计资料和统计学。

（一）统计活动

统计工作也称统计活动，它是指搜集、整理、分析和研究统计数据资料的工作过程。

统计是人们对客观事物的一种认识活动和方法，人们要改造客观世界，首先就要正确地认识客观世界。而统计的实践活动就在于要从数量方面认识世界。例如，国家要制定国民经济和社会发展规划，对国民经济进行宏观调控，就需要收集有关人口、资源、环境、各种比例关系等全面的数据资料。又如，一个单位要制定发展战略，就要收集、整理、分析有关该单位发展的一切数据资料。即使要解决专门问题，也需要对有关该专门问题的相关数据进行调查、整理和分析。可见，统计是国家、部门、企事业单位、公司和个人认识并改造世界的一种有力工具。

统计是一种工作过程，也是一种实践活动。从事这种实践活动的机构称为统计部门（如国家统计局、省统计局、市统计局），从事统计实践工作的人称为统计工作者（如统计师、统计员）。统计工作可以简称为统计。例如，某统计师在回答自己的职业时，会说“我是干统计的”，此时的统计指的就是统计工作。

（二）统计资料

统计资料也称统计数据，是指统计工作活动所取得的各项数据资料的总称。它是统计工作的成果，具体表现为反映社会现象的各种数据，如规模、构成、发展水平、速度和各种比例关系。将这些数据进行加工可以用图表等形式表现出来，如统计表、统计图、统计汇编、统计年鉴、统计公报等。

统计资料在某些场合可简称为统计。例如，人们常说公司要进行科学管理，就应该使各种措施建立在可靠的统计之上，这种可靠的统计指的就是统计资料。又如，“2013 年全年累计进口棉花 414.94 万吨，同比减少 19.2%；2013 年度前 4 个月累计进口棉花 112.42 万吨，同比减少 18%”。这里的统计，指的就是统计资料。

（三）统计学

统计学也称统计科学或统计理论，即阐明指导统计实践的理论和方法的科学。统计实践活动的广泛深入，促使统计理论与方法的研究逐步深入，科学的统计理论在指导人们正确认识客观现象方面的重要作用也日益为人们所认识。统计学就是在对各种统计方法加以概括总结的基础上建立和发展起来的，经过长期的反复实践、概括与总结，上升为关于统计调查、统计整理、统计分析和推断预测的系统的理论与方法科学。统计学所阐述的基本理论和方法具有广泛的适用性，它既适用于自然科学领域，也适用于社会科学领域，从而形成了不同的统计学分支。例如，在社会科学领域的应用有社会经济统计学原理、人口统计学、国民经济统计学和部门经济统计学等；在自然科学领域中如生物统计学、体育统计学、数理统计学等。随着统计方法在各个领域中的应用，统计学已发展成为具有多个学科分支的大家族。本书编写目的是为了将来从事社会与经济管理的学生提供必要的统计理论与方法，因此，本书所阐述的内容侧重于统计理论和方法在社会经济领域中的运用，因而阐述的是社会经济统计学原理的内容。

统计活动、统计资料与统计学之间既有区别又有联系，是一个事物的三个方面。统计活动和统计资料是过程和结果的关系，统计活动过程的好坏直接影响到统计资料的质量。统计学与统计活动是理论和实践的关系，统计学是统计活动的概括总结和升华，理论来源于实践，又反过来指导实践，同时在实践中得到检验和丰富。

二、统计的产生与发展

(一) 统计的起源

统计起源很早，统计实践活动至今已有四五千年的历史，它是社会生产力发展的必然产物。早在原始社会末期，人类就有了计数的概念和原始的计量方法。据《尚书》记载，公元前2 000多年之前，在国家所进行的天文观测和居民生活条件的调查中，已有"四极"调查点的选择和年、季、月、"二分二至"与365日的划分。

根据历史记载，我国夏禹时代（公元前2 000多年），分中国为九州，人口1 355万人。到了秦统一中国（公元前200多年），建立了中央集权国家，分中国为36郡，人口2 000万人。自西汉末年（公元初年），人口已达到5 900万人。可见我国古代已有人口的统计数字。其后，唐代有计口授田统计计算；宋、明有田亩鱼鳞册土地调查制度；明、清有保甲护田登记制度等，统计实践活动有了进一步发展。

在欧洲，古希腊罗马时代，就已经开始人口和居民财产的统计工作。中世纪（公元476年—1640年）许多国家利用统计搜集有关人口、军队、世袭领地、居民职业、财产、农业生产等方面的资料并编制详细的财产目录。

以上这些都是人类早期的统计活动，这个时期的统计还都是限于对事物进行原始的调查登记和简单的计数汇总工作。

(二) 统计的发展

17世纪以前的奴隶社会和封建社会，由于生产力较为低下，经济发展缓慢，统计实践活动仅是为奴隶主和封建王朝实现税赋、扩张、增兵等需要而进行的人口、土地、财产的登记和汇总工作。统计的广泛发展开始于资本主义社会。16、17世纪，资本主义开始在欧洲兴起，欧洲进入了工场手工业时代，工业、商业、交通航运业以及对外贸易等都进入了空前发展的阶段，这时简单的计数和汇总的统计，已经不能适应国家的政治和经济管理需要，必须用统计调查、整理、计算、分析等各种手段，为经济与社会发展提供各种系统的综合数据资料。因而，统计实践活动得到了推动和发展，统计工作开始从国家管理领域扩张到人口、税收、土地、商业、航运、外贸、农业、工业、建筑业、金融、邮电等各个领域。从18世纪起，随着现代机器大工业的发展和资本主义制度的建立，各个资本主义国家都先后设立了专业的统计机关，搜集国家管理和国家经济各个领域的统计资料，并定期或不定期地举行各方面的单项统计调查，同时对统计工作不断总结交流，出版统计刊物，建立国际统计组织，召开国际统计会议。

统计在治国与管理中的重要作用，引起了各国政府的高度重视，促进统计实践广泛发展。

现代的统计实践活动更加广泛和深入；统计理论研究成果更加丰富；统计工作更加规范、科学；统计制度更加健全；统计的手段和技术更加先进。统计在我国社会主义市场经济建设中发挥着十分重要的作用，已成为我国认识国情、制定国民经济和社会发展战略规划和国民经济宏观调控的重要工具；也成为企业、公司和社会团体进行管理和决策的得力助手。统计以它的工作和成果成为个人、集体、社会与国家的政治、经济和文化生活中不可缺少的重要内容。

三、统计学的产生与发展

随着统计实践活动的广泛深入发展，人们开始系统地总结统计工作的经验，逐步形成比较系统的统计理论和方法。同时哲学、经济学和数学的发展，对于统计理论和方法的形成也有深刻的影响。到17世纪60年代，统计学作为一门独立的较为系统的科学正式产生。从统计学的产生和发展过程来看，大致可以分为三个时期：古典统计学时期、近代统计学时期、现代统计学时期。

（一）古典统计学时期

这一时期是指17世纪中叶到18世纪中叶的统计学初创时期，是统计学的萌芽阶段。这一时期著名的学术派别有两个：政治算术派、国势学派。

1. 政治算术派

政治算术派是17世纪起源于资本主义发展较快的英国。由于国家政治经济发展的要求，一些经济学家开始运用统计方法分析研究社会政治经济问题。代表人物是威廉·配弟（W. Petty，1623—1687）和约翰·格朗特（J. Graunt，1620—1674)。配弟的主要著作是《政治算术》(1676年完成，1690年出版)。在《政治算术》中，配弟列举了英、法、荷兰三国的人口、厂商、工匠、士兵和国家收入等大量资料，对以上国家的国情、国力从数量上进行了系统的分析对比。在《政治算术》中所创造和使用的统计方法，如统计分组法、平均数和相对数的分析方法，以及图表法和推算法等，都成为社会经济统计的基本原理。马克思说，《政治算术》是《政治经济学》作为一门独立科学分离出来的最初形式，并称配弟为政治经济学之父，在某种程度上可以说是统计学的创始人。该学派也因《政治算术》一书而命名。

配弟的朋友格朗特以及其他学者，也以同样的方法对社会经济现象进行了大量的分析和研究工作，并写出了对统计学科发展有重大影响的著作，其中尤为突出的是格朗特。格朗特在1662年发表了一本关于人口统计的著作《对死亡率公报的自然和政治观察》，他对当时伦敦市人口的出生率、死亡率和性别比例等进行了分类计算，根据发现的数量关系对人口发展趋势进行了推算和预测。格朗特采用数量对比方法对统计学的产生起着一定作用。

在统计学的发展史上，以配弟为代表的一些学者被后人称为“政治算术派”。由于政治算术一直未采用“统计学”这一科学命名，故人们称其为有实无名的统计学。

2. 国势学派

国势学派产生于17世纪的德国，主要代表人物是该学派的创始人德国西尔姆斯特大学教授康令（H. Conring，1606—1681）和他的主要继承人之一，德国哥廷根大学教授阿亨瓦尔（G. Achenwall，1719—1792)。康令的代表作是《欧洲最近国家学》，内容是各国的情况（秩序、立宪、行政、人口与经济）和组织结构。康令从1660年起就在西尔姆斯特大学以“国势学”为题，讲授政治活动家应具备的知识。国势学是以文字记述和比较为主要方法的，反映各国国情国力的学问。康令的研究方式颇受当时学者的欢迎，许多人因此相继在各大学开设此课程，有关国势学的研究在德国很快流行起来，形成了一大学术派别，称为国势学派，也称记述学派。

阿亨瓦尔继承和发展了康令的学术思想，他不仅在哥廷根大学讲授国势学课程，还发表了《欧洲各国国势阶梯》和《近代欧洲各国国势概论》。他认为国势学就是研究一国或数国显著事项的学问，即“关于国家组织、人口、军队、领土、财产、地面和地下资源等事实的学问”。1749年阿亨瓦尔把“国势学”正式命名为“统计学”，统计学便由此得名。国势学主要内容是以文字记述国情国力的大量实际资料，注重掌握客观事实，没有把数量对比分析作为主要内容。严格地说这一学派的研究方法不符合统计学要求，该学派对统计学的产生和发展，主要体现在学科名称和研究对象（国家的社会经济现象）上。所以，后来人们称其为有名无实的统计学。

上述两个学派几乎同时并存，其共同的特点就是以社会经济现象作为研究对象，所以一些学者将其统称为社会统计学派。

（二）近代统计学时期

近代统计学时期是指18世纪末至19世纪末，这一时期统计学的主要派别有数理统计学派和社会统计学派。

1. 数理统计学派

18世纪中末叶以后，概率论的发展和数学方法在社会经济统计方面的运用，促进了概率论与政治算术的结合，从而形成了数理统计学派。这个学派的创始人和杰出贡献者是比利时的生物学家、数学家和统计学家阿道夫·凯特勒（L. A. J. Quetelet，1796—1874）。凯特勒首先将概率论引入社会经济现象的研究之中，发表了大量的论著，其中最主要的有《统计学的研究》、《关于概率的书信》、《社会物理学》、《犯罪倾向》、《论人类及其能力发展或社会物理学》等，他最先把古典概率应用于人口、人体测量和大量社会经济现象的研究，并对观测的数据进行误差计算和分析，论证社会现象的发展并非偶然，而是具有内在规律性。凯特勒完成了统计学和概率论的结合，从而开辟了统计学的新领域，使统计的理论和方法都有了空前的发展。在此基础上，经过许多人从多方面加以研究，逐渐形成了一门独立的学科——数理统计学。凯特勒在统计理论方法研究和推动统计工作广泛、深入发展方面所做出了重大贡献，受到后人的高度评价。他本人被誉为“近代统计学之父”。数理统计学的建立，使数理统计方法在研究自然、技术现象以及带有随机性的社会经济现象方面得到了广泛的应用，对科学技术的发展起着一定的推动作用。

凯特勒以后，一些数理统计学派的学者，如埃·费雪（R. A. Fisher）、戈塞特（W. S. Gosset）、高尔登（F. Galton）、皮尔森（K. Pearson）等，在凯特勒理论的基础上，提出了相关与回归的概念和理论，发展了抽样原理与实践，创立了有关大样本、小样本分布理论等，从而促进了统计学对社会经济现象数量关系的研究，创造了不少新的方法，使数理统计学有了新的发展。由于这一学派主要是在英美等国家发展起来的，故称为英美数理统计学派。

自凯特勒时代直到进入20世纪以来，数理统计学一直是西方统计理论与方法的主流，但其发展的方向也出现了被一些学者不能认同的偏差。后期的数理统计学派，不仅受到唯心主义哲学和庸俗经济理论影响，而且以概率论作为唯一的理论基础，把统计学引向抽象的数学关系的推演和分析，完全用数学方法代替社会经济关系本质的研究，存在着纯数学形式主义的倾向，限制了统计的认识作用。

2. 社会统计学派

社会统计学派的产生是在 19 世纪，几乎与数理统计学派产生于同一时期，它的发源地是德国，所以也被称为德国社会统计学派，创始人为克尼斯，主要代表人物有梅尔和恩格尔。由于当时德国新兴的资产阶级为了与英国等老牌的资产阶级竞争，夺取海外市场和殖民地，不得不大量收集国内外国民经济统计资料，并加以分析研究，以便制定相应的战略决策。所以他们通过大量观察法，获得大量的统计数据，并在此基础上加以处理，通过统计技术加工，揭示社会经济现象的规律。这样，社会统计学派就应运而生，并提前成熟，很快得到了广泛的应用，在世界范围内，产生了极大影响。这一学派的观点是，统计学是一门社会科学，是研究社会现象变动及原因和规律的实质性科学，其研究的对象应该是社会现象总体而不是个别事物，主张运用大量观察法等统计方法，对社会经济的数量方面进行规律性研究。这个学派对当时的俄国也产生深刻影响，后来的苏联学者认为统计学是一门社会科学，就是受这个影响而出现的。

社会统计学对统计学的发展贡献就在于，它所从事的统计研究在对象上更加关注社会现象，更加关注对总体的数量研究，在方法上主要采用大量观察法，推动了社会经济统计理论与方法向前发展。该学派的理论和方法，经过不断发展和完善，逐渐形成了目前的社会经济统计学。

社会统计学派的另一贡献是，该学派的先驱者克尼斯 1850 年在《独立科学的统计学》一书中提出，把“国势论”作为“国势学”的命名，把“统计学”做为“政治算术”的科学命名，从而结束了统计学长达 200 年之久的对象研究争论。

（三）现代统计学时期

统计学的现代时期是指自 20 世纪初到现在的时期，这一时期是统计学丰富、完善并且统计学理论和方法大发展的时期。

从世界范围看，20 世纪初期，各种统计学派和观点林立，仍然存在学派之间的争论，主要的派别为数理统计学派和社会经济统计学派。经过两次世界大战后，在世界范围内形成了以英美为首的西方资本主义阵营和以苏联为首的东方社会主义阵营。两大阵营中各国的政治体制和经济文化制度的不同，也对统计学的发展方向产生了影响，形成了西方以数理统计学派为主流和在东方以社会经济统计学派为主流的格局。

随着时间的推移，各学派之间的争论趋于缓和。这是因为 20 世纪中，在科学技术革命和经济管理技术革命的条件下，各种边缘学科如信息论、控制论等新的科学如雨后春笋般地不断产生。各学术领域的交叉渗透，使各学科之间已经不能严格划分，它们之间的界限已被代之以一个广阔的学科交叉、渗透的领域。在这个领域中，新的学科不断涌现。统计学家们的研究重点转移到如何运用统计方法对特定的研究对象进行数量的分析和规律性研究，以及不断丰富统计学的方法与技术的研究上，逐步形成了理论统计学和各门应用统计学，构成了现代统计学的学科大家族体系。这一时期，数理统计学与社会经济统计学逐步融合成为统一的现代统计学系统。

在我国，虽然早有统计活动，但在长期的封建社会中，统计学没有得到充分发展。新中国成立前的统计学都是从国外照搬过来的，也存在着数理统计学派和社会经济统计学派的争论。新中国成立以后，相当一段时间受苏联影响，认为只有社会经济统计学才是唯一的统计科学，从而根本上否定了数理统计是统计学的组成部分，阻碍了统计学的发展。改革开放以后，人们解放思想，对统计学理论的研究广泛开展。1996 年 10 月，中国统计学会、中国数理统计学会、中国现场统计学会联合举办了全国统计科学研讨会，这次会议达成了各统计学科、各统计学派之间的相互借鉴、相互融合、共同发展的思想，确立了统计学体系的基本框架，肯定了统计学是包括社会经济统计学和数理统计学在内的一般方法论的性质的科学。国务院学位办 2012 年最新学科目录中，统计学成为一级学科，这不仅仅是统计的重要性和必要性所致，更是学科划分的科学使然。这为今后的我国统计学的发展奠定了坚实的基础。

从世界范围来看，自 20 世纪 60 年代以后，统计学的发展有几个明显趋势特征：第一，随着现代数学的发展，统计学广泛地吸收和应用数学方法，使统计的方法更加完善和丰富；第二，统计学与其他学科相互渗透，不断产生新的统计学分支，统计学应用的领域更加广阔；第三，借助于电子计算机和网络技术，促进了统计方法和技术的发展和改革，使统计学的功效日益增强；第四，统计的作用和功能已经从描述事物的状态、反映事物规律，向统计推断、预测和决策方向发展，统计学已经发展成为方法论的综合性科学。

第二节　统计学研究的对象与方法

一、统计学研究的对象

一般来说，统计学是对统计工作实践的总结并用于指导统计实践的理论。它是对客观现象的数据资料进行搜集、整理、分析和研究，以显示其总体的特征和规律性的科学。统计实践活动所研究的对象是客观现象的数量方面，目的是从对客观事物的研究中总结出这种客观现象的特征和规律。而统计学虽然也研究客观现象的数量方面，但其目的是总结一套科学有效的方法和理论。

所以我们通过以上分析可以看出，统计学是一门研究如何搜集资料、整理资料和对资料进行数量分析的一门方法论科学。统计学研究对象就是包括自然、社会经济领域中的客观现象的数量方面。本教材目的是为了从事经济管理工作的学生提供基本的知识和方法，属于社会经济统计学范畴，其研究对象自然是社会经济现象的数量方面，包括数量特征、数量关系和数量界限。

统计学的性质和统计学研究对象是统计理论的中心问题之一。统计学自从诞生以来就存在不同的学术观点，国内外统计学界经过长期的争论，至今仍然存在着观点上的分歧。

二、统计学研究对象的特点

（一）数量性

这是统计学一个最显著的特点。所谓数量性，就是用数据表述客观事实和依据客观事实的逻辑归纳做出定量推断。可见，研究现象的数量方面是统计学研究对象的基本特征。这是因为：

第一，研究现象的量能使我们具体认识事物的质。

第二，研究现象的数量方面能使我们注意决定事物质量的数量界限，随时对工作过程进行调控，避免计划与决策的失误。

第三，研究现象的数量方面，能表明现象在一定历史条件下发展变化的规律性，预测现象未来的变化趋势。

正是客观事物具有质和量的两个方面，形成一个统一整体的特点，决定了统计要从质量和数量的辩证统一中来研究社会现象的数量方面，通过对数据的分析又达到对事物的定性的认识，分析其规律性。

（二）整体性

统计学是从整体上研究现象的数量表现，把握事物的变化规律。只有从总体上进行定量认识才能够认识总体发展的规律。仅仅研究个别事物的材料，是很难取得对总体的全面认识的，甚至有时得出片面的错误结论。因而统计学所研究和认识的是现象的整体，统计研究现象的数量，是现象整体性的综合数量，是足够多个体数量的差异综合。

例如，人口普查，调查活动是从对每个人的具体情况入手的，但人口普查的目的，是为了研究全国的人口现象特征。所以统计要反映事物的本质和规律，必须大量收集客观现象的数字，全面了解情况，经过分析研究，从而达到对现象总体的认识。就社会经济统计工作而言，只有对大量的个体实际表现的认识，才能对总体的数量表现有所认识。

（三）具体性

统计学从客观实际出发，对总体现象的具体情况进行研究。也就是说统计学是研究具体地点、时间、条件下的社会经济现象的数量方面的特征。这一特点是统计学与数学的根本区别。统计学所研究的数量，不是抽象的量，这一点是统计学和数学的重要区别。数学是研究现象的抽象空间和抽象的数量关系的科学，而统计所研究的数量是客观存在的，具体实在的数量现象，是实实在在的一定时间、地点、条件下的客观事物的表现。例如，我们通常所说的在校生人数 12 000 人，一定是指某校、某时间上（我国一般以 9 月 30 日为标准）的具体人数。如果抽掉具体的内容，不是在一定时间、地点和条件下进行研究，那就不能说明任何问题，就不能称其为统计，其数据也不是统计数据。

（四）社会性

这一特点是把社会经济统计与自然学科统计区分开的重要特征。社会经济统计属于社会科学，统计研究的数量是社会现象的数量，具有社会性。统计研究社会现象的对象范围是非常广泛的，包括整个社会领域。它既包括社会生产力方面的数量关系，又包括社会生产关系的数量关系；既包括社会经济基础方面的数量关系，也包括社会上层建筑的数量关系，即包括政治、经济、人口、文化、教育、军事、环境等一切社会经济现象。这些现象都是人类有意识的社会活动及其产物，在其背后代表了人和人的一定关系。同时，统计工作者的社会观点和经济观点也不可避免的反映到统计研究中去。因此，统计研究者必须有正确的立场、观点、方法，才能充分发挥统计认识社会经济现象的规律。

三、统计学研究的基本方法

统计学研究对象的性质和特点，决定着统计学的研究方法。统计学根据所研究对象的性质和特点，在长期的、大量的统计实践经验的基础上，形成了专门的基本研究方法。这些基本方法主要包括：大量观察法、统计分组法、综合指标法、统计推断法等。

（一）大量观察法

大量观察法，是社会经济统计进行调查的基本方法。所谓大量观察法是指对社会经济现象调查时，对其全部单位或足够多的单位进行观察。它要求统计在搜集资料时，必须从现象的整体出发，搜集大量单位的资料。具体地说，大量观察法一种形式是对现象总体的全部单位进行全面调查；另一种形式是对足以表现现象总体的本质和规律性的足够多数单位进行全面调查。

统计之所以要进行大量观察法，并以之作为调查的基本方法，是由于社会经济统计研究对象的大量性和复杂性决定的。大量复杂的社会经济现象的发展变化是在诸多因素的综合影响下形成的。各个总体单位的特征和数量表现，差异性很大，如果任意抽到少量单位或个别单位进行观察，是不能发现和认识现象总体的本质和规律性的，只有通过大量观察法，调查现象总体的全部单位或足够多的单位，使次要的、偶然因素的作用相互抵消，排除其影响，才能使主要的、起决定作用的基本因素显现出来，从而认识现象总体的本质及其规律性。

（二）统计分组法

社会经济统计在进行大量观察中，搜集了大量资料，而这些资料在未经过整理之前，还是零乱的，不能反映现象总体的本质和规律性。因而，必须对搜集的大量资料，进行科学的整理工作。统计整理的最重要的问题是统计分组，这不是一个技术问题，而是一个重大的理论问题。那么，什么是统计分组法呢？统计分组就是根据观察总体内在的特点和统计研究的任务，选择根本的分组标志，将社会经济现象划分为若干不同类型和不同性质的组。这样才能区分出事物的不同性质，研究总体内部的结构和现象之间的依存关系。

（三）综合指标法

社会经济统计工作，一般是通过调查大量收集统计资料，并经过整理，得到各种统计指标，进而对研究对象进行深入的数量分析，揭露出事物的本质和规律性。统计指标是各种各样的，但是就其形式而言，主要是绝对数、相对数和平均数三种，统计上称这三种形式的统计指标为综合指标。这三种指标中，绝对数是基本的、重要的指标。国民经济中重要的基本的数量指标，都是由绝对数规定和反映的。同时相对数和平均数，也是在绝对数的基础上计算出来的。但相对数和平均数对统计分析，也是重要的和不可少的。相对数和平均数最大的特点是有极大的抽象力，它们能把各种统计指标抽象化，反映事物之间的对比关系和平均水平，即事物结构、比例关系、平均水平和发展速度等。这样就扩大了统计分析的能力，深入研究事物的数量和数量关系。

（四）统计推断法

统计推断法是指在统计研究中运用占有的部分单位资料，推论总体特征的一种方法。和统计描述方法不同，描述方法是占有全部资料，而推断法是在未占有全部资料的情况下，对总体做出论断。统计在研究现象总体时，有时由于条件所限，不能或不需要对全部单位的资料进行搜集，只是根据部分资料来观察和推断总体。例如，对产品质量检验，有时要进行破坏性的实验，我们只能就一部分产品得出实验数据，根据一部分产品的数据，并给出推断的把握程度（置信程度）来确定全部产品的数量特征。这种在一定置信程度下，根据样本的特征对总体特征做出估计和预测的方法称为统计推断法。统计推断法是现代统计学的基本方法，在统计研究中得到较为广泛的运用。

统计学由于自己特有的研究对象，产生和发展了上述特有的研究方法。这些方法是统计学研究大量社会现象的方法原则，形成了一个完整体系，构成了统计方法论的中心内容。

第三节　统计的组织与职能

一、统计工作的过程

统计研究社会经济领域的大量社会经济现象的数量方面，一般要经过统计设计、统计调查、统计整理和统计分析等几个环节。

（一）统计设计

统计设计就是根据统计活动的目的，结合研究对象的性质、特点，对统计范围、指标体系、分类目录、资料搜集整理方法、分析要求以及有关组织工作等方面所做出的整个规划。统计设计的结果，一般表现为统计调查方案或统计报表制度。统计设计是否科学合理、具有可操作性，直接影响到统计工作的各个阶段，最终影响统计研究目的的实现。为了把好统计设计这一关，在实际工作中有时需要对设计方案进行试操作，然后再修改定稿。

（二）统计调查

统计调查就是根据统计活动的目的所确定的统计指标体系，把研究对象中各单位的某些必须了解的特征记录下来。它是根据统计研究的目的和任务，有组织、有计划地向客观实际搜集原始数据资料的工作过程，其目的是获得大量的数据资料。统计数据资料质量的好坏，对后面进行的统计整理和统计分析有非常重要的影响。

（三）统计整理

统计整理就是根据统计研究的目的，对调查阶段搜集的大量数据资料按一定的科学标志进行分类汇总的工作过程。其目的是使粗糙的、杂乱无章的数据资料转化为条理化、系统化的统计资料，成为反映总体和各组数量特征的综合材料。这一环节是统计工作的中间环节，起到承上启下的作用。

（四）统计分析

统计分析就是对加工整理的数据资料，应用各种统计分析和推断方法，从静态和动态方面进行分析、判断和预测的工作过程。目的是揭示客观事物的本质和规律。这是统计工作的最后阶段，也是最关键的阶段。这个阶段体现了统计工作的信息、咨询和监督职能，发挥了统计工作的作用。

统计设计、统计调查、统计整理和统计分析四个阶段是密切联系的一个完整过程。一般来说，统计设计以定性研究为基础，构筑定量研究的框架；统计调查在定性研究的前提下，侧重对个体事物量的认识；统计整理是通过对个体事物量的综合，得到事物总体数量的描述性认识；统计分析是以事实描述为条件，从定性和定量结合的角度，对现象总体进行本质或规律性的探讨。

综上所述，统计工作是一个包括设计、调查、整理、分析四个阶段而又紧密联系的完整过程。在设计之前和调查、整理阶段要考虑到分析的需要，在分析研究阶段还存在着进一步调查、整理的问题，而不宜将四个阶段机械地截然分开。同时，还要防止和克服对统计工作的不完整理解，比如，只调查不分析，或仅用计算分析指标的办法代替分析的现象。

二、统计的职能

我国《统计法》第二条规定："统计的基本任务是对国民经济和社会发展情况进行统计调查，提供统计资料和统计咨询意见，实行统计监督"。这是《统计法》对我国政府统计基本任务的法律规定。概括地说，统计的职能有三种：信息职能、咨询职能和监督职能。

（一）信息职能

统计的信息职能是统计最基本的职能，它根据自己的研究对象，运用科学的统计调查方法，灵敏、系统地采集、处理、传递、存贮和提供大量的以数量描述为基本特征的各种各样的信息，为国民经济各部门提供信息支持。

（二）咨询职能

统计的咨询职能是统计信息职能的延续和深化，它是利用已经掌握的丰富的统计信息资源，运用科学的分析方法和先进的技术手段，深入开展综合分析和专题研究，为经济活动的科学决策和管理提供各种可供选择的咨询建议与对策方案。

（三）监督职能

统计的监督职能是通过信息反馈来评判、检验和调整决策方案，它是根据统计调查和统计分析资料，及时、准确地从总体上反映社会经济的运行状态，并对其实行全面、系统的定量检查、监督和预警，以促进国民经济按照客观规律的要求持续、稳定、协调地发展。该职能是信息职能和咨询职能的进一步拓展。

上述统计的三大职能是相互联系相辅相成的。统计信息职能是基础职能，是保证咨询职能和监督职能有效发挥的基础，而咨询职能则是信息职能的延伸和深化；监督职能则是信息职能和咨询职能的拓广。只有同时发挥统计的信息职能、服务职能和监督职能才能体现和发挥出统计的整体功能，才能搞好搞活社会经济统计，为市场经济服务，为建设具有中国特色的社会主义大厦添砖增瓦，发挥社会经济统计的应有作用。

三、我国的统计组织

从我国现有的统计组织情况看，大致可以由以下两类组织构成。

（一）国家统计组织

世界各国政府的统计管理体制有分散型和集中型两类。分散型是指政府所需要的统计资料，是通过不同的部门来搜集的。集中型是指政府所需要的统计资料是集中由统计系统来搜集的。

我国统计工作属于集中型管理。统计法明确规定：“国家建立统一的统计系统，实行统一领导、分级负责的统计管理体制。”根据这一要求，我国的国家统计组织系统主要由以下三部分组成。

1. 政府的综合统计

政府的综合统计系统包括国家统计局和地方人民政府的统计机构。

国家统计局隶属于国务院，它是我国统计工作的最高的综合统计机构。它负责领导和协调全国的统计工作，包括统一制定全国的统计制度方法、统一管理全国性的报表、统一布置和组织全国的普查和其他调查，统一管理和提供全国性的重要统计资料。

地方政府统计机构，它是指县级以上人民政府设立的统计机构，如省统计局、市统计局、区（县）统计局等。地方政府的综合统计机构是地方政府的组成部分。它负责组织、领导和协调本行政区域内的统计工作，指导同级各部门和本区域完成国家和地方的统计调查任务，受地方政府和上级统计机关双重领导，业务上以上级统计机构为主。

2. 政府各部门的专业统计

国务院各业务部门设立统计司，各级政府的业务部门设立统计处、统计科等。这些统计机构执行本部门的统计职能，组织指导本部门及所属单位的统计工作，在业务上接受当地政府的综合统计部门的业务指导。

3. 基层统计组织

基层统计组织是指企业、事业单位和乡镇人民政府设置的统计机构和人员，负责本单位的统计工作。它的基本任务是按上级和本单位的需要，全面地收集和管理本单位的统计资料，完成上级布置的报表任务，运用统计资料对本单位的运转情况进行反映、监督，为本单位的管理和决策提供统计分析和建议。

（二）民间统计机构

民间统计机构也称民间统计调查组织，是指在国家统计、部门统计、地方统计之外，利用统计方法进行的社会调查及统计信息咨询服务活动的各种企事业单位。

民间统计调查组织也就是非政府统计调查，它是根据国家有关政策由政府批准成立的企业事业单位、社会团体或非法人单位。这些单位以自己的名义或接受委托进行的统计调查就是民间调查活动。

民间统计机构近几年发展很快，我国各省市区人民政府已陆续出台了民间统计组织管理办法。

1. 民间统计调查和政府统计调查主要区别

（1）政府统计调查的组织者具有行政管理的职能，调查具有强制性的特点；而民间统计调查组织者或实施者不具备行政管理职能。

（2）政府统计调查结果反映国家宏观的国情国力的基本情况；而民间统计调查的结果反映的是微观的社会经济现象。

（3）政府统计调查目的是为各级领导进行宏观决策和管理提供依据，并定期向社会公布，满足社会各界的需要；而民间统计以经济利益为目的，一般是为企业事业单位、社会团体及个人的生产经营或科学研究服务，并获得相应回报。

（4）政府统计调查方式必须依照统计制度和规定进行，按照统一化、标准化的指标含义、计算方法、分类目录、调查表式、统计编码等进行规范操作；而民间统计的方式方法是根据调查者或委托者本身的需要确定，在方式方法上具有灵活性。

（5）政府统计调查经费由国家财政负担，而民间统计的调查经费由调查者或委托者负担，具有经费自筹、盈亏自负的特点。

2. 民间统计调查的作用

第一，民间统计调查是政府统计的必要补充。在市场经济条件下，随着社会的进步和科学的发展，无论是单位还是个人对社会经济微观信息的要求越来越多、越来越高。作为政府统计调查，其结果反映的是宏观的社会经济信息，而且生产周期较长。同时，政府统计对经济发展运行中的大量微观信息并不涉及，也不可能涉及，这正好给民间统计调查以生存空间，让民间统计调查起到拾遗补缺的作用。民间统计调查活动在西方发达国家中已经是极为普遍的经济调查现象，并在弥补政府统计不足方面所起的作用日益显著和重要。例如，英国金融时报每天公布的股票价格指数，成为人们了解世界股市行情的重要参考依据，美国的《财富》杂志每年都要评选世界500强企业，它的数据已经作为世界各国政府和民间用来衡量国家经济实力和企业强弱的标准之一。

第二，民间统计是促进市场经济发展的力量。民间统计是介于市场和企业、居民之间的一个桥梁，主要为企业和居民提供市场微观信息。市场经济条件下，千千万万的企业面向市场，需要灵敏的市场供求信息和社会经济信息，它自身所具有的功能决定了它在市场经济条件下应有的地位，发挥着重要作用。因此，发展民间统计势在必行。

第三，发展民间统计是对外开放，与国际接轨的需要。由于我国服务领域对外开放的扩大，国外一些著名的民间统计机构陆续进入我国，如美国盖洛普市场调查公司在上海设立了总部，成立了中国盖洛普市场调查公司，并在我国很多城市和农村设立了办事机构或观察站。国外民间统计调查机构的进入对中国的民间统计机构造成了冲击，但同时也开阔了人们的思路。发达国家和地区的民间统计活动，对促进我国民间统计的发展发挥着促进作用，为我们提供了很多好的可以借鉴的经验。

第四节　统计学的基本范畴

每门学科都有其基本概念、基本范畴，掌握一门学科的基本范畴是全面认识这门学科及其科学体系的重要环节。社会经济统计也有一系列的基本范畴。例如，总体和总体单位、标志与指标、变异与变量等。

一、总体与总体单位

（一）总体

统计总体是指客观存在的，在同一性质基础上结合起来的许多个别单位所构成的整体，也可以说统计总体是由具有某种相同性质的全体单位组成的整体，简称总体。例如，我们要研究某省工业企业效益情况，那么该省的所有工业企业就构成了一个统计总体，因为它是由许多客观存在的工业企业组成的，而每个工业企业都是进行工业生产活动的基层单位，具有同质性。再如，我们要研究全省职工的收入情况，那么全省全部职工构成了一个统计总体。

统计总体是我们进行统计研究的对象，统计总体的范围随着统计研究的目的不同而改变。统计总体具有以下特征：

1. 大量性

大量性是指统计总体要有足够多的单位数量所构成。因为个别单位的数量表现可能是各种各样的，只对少数单位进行观察其结果难以反映现象总体一般特征。总体的综合数量特征是客观规律在一定条件下发生作用的结果，只有对足够多数量组成的总体进行大量观察，所观察的结果才不至于受偶然因素的影响，才能呈现出事物真实特征和规律性。

大量性是一个相对的概念，它的大小，要根据统计研究目的和被研究对象实际情况来决定。就研究目的来说，如果要求高则增多观察总体单位；反之则少。就研究对象本身来说，总体中各单位表现的差异大，就应该增加总体单位，反之则少。

2. 同质性

同质性指组成总体的所有单位必须具有共同性质，这是总体存在的必要条件和基础。

如果把不同性质的单位结合一起，则根据这个没有同质性的总体得出的数量特征不仅没有意义，甚至可能歪曲现象的真相。同质性是构成总体的先决条件。

3. 变异性

也称差异性，是指构成总体的各个单位，在某些方面的表现具有不同的差别，这种不同的差别称为变异或差异。例如，我们要研究高等学校的情况，那么所有高等学校构成了一个总体，而每个高等学校就是这个总体中的个体单位，虽然高等学校在性质上是相同的，但它们的在校人数、学费收入、就业率、考研率等都存在差异。正是因为差异性的普遍存在，才有进行统计研究的必要。因此说，差异性是统计研究的前提。差异可以有质的差异，如人的性别，也可以有量的差异，如企业的销售收入。

总体按所包括的单位的情况分为有限总体和无限总体。有限总体是指所包括的单位是有限的、可数的总体，如人口总数、企业总数。无限总体是指包括的单位是无限的、不可数的总体。如连续大量生产某种零件就是不可数的总体。

（二）总体单位

总体单位是指构成总体的个体单位，它是组成统计总体的基本单位。例如，我们的研究总体是高等学校，那么每个高等学校就是总体单位；若以企业为总体，那么该企业的每一名职工就是总体单位。

总体与总体单位是相互依存的，没有一方，另一方就失去了存在的依据。同时总体与总体单位是相对而言的，随着研究的目的不同，同一事物在不同的条件下可以转化，既可以作为总体，也可以作为总体单位。例如，研究全部工业企业情况，每个工业企业就是一个总体单位，而要研究一个工业企业内部问题时，这个企业又可以作为总体。

二、标志与指标

（一）标志

标志是总体各单位所具有的共同特征。每个总体单位都可以有许多特征，例如每个职工可以有性别、年龄、民族、职业等特征，这些共同特征就是总体单位的标志。这些标志有的可以用文字表示，有的只能用数字表示；有的在各个总体单位上表现一样，有的则不尽相同。因此，标志按其表现形式可以作如下分类：

1. 按标志的性质不同，把标志分为品质标志和数量标志

品质标志是表示总体单位的属性特征的标志，表明事物的“质”的特性，只能用文字表述。如工人的性别、工种，企业的经济类型等。

数量标志是表示总体单位的数量特征的标志。表明事物“量”的特征，只能用数字表述。如工人的年龄、工资，企业的总资产等。数量标志的具体数值表现叫标志值。如某职工的工资为 5 000 元，这里的工资是数量标志，5 000 元是标志值。

2. 按标志的变异情况，可分为不变标志和变异标志

不变标志是所有总体单位共同具有的并且具体表现又都相同的标志。例如在人口普查时，每个人的其他情况可以有不同表现，但所有的人都要具有性别、出生日期等标志，这

些标志是不变的，称为不变标志。

变异标志，也称可变标志，是指各总体单位在某一标志上的具体表现不同，这个标志就是变异标志。例如人口普查中，人的年龄、职业等，都是可变标志。

不变标志是构成统计总体的基础，因为至少必须有一个不变标志将各单位联系在一起，才能使其具有“同质性”，从而形成一个总体；变异标志是统计研究的主要内容，因为如果标志在各总体单位之间的表现都相同，就没有进行统计分析研究的必要了。

（二）指标

1. 指标及构成要素

指标是指反映总体现象数量特征的概念和具体数值，也称为统计指标。一个完整的统计指标是由指标名称和指标数值两部分构成的。例如，某企业月工资总额为40万元，工资总额是指标名称，即指标“质”的定性，40万元是指标数值，是指标“量”的表现。

2. 指标的特点

（1）数量性。所有的统计指标都是可以用数值来表现的，这是统计指标最基本的特点。只有统计指标才能对客观总体进行量的表现。

（2）综合性。指标是同类总体大量个别单位汇总计算，抽象了个别单位标志差异而得到的，用以体现总体的综合特征。

（3）具体性。指标不是抽象的概念和数字，而是说明客观存在的具体的概念和数字，即是说明客观存在的、已经发生的事实，它反映了社会经济现象在具体的时间、地点和条件下的表现。

3. 标志与指标的区别与联系

（1）标志与指标的区别主要有两点，一是标志说明总体单位的特征，而指标说明的是总体特征。例如，某职工的月工资是数量标志，全部职工的月工资总额是统计指标；二是标志有用文字表示的品质标志和用数值表示的数量标志，而指标则都是用数值表示的。

（2）标志与指标的联系也有两点，一是统计指标的数值多是由总体单位的标志值综合汇总而来，如工资总额就是每个职工的工资之和；二是标志与指标在一定条件下可以相互转化。由于统计环境和目的变化，原来的统计总体变成总体单位，这时对应的统计指标也就变成了标志。例如研究某企业时，这个企业的总产值就是统计指标，而研究全部企业，则该企业的总产值就是该企业的标志。

4. 指标的分类

（1）指标按表现形式可以分为总量指标、相对指标和平均指标。其中总量指标是基本指标，而相对指标和平均指标是由总量指标派生出来的。这三种指标的有关内容，将在以后章节中详细介绍。

（2）指标按说明总体内容不同可以分为数量指标和质量指标。数量指标是反映总体规模的大小、水平的高低的指标，一般以绝对数表示。例如，产值、人口等；质量指标是指反映总体的强度、密度、效果等数量关系的指标，一般用相对数、平均数表示。例如，人口的年龄构成、性别比率、平均工资等。

（3）指标按使用计量单位不同可以分为实物指标、价值指标和劳动量指标。实物指标是指以实物单位计量的指标，例如千米、米、吨等。价值指标是指以货币单位计量的指标，例如，以元、日元、美元计量的指标。劳动量指标是以时间单位计量的指标，如工时、工日。

5. 指标体系

（1）指标体系的意义。指标体系是指若干个相互联系的统计指标组成的有机整体。

一个统计指标，只能反映社会经济现象的某一方面。但是社会经济现象是复杂的，为了全面反映它的各个方面的特征，需要用多个统计指标联系起来，从不同方面综合地说明。这些相互联系的统计指标结合在一起，就形成统计指标体系。例如，要反映工业企业的生产情况，不仅需要产量、品种、质量指标，而且还需要职工人数、劳动效率、成本、利润、收入等指标，才能全面说明企业情况。这些指标结合在一起，就构成了一个指标体系。

（2）指标体系的分类。根据统计研究的目的不同，可以将指标体系分为不同类别。

1）按指标体系反映的范围大小不同，可分为宏观指标体系和微观指标体系。宏观指标体系是反映大范围的统计指标体系，如我国国民经济核算中的指标体系；微观统计指标体系是反映基层单位情况的指标体系，如反映企业、事业单位的统计指标体系。

2）按指标体系反映的内容不同，可以分为基本统计指标体系和专题指标体系。基本统计指标体系是指反映社会经济基本情况的主要指标构成的指标体系，例如，统计年鉴中综合类的指标体系。专题指标体系指反映某个专门社会经济问题的指标体系，例如教育、文化、卫生指标体系。

三、变异与变量

（一）变异

变异是指标志和标志表现的具体表现差异。统计中的标志和标志表现都是可以变动的。例如，人的性别有男女之分，各时期、各地点、各部门的工业总产值各有不同，这种不同或差异叫做变异。变异就是有差别的意思，包括质的差别和量的差别。变异是统计研究的前提条件。

（二）变量

变量是将数量变异标志称为变量。它的表现形式是具体的数值，就是变量值。例如，某公司有人数 650 人，那么人数就是变量，650 就是变量值。全部的数量标志和全部统计指标，如年龄、产值等都是可以用数值表示的，不包括品质标志。

变量按是否连续可分为连续型变量和离散型变量两种。在一定区间可任意取值的变量叫连续型变量，其数值是连续不断的，相邻两个数值可以作无限分割，即可取无限个数值。例如，人体的身高、体重、生产零件的规格尺寸等；可按一定顺序一一列举数值的变量叫离散型变量，其数值表现为间断的，例如企业个数、职工人数、设备台数等。

第五节　Excel 的统计功能

统计软件的发展，极大地推动了新的统计计算方法的研究与开发。另一方面，也帮助统计学家实现新的统计方法。国内统计软件的应用这些年来也有很大进步，引进了国外的 SAS、SPSS、MATLAB、Excel、Eviews 等统计软件。

一、Excel 概述

Microsoft Excel 是美国微软公司开发的 Windows 环境下的电子表格系统，是 Microsoft Office 自动化集成软件的重要组成部分，它是目前应用最为广泛的现代办公表格处理软件之一。Excel 广泛地应用于管理、统计、财经、金融等众多领域。自 Excel 诞生以来，主要经历了 Excel 3.0、Excel 4.0、Excel 5.0、Excel 95、Excel 97、Excel 2000、Excel 2003 、Excel 2007 等不同版本，Excel 2010 也正在接受用户的试用。随着版本的不断提高，Excel 强大的数据处理功能和操作的简易性逐渐走入了一个新的境界，整个系统和智能化程度也不断提高。

Excel 具有强大的数据库管理功能、丰富的宏命令和函数，能完成数据的计算、分析传递和共享，可以帮助用户将繁杂的数据转化为所需要的信息。

二、Excel 的统计功能

Excel 是一个设计精良、功能齐全的办公软件。Excel 的统计功能通常分为基本统计和数据分析两部分，分别以统计函数和分析工具库的形式来提供。

(一) Excel 的统计函数

Excel 具有大量的内置函数，例如，财务函数、日期和时间函数、数学和三角函数以及统计函数等，共有 300 多个内置函数。内置函数就是预定义的内置公式，它使用参数并按照特定的顺序进行计算。函数的参数是函数进行计算所必需的初始值。用户把参数传递给函数，函数按特定指令对参数进行计算，把计算的结果返回给使用者。函数的参数可以是数字、文本、逻辑值或者单元格的引用，也可以是常量公式或其他函数。每个函数都有它需要的参数类型。在 Excel 提供的函数中，有 79 个统计函数，如表 1—1 所示。

表 1—1　　Excel 中统计函数及其功能

函 数	功 能
AVEDEV	返回一组数据与其均值的绝对偏差的平均值
AVERAGE	计算参数的算术平均数
AVERAGEA	返回所有参数的平均值

续前表

函数	功能
BETADIST	返回累积 beta 分布的概率密度
BETAINV	计算 beta 分布累积函数的反函数值
BINOMDIST	返回一元二次项分布的概率
CHIDIST	计算单尾 chi—squared 的概率值
CHIINV	计算单尾 chi—squared 分布的反函数值
CHITEST	计算独立检验的结果
CONFIDENCE	返回总体平均值的置信区间
CORREL	计算两个数组的相关系数
COUNT	计算指定范围或数组里含有数字的个数
COUNTIF	计算参数清单里含有非空白数据的个数
COUNTBLANK	计算某个区域中空单元格的数目
COVAR	计算协方差，即每对数据点的偏差乘积的平均数
CRITBINOM	返回使累积二项式分布大于等于临界值的最小值
DEVSQ	返回数据点与各自样本均值偏差的平方和
EXPONDIST	返回指数分布函数
FDIST	计算 F 概率分布
FINV	计算 F 概率分布的反函数值
FISHER	计算数值的 Fisher 变换
FISHERINV	计算 Fisher 变换函数的反函数值
FORECAST	根据已知的 x 和 y 数组的线性回归预测 x 值
FREQUENCY	以一个垂直数组计算频率的分布
FTEST	返回 F 检验结果的值
GAMMADIST	返回伽玛分布函数
GAMMAINV	计算伽玛累积分布的反函数值
GAMMALN	计算伽玛函数的自然对数
GEOMEAN	返回一个正数数组或数值区域的几何平均数
GROWTH	根据给定的数据预测指数增长值
HARMEAN	计算一组数据的调和平均数
HYPGEOMDIST	返回超几何分布
INTERCEPT	计算因变量和自变量的线性回归线的截距值
KURT	计算一组数据的峰值
LARGE	计算在数据组中第 K 大的数值

续前表

函数	功能
LINEST	返回一个线性回归方程的参数
LOGEST	计算描述指数曲线预测公式的参数
LOGINV	计算 x 的对数正态分布累积函数的反函数值
LOGNORMDIST	计算 x 的对数正态分布的累积函数
MAX	返回一组参数中的最大值，忽略逻辑值及文本字符
MAXA	返回一组参数中的最大值，不忽略逻辑值和字符串符
MEDIAN	计算一组参数的中间值
MIN	返回一组参数中的最小值，忽略逻辑值及文本字符
MINA	返回一组参数中的最小值，不忽略逻辑值和字符串
MODE	返回一组数据或数据区域中出现频率最高的数
NEGBINOMDIST	返回负二项式分布
NORMDIST	返回给定平均值和标准差的正态分布的累积函数
NORMINV	对于指定的均值和标准差，计算其正态分布累积函数的反函数值
NORMSDIST	返回标准正态分布函数值
NORMSINV	返回标准正态分布的区间点
PEARSON	计算皮尔逊（Pearson）积矩法的相关系数
PERCENTILE	返回数组的 K 百分比数值点
PERCENTRANK	返回特定数值在一组数中的百分比排位
PERMUT	计算从给定元素数目的集合中选取若干元素的排列数
POISSON	计算泊松概率分布
PROB	计算落在概率中上下值之间的相对概率
QUARTILE	返回一组数据的四分位点
RANK	计算某数字在指定范围中的排序等级
RSQ	返回给定数据点的 Pearson 积矩法相关系数的平方
SKEW	计算一个分布的偏斜度
SLOPE	计算直线回归的斜率
SMALL	计算数据集中第 K 小的值
STANDARDIZE	计算一个标准化正态分布的概率值
STDEV	根据某样本估计出标准差
STDEVA	估算基于给定样本的标准偏差
STDEVP	将参数序列视为总体本身，返回其总体标准差
STDEVPA	计算标本总体的标准偏差
STEYX	返回回归中每个由 x 预测 y 值的标准误差
TDIST	计算 Student—t 分布值

续前表

函 数	功 能
TINV	计算指定自由度和双尾概率的 Student—t 分布的区间点
TREND	返回一条线性回归拟合线的一组纵坐标（Y 值）
TRIMMEAN	计算数组内部平均值
TTEST	计算 Student—t 检验的概率值
VAR	根据抽样样本，计算方差估计值及逻辑值文字将省略
VARA	根据抽样样本，计算方差估计值
VARP	根据整个总体本身，计算方差文字及逻辑值省略不计
VARPA	根据整个总体，计算方差
WEIBULL	计算 Weibull 分布值
ZTEST	计算 z 检验的双尾 P 值

在 Excel 运行过程中调用统计函数主要采用两种方法。第一种是在工作簿的单元格中直接输入等号及统计函数名称，然后在有关的参数选项中填正确的参数，即可得到计算结果。第二种是利用粘贴函数按钮调用，单击粘贴函数快捷按钮，或点击插入菜单中的函数（如图 1—1 所示），即会弹出一个 Excel 函数选择表，选择其中的“统计”选项，屏幕上会弹出一个统计函数的选择表（如图 1—1 和图 1—2 所示），选定需要调用的统计函数名称，同样会弹出该函数的初始值输入对话框，在有关选项内填入确定的参数就能得到函数的计算结果。

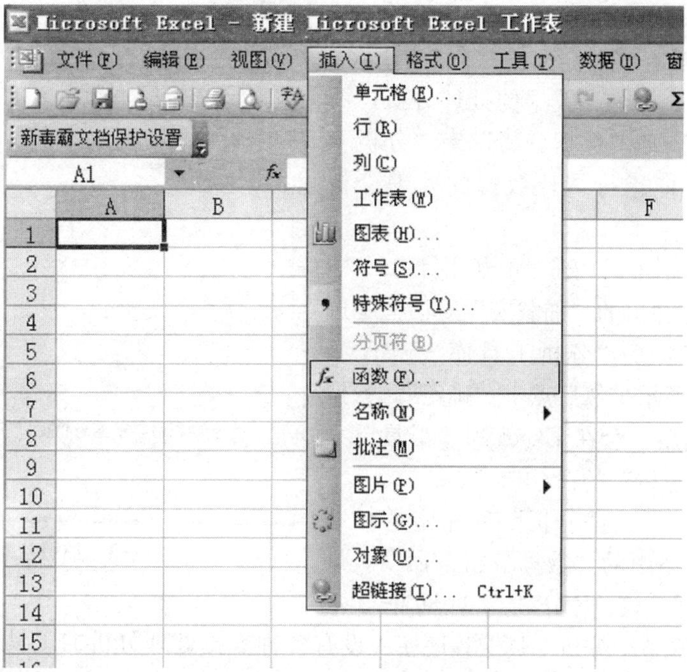

图 1—1 选择“fx 函数”

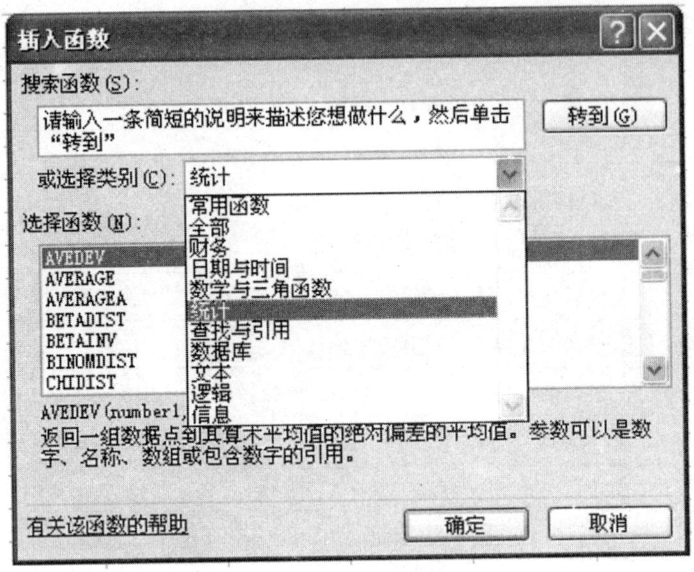

图 1—2 “插入函数”窗口

(二) 加载 Excel 数据分析宏程序

Excel 作为 Office 电子表格文件处理工具，不仅具有进行相关电子表格处理的功能，而且还带有一个可以用来进行统计数据处理分析的宏程序库——“分析工具库”。通常计算机安装了 Office 后，如果 Excel 电子表格“工具”项的下拉菜单中没有“数据分析”命令，Excel 并不能直接用来进行统计数据的处理分析，需要通过加载宏，启动“数据分析”宏“分析工具库”系统后才能运行统计数据的处理分析工具。

加载“数据分析”宏，可点击 Excel 中“工具”菜单，在弹出的“加载宏”对话框中选中“分析工具库”及“分析工具库—VBA 函数”（如图 1—3 所示）然后点击“确定”。数据分析宏程序加载后，会在 Excel 的“工具”菜单里出现“数据分析”的命令选项。

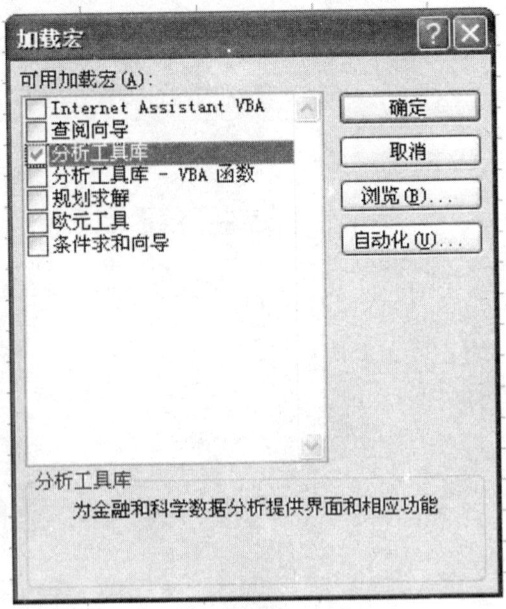

图 1—3 加载宏对话框

完成了 Excel“数据分析”程序宏的加载后，点击工具菜单中的“数据分析”命令，即会弹出 Excel 的“数据分析”对话框（如图 1—4所示）。在整个分析工具宏程序库中设有各种数据处理分析的工具宏程序，包括用于进行描述统计分析的描述统计和直方图等分析工具宏，也包括可以进行推断统计分析的方差分析、相关和回归分析、统计推断和检验以及时间序列指数平滑法等分析工具宏。

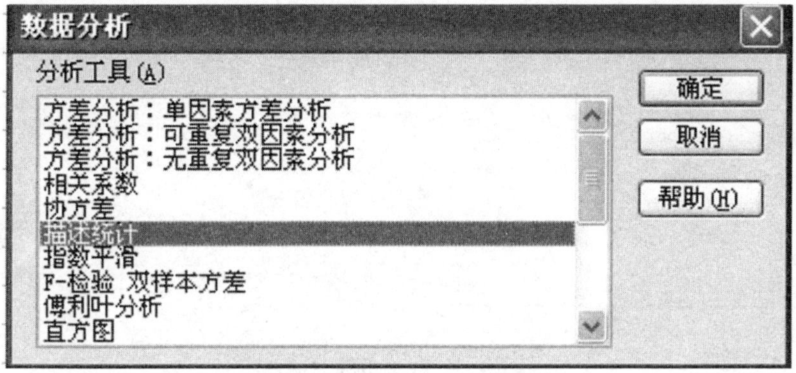

图 1—4 “数据分析”对话框

运行 Excel“数据分析”宏中某一分析功能，并根据分析工具对数据进行分析，Excel 的数据分析结果通常以统计表格或统计图的形式直观地显示出来。具体的应用在以后的章节中详细介绍。

思考与练习

1. 统计有几种含义？各指什么？各种含义之间的关系如何？
2. 统计学研究的对象是什么？具有那些特点？
3. 简述统计研究的基本方法。
4. 统计工作过程包括哪些环节？它们各有什么作用？
5. 统计的职能有哪些？它们之间的关系怎样？
6. 举例说明什么是统计总体和总体单位，说明二者之间的关系。
7. 我国的统计组织由哪两类？其中国家统计组织由哪几部分组成？
8. 总体有哪些特征？
9. 什么是品质标志、数量标志、不变标志、变异标志？
10. 什么是变异、变量？并举例说明。

第二章

统计调查

学习要点

- 掌握统计调查的概念和基本要求，了解统计数据来源。
- 了解统计调查的种类和收集数据的方法。
- 掌握各种统计调查组织方式的概念、特点和适用条件。
- 掌握统计调查方案设计与组织方式。

第一节　统计调查与数据搜集方法

一、统计调查概述

（一）统计调查

统计调查就是按照统计工作任务的要求，运用科学的调查方法，有组织地搜集各项原始资料工作的过程。它是统计工作的基础环节。统计数据的资料来源主要有两种，一是原始统计资料，二是次级资料。所谓原始资料，一般是指向总体单位搜集的个体特征，有待进一步加以汇总整理，才能从个体特征过渡到总体特征的统计资料。在调查过程中，也会涉及次级资料的搜集。次级资料是指对原始资料已经加工整理，在一定程度上可以说明总体特征的统计资料。但归根到底，各种次级资料都是对原始资料加工整理的成果。因此，统计调查的基本任务就是取得反映有关总体情况的原始资料。

统计调查在整个统计工作中具有重要的地位。从统计工作的全过程来看，统计调查处于基础阶段，是搜集资料获得感性认识的阶段。它既是获取现象总体的真实资料的基础工作，又是下一阶段进行资料整理和分析的基本环节。如果调查工作做得不好，搜集到的资料残缺不全或有错误，都将影响到以后汇总和分析工作的进行，导致我们不能从中得出正确的结论。统计调查和一般社会调查的相同之处是都属于调查研究活动，不同于一般社会调查的主要特征是搜集到的是大量的、以数字资料为主体的信息。

（二）统计调查的基本要求

如前所述，统计调查的基本任务就是提供原始资料。按照预定的目的，准确、及时、全面和系统地搜集原始资料，则是统计调查的基本要求。

1. 准确性

准确性是指统计调查所搜集的资料，必须符合客观实际，真实、可靠。因为，如实地反映情况，才能为正确的分析提供客观依据，做出科学的结论。

2. 及时性

及时性是指为了保证统计资料的时效性，需按时完成调查资料的搜集和上报任务，在规定的时间内及时提供所需资料。保证资料的及时性，才能提高统计资料的使用价值。

3. 全面性

全面性也称完整性，是指统计资料应该包括所调查的全部单位的资料，做到项目齐全、不重复、不遗漏。统计调查搜集的资料，大多数可以用数字形式体现，但为了全面而深入地说明社会经济现象和发展过程，还需要搜集、研究一些不能用数字体现的事实和情况。这有助于正确地搜集和运用统计数字资料，进一步提高统计资料的质量。

4. 系统性

系统性要求搜集的统计资料有条理，符合逻辑，不杂乱无章，便于整理。系统地搜集资料，才能反映事实发展过程中各个方面的特征、趋势和问题，根据系统而细致的资料，从而做出正确的判断。

二、统计调查的分类

社会经济现象错综复杂，千变万化。为了准确及时地搜集原始资料，应根据不同的调查对象和调查目的，采用各种不同的调查方式和方法。统计调查方式可以从不同的角度进行分类。

（一）按组织方式的不同，可以分为统计报表制度和专门调查

1. 统计报表制度

统计报表制度是国家组织统计调查的一种重要方式。所有企业、事业单位按照规定的表式、日期和程序，向上级和国家提供统计资料，就是统计报表制度。统计报表制度有时也简称统计报表，它反映了国家的政治、经济、文化、科学等方面的基本指标，可以用来检查计划的执行情况，为各级领导部门制定方针政策、领导日常工作服务。

2. 专门调查

专门调查是针对调查对象的特点，为了某一特定目的而组织的一种搜集资料的调查组织形式。例如，为了提供确实的人口数字而组织的人口普查；为了研究职工生活状况而组

织的职工家计调查等，都是专门调查。在我国统计实践中，专门调查有普查、重点调查、典型调查和抽样调查等。这些调查对于了解国民经济和社会发展情况、实行科学管理、编制长期规划来说，都是非常需要的。

（二）按调查对象包括范围的不同，可以分为全面调查和非全面调查

1. 全面调查

全面调查就是对构成调查对象总体中的所有单位进行调查登记，以取得比较准确、全面的统计资料而组织的一种调查组织形式。例如，人口普查、物质库存普查等都是全面调查。又如我国的统计报表制度，在其实施范围内包括应填报的全部企事业单位，基本上也是全面调查。

组织全面调查，应考虑实际需要与可能。因为全面调查往往消耗大量的人力、物力和时间，而且可能出现的调查误差也比较大，所以除了贯彻执行统计报表制度，全面、系统地搜集国民经济的基本统计资料外，只对某些必须掌握的全社会基本情况才进行全面调查，其调查内容仅限于最重要的少数基本指标。

2. 非全面调查

非全面调查就是对构成调查对象总体中一部分单位进行调查登记的一种调查方式。例如，为了研究新技术、新方法、新的管理模式在工业企业中的推广情况，一般不需要对所有工业企业一一进行调查；又如对产品进行具有破坏性的质量检验，只能从中抽取一部分产品进行检验。重点调查、典型调查、抽样调查以及非全面贯彻执行的统计报表，均属于非全面调查。非全面调查由于调查单位少，可以用较少的人力、物力和时间，及时取得比较深入细致的资料。

（三）按登记事物的时间是否有连续性，可以分为经常性调查和一次性调查

1. 经常性调查

经常性调查是连续性调查，即随着调查对象的发展变化的情况，随时进行连续不断的登记。例如，工业产品产量，主要原材料、燃料、动力的消耗，货运量的发展变化过程等等，通常采用经常性调查，其目的在于取得事物全部发展变化过程及其结果的统计资料。

2. 一次性调查

一次性调查是不连续的调查，主要是对事物在一定时点上的状态进行登记，其目的在于取得该事物在特定时点上的水平、状态的资料。例如，工业企业固定资产总量、原材料库存量、高校在校人数等，在一定时期内变动不大，通常采取一次性调查。一次性调查根据客观需要和研究任务的不同，分为定期和不定期两种。前者是指每隔一定时期进行一次，其时间间隔大体相等，如每十年进行一次人口普查；后者是指在相邻两次调查之间的时间间隔不相等，例如科学技术人员普查。

在实际工作中，各种调查方法不是互相排斥的，往往相互交叉使用。在组织调查时，到底采用什么方式、方法，应该根据调查的目的、任务和调查对象的特点，以及参与调查人员的素质和工作条件灵活选用。

随着我国社会主义市场经济体制的建立，新的统计调查方法体系的目标模式为：建立以必要的周期性普查为基础，以经常性的抽样调查为主体，同时辅之以统计报表、重点调

查、抽样调查等多种方法综合运用的统计调查方法体系。

三、统计数据搜集的方法

（一）直接观察法

直接观察法就是由调查人员在现场对调查对象进行直接观察、计数、测量，以取得资料的一种调查方法。例如，对商品库存的盘点、农作物产量的实割实测等。这种方法取得的资料比较真实可靠，但需要花费大量的人力、物力和时间。另外，对于历史资料的搜集，无法直接进行观察和计量。因此，还要利用报告法和采访法。

（二）报告法

报告法就是以各种原始记录和核算资料为基础，由调查单位按照有关规定和隶属关系，逐级向上提供统计资料的方法。我国目前各企事业单位填报的统计报表就是采用这种方法逐级上报的。如果原始记录和核算工作健全，各个企业和单位能遵守统计制度和法规，采用这种方法可以保证取得可靠的资料。

（三）采访法

采访法是根据调查项目由被调查者答复来搜集调查资料的方法。它又可以分为个别询问、开调查会和自填法：（1）个别询问法又称派员法，即在调查过程中，由调查人员对被调查者逐项询问，及时纠正资料的差错；同时，调查人员对调查项目有统一的理解，因此可以保证调查资料的准确性和一致性。这是人口普查中常用的方法，但需要花费大量的人力和时间。（2）开调查会法就是邀请熟悉情况的人员座谈，调查者和被调查者共同商讨，相互核对，深入了解实际情况，取得较为可靠的资料。（3）自填法就是调查机构把调查表分发给被调查者，要求填好后送还。这种方法可以节省人力和时间，但调查资料的质量与被调查者的政治觉悟和文化水平有关，常因对调查的问题及其要求的理解不一致而受到影响。如果调查的问题不复杂，对调查结果并不要求过于精确，而被调查者为数不多，则在一定的条件下，自填法可以作为一种辅助的调查方法。

（四）问卷法

问卷法即根据统计研究目的的需要，将所需要的材料归纳为具体的问题，制成表格形式发给被访问者，由被访问者填写问题的答案的一种调查方法。目前这种统计调查方法被广泛地运用于市场调查。问卷法的关键是如何设计调查表或问卷。设计问卷必须解决两个问题，一是被调查内容设计必须有标准的、明确的答案；二是被访问者乐于回答。这种方法目前为企事业单位和民间调查者广泛使用，但资料的可靠程度较低，问卷的回收率较差。

（五）实验法

实验法是指通过科学实验获取统计数据的方法。统计研究的目的，在于通过获取统计数据进行研究分析现象的规律，为决策和管理服务。但在客观事物中，有些问题必须在事情全部发生之前得出规律性的认识。例如，为了检查产品的质量，控制废品的发生，就不能等到所有产品生产完毕再去调查研究，采取改进办法，而必须先取得一部分数据加以研究，并采取办法加以解决。再比如，要比较农作物甲品种与乙品种的收获率高低，可以用同样条件的土地来进行种植，用以取得收获率的数据，从而判断两个品种的收获率的高低。

用实验法收集统计数据，最关键的是对实验方案进行科学设计，要考虑到所有因素的差别和对实验结果的影响。例如农作物的产量不仅受土地的位置、肥沃程度、气候条件等自然因素的影响，还要受到技术水平和管理水平的影响。实验设计就是要采取措施，使甲、乙两种品种能够进行科学有效的对比。

这种方法，主要是用于自然科学研究和工程技术研究领域的统计资料的收集。

（六）网上调查法

网上调查法是指运用计算机和网络技术收集统计资料的方法。Internet 的发展，无论是对政府组织还是企事业单位或个人，都是一个优秀的统计调查工具。调查活动发起者只要在网上发出调查信息和问卷，就可以在全国乃至世界范围内得到访问者的反馈信息，调查者可以及时进行统计分析和决策。

当前网络技术非常发达，社会经济生活的各个方面的数据，大部分都可以用网络调查获得有关统计数据。统计网上调查法目前可以大致分为如下几种：

1. 运用专门的统计调查软件搜索统计数据

（1）网上直报系统。这是政府组织对所属下级机构取得统计资料的主要手段。政府统计部门组织专门人员开发研究专门的数据调查软件系统，这种系统运行后，基层单位凭有效的用户名和密码进入网上直报系统后，便可以通过网络进行本单位的各种统计数据上报工作。目前我国各级统计部门多数开展了网上直报。国家有关部门也相应地开展了网上直报，如教育部编制招生计划所需的学校基本数据上报工作，就是采用了这种方法。

（2）网上调查问卷。即政府部门和有关单位运用专门的调查软件系统，在网上设置调查问卷，被调查者在网上填写调查问卷，主管部门获得大量统计数据。例如政府工商部门发布的消费品满意程度问卷、劳动部门发布的就业信息问卷等。这种方式也被公司、新闻单位等在调查专门问题时大量使用。

2. 电子邮件

使用电子邮件，即按已知的电子邮箱地址，发出调查表格或问卷给被调查者，被调查者回答完毕后回复给调查者。这种方法也被政府部门和企事业单位及个人广泛使用。

3. 网上访问

是指通过访问网站查询搜集统计数据。这种方法是调查活动的发起者根据所要收集的数据涉及的内容，访问资料所在单位网站进行的资料查询活动。例如，要获取教育数据资料就可以直接访问教育部网站；要获取旅游业有关数据即可以直接访问旅游局网站。

4. 网上互动

网上互动即运用网络互动工具，使调查者与被调查者直接互相交流，从而获得有关信息。目前流行的互动软件如 QQ、MSN 等既可以做到两个人交流，也可以进行多方直接交流的网络会议；既可以是键盘打字式的交流，也可以是可视的有声的语音交流，同时还有传真功能。

5. 网上发帖

网上发帖指调查者为获得某种信息资料，在网上发帖，广泛征求网友答案的方法。

上述网上调查方法是目前广泛流行的方法，随着计算机技术的发展和软件的开发，相信会有更多更好的网上调查方法软件被开发研制出来，并被广泛应用。

使用网上调查法具有方便、快捷、信息量大及成本低的特点，但需要注意的是资料的准确性和可靠程度。上述的网上调查方法中，只有网上直报法及由上级要求用电子邮件上报的数据是严格建立在基层单位的原始资料基础之上的，只有它的数据是非常可靠的。其他方法可靠程度要进行分析，即使调查者访问政府和有关单位的网站，也可能存在被黑客攻击而引起数据改变的情况和资料显示未能及时更新的问题。

第二节　统计数据的类型与表现形式

一、统计数据的计量尺度

统计计量是指对于客观现象运用一定的尺度进行计量和测度，从而得到不同的统计数据。统计计量也称统计测量或统计测度。

统计研究的对象是客观事物的数量方面。统计研究的全部过程就是收集统计数据、整理统计数据、综合分析统计数据并运用统计数据进行推断。统计获得的数据都是对客观现象进行计量的结果。

统计计量必须采取某种分类或标识进行计量，这种分类或标识叫做统计计量尺度。客观事物的性质不同，其测定的尺度也是不同的。有的客观事物表现为品质差异，只能按其品质属性进行分类，如人口的性别、民族、工种，企业的所有制性质和行业属性等；有的客观现象表现为数量差异，可以用精确的数字加以衡量，如图书馆的藏书册数、职工的工资、学生的成绩、企业的产值等。根据计量学的分类方法，对客观事物可采用不同的尺度进行计量，并可将计量的尺度从粗略到精确、从低级到高级划分为四种统计计量尺度。

（一）定类尺度

定类尺度是指将被研究现象的类别或某种属性进行分类或分组的一种测度。将被研究现象按某种品质属性将其划分为不同的类别的一种尺度，也可以称为类别尺度。这种尺度可以用数字作为现象总体中不同类别或组别的代码，但只能测定事物之间的差异。这种情况下所使用的数字仅表示各组的区别，而不表示它们之间有大小、顺序或等级的差异。例如将企业职工按性别分为男职工和女职工，将人口按民族分为汉族、朝鲜族、蒙古族等。为了便于统计处理和识别，往往把不同的类别用数字作为代码，例如把国民经济按三次产业划分，可以分为第一产业、第二产业和第三产业，而每个产业又可以具体划分。如第一产业是农业，它可以进一步划分为种植业、林业、牧业、渔业。如果用数字代表则可以表示如下：

01、第一产业	02、第二产业	03、第三产业
011 种植业	021 采掘业	031 交通运输业
012 林业	022 制造业	032 邮电通信业
…………	023 电力业	033 商业饮食业
	…………	034 旅游业
		…………

需要指出的是，以上数字仅仅是不同类别的代码，这些数字只能作为标识，不能进行数字运算，也不能比较其大小。定类尺度是统计计量尺度中最简单最粗略的一种，它的特点是：(1) 定类尺度的数值只是事物的特征的代码，只能做事物类别的区分。用数字代表各类别时，数字也只是代表不同类别，不能做数字运算。(2) 其值不能用来比较事物之间的优劣和大小，被这种尺度所划分的事物之间关系是平等并列的，类别的顺序是可变动的，例如在第一产业中，林业、种植业等谁都可以排在第一位。(3) 定类尺度对事物的区分必须遵守互斥和穷尽的原则。互斥是指每一个个体单位只能属于一个类别，不能既可以在这个类别中出现同时又在另一个类别中出现。穷尽是指全部个体都应落实到相应的一个类别之中，不能出现任何一个没有类别的单位。(4) 定类尺度进行计量的统计数据只能是计算各类别的单位数（频数）或某一类别的单位数占全部单位数的比重（频率），而不能计算累计的比重。如在所有客户中，男性有多少人，占总人数的百分率是多少。

（二）定序尺度

定序尺度是指将被研究对象按照某种特征对事物之间的等级差别或顺序差别加以区分的一种尺度。这种尺度不仅要将事物区分为不同的类别，并且要反映不同事物的好与差、优和劣、大和小、先和后的关系。例如，将教师按职称分为助教、讲师、副教授、教授；将学生可按学历分为本科生、专科生、中专生等；对产品可分为一等品、二等品、三等品等。这种尺度的特点是：(1) 可以用来区别事物的类别。用数字代表各类别时，数字也只是代表不同类别，无法测出类别之间的准确差值，即测量数值不代表绝对的数量大小，所有计量结果只能排序，不能做数字运算。(2) 可以对事物的类别加以比较（大小、优劣、前后），各类别顺序不能变化，被研究对象的各类别不是并列关系。(3) 对事物的分类同样要求互斥和穷尽。(4) 对数据的计量，除了频数、频率，还有累积频数和累积频率。如足球喜欢程度这一变量的取值有：1—非常喜欢，2—喜欢，3—无所谓，4—不喜欢，5—非常不喜欢。对它就可以计算累计频数和累计频率。如对“足球喜欢程度”，不仅可以计算喜欢的人数和比例有多少，还可以计算喜欢及非常喜欢的累计人数和比例有多少。

（三）定距尺度

定距尺度是对研究对象采用一定的间距进行分类或排列顺序并计量的一种尺度。它通常使用自然单位或度量衡单位。它不仅能够将事物区分为不同的类别，而且也可以准确地指出各类别之间差距是多少，因此我们说定距尺度是比定序尺度更高一层的计量尺度。例如我们可以将学生的某一门课程的成绩进行分类，形成 90 分、80 分、70 分、60 分等。这种区分就是以分数为单位，以 10 分为间距进行的。通过区分既得到了不同的类别，又区别了各组的高低，同时也确定地表明了各类别之间的准确差异。这种尺度的特点是：

（1）能够区分事物的类别。（2）可以比较或排序。（3）数字代表各类别，互相之间可以计算数值的差别。例如 90 分和 60 分的差别为 30 分。（4）没有确定的标准的“零”位。就是说“0”也是一个类别，不是说“没有”，或“不存在”，它的涵义是这个位置为零水平。例如温度可以分为 30℃、20℃、10℃、0℃、－10℃，其中的 0℃并不是没有温度。在社会现象中，很多现象的区别就是以“0”为中心进行等距划分的。例如建筑施工现场以某一点为零高度，即“正负 0”，其他各点都以此为标准计算高度。

（四）定比尺度

定比尺度是指在定距尺度的基础上，将各类相关数据加以对比而形成新的相对数的一种尺度。用这种尺度计算的结果，可以反映现象的构成、比例、速度、密度等数量关系。由于它是在定距尺度的基础上进行的，所以更能深刻反映事物的特征。例如将收入额与人口数比较，可以计算出人均收入；将人口数与土地面积进行比较，可以计算出人口密度；将企业的利润和销售收入比较，可以计算出销售利润率等等。这种尺度的特点是：（1）对事物进行分类，可以用精确数据表明类别之间的差异。（2）可以排序、比较大小。（3）有标准的“零”位。其与定距尺度的差别在于有一个固定的绝对“0”。即如果数字为“0”，则表示“没有”或“不存在”。如体重为 0 则表示没任何重量。

上述四种计量尺度对事物进行计量的层次是由低级到高级、由粗略到精确逐步递进的。高层次的计量尺度具有低层次计量尺度的全部特征。所以，可以将高层次的计量尺度对事物计量的结果转化为低层次计量尺度的计量结果，但这样会损失一部分信息；而低层次的计量尺度得到的结果却不能转化为高层次计量尺度的计量结果，这样可能会引入错误的信息。例如根据百分制的学习成绩，可以很容易地将其划分为优、良、中、及格和不及格，但若将五等级制转化为百分制则是非常困难的。因此，在统计分析中计量层次越高越好，因为高层次的计量尺度包括了低层次计量尺度全部特征，所运用的统计方法更多，分析时也就更加方便，处理的结果所提供的信息量就更大。所以在实际工作中要尽可能地采用更高层次的计量尺度。

二、统计数据的类型和表现形式

（一）统计数据的类型

对客观事物采用不同的计量尺度计量的结果，表现为不同类型的统计数据。上述的四种计量尺度计量的结果可以有四种情况：

定类数据——表现为类别，但不区别顺序，是由定类尺度计量形成的。

定序数据——表现为类别，但有顺序，是由定序尺度计量形成的。

定距数据——表现为数值，可以加减运算，是由定距尺度计量形成的。

定比数据——表现为数值，可以加减乘除运算，是由定比尺度计量形成的。

上述四种数据可以进一步分为两类，即定性数据和定量数据。

定性数据说明的是事物的品质特征，不能用数值表示，通常用文字表示，也叫品质数据。这类数据是由定类尺度和定序尺度计量形成的。例如，人的民族只能用“汉”、“蒙”、

“回”等表示，这是定性数据，考试成绩用“优”、“良”、“中”、“差”表示，也就是定性数据。

定量数据说明了事物的数量特征，具体表现为数值，也叫数量数据或数值型数据。这类数据是由定距尺度和定比尺度计量形成的。例如，销售额为 200 万元，产量为 500 件，人均住房面积为 10 平方米等都是数量数据。

按照统计数据的收集方法，可以将其分为观测数据和实验数据。观测数据是通过调查或观测而收集到的数据，这类数据是在没有对事物人为控制的条件下得到的，有关社会经济现象的统计数据几乎都是观测数据。实验数据则是在实验中控制实验对象而收集到的数据。比如，对一种新药疗效的实验数据，对一种新的农作物品种的实验数据。自然科学领域的大多数数据都为实验数据。

按照被描述的现象与时间的关系，可以将统计数据分为截面数据和时间序列数据。截面数据是在相同或近似相同的时间点上收集的数据，这类数据通常是在不同空间上获得的，用于描述现象在某一时刻的变化情况。比如，2013 年我国各地区的国内生产总值数据就是截面数据。时间序列数据是在不同时间收集的数据，这类数据是按时间顺序收集到的，用于所描述现象随时间变化的情况。比如 2010—2013 年我国的国内生产总值数据就是时间序列数据。

（二）定量数据的表现形式

定量数据通常有两种表现：总量数据和分析数据。

(1) 总量数据又称总量指标，反映事物在一定时期或一定时点上达到的总数量、总水平。如对某市企业按年销售额分类，这里年销售额就是一定时期（一年）达到的总数量。再如对学校按在校生人数分类，这里的在校生人数就是现象在某一时点上的总水平。

(2) 分析数据是由两个总量数据进行比较的结果，具体分为相对数和平均数两种。例如，人口密度就是相对数，人均工资就是平均数。根据对比数据性质不同，相对数有比例和比率之分。比例是反映总体的内部结构，在同一总体内某一部分占全部的比重，各部分的比重之和等于 1。比率是不同类别数量之比，可以反映同一现象在不同时间、空间上的对比，也可以反映两个有联系但性质不同的总体数量之比，如经济发展速度、人口密度、人口自然增长率。平均数也称均值，它是总体中某一标志总量与相应总体单位数之比，反映总体单位某一数量方面的一般水平。分析数据与总量数据相比，更能说明现象的质的特征。

第三节　统计调查方案设计与组织形式

一、统计调查方案的设计

统计调查方案是指事先制定的，用来组织和协调统计调查活动全面开展的工作计划书。它是统计调查活动的指导性文件，用以保证统计调查工作顺利进行。

统计调查是一项复杂、细致的工作。特别是一项大的统计调查任务，调查项目多，涉及面广，工作量很大，往往要调动成千上万人协同工作才能完成。只有事先设计、制定周密科学的调查方案，在调查过程中才能做到统一认识、统一内容、统一方法、统一步调，保证调查任务顺利完成。统计调查方案的设计应包括以下基本内容。

（一）确定调查目的

统计调查的目的就是统计研究的目的。统计凋查工作开始之前，首先要明确调查目的，即为什么要进行统计调查，统计调查要解决什么问题。如果统计调查的目的、任务不明确，就无法确定向谁调查，调查什么，也无法确定采用什么调查方式和方法调查。例如，我国 2010 年 11 月 1 日零时举行的全国第六次人口普查的调查方案中，明确规定这次调查的目的就在于：为了准确地查清 2000 年第五次全国人口普查以来我国人口在数量、结构、地区分布、受教育程度、迁移流动和居住环境等方面的变化情况，为科学制定国民经济和社会发展规划、统筹安排人民的物质和文化生活、实施可持续发展战略、构建社会主义和谐社会提供科学准确的统计信息支持。通过这次人口普查，还可以查清全国较为突出的流动人口问题、农民工问题、人口老龄化的进展状况等等，为研究制定“十二五”规划提供依据，并为社会公众提供人口信息服务。

（二）确定调查对象和调查单位

1. 调查对象

所谓调查对象就是要进行研究的客观现象的总体，它是由性质相同的许多调查单位所组成的。例如，我国进行的第六次人口普查，全国的人口总体（具有中国国籍，并在中国境内常住的自然人）就是调查对象，每一个人就是调查单位。再如，第三次全国工业普查的调查对象，就是全国所有的工业企业。

在确定调查对象时，为了进一步明确起见，有时还要具体指出在调查中应该包括哪些，不应包括哪些，以免在调查中因误解而出现混乱现象。

2. 调查单位

所谓调查单位就是构成调查对象总体的每一个单位，即总体单位。它是调查登记项目的承担者。上述人口普查中的调查单位就是具有中华人民共和国国籍并在中国境内常住的每一个人，工业普查的调查单位就是每一个工业企业。

除了规定调查单位外，还要规定报告单位，也就是填报单位。报告单位是在调查中提供资料的单位。报告单位和调查单位有时是一致的，有时则不一致。例如，工业普查中的每一个工业企业既是报告单位又是填报单位。但是，如果要进行工业生产设备普查，调查单位是企业的每一台设备，而填报单位则是每一个工业企业。

（三）拟定调查项目，制定调查表

调查对象和调查单位确定后，还要拟定调查项目。所谓调查项目就是向被调查单位调查些什么内容。在拟定调查项目时，既要列出那些为了完成调查任务所必需的项目，同时又要本着“少而精”的原则，使确定的项目能说明问题即可，不必过多。特别是那些不是十分必要或很难填报的项目都不应该列入。调查项目过多还会适得其反，降低调查的质量。

在拟定调查项目时，要注意各项目之间的相互关系和联系。有些登记项目可能与调查目的关系不大，但对于项目核对、检查登记结果的准确性很必要，这样的项目就应设置或保留；此外，还要注意本次调查与以往同类调查中的项目的衔接关系，以便于动态对比分析。

把全部调查项目用符合科学设计的表格形式体现出来，这就是调查表。统计调查的结果一般都是通过登记调查表显现出来的。调查表是统计工作中收集原始资料的基本工具。调查表有单一表和一览表两种。单一表是每张表格中只填一个调查单位的资料，一般在调查项目较多时应用，如表 2—1 所示。一览表则是把很多单位的项目登记在同一张表上，便于进行比较和汇总，这样的调查表在调查项目较少时使用，如表 2—2 所示。

表 2—1　　　　常住人口调查表（简化）

住址：　　省　　市（县）　　区　　街（路）　　号

姓　名		与户主关系			
曾用名		性　别			
出生地		民　族			
籍　贯		出生日期			
身份证编号		身高		血型	
文化程度		婚姻状况		兵役情况	
服务单位		职业			

填表人__________，填表日期______年__月__日

调查表由表体、表头和表脚三部分组成。调查表的设计与一般的统计表大体一致，在第三章有详细介绍。

表 2—2　　　　常住人口主要情况一览表

编　号	姓　名	年　龄	性　别	民　族	文化程度	职　业	单　位

填表人__________，填表日期______年__月__日

（四）确定调查时间

调查时间就是调查资料所属的时间。如果调查的现象是时期现象，应明确规定调查对象的开始和截止时间；而对于时点现象，则应该规定统一的标准时点即调查登记的标准时间。例如，第六次全国人口普查，所规定的标准调查时点是 2010 年 11 月 1 日零时，所登记的项目的内容和具体数值均以这个标准时点为准。此外，还应明确调查开始时间和完成

的期限，以保证统计调查的时效性。

（五）制定调查的组织实施计划

严密细致的组织工作，是统计调查顺利进行的重要保证。调查工作的组织计划包括组织领导、进行调查的职能机构、调查的方法与步骤、质量保证实施及调查前的各项准备工作等。值得注意的是，调查人员的素质往往直接影响到调查的质量，因此，在组织大型的调查之前须组织必要的专门训练，落实经费的来源，制定切实可行的调查经费计划。

二、统计调查的组织形式

（一）统计报表

1. 统计报表的含义

统计报表是按国家有关部门统一规定的表格形式和内容、统一的报送时间和报送程序，自下而上定期向上级机关报送国民经济及社会发展状况的基本统计资料的一种统计调查组织方式。一般把这一整套统计调查称为统计报表制度，而把提供统计资料的表格称为统计报表。

统计报表是国家收集统计资料的一种特有的方式方法。国家在制定国民经济发展计划和有关社会发展规划、各项方针、政策时，都离不开各方面的基本统计资料，统计报表制度正是适应这一需要而产生并得以实施的。国家的各个企事业单位有义务向国家提供统计资料。《中华人民共和国统计法》第三条规定："国家机关、社会团体、企业事业组织和个体工商户，以及在中国境内的外资、中外合资和中外合作经营的企业事业组织，必须依照本法和国家规定，提供统计资料，不得虚报、瞒报、拒报、迟报，不得伪造、篡改。"

与其他调查方式比较，统计报表的特点是：

（1）统计资料具有高度的统一性和规范性。统计报表是一整套完整的统计信息体系和一套规范的规章制度，事先布置，基层单位按要求上报。因此，报表资料的统一性和规范性有可靠保证，便于在全国汇总、综合和对比分析。

（2）能够保证调查资料的准确性和及时性。统计报表是政府依靠法律和行政手段执行的制度，同时资料来源是建立在基层单位原始记录基础之上，任何单位都必须按时间、按程序上报，具有100%的回收率。

（3）统计报表的项目和指标具有稳定性。它可以逐级、定期提供统计资料，以及时了解社会经济发展情况和企业经营情况，满足各级组织的信息需求。此外，统计报表制度也便于统计资料的历史积累。

但是，统计报表也有一定的局限性。由于统计报表制度从填报内容到报送时间、报送程序都是事先规定好的，不能随意变动，因此，与专门调查相比较，特别是与抽样调查相比缺乏灵活性。因而在实际工作中可根据实际情况和需要，把统计报表与其他调查组织形式结合起来进行，可以取得更好的调查效果。

2. 统计报表的分类

我国目前实施的统计报表是多种多样的，从不同的角度可以将它们分类。

（1）按统计报表内容和实施范围，可分为国民经济基本统计报表、专业统计报表和地方统计报表三种。

国民经济基本统计报表，也叫国家统计报表。它是由国家统计局制定发布，在全国范围内实施的报表制度。国家统计报表是我国现行统计报表的主体，主要用以搜集工业、农业、基本建设、交通运输、邮电、物资供应、商业、外贸、财政、金融、劳动工资、科技、文教、卫生、人口等国民经济与社会发展状况的基本统计资料，为国家制定方针政策、加强社会行政管理提供依据。

专业统计报表也叫部门统计报表。它是国务院各部门根据本系统工作需要而制定发布的，在本部门范围内实施，用以搜集本部门的有关业务情况的统计报表，是国民经济基本统计报表的补充。

地方统计报表则是各省、市、自治区根据统计调查任务而制定的统计报表，在本地区范围内实施，以满足地方经济建设及社会发展的需要。这种报表也是国家统计报表的补充。这三种报表，应以国家统计报表为主体，做到协调统一、互相补充。

（2）按报送周期长短分类，统计报表分为日报、旬报、月报、季报、半年报和年报。其中以月报、季报和年报为主，一般报送周期越短，填报项目就越少些、越粗些；年报周期较长，项目较多，内容也比较详尽，一般还应附有统计分析报告。

（3）按统计调查所包括的范围分类，可分为全面统计报表和非全面统计报表。多数统计报表都是全面报表，在实施范围内所有调查单位都要填报；有些则因不必要或不可能进行全面调查，而只能对其中一部分单位进行调查。例如，零售市场的物价调查，一般多采取定点定时（一般每5天一次）进行调查，并以报表方式上报。又如，公安户籍部门的“各年龄死亡人口”调查及“年末各年龄人口数”调查等，这些报表都是非全面统计报表。

（4）按填报单位分类，统计报表还可以分为基层报表和综合报表。基层报表一直布置到基层单位，由基层单位填报后层层上报的统计报表，填报的单位称为基层填报单位。综合报表是由统计部门或主管部门根据基层报表逐级汇总填报的统计报表，填报单位称为综合填报单位。

3. 统计报表的内容

统计报表内容包括报表目录、表式和填表说明三部分。

（1）报表目录。报表目录是关于报表名称、表号、报送日期、填报单位等项目的一览表。具体包括表名、表号、报表期别（月报、季报、半年报和年报等）、填报范围、报送时间、报送份数、报送方式、受表单位、制表部门等。

（2）表式。是报表的具体格式，是统计报表制度的主体。主要内容有：主栏项目、宾栏指标、补充资料等。此外，每张报表还列有表名、表号、填报单位、报出日期，以及报送单位负责人和填表人的签字等。统计表的样式在后续章节有详细介绍。

（3）填表说明。填报说明是填报报表时应遵守的各种事项，包括填报范围、指标解释和分类目录等。

1）填表范围。即实施范围，它要求明确规定：统计报表由谁来填报，即填报单位或报告单位；各级主管部门和统计部门的综合范围，即汇总时应包括哪些单位。

2）指标解释。这是对列入表式统计指标的概念、统计方法、包括范围以及其他有关问题的具体说明。

3）分类目录。即有关统计报表主栏中应进行填报的有关项目的分类，它是填报单位进行填报的重要依据。

4. 统计报表的资料来源

统计报表的资料来源主要是基层单位的原始记录和统计台账。

（1）原始记录是基层单位以一定的表格形式，对本单位生产经营活动的过程或成果所作的记录。它是一种没有经过任何统计加工的第一手材料，即初级资料，是基层单位生产经营和各种业务活动的客观反映。企业的经济业务活动性质不同，原始记录的内容和形式也有所不同。有反映各种生产活动情况的凭证或记录，例如，工业企业的产品产量、质量记录、工人出勤记录、原材料、燃料、动力消耗记录等；也有反映企业经营管理情况的记录，例如，物资出库或入库记录、商品销售记录等。

原始记录的主要内容一般包括业务发生时间、项目内容、发生数量、计量单位、价格的负责人（经手人）等。

原始记录是基层单位填报统计报表的基础材料，是基层企业考核生产经营活动、进行业务核算或会计核算的基本依据。

（2）统计台账是基层单位根据填报统计报表和经营管理的需要而设置的一种系统积累统计资料的表册。它是对原始记录初步汇总整理的成果，是从原始资料到填报统计表的中间环节。利用统计台账形式，把原始记录分类登记并初步汇总，可防止因原始记录凭证太多而造成的混乱，便于核对和发现问题，有利于企业内部核算并为填报统计报表提供方便条件。根据基层企业的具体情况和生产经营管理的实际需要，可分别设置车间、班组和企业的统计台账。

统计台账有两种形式，一种是多指标的综合台账，它是在同一表册上按时间顺序同时登记若干相关指标数值的发展变化情况；另一种是单指标分组台账，它是在一个表册上按时间顺序登记各下属单位某一指标数值的发展变化情况。

（二）普查

1. 普查的含义

普查是专门组织的一次性全面调查，用以了解客观事物在某一时点上的数量表现。普查主要用来搜集那些不能够或不适宜用定期统计报表形式进行调查的现象。普查是一种重要的调查方式，它的主要作用是为国家制定重大方针政策和编制国民经济和社会发展规划提供全面的、充分的可靠依据。例如，我国人口普查以及全国工业普查，都是为此目的而进行的。

与其他统计调查相比，普查的突出特点就是范围广、调查项目多、工作量大。例如，根据国家普查项目和周期安排的有关规定，2010 年我国开展了第六次全国人口普查。此次人口普查标准时点为 11 月 1 日零时，人口普查主要调查人口和住户的基本情况，内容包括：性别、年龄、民族、受教育程度、行业、职业、迁移流动、社会保障、婚姻生育、死亡、住房情况等。人口普查的对象是在中华人民共和国（不包括香港、澳门和台湾地区）境内居住的自然人。2011 年 4 月 28 日，国家统计局局长马建堂发布 2010 年第六次人口普查登记（已上报户口）的全国总人口为 1 339 724 852 人。普查由于工作量大，花费的人力、财力和时间多，所以不宜经常开展，一般仅限于反映基本国情、国力方面情况的调查。

2. 普查的形式

普查的组织方式主要有两种，一种是组织专门的普查机构和普查队伍，对调查单位进行登记，我国历次人口普查都是按这种形式进行的。另一种方式是在企事业单位日常核算和报表资料的基础上，结合实际清查盘点，逐项核实、登记上报。例如，我国每年进行一次物资普查就是采用这种形式进行的。

3. 普查的基本要求

由于普查涉及的范围广、项目多、工作量大，所以必须事先做好充分的准备，要制定出周密的组织实施计划，以使普查能同时、同步如期进行，保质保量地完成调查任务。它的基本要求是：

（1）规定统一的标准时点。普查的内容多为时点现象。由于客观事物总是不断地发展变化，为保证调查结果的准确性，必须统一规定调查的标准时点，即所有的调查资料都必须是现象在标准时点上的数量表现。

（2）规定统一的调查期限。在普查实施范围内各调查单位或调查点都要同时、同步进行，并要在尽可能短的时间内完成，保证调查的时效性，避免因时间拖长而造成的数字不准、重复或遗漏现象。

（3）规定统一调查项目。调查项目要统一规定，并且不得随意改动，项目不统一必然要影响最后的全面汇总。

（4）同类普查一般要按一定周期举行。按一定周期举行的普查，便于对比分析，从中找出现象发展变化的规律。

（5）要有组织保障。坚强有力的调查领导机构、周密细致的普查计划、训练有素的普查队伍以及必要的组织行政措施，是保证普查工作顺利进行，圆满完成任务的必要条件。例如，我国历次人口普查，在国务院和各省、市、自治区都成立了人口普查领导小组，在有关市进行了先行试点，并参考以前我国人口普查的经验及国外人口普查的某些经验，最后确定了一整套比较科学的全国人口普查方案。从宣传提纲、普查方法、填表说明到质量控制措施、汇总方式及程序都作了明确规定和详细说明，此外还编写了培训材料。由于方案科学合理、组织措施得力、质量保证措施严格，普查取得了非常突出的成果。

（6）普查与其他调查方式的结合。现代普查往往还和其他调查方式，特别是抽样调查方式相结合，并用抽样方法对普查结果进行修正。

（三）抽样调查

抽样调查是按随机原则从所要调查的总体中抽取一部分单位进行调查，借以推算总体有关指标的一种非全面调查。

和其他调查相比，抽样调查有两个突出的特点：

1. 按随机原则抽取调查单位组成样本

随机原则也叫等可能原则，它排除了人们在选择调查单位时的主观意愿，每个单位被抽中或抽不中的机会完全相等。这是利用概率论原理从样本指标推断总体指标的首要条件。

2. 从数量上推算全体

抽样调查的目的是通过对样本单位的调查，计算样本平均指标或成数指标，然后以一定概率去推算总体相应指标。这和重点调查在于了解现象的基本情况、典型调查要了解现象的一般情况都有着明显的不同。

在统计调查中，有些对象是无法进行全面调查的。例如，有些产品质量检查往往是破坏性的，因此只能采取抽样检查方式。也有些现象没有必要进行全面调查，例如，居民收支情况调查，只要抽取一部分家庭进行调查，就可以了解居民的平均收入水平和消费结构。此外，如前所述，在普查中，还往往利用抽样调查方法进行质量控制和对最终统计数字进行修正。

抽样调查的理论根据是大数定律，即客观事物在大量观察情况下，可以显现出其典型特征或规则的一种客观规律。也就是说，尽管构成总体的各个单位可能有各种不同的表现，但其一般规律都可以在大量观察中表现出来。因此，在抽样调查中，除严格遵守随机原则外，还必须采用大量观察法，即抽取足够多的单位进行调查。抽样调查作为一种重要的科学的调查方式，在我国统计实践中日益广泛地受到重视，获得普遍应用。

关于抽样调查的基本原理和基本方法，将在第八章中详细阐述。

（四）重点调查

1. 重点调查的含义

重点调查是指从调查对象中选择一部分重点单位进行调查，借以了解现象的基本情况的一种调查方式。重点调查也是一种非全面调查，但这种调查方式不同于其他非全面调查，重点调查的目的不在于了解客观现象的全部情况，也不是要从局部的数量上推算全体的有关指标。重点调查的目的只在于了解现象的基本情况或大致情况。

所谓重点单位是指在总体中占有举足轻重的单位。这些单位在全部总体单位中只占一部分，甚至是很少一部分，但它们的标志值在总量中占有相当大的比重，具有充分的代表性，能反映现象的基本情况，因而在总体中具有举足轻重的作用。只要对这一部分单位进行调查，就可以得到必要的数字资料或有重要参考价值的统计信息。例如，要了解我国汽车工业企业的技术装备程度或原材料消耗情况，尽管全国有几十家汽车厂，但只需调查长春、武汉等几家大型汽车企业就可以了。因为几个企业汽车产量占全国产量的绝大部分，在生产条件、管理水平、技术力量等方面都可以作为全国汽车工业的代表厂家，它们在我国汽车工业生产中占有举足轻重的地位。

采取重点调查方式进行统计调查，主要是根据统计研究目的和现象的特点来决定的。当统计的研究目的只是要求掌握现象的基本情况，并不要求在数字上十分精确，而通过对一部分重点单位的调查就能够比较集中地反映所研究问题的大致情况或主要情况时，就可以采用重点调查方式。

重点调查有两个显著的优点，一是花费较少的人力、时间，取得较大的效果，便于掌握基本情况。二是调查少数单位，可拟定较多的项目，获得较为详细的统计资料。重点调查是统计调查中非常有效的一种调查方式，对研究社会经济现象的基本情况具有重要作用。

2. 重点单位的确定

重点单位选择得不合适，就不可能了解现象的真实情况，甚至得出错误的结论，给工作带来损失。为此，必须根据统计研究的目的和要求，对总体及其各单位进行深入的分析，并结合历史资料，认真加以确定。第一，选出的重点单位尽可能少些，而其标志值尽可能大些。第二，要根据研究目的选择。重点单位并不是固定不变的，调查的内容、要求不同，重点单位往往也不同。一个单位在某一问题上是重点单位，在另一些问题上就不一定是重点单位；过去是重点单位，现在就不一定是重点单位了。重点单位可能是一些企业、事业单位，也可能是一些地区或城市。第三，尽可能选择管理健全、统计基础较好的单位。

（五）典型调查

1. 典型调查的含义和特点

典型调查也是一种非全面调查。它是从全部调查单位中经过初步分析后选择若干个具有代表性的典型单位，进行周密、系统、深入、细致的调查研究，借以认识事物的本质和变化规律。

与其他统计调查方法相比，典型调查主要有以下两个特点：

（1）这种调查只是在调查对象中有意识地选择少数典型单位进行调查。这些单位不能随机选择，必须是对调查对象有了一定的了解，再根据调查目的、要求，对调查现象进行认真分析研究，从中选择具有代表性的典型单位。

（2）对典型单位做深入细致的调查研究。这样不但可以搜集到有关数字资料，还可以了解到生动、具体的实际情况，这就是所谓“解剖麻雀”的调查方式。这种调查方式和统计报表等全面调查方法结合起来，会收到更好的效果。

从唯物主义观点来说，典型调查的认识论基础就是矛盾的特殊性和普遍性，事物的个性与共性的关系。普遍性存在于特殊性之中，共性存在于个性之中。应用典型调查的方法，选择有代表性的典型单位，进行深入细致的调查研究，也同样可以了解调查对象的本质特征和发展变化的规律。实际上，典型调查并不单是统计调查的方法，它在各种社会调查中具有广泛的应用价值。

2. 典型调查的作用

（1）便于研究新生事物。新生事物总有一个发展过程，开始虽是少数，但它代表着前进的方向，通过典型调查往往可以发现和便于研究探索发展方向。因此，在研究国民经济发展中不断出现新情况、新问题方面，广泛运用典型调查。

（2）便于深入研究问题。由于典型调查的调查单位很少，就有可能对它作深入、细致、周密的调查，不但能具体了解它的发展过程、变化原因和与各方面的联系，而且能总结经验教训，发现问题并提出解决办法和建议。不但可以搜集详细的数字资料，而且能掌握具体情况。

（3）便于研究现象的规律和趋势。认识事物总有一个从个别到一般，从特殊到普遍的过程。因此，对典型单位进行深入周密的调查研究，就可以掌握总体情况，达到认识事物的发展变化规律。

（4）某种条件下，可以用典型调查数据资料推论总体。

3. 典型单位的选择和调查方法

（1）典型单位的选择。典型调查选择的单位与其他调查方式选择的单位不同，这个单位必须具有代表性。因此，应对研究对象全面分析，对可供选择的单位反复比较，从中选出代表性较大的单位。

（2）典型调查的方法。典型调查运用的方法大致可以分为两类。一是对个别事物深入调查研究，被称为“解剖麻雀”式的典型调查。二是划类选典。即事先对总体所有单位按某主要标志分类，然后再从各类中选择典型单位进行调查研究。这种方法可以保证被选择的单位的代表性，又使调查结果有利于推算总体特征。

三、调查方式的结合运用

（一）调查方式的结合

以上分别介绍了各种不同的统计调查方式，这些方式各有其特点。在实际统计工作中，往往不是单用一种方式，而是多种统计方式结合运用。这是因为：第一，国民经济和社会发展的情况是非常复杂的，国民经济门类众多，变化多端，必须采用多种方式方法进行统计调查，才能搜集到丰富的统计资料。第二，任何一种方式都有它的优势和局限性，各有不同的使用条件。只用一种统计方式，不能满足多方面的要求。例如，人口普查，虽然运用普查方式得到了大量人口数据，但是普查资料的准确性必须用抽样调查来确定其资料的可靠性，同时用抽样修正系数来修正全面数据。又由于普查的涉及面大、人员多、时间长，只能若干年才能进行一次，在此期间的变化情况，只能靠抽样统计来收集相关人口变化的情况资料。又如，全面调查得到的是少量统计指标数据，需深入了解情况就必须辅之以典型调查。

（二）数字与情况相结合

在统计实践中，统计数据与情况相结合是十分必要的。统计研究的是社会经济现象的数量方面，自然以数字为主。但是社会经济现象是复杂多变的，只有数字没有情况，就会走向纯数字的游戏，不可能使统计发挥其应有的作用。数字反映的是客观现象特征和规律，但不能说明其产生的有关背景和具体原因，只有在掌握大量统计数据的同时又得到丰富的情况资料，才能帮助统计人员更好地去发现问题、处理数据、开展分析研究，才能完整地说明问题。更好地发挥统计的信息、咨询和监督三大职能。

四、统计调查误差

（一）统计调查误差的含义和种类

统计调查误差是指统计调查的结果所得到的统计数字与现象实际数量之间的离差。例如，对某市工业增加值调查的结果为 68 亿元，而实际该市的工业增加值为 67 亿元。那么，统计调查误差为 1 亿元。

统计调查误差可分为登记性误差和代表性误差。

登记性误差是由于错误登记事实而发生的误差，这在全面调查和非全面调查中都可能发生。

代表性误差，只在非全面调查中发生。代表性误差可以分为两种情况：一是系统性误差，这种误差是由于登记过程中没有遵守随机原则，有意识地选择偏好或偏坏进行登记，造成误差。二是随机误差，是指在抽样调查中，由于偶然因素的影响造成的样本与总体数据之间的离差。这种随机误差是不可避免的。

（二）统计误差的防止与控制

登记性误差和系统性误差是由于调查人员的责任心、业务水平不高造成的，完全是人为原因的结果。这种情况应该采取措施，如提高登记人员的觉悟和业务水平、科学制定调查方案、建立健全有关制度等，可以防止或完全避免。

随机误差是由偶然因素影响造成的，是不可避免的，人们只能根据一定的概率保证在一定范围上加以测定和控制。关于随机误差（也叫抽样误差）的有关问题，在第八章有详细论述。

思考与练习

1. 什么是定性数据？什么是定量数据？它们各自是怎样形成的？

2. 什么是统计调查？有什么作用？有哪些要求？

3. 统计调查方式有哪些种类？统计数据的收集有哪些方法？

4. 统计数据来源有哪些？

5. 什么是统计调查方案？为什么要制定统计调查方案？统计调查方案包括哪些基本内容？

6. 举例说明统计调查对象、调查单位、填报单位。什么是调查表？有哪几类形式？各自的特点是什么？调查表由哪三部分组成？

7. 怎样理解统计调查时间？它与调查工作开始时间是否相同？

8. 什么是统计报表制度？有哪些分类？统计报表包括哪些内容？试说明它的优点和局限性。

9. 什么是普查？普查和统计报表有什么区别？

10. 什么是抽样调查？有什么特点？在什么情况下使用？有什么作用？

11. 试述重点调查、抽样调查、典型调查三者之间的区别与联系。

12. 如果对全校同学手机费支出进行调查，以获得全校同学手机费支出数据，你认为可以采取什么调查组织方式？理由如何？并做出简单的调查方案。

13. 为了总结交流学风建设方面经验，要选择部分班级进行调研，你认为采取哪种调查方式较好，为什么？并请做出调查方案。

第三章

统计数据的整理

学习要点

- 掌握统计数据整理的概念、作用和统计整理的内容。
- 掌握统计分组的概念、作用和方法。
- 掌握次数分布的概念和种类。
- 掌握各种变量数列和统计表（图）的编制方法。
- 掌握 Excel 在统计整理中的应用。

第一节 统计数据整理概述

一、统计数据整理

统计数据整理，简称统计整理。它是根据统计研究的目的和任务对统计调查获得的大量原始资料进行科学加工，使之系统化、条理化，从而得到能够反映事物总体特征的资料，为统计分析做好准备的工作过程。

统计整理是统计工作的第三个阶段。统计调查阶段，搜集并占有了大量原始统计资料，这些统计资料是个别的、散乱的、不系统的，因而不能反映事物的全貌和总体特征。只有对这些数据进行加工整理，才能更深刻地说明事物的本质，揭示事物发展的规律。

统计整理是统计调查的继续，也是统计分析的前提，统计整理在整个统计工作中起着承上启下的作用。统计整理方法的正确与否，将直接影响到客观情况描述的准确性及其分析的可靠性。

二、统计整理的原则和程序

统计整理的目的是通过对个别事物的认识过渡到对总体的认识。在统计整理工作中，首先应该对所研究的社会经济现象进行深刻的政治经济分析，在此基础上运用最基本的、最能说明问题本质特征的统计分组和统计指标对统计资料进行加工整理，这就是统计整理必须遵循的原则。

统计整理的主要内容是分组、汇总及编制统计表（图）。在整个统计整理过程中既有理论性问题，又有综合汇总的技术问题，是一项细致的工作，需要有组织、有计划地实施。它的基本程序如下。

（一）设计和制定统计整理方案

科学合理地制定统计整理方案是保证统计整理有计划、有组织进行的首要步骤。统计整理方案应该紧紧围绕统计研究目的进行，具体内容包括：确定统计整理的组织形式、确定分组和分类目录、选定统计资料审核方法、制定汇总的流程、确定整理结果的表现形式及统计资料的管理与积累等内容。

（二）审核原始数据

在对原始资料进行分类汇总以前，必须对它进行审查、核对。这样才能保证统计整理以及统计分析建立在可靠的数据基础之上。

（三）原始数据的分组和汇总

按照一定的组织形式和方法，对原始资料进行统计分组和汇总是统计整理阶段的中心工作环节。分组就是将统计资料按某种标志分类；汇总就是在分组基础上计算出各组的单位和合计总数，同时计算出各组指标和总体的综合指标。

（四）编制统计图表

通过统计整理后的统计资料包括两方面的内容，即数据资料和相关的文字资料。统计数据的条理化、科学化、规范化必须通过一定的形式表现出来，让人一目了然。统计数据的表现可以采用多种形式，其中最主要的是统计图表。统计表和统计图是显示统计数据最有效的工具。

（五）数据的积累和保管

从长期和历史的角度上看，长期积累的统计资料就形成历史资料。统计数据整理应包括对数据的积累与保管，有利于历史资料的形成，便于统计资料的横向和纵向比较。

三、统计资料的审核

在进行统计整理之前，必须对搜集来的原始资料进行审核，以保证统计资料和统计整理的质量。这是一项不可缺少的准备工作。对原始资料的审核主要从准确性、及时性和完整性三个方面进行，发现问题，及时加以纠正。

（一）审核资料的准确性

准确性是审核的重点，对资料准确性的审核是通过逻辑检查和计算检查两个方面进行的。逻辑检查是审核原始资料的内容是否合理、有无相互矛盾或不符合实际的地方。计算检查是计算复核表中的各项数字有无差错，各项指标的计算方法是否恰当，计算单位是否正确，有关指标间的平衡关系是否得到保持等。

（二）审核资料的及时性

审核资料的及时性是要检查资料是否符合调查规定的时间，资料的报送是否及时等。

（三）审核资料的完整性

完整性是指要检查报送单位是否有不报、漏报的现象，被调查单位提供的资料是否齐全等。

对于通过审查发现的问题和错误，应及时予以查询和纠正。

第二节　统计分组

一、统计分组的意义

统计分组就是根据统计研究的目的和任务，按照选定的变异标志将总体划分为若干部分或组别，使组与组之间具有差别性，而同一组内的单位保持相对的同质性。例如，社会产品按其经济用途分为第一部类和第二部类，即生产资料的生产和消费资料的生产；在工业部门内，根据年产量或投资总额等，将工业企业划分为大型企业、中型企业和小型企业；居民按居住地区，一般可分为城市和乡村。通过统计分组，可以区别现象在质的方面、在数量上以及在空间上等多个方面的差别。

社会经济现象是复杂多样的，现象之间有其共性的一面，也有其个性的一面。有了共性，才能构成事物的同质总体；有了个性，就使总体各个单位之间存在某些差别，有了这些差别才有可能和必要进行分组。统计分组的目的就是要将同质总体中有差别的单位区分开来，同时又将性质相同的某些单位组合在一起，以便通过相应的指标，对总体中所有单位在质量上、数量上、空间上存在的差异进行分析，进一步认识事物的本质特性及其发展的规律性。可见，统计分组不仅是统计整理的基础，也是深化认识的重要手段，统计分组是统计研究中最基本的方法之一。

二、统计分组的作用

统计分组在统计研究中的作用，主要有以下三个方面。

（一）划分现象类型

在这种定性的分类或分组中，划分经济类型具有重要意义。例如，企业或生产单位，按生产资料所有制形式划分为全民所有制企业、集体所有制企业和其他经济类型的企业。然后在此基础上整理这三种类型组的产值、职工人数、劳动生产率、成本降低率等指标数值，就可以从数量方面说明不同类型现象的数量特征，反映不同类型现象的本质及其发展规律性。

（二）反映总体的内部结构

通过统计分组，可以计算各组数值在总体中所占的比重或各组之间的比例关系，从而反映总体的结构情况，说明现象总体的性质和特点。根据不同时期中结构的变动情况，可以说明现象总体发展变化的过程。例如，表 3—1 为我国三大产业就业人数的结构变化资料，从中可以明显看出我国三大产业就业人数的发展变化趋势。

表 3—1　　我国三大产业就业人数构成

产业类型	1997 年		2002 年		2007 年		2012 年	
	就业人数（万人）	比重（%）	就业人数（万人）	比重（%）	就业人数（万人）	比重（%）	就业人数（万人）	比重（%）
第一产业	34 840	49.9	36 640	50.0	30 731	40.8	25 773	33.6
第二产业	16 547	23.7	15 682	21.4	20 186	26.8	23 241	30.3
第三产业	18 432	26.4	20 958	28.6	24 404	32.4	27 690	36.1

资料来源：《中国统计年鉴》(2013)。

（三）分析现象之间的依存关系

社会经济现象之间存在着不同程度的相互联系、相互依存关系。同时社会经济现象的数量变化又受自然技术因素的影响。利用统计分组，可以反映现象之间的联系和依存关系，借以说明两个标志的联系和方向，具体说明现象之间的相互依存关系的程度。例如，从表 3—2 中可以看出施肥量与小麦亩产量之间的依存关系：随着施肥量的增加，小麦亩产量也相应提高。

表 3—2　　施肥量与小麦亩产量资料　　单位：公斤

施肥量	0	10	20	30	40	50	60	70
小麦亩产量	140	210	280	350	420	490	510	500

统计分组三个方面的作用往往是相互联系、相互补充的，在分析某个具体问题时，可

以同时使用。

三、统计分组的方法

统计分组的关键在于选择分组标志和确定各组界限。要充分发挥统计分组的作用，必须在正确的理论指导下进行科学的分组。

（一）分组标志的选择

分组标志就是划分总体单位为各个性质不同组的标准或根据。例如，工业企业可以按生产资料所有制或计划完成程度分组，则所有制或计划完成程度就是统计分组的标准，称为分组标志。选定了分组标志，就要在分组标志的变异范围内，划定各个相邻组之间的性质界限和数量界限。如果分组标志选择不当，分组结果就难以正确反映总体的特征；如果划不清各组的界限，就将失去分组的意义。为使统计分组具有科学性，保证统计整理的准确性，其关键问题就是正确选择分组标志，分清各组的界限，反映各组的性质差别。

任何事物都有许多标志，分组标志的选择必须遵循以下基本原则：

第一，要根据统计研究的具体任务和目的，选择统计分组标志。

对于同一总体，由于研究的任务和目的不同，应分别采用各种与研究目的有密切关系的标志作为分组的标准，才能使统计分组提供符合要求的分析资料。例如，为了研究某地区各种经济类型的工业企业在整个工业部门中所占的比重以及所起的作用，就应按工业企业生产资料所有制这一标志进行分组。如果研究的目的是要了解工业企业经营成果，则应选择劳动生产率、生产成本、利润率等作为分组标志。

第二，要在对研究对象进行理论分析的基础上，选择最能体现对象本质特征的标志作为分组标志。

在总体的若干标志中，有的标志能够揭示总体的本质特征，是有决定性意义的重要标志；有的则是非本质的、无足轻重的标志。只有选择能够说明问题本质的重要标志作为分组标志，才能得出触及问题实质的重要的分组。例如，研究国民经济的现状、发展和平衡关系时，按所有制进行分组、按国民经济部门进行分组等，都是重要的分组。又如，按地区、按隶属系统、按企业规模等分组，对于检查分析政策和计划执行情况，具有重要意义。

第三，要结合研究对象所处的具体历史条件或社会经济发展的条件，选择分组标志。

因为能够反映现象本质的重要标志，具有条件性、地区性和历史性。所以某一个标志在一定时间、地点、条件下，可以作为最重要的标志，但在另一时间、地点、条件下，由于时过境迁，可能已失去其重要意义。例如，为了研究工业企业规模与劳动生产率等因素之间的关系，需要按企业规模进行分组。而反映企业规模的指标有职工人数、生产能力、固定资产价值、产值等，究竟应该选择其中哪种标志作为分组标志，须视具体条件而定。在技术不发达或劳动密集的条件下，适宜用职工人数的多少来表示企业规模的大小，而在技术进步的历史时期或技术装备比较先进的条件下就应考虑采用固定资产价值或年产量等作为分组标志。同时，还应注意即使处于相同的历史条件下，在不同的经济部门或生产部门中，由于经济发展的条件、生产性质、经营方式的不同，也应该区别情况，选择不同的分组标志和组别。例如，在我国已进入全面建设小康社会的今天，有些农作物产区仍然处在粗放经营的条件下，可选用耕地面积表示生产单位的规模；而具有集约化生产特点的地区，则要选用产量的多少来反映生产单位规模的大小。可见，选择分组标志不能千篇一律，而要以一定的时间、地点、条件为转移，考虑研究对象所处的历史条件，这样选择的分组标志才有现实意义。

（二）确定各组界限

选择了正确的分组标志，还要将被研究现象准确地划归到各组中。在具体分组时，首先，要作到各组之间应该有明确的界限，保证各组组内性质相同、组外性质相异，组与组之间在分组标志下应有明显的区别，即被研究现象中的每一个单位只能划入某一个组中。例如，用性别作为分组标志，将人口分为“男”和“女”两组，这两个组是互相排斥的。作为被研究的人口总体中每一个人，不是划归为“男”组，就是划归为“女”组。其次，要使总体中所有单位各有所归，符合穷尽原则。

四、统计分组的类型

（一）品质标志分组和数量标志分组

按分组标志的性质可以分为品质标志和数量标志两类。统计总体可以按品质标志分组，也可以按数量标志分组。

1. 按品质标志分组

品质标志是以事物的性质属性来表现的标志。按品质标志分组，就是根据统计研究的目的，选择反映事物性质属性差异的品质标志作为分组标志。在品质标志变异的范围内，划定各组的性质界限，将总体区分为若干个性质不同的部分或组别。例如，人口总体按性别分为男、女两组；工业企业总体按所有制分为全民所有制企业、集体所有制企业、个体经营企业和其他类型企业四组。

按品质标志分组有些比较简单，因为在按一个品质标志进行分组的条件下，组数较少，而且有少数品质标志所表现的差异比较明确和稳定，因而组与组之间差别明显，界限也容易确定。上述人口按性别的分组、企业按所有制的分组就属于这种情况。但在多数情况下，这类分组相当复杂，涉及的组数较多，而主要问题就在于组与组之间的性质界限不易划分。例如，国民经济按部门分组、人口按职业分类、产品按用途分类等。这种按品质标志进行的复杂分组，通常称之为分类法。在我国统计工作实践中，这种分类法应用很广、作用显著，因此对重要的品质标志分组，编有标准的分类目录，例如《工业部门分类目录》、《工业产品目录》、《主要商品目录》等，以统一全国的分类口径，便于各个部门掌握和使用。

2. 按数量标志分组

数量标志就是以数量的多少来表现的标志。按数量标志进行分组，就是根据统计研究的目的，选择反映事物数量差异的数量标志作为分组标志，在数量标志值的变异范围内划定各组的数量界限，将总体划分为性质不同的若干个部分或组别。例如，人口按年龄分组、企业按计划完成程度分组、钢铁企业按年产量分组等。按数量标志分组的结果，形成变量数列。在统计整理和统计分析中，广泛应用变量数列，借以观察某种指标的变动及其分布状况。

数量标志的具体表现，就是许多不等的变量值。在少数情况下，根据变量值的大小不等来确定分组的数量界限是比较容易的。例如，工人按看管机器的台数分组，可以分为1台、2台、3台……；又如，企业按计划完成程度分组，一般可以分为完成计划100%以下、完成计划100%和完成计划100%以上三个组。

但在多数情况下，按数量标志分组时，要使分组的数量界限能够确切地反映各组的性质上的差别，其分组界限往往不易确定。即使是同一种资料，也会产生多种分组形式。因此，对于比较复杂的按数量标志的分组，应该根据统计研究的目的，选定数量标志，经过科学分析，先确定总体有多少个性质不同的组别，然后按实际情况研究确定各组之间的数量界限。例如，为了研究企业规模与劳动生产率等方面的关系，可以按企业规模分为大、中、小型三组。分组的数量标志可按产品年产量或固定资产价值等划分，而分组的数量界限还应根据不同行业的具体情况，确定不同的数量标准。如在钢铁企业中的钢铁联合企业，年产钢100万吨及以上者为大型企业，10～100万吨为中型企业，10万吨以下则为小型企业。

总之，按数量标志进行分组，要从各组的量的变化中反映各组的质的特征。其中还涉及变量值的多少、变动范围的大小、变量的类型等问题，以及相应地确定组数、组限和组距等方法，留待下一节叙述。

（二）简单分组、复合分组和分组体系

进行统计分组时，由于采用分组标志数目和使用方法的不同，有简单分组与复合分组。

1. 简单分组

对总体只按一个标志进行的分组称为简单分组。例如，人口总体只按性别一个标志进行的分组；社会产品按其经济用途分为生产资料和消费资料两组。显然简单分组只能说明总体在某一方面的差别情况。

2. 复合分组

对同一个总体采用两个或两个以上的标志，按顺序、连续进行的分组，称为复合分组。例如，工业企业先按所有制这一标志进行分组，然后再按规模大小这一标志将已划分的各组又划分为大、中、小型三组，结果形成如下的双层重叠的组别：

（1）全民所有制企业
- 大型企业
- 中型企业
- 小型企业

（2）集体所有制企业
- 大型企业
- 中型企业
- 小型企业

(3) 其他所有制企业 { 大型企业 / 中型企业 / 小型企业 }

进行复合分组，首先，根据统计研究的目的和要求，按照总体的特征和复杂性，选择分组标志。其次，确定各个标志的主次顺序，然后依次进行分组。如上例中，所有制为主要标志，先按这一标志对工业企业总体进行分组，然后，再结合其相对次要的规模标志进行分组。如有需要，还可以按照第三个标志如计划完成程度对各组划分为未完成计划、完成计划和超额完成计划三组。采用复合分组，可以对总体进行比较全面且深入的分析。

第三节　分配数列

一、分配数列的概念和种类

（一）分配数列的概念

分配数列是指按照一定标志将原始资料进行分组后，按一定顺序进行排列，并列出总体单位在各组分配情况形成的统计数列，分配数列也称次数分布、次数分配。分配数列有两个要素，一是各组名称，二是次数（即各组总体单位数）。

编制分配数列是统计整理的一种重要形式，也是统计描述和统计分析的重要方法。

分配数列可以反映总体中所有单位在各组间的分布状态、分布特征及结构状况，并可以据此研究总体某一标志的平均水平及其变化规律。

例如，某高校 80 名学生期末考试成绩如下：

50	56	57	58	60	60	62	63	64	64	64	65	67	67	67	67
67	67	68	68	68	69	70	70	70	71	71	71	72	73	74	74
74	74	74	74	74	74	75	75	76	76	76	76	77	77	78	78
79	79	80	80	81	81	81	81	81	82	82	83	83	83	84	84
84	85	85	85	86	87	88	88	89	89	89	90	91	93	95	96

从上述资料中我们看不出有什么特征，下面按照考试成绩分组，顺序列出各组学生人数编制分配数列，如表 3—3 所示。

表 3—3　　**某高校 80 名学生期末考试成绩资料**

按考试成绩分组	学生人数
50～60	4
60～70	18

续前表

按考试成绩分组	学生人数
70～80	28
80～90	25
90～100	5
合计	80

通过编制分配数列，我们可以看出：这 80 名学生的考试成绩是在 50～100 分之间，其中大多数学生的成绩集中在 70～90 分之间。

（二）分配数列的种类

1. 分配数列按其分组标志的不同性质分为品质数列和变量数列

（1）品质数列就是按品质标志分组编制的分配数列。品质数列包含两个要素：一个是组的名称；另一个是各组的单位数，称为次数或频数（次数的相对数形式又称频率）。表 3—4 为 2012 年年底我国大陆人口的性别构成表。它就是按人口性别分组编制的品质数列。

表 3—4　　2012 年年底我国大陆人口的性别构成

性别	人数（万人）	比重（%）
男	69 395	51.25
女	66 009	48.75
合计	135 404	100.00

资料来源：《中国统计年鉴》(2013)。

（2）变量数列就是按数量标志分组编制的分配数列。变量数列也包含两个要素：一是变量值，也称为标志值，二是各组单位数，即次数或频数（也可以是频率）。在变量数列中，各组次数或频率的大小意味着相应的变量值在决定总体数量表现中所起的作用不同，次数或频率大的组的变量值在决定总体数量表现中的作用就大，反之则小。表 3—3 就是变量数列。

变量数列是一种典型的分配数列，它表明总体单位在各组的分配趋势或分布特点。同时变量数列也是一种区别数量差异的分配数列，它反映了总体在一定时间上的量变状态或量变过程。

2. 变量数列按变量取值范围分为单项式数列和组距式数列

（1）数列中的每个组只用一个变量值来表示的叫单项式数列。单项式数列适用于变量值不多的资料。如表 3—5 就是单项式数列。

表 3—5　　某厂工人生产某产品的日产量情况

按产品日产量分组（件）	工人数（人）
10	4
11	16

续前表

按产品日产量分组（件）	工人数（人）
12	24
13	41
14	35
15	27
16	19
17	10
合计	176

(2) 组距式数列。组距式数列是指数列中的每个数值是由表示一定变动范围或表示一定距离的两个变量值来表示的分配数列。单项式数列的应用是有一定限度的。在变量值的变动范围较大，变量值很多的情况下，如仍采用单项式分组，势必显得细碎庞杂，不便于分析说明问题。遇有这种资料，就应采用组距式分组，编制组距式数列。因为组距数列将性质相同的单位归并在一起，同一组内各单位之间的差异较小，而组与组之间的差异却被突显出来。这样，现象分配的规律性就能较明显地表示出来。根据上述高校 80 名学生期末考试成绩资料，就可以编制组距数列，如表 3—3 所示。

在组距式数列中，每组的距离称为组距，表示各组之间界限的变量值称为组限，每一个组的最大值叫上限，最小值叫下限，上限与下限的差即为组距。按照每个组组距是否相等来划分，组距式数列可分为等距数列和异距数列。

等距数列的各组组距相等，如表 3—3 中各组组距都是 10。异距数列中各组组距不尽相同，如表 3—6 中前三组的组距是 5，后四组的组距是 10。

表 3—6　　50 个乡镇农副产品商品率资料

按农副产品商品率（%）	乡镇数（个）
15～20	3
20～25	7
25～30	10
30～40	12
40～50	8
50～60	6
60～70	4
合计	50

二、变量分配数列的编制

编制变量数列，要涉及很多细致、具体的问题，我们必须对所研究的现象作科学的分析，结合实际情况合理地加以解决。变量数列编制的具体方法如下。

（一）排序

即把原始数据按大小顺序排列。例如，把学生成绩 50～100 分由高到低或由低到高列出。

（二）确定组数和组距

将原始资料按数值大小的顺序排列后找出全部变量的最大值和最小值，计算出全距。如上述某高校 80 名学生期末考试成绩资料的最大值是 96，最小值是 50，全距＝96－50＝46。若是离散型变量，且变动范围较小，可以编制单项式数列；若是连续型变量或虽是离散型变量，但变动范围大，则要编制组距式数列。

组数的确定和组距有着密切联系，即组数的多少和组距的大小互为制约，它们的关系是：组距＝全距÷组数。

原则上说，组数与组距的确定应该力求符合现象的实际情况，能将总体分布的特点充分表现出来。在同一资料中，组数多，组距必然小；扩大组距，组数就会减少。究竟是先确定组数，还是先确定组距，没有机械规定的必要。不过，就一般情况看，应该先确定组数，再确定组距。根据经验，组数不宜过多也不宜过少，一般应在 10 组左右。例如，上述资料根据考试成绩性质的不同可以分为 5 组。组数确定了，在此基础上确定组距。确定组距时应考虑以下几个问题：

第一，应将总体分布的特点显示出来。

第二，要充分考虑原始资料分配的集中程度以及总体单位的分布情况。

第三，要考虑到分组后各组的同质性。

组距分组通常有等距和异距之分。根据以上几个方面的要求，是采取等距分组，还是采取异距分组，主要取决于现象的特点和研究的目的。例如，根据 15 岁以下不同年龄儿童的特点，可以对 15 岁以下儿童按年龄作如下分组：

1 岁以下
1 岁～3 岁
4 岁～6 岁
6 岁～9 岁
9 岁～15 岁

一般地说，等距分组适宜于现象变化比较均匀的情况，反之，如果现象变化大，变动很不均匀，则适宜用不等距分组。不过，在一般情况下，能采取等距分组的，还是采取等距分组为好。这是因为等距数列有两个优点：其一，便于直接比较各组的次数；其二，便于制图。在等距数列情况下，组数确定了，组距也随之可以确定。其方法是以全距除以组数。如前述某高校 80 名学生期末考试成绩资料若采取等距分组，组距＝46/5＝9.2，故可以取整数，组距为10。

（三）确定组限和组中值

1. 组限的确定

组限应根据变量的性质来确定，连续型变量数列组限可以用整数表示，也可以用小数表示，而且相邻两组的组限可以衔接起来，即前一组的上限与后一组的下限可以为同一数值，如表3—3所示。为了使变量的分组不发生混乱，习惯上规定各组一般不包括本组上限变量值的单位。如果一个变量值恰好等于组限，那么就应该划归在作为下限的所在组中，这个原则叫“上组限不在组内”。如表3—3中第一组所给定的上限是60，而实际的上限是59，60应归到第二组中。给定的组限与实际的组限的这种差别只有在使用连续型变量时才表现出来。

离散型变量的组限只能用整数表示，而不能用小数表示。而且相邻两组的组限即前一组的上限与后一组的下限通常表现为相邻的两个整数值。如工厂按职工人数分组，可以表示如下：

100人以下

100～499人

500～999人

1 000～2 999人

3 000人以上

在遇到特大或特小的变量值时，为了不使组数增加过多或将组距不必要地扩大，可采用开口组的形式。开口组就是只有上限缺下限用“××以下”，或只有下限缺上限用“××以上”表示的组。如100人以下，3 000人以上就是开口组。

合理地确定组限，安排好上、下限的具体数值，关系到统计资料是否反映实际情况，在不影响准确地进行统计分析的前提下，组限尽可能取整齐的数值以方便计算。

2. 组中值的确定

组中值是上限和下限之间的中点数值。因为在组距式数列中，每组的上限或下限都不能代表该组的变量值，故采用组中值作为各组变量值的代表值。组中值的计算公式为：

$$组中值=\frac{上限+下限}{2}$$

用组中值来代表组内变量的一般水平有一个必要的前提，即各单位的变量值在本组范围内呈均匀分布或在组中值两侧呈对称分布。实际上完全具备这一前提是不可能的，但是我们在划分各组组限时，必须考虑使各组内变量值的分布尽可能满足这一要求，以减少用组中值代表各组变量值一般水平时所造成的误差。

如表3—3中，第一组的组中值为$\frac{60+50}{2}=55$。假设组内每一个学生考试成绩的变化是均匀分布的，组中值55分代表着一组学生的平均考试成绩。

开口组组中值的确定方法是：

$$缺下限开口组的组中值=上限-\frac{组距}{2}$$

$$缺上限开口组的组中值 = 下限 + \frac{组距}{2}$$

三、次数分布的描述

（一）列表法

列表法是用绝对数和相对数数列表描述次数分布的特征。在变量数列中，次数是表明分布在各组中的总体单位数。次数可以用绝对数计量也可以用相对数计量；用相对数计量的次数可以用百分比或系数表示，各组的百分比或系数相加等于100%或1。

在编制变量数列中，不仅要列出各组的次数，往往还需计量出截至某一组为止的总次数，也称为累计次数。计算累计次数的方法有两种：一种是较小制累计（向上累计），较小制累计是从最小变量值一组的次数起逐项累计，每组的累计次数表示小于该组上限值的次数共有多少；另一种是较大制累计（向下累计），较大制累计是从最大变量值一组的次数起逐项累计，每组的累计次数表示大于该组下限值的次数共有多少。现以表3—3为例计算累计次数和比例，如表3—7所示。

表3—7　　某高校80名学生期末考试成绩次数分布表

按考试成绩分组	次数		较小制累计		较大制累计	
	人数（人）	比率（%）	人数（人）	比率（%）	人数（人）	比率（%）
50～60	4	5.0	4	5.0	80	100.0
60～70	18	22.5	22	27.5	76	95.0
70～80	28	35	50	62.5	58	72.5
80～90	25	31.25	75	93.75	30	37.5
90～100	5	6.25	80	100.0	5	6.25
合计	80	100.0	—	—	—	—

表中60～70这一组的较小制累计次数为22人，占27.5%，说明成绩在70分以下的有22人，占全部学生比重的27.5%；较大制累计次数为76人，占95%，说明成绩在60分以上的有76人，占全部学生比重的95%。

（二）图示法

图示法用曲线图形描述次数分布特征。各种不同性质的社会经济现象各有其特殊的次数分布，从而决定了反映其分布特征的曲线形态也各有不同，常见的图形有以下几种：

1. 钟形分布

钟形分布是对称分布曲线，该类型曲线一般是分布在中间的变量值的次数最多，两边各组变量值的次数逐渐减少，因而成为中间隆起、左右两尾对称地徐徐下降的钟形状态，所以也称为钟形分布曲线图。其中在统计上具有重要意义的正态分布，则是一种理想的完全对称的分布，如图3—1所示。

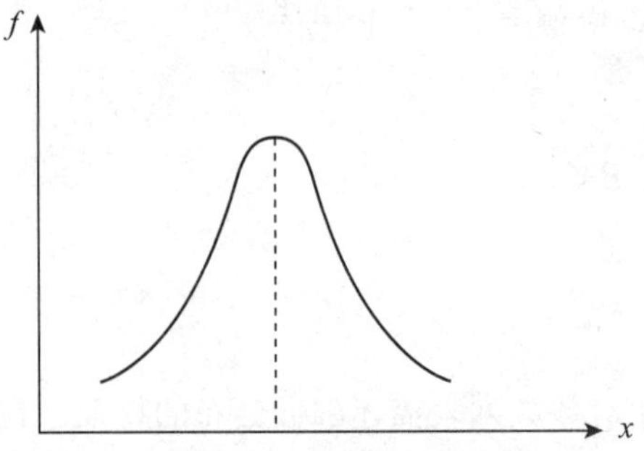

图 3—1　正态分布曲线

在实际观测资料中，正态分布并不多见，许多社会经济统计总体的分布只是趋近于对称分布或正态分布。例如，农作物平均产量的分布、零件尺寸随机误差的分布、人体身高和体重的分布、商品市场价格的分布等。

钟形分布有时呈非对称性，即偏态分布曲线。与对称曲线在程度上和方向上均有所偏离，形成两种偏态分布曲线。正偏（右偏）态的次数分布偏在变量值大的一侧，曲线尾部偏向右方，如图 3—2 中的（a）。统计资料表明，如果按人均收入分组，国民财富分配呈现右偏态分布状况。

负偏（左偏）态次数分布偏在变量值小的一侧，曲线尾部偏向左方，如图 3—2 中的（b）。

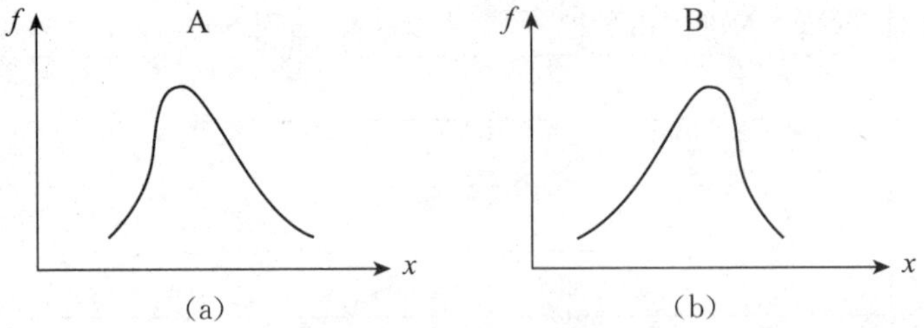

图 3—2　偏态分布曲线

2. U 形分布曲线

U 形分布曲线即靠近中间的变量值出现的次数较少，而靠近两端的变量值的次数较多，其曲线形状类似字母 U，所以叫 U 形分布曲线，如图 3—3 所示。通常，人口总体中幼儿和老年人的死亡率都高于中青年的死亡率，所以按年龄分组的人口死亡率分布，其图形表现为 U 形分布曲线。按年龄分组的失业率也是 U 形分布曲线。

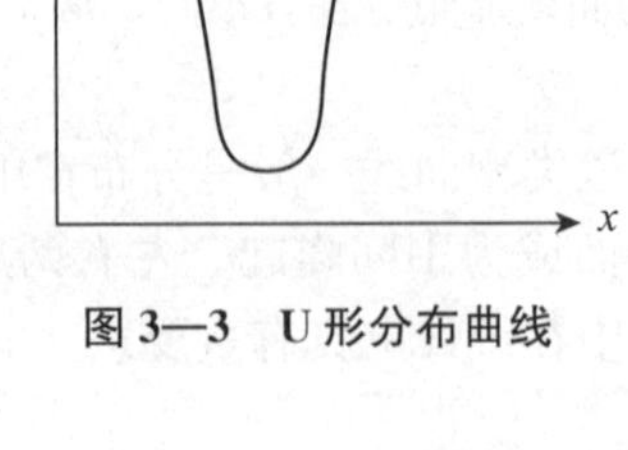

图 3—3　U 形分布曲线

3. J 形分布曲线

J形分布曲线的形状类似英文字母J，所以称为J形分布曲线。其中有正J形分布与反J形分布之分，前者的次数随着变量值的增大而增多，后者的次数随着变量值的增大而减少。投资额利润率大小的次数分布，其图示一般呈正J形分布曲线，如图3—4中的（a）；育龄妇女按生育子女数分布、倒闭的企业按经营的时间长度所做成的分布等，其次数分布趋近于反J形分布状态，如图3—4中的（b）。

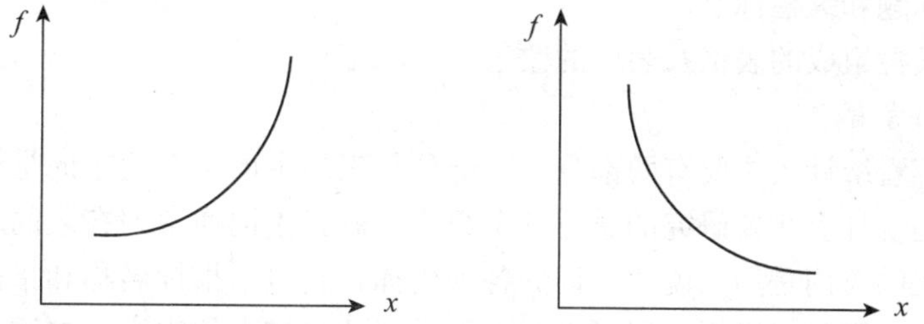

（a）　　（b）

图3—4　J形分布曲线

上述的几种分布是社会经济现象中比较典型的分布图，对统计数据具有描述和检验作用。

次数分布的类型主要取决于社会现象本身的性质，通过统计分组整理而编制的次数分布数列虽然因统计总体所处的客观条件不同而各有不同的数量表现，但分布数列的形态应该符合社会现象的分布特征。如果不符合，或说明现象总体发生了异常的变化，或是统计分组整理违背了现象的内在规律，应加以检查纠正。

第四节　统计表和统计图

一、统计表

（一）统计表的概念

统计表是表现统计资料的一种形式。把统计数据资料按照一定的顺序，在表格上表现出来，这种表格称为统计表。

编制统计表是统计整理的最后一步工作。统计表在统计工作中具有重要作用。

（1）统计表可以有条理地排列统计数据，使之系统化、条理化，便于表现统计数据资料的内容。

（2）统计表便于比较统计数据资料，分析研究各指标之间的数量关系，更加清晰地说明统计总体的特征，同时也便于计算统计指标。

（3）统计表是积累和存储资料的好工具，也是统计分析研究的工具，也有利于电子计算机在统计工作中的应用。

（二）统计表的结构

1. 从表的形式看

从表的形式看统计表主要由以下几个部分构成：

（1）总标题。就是统计表的名称，位于表的顶端中央。

（2）标目。就是指总体名称或分类名称及说明总体的各种项目。标目有横标目和纵标目，也称横行标题和纵栏标题。

（3）纵、横栏组成的表格及表中的数字。

2. 从表的内容看

从表的内容看统计表主要有两部分：一部分是表的主词，表的主词是统计表所要说明的对象，也就是统计表所要研究的总体各个组成部分，主词通常列在表的左边；另一部分是表的宾词，表的宾词是用来说明主词的各项指标，它包括指标名称和指标数值，宾词通常排在表的右方，即列于纵栏。但是有时为了更好地编排表的内容，主词与宾词也可以互换位置。

现以表 3—8 为例说明统计表的结构：

总标题

表3—8　　2012年我国国内生产总值

纵标目（纵栏标题）

产业	产值（亿元）	比重（%）
第一产业	52 373.6	10.1
第二产业	235 162.0	45.3
第三产业	231 406.5	44.6
合计	518 942.1	100.0

横标目（横行标题）　　数字资料

主词　　宾词

（三）统计表的种类

1. 按用途不同分类

（1）调查表。这是登记调查单位特征的统计表。严格地说，调查表不应视为统计表，因为统计表是对大量单位特征综合的结果。但从另一方面说，登记调查表的活动本身也是统计过程的一部分，所以也可以把它看作一种统计表。

（2）整理表或汇总表。这是一种标准的统计表。这种统计表可以是对调查材料直接整理的结果，也可以是对已经加工过的资料进行整理的结果，这种统计表在于为社会提供资料，为进一步分析提供资料。

（3）计算表。这是在一般统计表的基础上（多数是在变量数列基础上或其他分组资料基础上）记载计算过程和结果的表格。

2. 按表的总体分组情况分类

（1）简单表。指总体未经任何分组，仅罗列各单位名称或按时间顺序排列的表格。如表 3—9 和表 3—10 所示。

表 3—9　　某公司所属企业日产值计划完成情况表　　单位：万元

企　业	工　业　总　产　值		计划完成(%)
	计　划	实　际	
一厂	400	420	105.0
二厂	430	450	104.7
三厂	480	480	100.0
四厂	500	490	98.0
五厂	560	568	101.4
合计	2 370	2 408	101.6

表 3—10　　2008—2012 年我国人口数（年底数）

年份	总人口数（万人）
2008	132 802
2009	133 450
2010	134 091
2011	134 765
2012	135 404

资料来源：《中国统计年鉴》(2013)。

(2) 简单分组表。指总体仅按一个标志进行分组，即应用简单分组形成的表格。简单分组表可按品质标志或数量标志进行分组。利用简单分组表可以深入研究现象的内部结构情况及其现象之间的互相依存关系。表 3—11 就是按数量标志分组的简单分组表。

表 3—11　　某省企业法人单位情况

按营业收入分组（万元）	企业单位数（个）	比重（%）
49 以下	27 284	60.80
50—99	4 480	10.00
100—499	7 755	17.28
500—999	1 940	4.30
1 000—4 999	2 541	5.70
5 000—9 999	430	0.96
10 000 以上	448	1.00
合计	44 878	100.00

(3) 复合分组表。指总体按两个以上标志进行层叠分组，即应用复合分组形成的表格。如表 3—12 所示。

表 3—12　　某种产品全国部分城市销量

地区		销量（万件）
北京	海淀	876
	朝阳	913
	东城	357
	宣武	453
广州		2 415
上海		5 334
深圳		6 734
重庆		2 013
天津		2 457
西安		1 200

(四) 宾词指标的整理

宾词指标的整理有两种情况，即简单整理和复合整理。

1. 简单整理

宾词指标的简单整理，是将宾词各个指标作平行的设置，如表 3—13 所示。

表 3—13　　某工业系统各企业职工性别和年龄统计表

	职工人数（人）					
	合计	性别		年龄		
		男	女	18 岁以下	18～45 岁	45～60 岁
一厂						
二厂						
三厂						
合计						

2. 复合整理

宾词指标的复合整理，是将宾词的各个指标结合起来作层叠的设置。如表 3—14 所示。

表 3—14　　某工业系统各企业职工性别和年龄统计表

	职工人数						
	合计	18 岁以下		18～45 岁		45～60 岁	
		男	女	男	女	男	女
一厂							
二厂							
三厂							
合计							

宾词指标的复合整理能够更全面、更深入地说明所研究总体的特征。但是如果把复合整理的宾词指标分得过细，也会显得十分繁琐，影响统计表的质量。

（五）统计表的编制规则

统计表是收集资料、整理资料和分析资料的重要工具。为了使统计表能清晰地反映所研究现象的数量特征，便于分析和比较，在编制统计表时，应遵守下列几项规则：

（1）在设计统计表时，要先结合研究的目的，对表中准备列入哪些资料、如何分组、设置哪些指标等问题作通盘考虑。

（2）统计表的总标题，应能确切反映表的内容，文字要简练、醒目，还要注明资料所属的时间、地点。

（3）主词和宾词的安排要合理。一般将主词放在横行标题的位置，将宾词放在纵栏标题的位置。表中主词各行和宾词各栏的排列顺序根据不同情况，可以先列项目后列合计，也可先列合计，后列项目。

（4）统计表各栏通常要加以编号并说明其相互关系。主词各栏常用甲、乙、丙……文字编次；宾词各栏常用（1）、（2）、（3）……数字编号。

（5）统计表中的数字应注明计量单位。如表中资料都属同一单位，则可将单位标注在表的右上方。如计量单位不统一，横行的计量单位可设计量单位栏，纵栏的计量单位可与纵标目写在一起，用小字标明。

（6）统计表的数字应填写整齐，对准位数，小数点后保留数要统一。相同的数字，不应用“同上”、“同左”或“同右”表示，无数字的用“—”填充，应该有数字而不详或因数字太小而省略者用“……”填充。

（7）统计表的格式一般采用长方体（横式和纵式）。上下两端的横线用粗线或双线，左右两端不划端线，即开口式。遇有性质不同的资料，为了显示区别，可在表中用粗线隔开。

（8）统计表的资料来源及说明和注解写在表下方。

二、统计图

（一）统计图的含义

统计图是用点、线、面积、形状等表现统计数字，说明社会经济现象数量方面的图形。用图形表述统计资料的方法，称统计图示法。

利用统计图反映社会经济现象的数量方面，具有直观、形象、具体，使人一目了然的显著优点，可产生鲜明概括、印象深刻的效果，从而易于被人们所理解和掌握。因此，它是宣传教育的有效工具，是进行统计评比的重要方法，也是进行统计分析和加强管理的一种手段。

（二）统计图的作用

统计图的作用主要有：

（1）比较同类指标。

（2）标明总体结构及其变化。

（3）反映社会经济现象的动态。

（4）分析现象间的依存关系。

（5）揭示现象在总体中和空间、时间上的分布状况。

（三）常用统计图举例

1. 条形图

条形图是用长短或高矮来显示数值大小的统计图。至于具体的形状，可以是线条，也可以是立体的圆柱、方柱或椎体。它最适合于显示离散型变量的次数分布，也适合同类现象的比较，如图 3—5 所示。

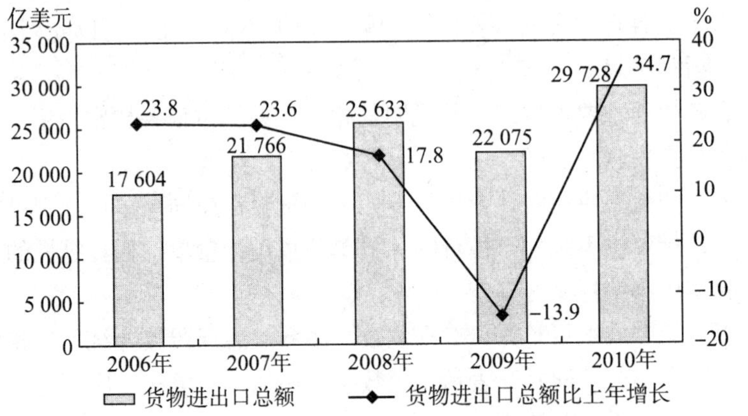

图 3—5　我国“十一五”期间货物进出口总额及增长速度

2. 直方图

直方图是以并列条形的高度和宽度来表示次数分布情况的图形。将表 3—3 资料绘制直方图，如图 3—6 所示。

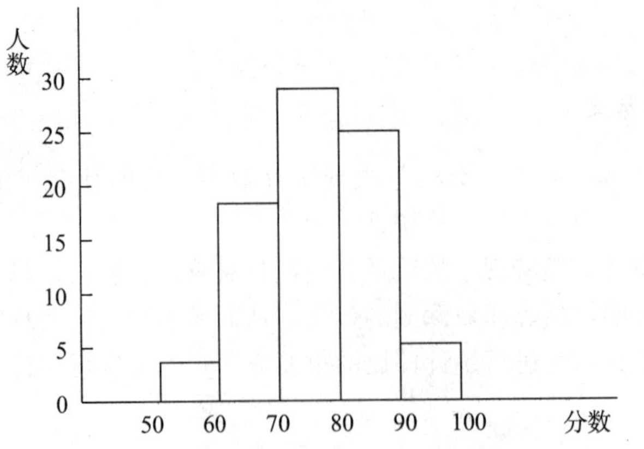

图 3—6　某高校 80 名学生成绩分布直方图

直方图的横轴表示各组组限，纵轴表示次数，条形宽度应与各组的组距大小相适应，高度则应与各组学生人数（次数）成比例地变化。图中各组的长条面积代表各组学生人数，各长条面积之和等于全部学生人数。

3. 折线图

折线图实际上也是曲线图。用直线连接各组次数确定的坐标点，便成折线图。具体方法是：在直方图的基础上，从各条形顶边的中点（即各组的中值点），用直线连接而成。如图 3—7 所示。

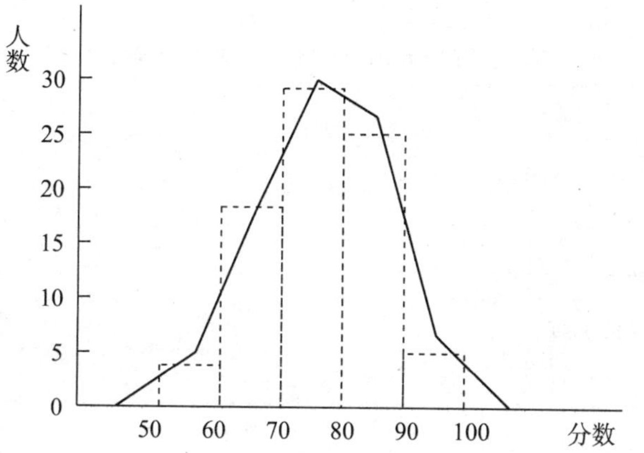

图 3—7　某高校 80 名学生成绩分布折线图

4. 圆形图

圆形图是用圆形面积大小或圆内分割的形式，表现总体数量特征的圆形。

（1）圆形比较图。它是以圆的面积大小进行比较数量变化，这种圆形是在现象变化比较大时使用，以便使人一眼就可以看出差别。

（2）圆形结构图。它在圆形的面积中划分若干个扇形，以各扇形面积在圆面积中的比重表示总体的结构的图形。这种图形是统计中一种最常用的图示法。这种圆形称为圆形结构图。

圆形结构图的绘制步骤和方法如下：

第一，计算总体内各构成部分所占圆心角的度数。因整个圆心角为 360 度，相当于总体比重之和（即 100%），所以总体的百分之一就是圆心角 3.6 度。

第二，依照总体各部分所占圆心角的度数，在圆内画出各个扇形，再用不同颜色或线纹区别各扇形。如进行事物在不同时期、不同地区及不同内容的比较，就需在同一水平线上画出大小相等的各个圆形，再通过各圆中的各个扇形反映它们的构成或变动。

第三，写出图名、图例、资料来源和各扇形所代表的百分比。现将表 3—15 的资料绘制圆形图，如图 3—8 所示。

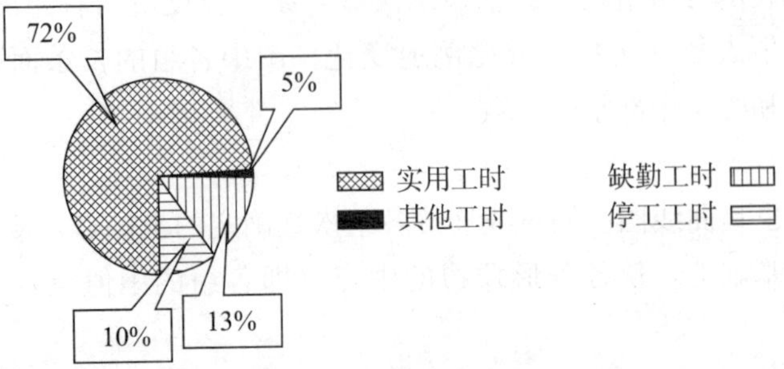

图 3—8　某工厂工时利用构成图

表 3—15　　某工厂工时利用构成情况（图 3—8 附表）

工时构成	所占比例（%）
实用工时	72
停工工时	10
缺勤工时	13
其他工时	5
合计	100

5. 次数分配曲线图

次数分配曲线图是用曲线来表明总体次数分配状况的图形。它能比较简单地把次数分配的特点表现出来，在统计分析中经常使用。

次数分配曲线图是利用直角坐标系绘制的。在绘图时以横轴表示变量、以纵轴表示次数，根据变量和次数对应关系，在坐标上确定图示点，并用平滑曲线连接，绘成曲线图。上节课讲到的 U 形分布和 J 形分布，就是典型的曲线图。

第五节　Excel 在统计数据整理中的应用

一、数据的排序

Excel 中数据区域的排序可按行或列进行。用来排序的标题叫关键字，可同时对多至三个的关键字进行排序。具体操作步骤如下：

（1）在数据区域中任选一个单元格。

（2）从“数据”菜单中选取“排序”命令。

（3）在弹出的“排序”对话框中选择排序的关键字、排序方向（按递增或递减方向排序），选定排序区域是否有标题行。

（4）在对话框中还可单击“选项”按钮，在弹出的“排序选项”对话框中，可进行“按列排序”、“按行排序”、“区分大小写”等设置。

二、数据的自动筛选

有时数据区域中的数据非常多，筛选功能就是只选出并显示符合条件的记录行。具体操作步骤如下：

选取数据区域中的任意单元格。

（1）从“数据”菜单中选取“筛选”命令。

（2）再从弹出的子菜单中选取“自动筛选”命令。

（3）此时，在数据区域中建立了筛选。

三、分类汇总

分类汇总是把数据区域中的数据分门别类地统计处理，不需建立公式，Excel 将会自动对各类别的数据进行求和、求平均值等多种计算，并且把汇总的结果以“总计”和“分类汇总”的方式显示出来。只要输入的指令正确，统计的结果马上出来，而且有详有略。以图 3—9 所示的各数据为例，对多班成绩进行统计，具体步骤如下：

	A	B	C	D
1	班级	平时成绩	期末成绩	总评成绩
2	1班	27	80	83
3	1班	28	78	82.6
4	1班	24	85	83.5
5	1班	29	79	84.3
6	1班	28	80	84
7	1班	24	75	76.5
8	2班	28	83	86.1
9	2班	25	84	83.8
10	2班	24	76	77.2
11	2班	29	79	84.3
12	2班	28	76	81.2
13	2班	29	78	83.6
14	2班	28	78	82.6
15	2班	27	75	79.5
16	3班	24	72	74.4
17	3班	38	87	88.8

图 3—9　各班成绩数据

第一步，以班级为依据进行排序。单击数据区域中任一单元格，选择“数据”菜单的“排序”，出现“排序”对话框，在“主要关键字”下拉列表框中选中“班级”项（其余一般为默认），单击“确定”按钮。如图 3—10 所示。

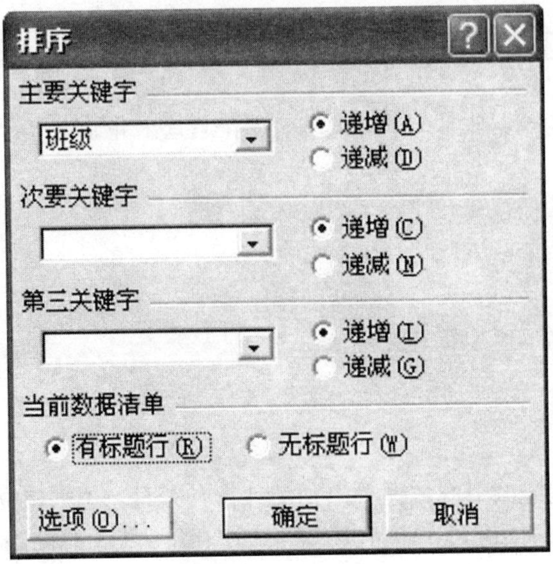

图 3—10　数据排序

第二步，统计各班各学科平均分。单击数据区域中任一单元格，选择“数据”菜单的“分类汇总”，出现“分类汇总”对话框，如图 3—11 所示。

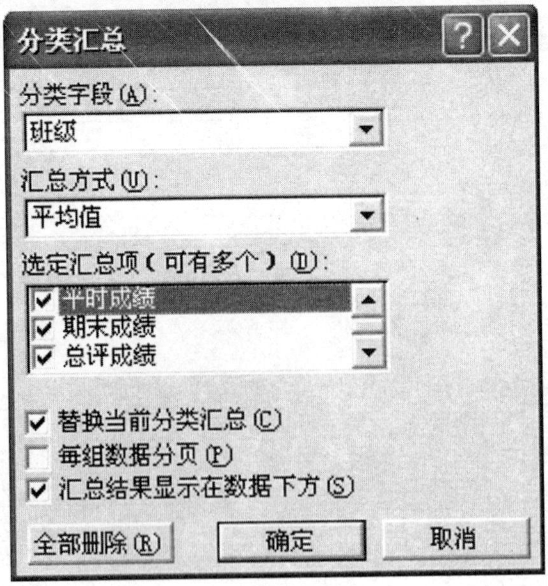

图 3—11　分类汇总各项

在“分类字段”下拉列表框中选中“班级”项，在“汇总方式”下拉列表框中选中“平均值”项，在“选定汇总项”下拉列表框中选中“平时成绩”、“期末成绩”、“总评成绩”等项，单击“确定”按钮，得到各班各学科和全年级各学科的平均分。如图 3—12 所示。

这是个明细表，若只显示各班的总体数据，只需分别单击“行号”2，就得到各班各

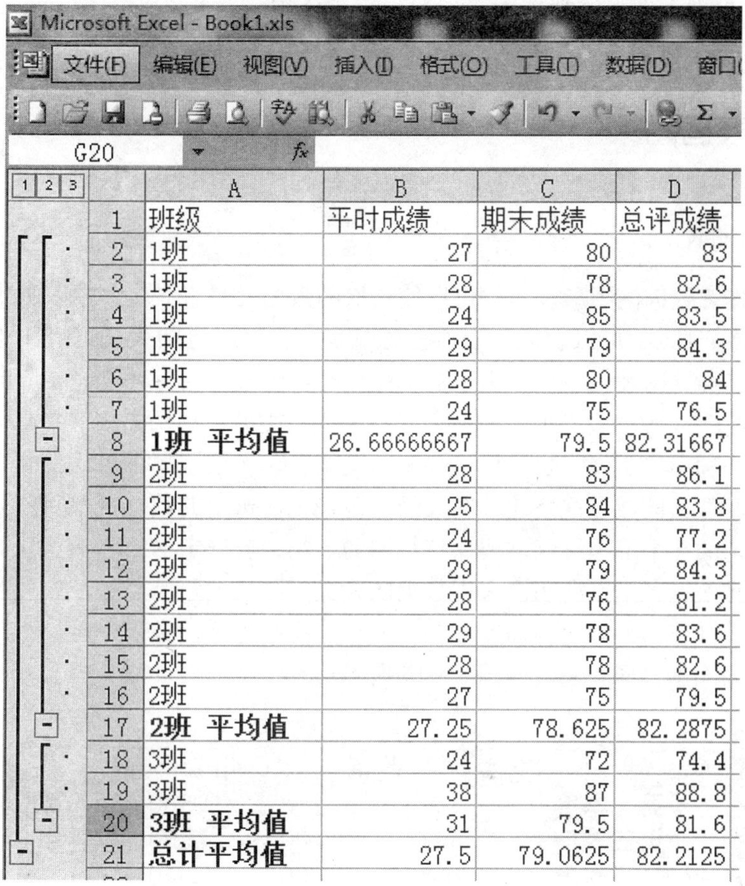

	A	B	C	D
1	班级	平时成绩	期末成绩	总评成绩
2	1班	27	80	83
3	1班	28	78	82.6
4	1班	24	85	83.5
5	1班	29	79	84.3
6	1班	28	80	84
7	1班	24	75	76.5
8	**1班 平均值**	26.66666667	79.5	82.31667
9	2班	28	83	86.1
10	2班	25	84	83.8
11	2班	24	76	77.2
12	2班	29	79	84.3
13	2班	28	76	81.2
14	2班	29	78	83.6
15	2班	28	78	82.6
16	2班	27	75	79.5
17	**2班 平均值**	27.25	78.625	82.2875
18	3班	24	72	74.4
19	3班	38	87	88.8
20	**3班 平均值**	31	79.5	81.6
21	**总计平均值**	27.5	79.0625	82.2125

图 3—12　数据分类汇总结果

科平均分的直观对比图，如图 3—13 所示。若要还原成详细的，也只要分别单击“行号”3，要汇总数据单击“行号”1 即可。

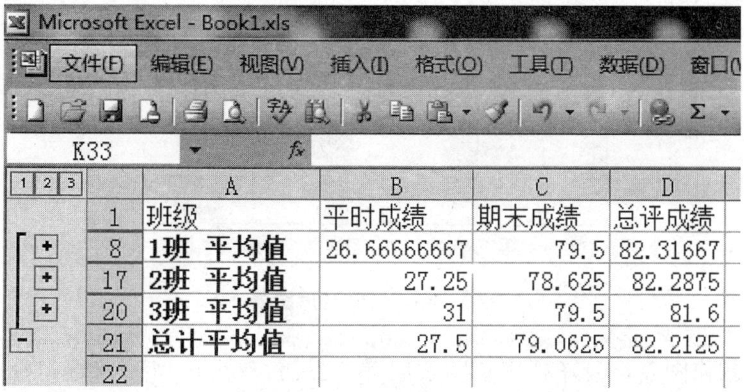

	A	B	C	D
1	班级	平时成绩	期末成绩	总评成绩
8	**1班 平均值**	26.66666667	79.5	82.31667
17	**2班 平均值**	27.25	78.625	82.2875
20	**3班 平均值**	31	79.5	81.6
21	**总计平均值**	27.5	79.0625	82.2125
22				

图 3—13　汇总各班平均分

若要恢复统计之前的数据显示状态，只需在“分类汇总”对话框中单击“全部删除”按钮即可。至于统计各班各科总分、最大值、最小值，只要在“分类汇总”对话框中的

“汇总方式”下拉列表框中分别选中“求和”、“最大值”、“最小值”即可，其他操作步骤同上。

四、制表画图

（一）创建图表

图表是工作表数据的图形表示，可以使枯燥的数据变得直观、生动，便于分析和比较数据之间的关系。Excel 可以制作一个独立的图表，也可以将图表嵌入到工作表内，无论是嵌入图表还是独立图表，当工作表中数据变化时，图表也会自动进行相应的更新。

Excel 提供了 14 种图表类型，每一类又有若干子类型。利用图表向导只需四步即可完成图表的建立；利用“图表”工具栏可快速创建图表。无论用哪种方法制作图表，首先要选定建立图表的数据区域，这是建好图表的关键一步，选定的数据区域可以连续，也可以不连续，但选定的几个不连续区域要保持相同的大小；若选定的区域有文字，文字应在区域的最左列或最上行，用以说明图表中数据的含义。

图 3—14 是某公司一年内各季度在各大城市产品销售量。选定季度、上海和福州二地的数据，制作的二维柱形图表，如图 3—15 所示。

	A	B	C	D	E
1		上海	北京	广州	福州
2	第一季度	80	100	300	200
3	第二季度	450	300	500	450
4	第三季度	320	300	450	350
5	第四季度	200	300	500	400

图 3—14　产品销售量

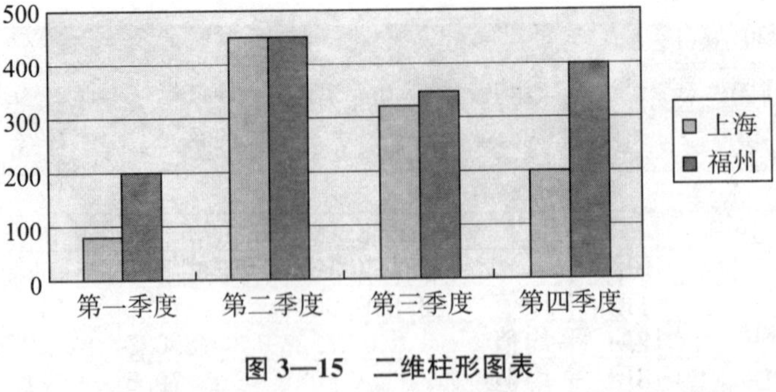

图 3—15　二维柱形图表

对于初次制作图表，最好利用“图表向导”，进行各种选项的设置，可详细了解制作过程。选定要用来制作图表的数据所在的区域。如按 Shift 键分别选定图 3—14 工作表中不连续的区域 A1：A5，B1：B5，E1：E5。

（二）编辑与格式化图表

已经创建好的图表中可以加入新的数据系列或删除图表中已有的数据系列，可以对图表的标题、坐标轴标题、图表示例中的文本进行字体、字号大小和颜色编排，也可以对图表中数据图示的颜色进行编排。

1. 图表类型的改变

选中图表后，选择“图表”菜单中的“图表类型”命令，在其对话框中选择所需要的图表类型和子类型。

2. 添加数据系列

在工作表中选定要添加的数据系列，按下鼠标左键拖动选定的数据系列到图表中即可。

3. 删除数据系列

选定要删除的数据系列（在图表中单击要删除的数据系列，在该列数据的图示中出现小方块，表示选中），按 Del 键，便将该列数据从图表中删除。

例如，要删除图表 3—15 中北京的数据系列，单击北京数据的图示，然后按 Del 键即可。

4. 添加图形

有时为了强调图表中某些部分，可添加自选图形并给出文字说明。如图 3—16 所示，突出表示最高和最低的数据。注意在添加前先选中图表，这样图形和图表形成一体，移动图表时图形也一起移动。

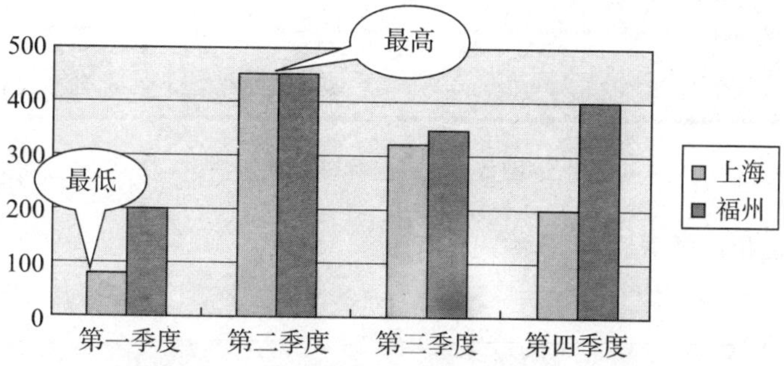

图 3—16　突出表示最高和最低的数据

5. 图表对象的格式化

图表对象的格式化是指对图表中各对象的格式设置，包括文字和数值的格式、字体、字号、颜色、坐标轴、网格线、绘图区底纹、图表区边线和图例等。

格式设置前要先选中这些图表对象，一般方法是用鼠标单击对象后会显示选中标记；当然也可用↑↓键在各对象之间选择，用→←键在一系列内各项之间选择。

设置格式的方法很简单，可以使用“格式”菜单中对应的“图表区”命令；或者用鼠标右击图表对象，在快捷菜单中选择该图表对象格式设置命令；或者双击欲进行格式设置的图表对象，也同样可完成图表对象格式设置。

例如对图 3—16 进行如下格式化：

（1）设置坐标轴刻度，双击数值轴，显示“坐标轴格式”对话框，选择“刻度”标签，如图 3—17 所示，在对话框中最小值中输入 10。

（2）设置图案效果，双击图表区，显示“图表区格式”对话框，选择“图案”标签，在对话框里选中阴影。

（3）设置数据系列的显示值，单击“福州”数据系列，再单击最大的数据点，此时只有最大的一个数据点被选中，选“格式”菜单中“数据点”命令，显示“数据点格式”对话框，在“数据标志”标签中选中“值”。

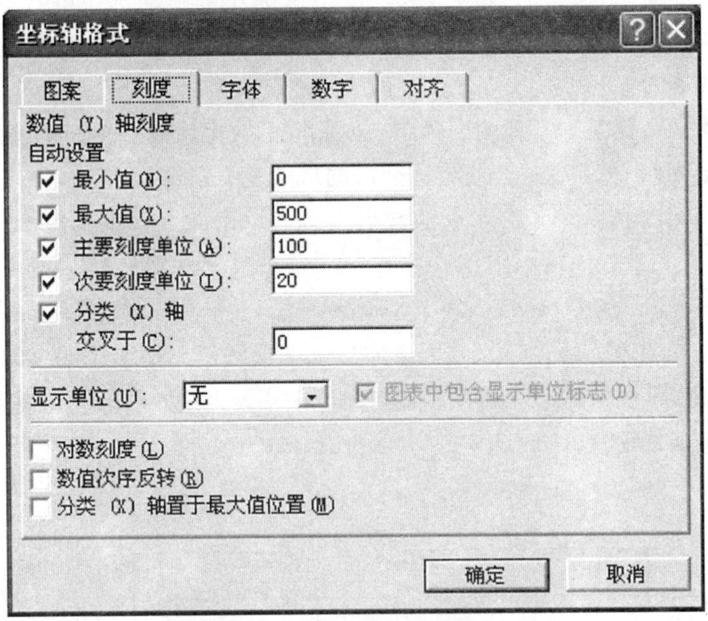

图 3—17　坐标轴格式

完成上述格式化后效果，如图 3—18 所示。

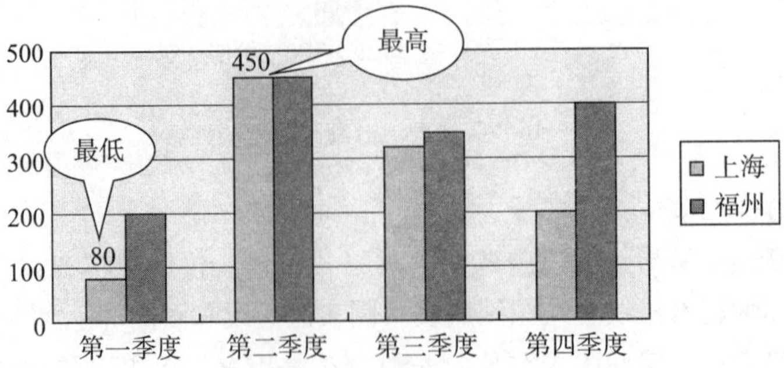

图 3—18　格式化后效果

（三）直方图工具

直方图工具，用于计算数据的个别和累积频率，再根据有限集中某个数值元素的出现次数建立图表。例如，一个有 20 名学生的班级的期末成绩，如图 3—20 所示，可以通过直方图确定考试成绩的分布情况，它会给出考分出现在指定成绩范围的学生个数，而用户必须把存放分段区间的单元格地址范围填写在直方图工具对话框中的“接收区域”。在数据分析对话框中，选择“直方图”，单击“确定”出现直方图对话框，如图 3—19 所示。

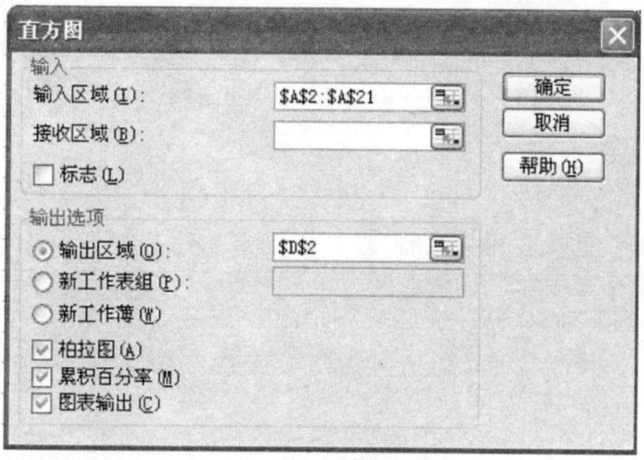

图 3—19　直方图对话框

直方图对话框内选项的含义与描述统计对话框的选项大致含义一样，除了个别选项特殊。

（1）接收区域：此项可选，输入的区域应包含一组可选用的用来计算频数的边界值。这些值应当按升序排列。只要存在的话，Excel 将统计在各个相邻边界值之间的数据出现的次数。如果不输入“接收区域”，Excel 将在数据组的最小值和最大值之间创建一组平滑分布的接收区间。

（2）标志：如果输入区域的第一行或第一列包含标志项，则选中此项。否则，Excel 会在输出表中生成适宜的数据标志。

（3）柏拉图：选中此项，可以在输出表中同时显示按降序排列频率数据。如果此复选框被清除，Excel 将只按升序来排列数据。

（4）累积百分率：选中此选项，可以在输出结果中添加一列累积百分比数值，并同时在直方图表中添加累积百分比折线。

（5）图表输出：可在输出表中同时生成一个嵌入式直方图表。

按图 3—19 的设置，完整的输出结果，如图 3—20 所示，包括三列数据和一个频率分布图，第一列是数值的区间范围（接收区域省略），第二列是数值分布的频数，第三列是频数分布的累积百分率。

	A	B	C	D	E	F	G	H
1		期末						
2	刘文辉	60		接收	频率	累积 %		
3	何应惠	52		42	1	5.00%		
4	何健	50		49.25	0	5.00%		
5	吴静玲	42		56.5	12	65.00%		
6	雷滨	65		63.75	4	85.00%		
7	李乾妹	61		其他	3	100.00%		
8	林章	55						
9	陈松	50						
10	肖政	55						
11	宋张文	58						
12	陈华侨	58						
13	谢志鹏	71						
14	吴建芳	54						
15	张俊	55						
16	范君鑫	56						
17	陈静	52						
18	刘玲敏	69						
19	刘益平	50						
20	姚春雨	51						
21	雷仙发	50						

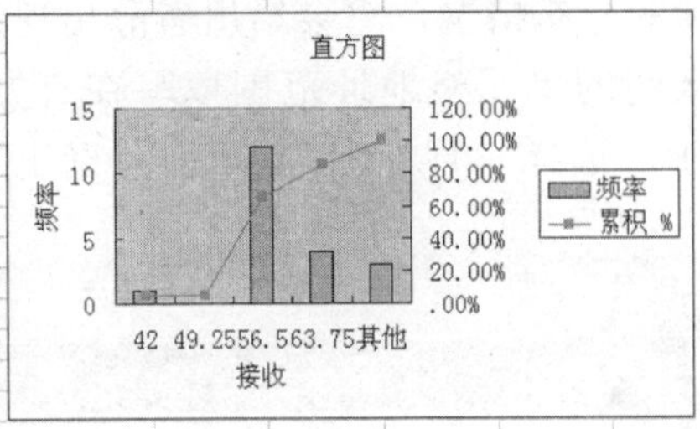

图 3—20　直方图输出结果

（四）散点图工具

散点图是观察两个变量之间关系程度最为直观的工具之一，利用 Excel 的图表向导，可以非常方便地创建并且改进一个散点图，也可以在一个图表中同时显示两个以上变量之间的散点图。

例如：分析数据，如图 3—21 所示，建立“x—y”和“x—z”两个系列的散点图。

操作步骤如下：

选择“插入”菜单的“图表”，进入图表向导。

选择“图表类型”为“xy 散点图”。

“下一步”确定用于制作图表的数据区。

	A	B	C
1	x	y	z
2	38	68	312
3	41	69	323
4	42	70	345
5	40	81	366
6	46	85	378
7	47	86	390
8	46	100	411
9	48	108	434
10	49	114	449
11	51	120	469
12	58	133	480

图 3—21　分析数据

在此例中，需要建立两个系列的散点图，单击“系列”标签，如图 3—22 所示。

在系列 1 的“x 值”区域输入 x 数值的范围；“y 值”区域输入 y 数值的范围。在系列 2 的“x 值”和“y 值”区域分别输入 x 数值范围和 z 数值范围。

点击“下一步”，填写图表标题为“x—y 与 x—z 散点图”，数值 x 轴、数值 y 轴分别填写“x”、“y/x”。

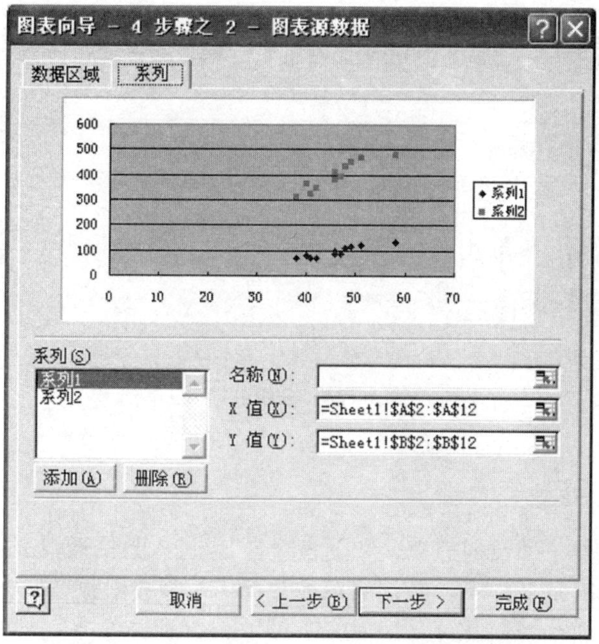

图 3—22　图表向导的数据源“系列”标签

单击“完成”即得到图 3—23 所示的散点图。

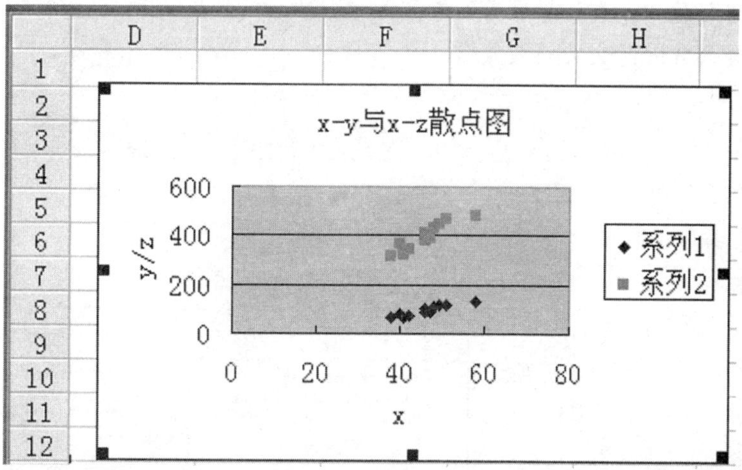

图 3—23　散点图

从上例看出，Excel 可同时生成两个序列的散点图，并分为两种颜色显示。通过散点图可观察两个变量之间的关系，为变量之间建立数学模型作准备。

（五）数据透视表工具

数据透视表是 Excel 中强有力的数据列表分析工具。它不仅可以用来做单变量数据的次数分布或总和分析，还可以用来做双变量数据的交叉频数分析、总和分析和其他统计量的分析。

例如，对图 3—24 列出的学生两门课评定结果，建立交叉频数表。

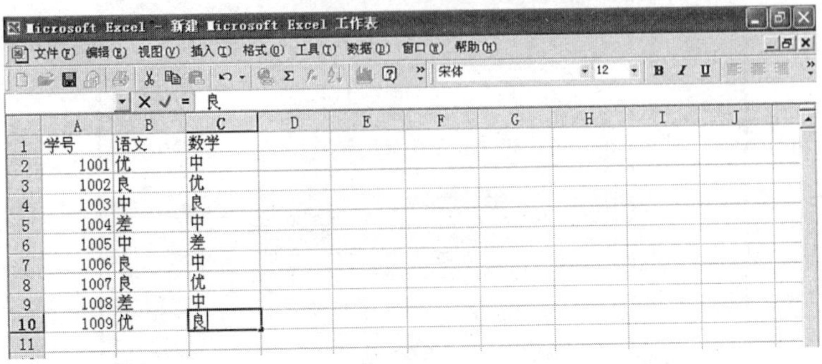

图 3—24　分析数据

操作步骤如下：

选择“数据”菜单下“数据透视表和图表报告”，进入数据透视表向导。

第一步选择“Microsoft Excel 数据清单或数据库”为数据源类型。

第二步选择待分析的数据区域。

“下一步”单击“版式”按钮，按图 3—25 所示将右边的三个按钮拖到指定位置。

再双击“求和项：学号”按钮，将其修改为“计数项：学号”。

单击“确定”及“完成”即可得到如图 3—26 所示的数据透视表，分别按语文和数学的成绩对学生的人数进行交叉频数分析。

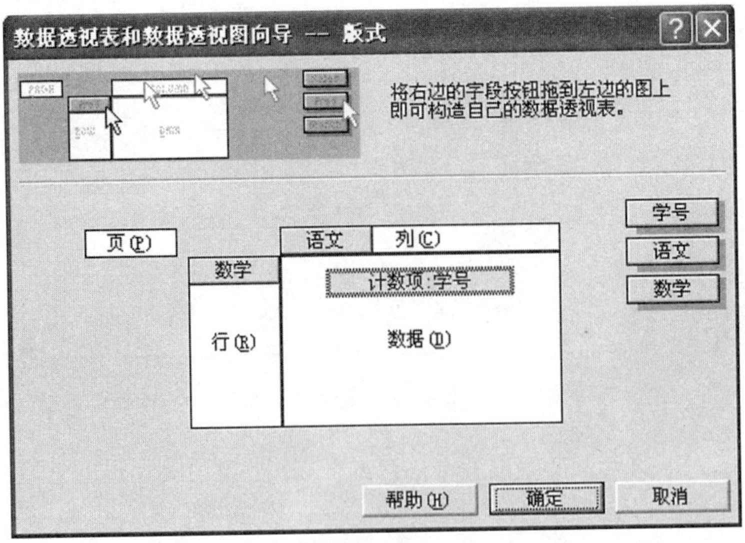

图 3—25　数据透视表向导—版式

数据透视表不仅可以作交叉频数分析，还可以将频数转换为百分比。右击频数的任一单元格，选择“字段设置”子菜单，单击“选项”按钮，将“数据显示方式”选为“占总和的百分比”。按同样的方式，还可将数据透视表修改为其他不同样式。

计数项:学号	语文				
数学	差	良	优	中	总计
差				1	1
良			1	1	2
优		2			2
中	2	1	1		4
总计	2	3	2	2	9

图 3—26　交叉频数透视表

思考与练习

1. 什么是统计分组、次数分布、变量数列？

2. 什么是统计整理？为什么要进行统计整理？统计整理遵循的原则是什么？它的基本程序是什么？

3. 统计整理前为什么要审核原始资料？审核的内容包括哪些？

4. 统计分组有什么作用？统计分组的关键是什么？怎样选择分组标志？

5. 什么是简单分组？什么是复合分组？进行复合分组时应注意什么问题？

6. 分配数列按标志不同可以分为哪两种数列？变量数列按取值范围不同可以分为哪两种数列？

7. 试述变量数列的编制方法。结合某班某门课程的某次考试成绩编制一个变量数列。

8. 什么是组距、组限、组中值？开口组的组中值如何计算？次数分布的描述有哪些方法？

9. 什么是统计表？简述统计表的内容。

10. 统计表有哪些分类？编制统计表应注意哪些问题？

11. 根据本班人数，按政治面貌分为党员、团员、一般群众三组，按各占人数比例制作一个圆形结构图。

第四章

总量指标与相对指标

学习要点

- 掌握总量指标的概念、分类及应用。
- 掌握各种相对指标的概念、特点及计算方法。
- 了解我国国民经济核算中常见的总量统计指标。
- 能用统计指标对社会经济现象进行简单分析。

第一节　总量指标

统计工作的各个环节是互相衔接的。在统计整理之后，紧接着的工作就是统计分析。统计分析是对已取得的统计资料进行周密系统的分析、对比、剖析和综合研究，以揭示现象的本质特征和发展变化规律的工作过程，也是提供统计分析研究成果，发挥统计认识社会以及监督检查作用的阶段。

无论采用哪种方法进行统计分析，都离不开统计指标。如果从统计指标的作用和表现形式来看，可以把统计指标分为三种，即总量指标、相对指标和平均指标，它们从不同的角度分别说明了统计总体的综合特征，所以又称为综合指标。

本章讲述总量指标与相对指标，下一章介绍平均指标与变异指标。

一、总量指标的概念和作用

（一）总量指标的概念

总量指标是反映社会现象在一定时间、地点条件下的规模、总量或水平的统计指标。

由于它是以绝对数形式表现的，所以也称为绝对数指标。例如，2012 年我国国内生产总值 519 322 亿元，全国固定资产投资总额 374 676 亿元，全国年末人口总数为 135 404 万人等，这些都是总量指标。

总量指标也包括总量之间的绝对差额，或是增长量和减少量。例如，我国 2012 年年末人口总数为 135 404 万人，比上年增加 669 万人。

（二）总量指标的作用

总量指标是最基本、最重要的统计综合指标，在统计实际工作与统计分析中，总量指标具有以下几方面作用：

1. 总量指标是认识社会经济现象的起点

人们要想了解一个国家或一个地区的国民经济和社会发展状况，首先就要准确地掌握客观现象在一定时间、地点条件下的发展规模或水平，然后才能更深入地认识现象。例如，为了科学地指导国民经济和社会的协调发展，就必须通过总量指标正确地反映社会再生产的基本条件和国民经济各部门的工作成果，即反映我国土地面积、人口和劳动资源、自然资源、国民财富、钢产量、工业总产值、粮食产量、农业总产值、国民收入额以及教育文化等方面的发展状况。

2. 总量指标是实行社会经济管理的依据之一

一个国家或地区为更有效地指导经济建设，保持国民经济协调发展，就必须了解和分析各部门之间的经济关系。它虽然可以用相对数、平均数来反映，但归根结底还是需要掌握各部门在各个不同时间的总量指标。

3. 总量指标是计算相对指标和平均指标的基础

总量指标是统计整理汇总后，首先得到的能说明具体社会经济总量的综合性数字，是最基本的统计指标。相对指标和平均指标一般都是由两个有联系的总量指标相对比而计算出来的，它们是总量指标的派生指标。总量指标计算是否科学、合理、准确，将会直接影响相对指标和平均指标的准确性。

由上可知，总量指标的计算必须准确、科学、合理，否则据以计算的各种指标和所进行的分析研究就会出现偏差和错误，就会给经济工作和管理工作造成失误甚至无法弥补的损失。

二、总量指标的种类

（一）按其所反映的社会经济现象内容不同分类，可分为总体单位总量和标志总量

1. 总体单位总量

总体单位总量就是构成该总体的单位总数。总体单位总量是反映总体或总体各组单位的总量指标。它是总体内所有单位的合计数，主要用来说明总体本身规模的大小。

2. 标志总量

标志总量是总体中各单位在某一标志上的数值总和，它是总体各单位标志值的合计数。例如，在研究某一工业部门生产成果时，该工业部门所属工业企业数是总体单位总

量，而全部企业的产值总和就是总体标志总量；在研究企业职工工资问题时，总体单位总量是该企业职工总数，而他们的工资总额就是标志总量。

（二）按总量指标说明的现象的性质和时间状况不同分类，可分为时期总量和时点总量

1. 时期总量

时期总量也叫时期指标，是反映现象在一定时期内发展变化总量的指标。例如，产品的产量、产值、商品销售额、固定资产投资总额、出生或死亡人数等。

2. 时点总量

时点总量也叫时点指标，是反映现象在一定时点上的状况的总量指标。例如，全国人口总数、商品库存等指标、高校在校生人数等。它说明的是现象在某一时刻上的总量或水平。

一个完整的统计总量指标，是由指标名称和指标数值两部分组成的，并且还要明确其所说明现象的空间范围和时间界限。所以总量指标的计算不仅仅是技术问题，更重要的是科学地确定指标概念问题。例如，要计算国民收入或国民生产总值，首先必须明确它们的含义、构成要素和计算范围，为此必须以有关经济理论为依据。

三、总量指标的计量单位

总量指标既然是反映社会现象的总量，就必须要有计量单位。其计量单位是根据统计研究目的和指标反映的社会现象的性质确定的，具体可分为实物量单位、价值量单位和劳动量单位三种。

（一）实物量单位

实物量单位是根据事物的自然属性和特点而采用的计量单位。它又可以分为以下几种。

1. 自然单位

自然单位是按现象的自然状况或特点来度量的一种计量单位。例如，汽车按辆来计算、衣服按套或件来计算、牲畜按头来计算、手机以部计量等。

2. 度量单位

度量单位是按统一的度量标准对现象的实物量进行度量的一种计量单位。例如，粮食以吨或公斤计量、布匹以米计量、汽油以公升计量等。度量单位能比较准确地计量现象的实物量。

3. 专用单位

专用单位是根据某些事物的物理、化学性质专门规定的计量单位。例如，发电量按度计量、发热量按卡计量、发电设备按千瓦计量等。

4. 复合单位

复合单位是同时用两个（或两个以上）有联系的计量单位结合起来计量某一事物的量的计量单位。例如，货物周转量按吨/公里计量，蒸汽机按马力/台计量等。复合单位可分为双重复合单位和多重复合单位两种。

5. 标准实物单位

标准实物单位是按统一规定的折算标准来度量现象的量的一种计量单位。采用这种计量单位的必要性在于：在按实物单位计量事物的总量时，常常会遇到虽属同类产品（或商品），但规格、型号、能力或含量不同的情况，把它们混合加在一起叫做混合产量，这种混合产量并不能说明事物真实的总量或实际效益。例如，把发热量为 3 500 大卡的煤与发热量为 7 000 大卡的煤混同加在一起就不能真正反映其实际发热效力；把 15 马力的拖拉机与 25 马力的拖拉机混和计算台数，也无法说明其真正功效。为解决这一问题，在统计时要注意使用标准实物单位。在采用标准实物单位计算实物量时，先要确定其中一种产品作为标准产品，然后计算其他产品按此标准的折算系数，最后再计算其按标准实物单位计量的实物总量。计算公式如下：

$$\text{标准实物量折算系数} = \frac{\text{产品的实际规格或含量}}{\text{标准品的规格或含量}} \tag{4—1}$$

$$\text{标准实物量} = \text{实物量} \times \text{折算系数}$$

如以发热量为 7 000 大卡的煤炭为标准，则发热量为 3 500 大卡的煤的折算系数为 3 500/7 000＝0.5，假如这种劣质煤的量为 35 万吨，则按标准实物单位计算的实物量应为 17.5 万吨。

实物单位对于认识社会经济现象总体的规模、水平来说更具体，所以在安排产品供销计划、编制物资分配与供应计划以及编制物资平衡表等工作时，都离不开实物量指标。但是实物量指标也有不足之处，就是缺乏综合性能，只能计量同类现象的实物量，无法把各种现象的实物加总计算。所以当反映全部产品总量或商品总量时，就不能采用实物量单位。

（二）价值量单位

价值量单位也叫货币单位，是用货币来度量现象总量的一种计量单位。例如，把各种产品的实物量乘以其相应的价格，就得到了它们的价值量指标。国内生产总值、商品销售额、工资总额、生产费用总额、利润额、国民收入等，都是用价值量单位计算的。常用的货币单位有美元、人民币、欧元等。与实物量单位相比较，价值量单位具有广泛的综合性能，它能使那些无法直接相加和对比的实物指标转化为可以相加和比较的价值指标。这对于说明社会经济现象的总规模、总水平、总成果都是非常必要的。此外，采用价值单位也是企业日常经济核算和衡量经济效益所必需的。

（三）劳动量单位

劳动量单位是用劳动时间来表示的计量单位，如工日、工时等。劳动量单位主要用来作为编制和检查生产作业计划、制定工时定额的依据。一般只限于企业内部使用。企业根据本单位的状况，制定出生产单位产品所需的标准工时定额，再乘以产品实物产量，即得到劳动单位计算的产量指标——定额工时产量。工时定额是单位产品需要的计划平均时间，而不是个别的实际时间。例如，某件产品的工时定额为一个工时，某工人一天工作八小时，完成七件产品，则该工人的定额工时产量为七个工时。

四、计算和应用总量指标应注意的问题

（一）正确地规定总量指标的含义和包括的范围

总量指标不是抽象的数字。它是一定社会现象在具体时间、地点、条件下的总量。必须依据政治和经济学原理分析被研究的社会经济现象实质，准确地规定统计指标的含义、计算范围以及有关指标的界限，然后才能计算。例如，在计算工人人数时，首先要区别工人与非工人（职员、学徒、工程技术人员、管理人员等）的性质，明确工人概念的含义和应包括的范围，否则不可能得出正确的工人人数。统计中的总量指标，都是有一定经济内容的。例如，工资、利润、国民收入、国内生产总值等，都是社会经济的特定范畴。因而，必须以正确的经济理论为指导，确定统计指标的名称，规定它所包括的内容、范围和计算方法。

（二）注意现象的同质性

在计算实物指标的总量时，只有同质现象才能计算。同质性是由事物的性质或用途决定的。例如，我们可以把各种煤炭如无烟煤、烟煤、褐煤等看作一类产品来计算它们的总量，但不能把煤炭与钢铁混合起来计算。

（三）正确地规定总量指标的计量单位

社会经济现象是多种多样的，计量单位也是各不相同的。正确地统计和计算总量指标，要根据被研究对象社会经济现象的不同性质和特点，采用适合的计量单位，以准确地反映客观现象总体的数量特征。尤其是实物单位是比较复杂的，规定各种同一标准计量单位和统一度量制度是准确反映客观现象总体数量的前提。为保证统计资料的准确性和便于汇总，我国在统计报表制度和产品目录中，对各种统计指标的计量单位都作全国范围内的统一规定。这是科学地计算总量指标的一个重要条件。

第二节　相对指标

一、相对指标的概念和作用

（一）相对指标的概念

相对指标，又称为统计相对数。它是社会经济现象中两个互相联系的指标数值之比，用来反映某些相关事物之间数量联系程度的综合指标。例如，工农业总产值的构成、人口性别与年龄的构成、产品产量的计划完成程度、人口密度等，都是相对指标。

总量指标是反映现象的规模或水平的重要指标，但不易深入说明事物的程度和差别，

也不能直接反映事物之间的数量联系的程度。为此，需要将有关指标联系起来进行比较，有比较才能鉴别。例如，只有通过有关指标的对比，才能对计划完成与否、产量的增加程度、工作质量的好坏、事物发展速度的快慢以及发展的普遍程度等作出有效的判断。可见，要深入研究社会经济现象，应在总量指标的基础上，计算各种相对指标，开展对比分析工作。

（二）相对指标的作用

在统计分析中，广泛应用相对指标，已成为分析社会经济现象的内部构成和外部联系的基本方法之一。它的主要作用可以概括为：

1. 综合反映社会现象之间的相对水平和联系程度

相对数反映现象和过程的比率、构成、速度、程度、密度等，有助于深入说明总量指标所不能充分说明的问题。例如，通过结构相对数，计算国民收入使用额中积累基金和消费基金之间的比例，这对于深入认识国家建设和人民生活的相互关系、判断国民经济是否协调地按比例发展，都有十分重要的意义。

2. 提供现象之间的比较基础

相对指标将现象在绝对数方面的具体差异加以抽象，使原来不能直接对比的总量指标可以对比。例如，由于企业规模不同，不能直接用工业总产值或净产值的多少来比较同类企业工作质量的好坏。如果计算产值计划完成程度、固定资产利用程度、产值资金率、产值盈利率等相对数，就可以在不同规模的同类企业之间进行比较，做出恰当的评价。

3. 说明总体内部的结构特征，为深入分析事物的性质提供依据

例如，在一个地区的 GDP 中，分别计算第一、二、三产业增加值在 GDP 中所占比重，以反映该地区社会经济现代化程度。

二、相对指标的表现形式

相对指标的表现形式有两种：一种是无名数，通常用系数、倍数、成数、百分数和千分数表示；另一种是有名数，通常采用复合单位计量。如人口密度的计量单位为“人/平方公里”等。

（一）系数和倍数

系数和倍数是将对比的基数（即分母数值）抽象为 1 而计算的相对数。当分子与分母数值相差较小时，用系数表示。例如，标准实物产量的换算系数、工资等级系数等；如果对比的分子数值与分母数值差别很大时，则用倍数表示。例如，我国 2012 年农村居民人均纯收入为 7 917 元，2010 年农村人均纯收入为 5 919 元，2012 年是 2010 年的 1.34 倍。

（二）成数

当对比的分子与分母数值相差不大时，可以用成数表示。即将对比的基数抽象为 10。例如，设某地区今年棉花产量比上一年增产 1/10，即增产一成。

（三）百分数、千分数

在大多数情况下，将对比的基数抽象为 100，用百分数表示对比的结果。例如，计划完成百分数、发展速度、结构相对数等，都采用百分数表示，这是计算相对指标数值时最常用的形式。

当对比的分子数值比分母数值小得很多时，应用千分数表示其对比结果。就是将对比的基数抽象为 1 000 来计算相对数。例如，抽样调查结果表明，我国人口自然增长率 2011 年为 4.79‰。

三、相对指标的种类和计算方法

随着统计分析目的的不同，两个相互联系的指标数值对比，可以采取不同的比较标准（即对比的基础），而对比所起的作用也有所不同，从而形成不同的相对指标，一般可以分为下列六种：计划完成情况相对指标、结构相对指标、比例相对指标、比较相对指标、动态相对指标和强度相对指标。

（一）计划完成情况相对指标

通常称计划完成相对数，是以现象在某一段时间内（如旬、月、季或年）的实际完成数与计划任务数对比，借以表明计划完成程度的综合指标，一般用百分数表示，基本计算公式如下：

$$\begin{matrix}\text{计划完成}\\\text{相对数}\end{matrix}=\frac{\text{实际完成数}}{\text{计划任务数}}\times 100\% \tag{4—2}$$

计算计划完成情况相对指标的基数是计划任务数，由于基数的表现形式有绝对数、平均数和相对数三种，因而计划完成相对数在形式上有所不同，但在计算方法上仍然以计划指标作为对比的基础或标准。分别说明如下：

1. 计划数为绝对指标

计划数为绝对指标，直接使用基本公式（4—2）计算计划完成程度相对指标。公式为：

$$\text{计划完成程度相对数}=\frac{\text{实际水平}}{\text{计划水平}}\times 100\% \tag{4—3}$$

这样计算的指标多用于考核社会经济现象的规模、水平方面的计划完成情况。

2. 计划数为相对指标

按相对指标规定计划任务数，一般用于考核社会经济现象的增长率、降低率等方面计划的完成程度，如成本降低率、流通费降低率、利润提高率、人口增长速度降低率等。

【例 4—1】某企业年初计划利润额要比上年提高 2%，实际执行结果利润额比上年提高 3%，计算该企业利润额计划完成情况指标。

这里要注意，凡属按提高百分比规定计划任务的，其计划完成情况相对指标的计算公式为：

$$\begin{aligned}\text{计划完成情况相对数}&=\frac{1+\text{实际提高率}}{1+\text{计划提高率}}\times 100\%\\&=\frac{1+3\%}{1+2\%}=\frac{103\%}{102\%}=100.98\%\end{aligned} \tag{4—4}$$

计算结果表明，该企业实际利润额为计划利润额的 100.98%，超额 0.98%完成了利润额提高计划。

【例 4—2】 某企业年初规定某种产品的单位成本要比上年降低 5.5%，而实际成本降低率为 6.5%（即实际成本比上年成本降低 6.5%），计算其成本降低计划完成情况指标。

这是属于按降低率来规定计划任务的，其计划完成情况相对指标的计算公式为：

$$计划完成情况相对数=\frac{1-实际降低率}{1-计划降低率}\times 100\% \qquad (4—5)$$

$$=\frac{1-6.5\%}{1-5.5\%}=\frac{93.5\%}{94.5\%}=98.94\%$$

说明该企业实际成本水平为计划成本水平的 98.94%，比计划成本水平低 1.06%。

3. 计划数为平均指标

计划数为平均指标，计算公式如下：

$$计划完成情况相对数=\frac{实际平均水平}{计划平均水平}\times 100\% \qquad (4—6)$$

当计划任务数是按提高或降低数规定时，计算其计划完成情况相对数要注意，不能以实际增加（或降低）数与计划规定的增加（或降低）数相比来计算，而是要按上述公式所确定的指标含义加以对比计算。

对于某些特殊社会经济指标，计划数只是规定的标准线，因此其计划完成情况相对指标数值越接近 100%越好。例如，工资总额计划、货币投放量计划、基本建设投资额计划等，实际完成数不应低于计划任务数，但也不宜高于计划任务数。就是说，其计划完成情况相对数以 100%为最好，不应有较大出入。

在计算计划完成程度相对数时，还必须注意以下两个问题：

第一，根据总体中各组成部分的计划与实际指标计算总的计划完成程度指标时，不能采用把各部分的计划完成程度指标简单平均的方法计算。因为总体各部分计划任务数不同，每完成 1%所包含的绝对量不同，不能同等对待，因此必须以总体的实际完成数与计划任务数对比计算。

第二，在根据分组资料计算总体计划完成情况相对数时也必须注意，只能以总的实际完成数与计划任务数相比，不能采取其他形式计算。

【例 4—3】 某工业局所属 60 个全民所有制工业企业某年产值计划完成情况，如表 4—1所示。

表 4—1　　某工业局所属 60 个全民所有制工业企业产值计划完成情况

计划完成程度（%）	组中值（%）	企业数	计划产值（万元）	实际产值（万元）
80～90	85	3	500	425.0
90～100	95	8	450	427.5
100～110	105	35	4 200	4 410.0
110～120	115	10	1 800	2 070.0
120 以上	125	4	350	437.5
合计	—	60	7 300	7 770.0

根据表中资料计算该工业局所属 60 个全民所有制企业产值计划总的完成情况时，只能以各组计划完成程度百分比去乘其计划产值，求出实际产值，再以实际产值之和与计划产值之和对比求出全局产值计划平均完成百分比：

$$全局产值计划平均完成百分比=\frac{全局实际产值}{全局计划产值}\times 100\%=\frac{7\ 770}{7\ 300}=106.44\%$$

4. 检查长期计划执行情况的方法

五年以上的计划一般可称为长期计划。根据计划指标性质不同，在制定长期计划任务时有两种不同的计划指标。有些计划指标是按计划期末应达到的水平规定任务的，而有些计划指标则是按整个计划期内应完成的总量来规定任务数的。由于计划指标按上述两种不同方法确定，因而检查其计划完成情况也有两种不同的方法，即水平法和累计法。

（1）水平法。凡计划指标按计划期末最后一年应达到的水平来规定任务的，应按水平法计算其计划完成情况相对数（例如，年产量、年产值、年商品零售额等）。这种方法是以计划期最后一年的实际完成数（实际达到的水平）与计划规定的计划期最后一年应达到的水平相对比，即：

$$长期计划完成情况相对数(水平法)=\frac{计划期末实际达到水平}{计划期末规定达到水平}\times 100\% \qquad (4—7)$$

例如，某炼钢厂在第九个五年计划中规定到 2012 年钢产量达到 550 万吨，而 2012 年实际钢产量为 580 万吨，则该厂钢产量计划完成程度为 580/550＝105.45%，即超额 5.45%完成了第九个五年计划规定的钢产量水平。

（2）累计法。凡计划指标是按计划期内各年应完成的总量规定的，就要用累计法计算其计划完成情况。这种方法是以计划期内实际累计完成数与计划规定整个计划期内累计应完成数相比，即：

$$长期计划完成情况相对数(累计法)=\frac{计划期内实际累计完成数}{计划规定整个计划期内累计应完成数}\times 100\% \qquad (4—8)$$

基本建设投资额计划、房屋建筑计划、植树造林计划、人才培训计划等，一般都按累计数规定任务，因此要用累计法检查其计划完成程度。

【例 4—4】某地区在制定“十一五”规划时，规定在“十一五”期间造林面积 320 万亩，实际在“十一五”期间造林面积为 335 万亩，计算地区造林计划完成程度指标为：

$$计划完成程度相对指标=\frac{335}{320}\times 100\%=104.69\%$$

即超额 4.69%完成了造林任务。

检查长期计划执行情况，有时还需要计算“提前期”，如果是按水平法检查的，其提前期一般可以用以下方法计算：

假如在计划期内，只要连续一年（即连续 12 个月）的水平达到了计划规定的最后一年应达到的水平，那么节余的时间就是提前期。例如，前面所说的钢铁厂如果从 2011 年 10 月 1 日起到 2012 年 9 月 30 日连续一年中钢产量恰为 550 万吨，那么剩余的 3 个月时间就是提前期。即提前 3 个月实现了第九个五年计划规定的年产量目标。假如 2011 年 10 月 1 日起到 2012 年 9 月 30 日连续一年内的钢产量不是 550 万吨，而是 565 万吨，则说明该厂提前 3 个月超额 2.73%完成了第九个五年计划规定的钢产量。

对于累计法，检查其提前期的方法是：从计划开始执行之日起进行累积，直到达到计划规定的总量为止，这段时间为计划执行期，而剩余时间就是提前期。如上例，假定该地区 2008 年年初至 2012 年 8 月末，累计造林面积为 320 万亩，就可以说该市提前 4 个月完成了“十一五”期间规定的造林计划。

（二）结构相对指标

在分组情况下，以各组的数值（各组单位数或各组标志总量）与总体数值相比计算的相对数（即各组比重）就是结构相对指标，它可以说明总体内部的构成状况。其计算公式为：

$$\text{结构相对数}=\frac{\text{总体某一部分数值}}{\text{总体全部数值}}\times 100\% \qquad (4—9)$$

【例 4—5】 2012 年我国各种运输方式完成旅客运输量及计算其结构相对指标如表 4—2 所示。

表 4—2　　2012 年我国各种运输方式完成旅客运输量

运输方式	绝对数（亿人公里）	比重（%）
铁路	9 812.3	37.21
公路	11 468.4	43.49
水运	77.4	0.3
民航	5 010.7	19
合计	26 368.8	100.00

资料来源：《2012 年国民经济和社会发展统计公报》。

计算结构相对数时要注意，总体各部分比重之和必须等于 100%。

结构相对数在统计分析中有很重要的意义。

第一，通过结构相对数可以分析研究总体构成的特点，进而认识事物的性质和特征。例如，不同的人口年龄结构状况反映着不同的人口再生产类型，不同的人口文化构成反映着不同的人口科学文化素质等。

第二，总体内部结构变化反映着现象的变化过程（有时能表明现象从量变到质变的过程），例如，通过我国工农业总产值中农业产值比重的变化，可以说明我国工业化的发展过程。

第三，在平均指标变动分析时，可以通过总体内部结构及其变化，说明各部分对平均指标的影响作用。

（三）比例相对指标

比例相对指标是总体中的一部分数值与另一部分数值之比，反映总体内各组成部分之间的数量对比关系。其计算公式为：

$$\text{比例相对数}=\frac{\text{总体某一部分数值}}{\text{总体中另一部分数值}}\times 100\% \qquad (4—10)$$

比例相对数的数值可以用百分数表示，也可用几比几的形式表示。例如，2010 年 11

月 1 日第六次全国人口普查显示，我国大陆男性人口 68 233 万，女性人口 65 048 万，男性人口与女性人口的比例为 68 233/65 048＝104.9％，即男性人口为女性人口的 104.9％，也可以写成 104.9：100 的形式。

在研究国民经济中各项重大比例关系时，经常使用比例相对指标。如积累与消费比例，或农轻重比例等。在研究三个部分之间的比例关系时，可采用连比形式表示比例相对数。例如，2012 年我国国内生产总值519 322亿元，其中第一、第二、第三产业占的比重分别为 10.1％，45.3％和 44.6％，可写成比例相对数 1：4.49：4.42 或 100：449：442。

可以看出，比例相对指数也具有反映总体内部结构的作用。

（四）比较相对指标

比较相对指标是两个同类现象在不同地区、不同单位之间的数量之比，以说明同类事物在不同条件下的数量对比关系。计算公式如下：

$$\text{比较相对数} = \frac{\text{某一条件下某一现象的水平}}{\text{另一条件下同类现象的水平}} \times 100\% \qquad (4—11)$$

例如，某地无线电一厂生产电视机的单位成本为 280 元，无线电二厂生产同型号电视机的单位成本为 300 元，则二厂电视机单位成本为一厂电视机单位成本的 107.14％（300/280）。

又如，某种商品价格在甲地为 15 元，在乙地为 17 元，则甲地价格为乙地价格的 88.24％（15/17）。

当比较的两个数值相差不多时，比较相对数可采用百分数形式表示；当相比的分子远比分母高出许多时，可采用倍数形式。例如，2006 年美国国民生产总值 132 216.85 亿美元，印度 7 961.43 亿美元。美国人口 30 053 万人，印度 109 535 万人。人均 GDP 美国 43 995美元，印度 727 美元，美国人均 GDP 是印度 60.52 倍。

（五）动态相对指标

动态相对指标是同一现象在不同时期的数值之比，说明现象在时间上的数量对比关系和发展变化情况，一般以百分数表示。其中作为比较标准的时期叫基期，用来比较研究的时期叫报告期，动态相对指标的计算公式为：

$$\text{动态相对数} = \frac{\text{报告期水平}}{\text{基期水平}} \times 100\% \qquad (4—12)$$

按上式计算的动态相对指标称为发展速度。例如，我国第一产业增加值 2012 年为 52 377亿元，2011 年为 47 712 亿元，其发展速度为：

52 377/47 712＝109.8，表明我国第一产业 2012 年比上年增长 9.8％。

如果两个相比的数值中，分子很大而分母很小，计算结果可用倍数表示。反之，如果分子很小，分母很大，计算结果可用千分数表示。

计算动态相对数要注意基期的合理选择和指标的可比性问题。有关动态相对指标的问题将在时间数列章节中进一步讲述。

（六）强度相对指标

强度相对指标是两个性质不同，但又有一定联系的指标（多为总量指标）对比的结果，用来说明现象的强度、密度或普遍程度。例如，把一国或某一地区的总人口与总面积相比计算的人口密度，把某种产品产量与总人口相比计算的人均产量等，都是强度相对指标。其计算公式为：

$$\text{强度相对数}=\frac{\text{某一总量指标数值}}{\text{另一与之有联系的总量指标的数值}} \tag{4—13}$$

强度相对指标一般都是有名数，它的名数往往是由分子与分母两个绝对指标的名数复合而成的复名数。例如，人口密度以“人/平方公里”表示，人均国民收入以“元/人”表示。但是也有些强度相对指标用百分数或千分数表示，如商品流通费率、资金利润率等。

有些强度相对数根据计算和说明问题的角度、方法不同，分为正指标和逆指标两种。如果指标数值越大说明现象的强度、密度或普遍程度越高，就是正指标；反之，如果指标数值越大说明现象的强度、密度或普遍程度越低，则为逆指标。反映商业服务密度的指标、反映商品流转速度的指标，反映某些公用事业普及程度的指标都可以计算正指标和逆指标。例如，2012 年年末，我国共有 111 216 万部移动电话，假设截至 2012 年年末，我国共有 134 735 万人，则电话普及率为 111 216 万部/134 735 万人＝82.5 部/百人 。

计算移动电话普及程度的正指标为：

$$\frac{111\ 216\ \text{万部}}{134\ 735\ \text{万人}}=82.5\ \text{部}/\text{百人}$$

表明平均每 100 人中有 82.5 部移动电话。

而其逆指标为：

$$\frac{134\ 735\ \text{万人}}{11\ 1\ 216\ \text{万部}}=121.1\ \text{人}/\text{百部}$$

表明平均每百部移动电话要为 121.1 人服务。

在对国民经济进行统计分析中，强度相对指标应用很广泛，它是说明一个国家经济实力和发达程度的重要指标，如人均国民生产总值、人均粮食产量、人均钢产量和人均医疗支出等。

四、正确运用相对数指标的原则

在计算与应用相对指标时，必须注意以下几个问题。

（一）要注意指标的可比性

相对指标是把两个有联系的指标相对比，以反映现象间数量对比关系的综合指标。因此，对比的两个指标之间是否具有可比性，对于能否正确说明现象之间的数量对比关系是非常重要的。只有可比指标才能计算相对数。可比性问题涉及很多方面，其中主要有以下几点：

1. 指标内容的可比性

计算相对数的分子指标与分母指标应该是相同的，或者指标内容虽然不相同，但却是有密切联系的指标。例如，计算动态相对数的分子与分母指标必须具有相同的经济内容，而比较相对数的分子与分母指标必须是不同空间环境下的同类现象的指标数值。计算强度相对数的分子与分母指标也必须是真正反映有密切联系的现象的两个总量指标。

2. 指标计算范围的可比性

计算相对数时，分子与分母指标的计算范围应该是一致的，否则就没有可比性。例如，计算动态相对数时，基期水平与报告期水平的计算范围必须一致。计算结构相对数与比例相对数也要注意应是同一总体的相应指标。如在计算人口密度时，人口数与土地面积必须是同一地理范围上的指数。又如在对比不同国家的文盲率时，要注意计算范围、口径是否一致。

3. 计算方法的可比性

计算方法的可比性是在计算动态相对数和比较相对数时特别要注意的问题。例如，总产值的计算方法是按工厂法还是按部门法或是按国民经济法，是采用当年价格还是采用不变价格，都是必须注意的，只有采用同一方法、同一价格计算的产值才具有可比性。

此外，在计算或对比某些相对指标时，还要注意总体结构的可比性。例如，比较不同国家或地区的人口出生率或死亡率时，由于不同国家或地区人口的年龄构成不同，而人口出生率或死亡率要受人口年龄构成影响，所以应排除人口年龄构成因素的影响，用标准化生育率、标准化死亡率来比较不同国家人口生育率或死亡率的高低。

（二）相对指标要和绝对指标结合应用

相对指标作为一种抽象化数值，具有广泛的综合性能，它使原来不能直接比较的绝对指标变为可以相比的相对指标，从而扩大了统计分析与比较的范围。但同时，这种抽象化的相对指标往往因掩盖了现象绝对量的差异，因此只凭相对指标进行统计分析，无法从实际的社会经济意义方面进行全面说明。假如有甲乙两个企业，甲企业基期产值为 10 万元，报告期为 12 万元；乙企业基期产值为 100 万元，报告期为 120 万元。那么它们的产值增长速度都是 20%，然而它们的实际经济意义却是不同的，甲企业每增长 1%产值仅增长 1 000元，而乙企业则为 10 000 元。又如，2006 年我国人口的自然增长率为 5.28‰，已远降到世界平均水平以下，但由于我国人口总数已达到13.144 8亿，所以每年净增人口仍达 694 万多。

（三）有联系的各种相对指标的结合应用

一种相对指标只能说明现象某一方面的情况，只有把有联系的各种相对指标结合起来作综合分析，才能对社会经济现象进行全面、正确的评价。例如，考核一个工业企业的生产情况和经济效益，应该把反映企业生产经营情况的多种指标，如品种计划完成情况、产量及产值计划完成情况、成本水平、资金占用情况、设备利用率、人员与工资计划、劳动生产率、利润率等结合起来进行综合分析，才能得出正确结论。在实际工作中制定的技术经济指标是考核各类企业生产经营情况的依据。

（四）定性分析与数量分析相结合

运用相对数分析对比，要在确定事物性质的基础之上，再进行数量上的分析。只有对两个指标反映的社会现象性质有明确认识，才有可能确定两个指标数值对比是否合理。不合理的对比是没有任何意义的。例如，将不识字人口数与全部人口数对比计算文盲率，显然是不合理的。因为其中包括未到学龄的人数和不到接受初中文化教育年龄的人数在内，不能如实反映文盲数在相应的人口数中所占比重，所以合理的计算方法应该考虑这一因素。采用以下公式较为合理：

$$文盲率=\frac{15岁及15岁以上不识字人口数}{15岁及15岁以上全部人口数}$$

第三节　我国国民经济核算中常用的统计总量指标

一、国民经济核算体系

（一）国民经济核算

1．国民经济

国民经济是指一个国家或地区全部经济活动的总和。国民经济是由各行各业构成的，是各部门的总和。它的基本细胞就是各个企业、事业和行政单位以及居民。这些单位的经济活动是连续不断进行的，各单位之间存在着错综复杂的经济联系。从宏观角度来看，国民经济运行就是社会再生产全过程，即从生产到分配、交换直至最终使用的周而复始的经济循环。

2．国民经济核算

国民经济核算是以整个国民经济为对象的宏观经济核算。它对社会再生产全过程进行系统的计算、测定和描述，从数量上反映国民经济运行状况及社会再生产过程中生产、分配、交换、使用各个环节之间以及国民经济各部门之间的内在联系，为国家宏观经济管理提供依据。

国民经济核算与企业、事业、行政单位等微观经济核算有所不同。国民经济核算要建立在微观经济核算基础上，但不是微观核算资料的简单汇总，而必须对来自各方面的资料按照国民经济核算的要求进行必要的调整和再加工，以形成完整的、统一的核算体系。

（二）国民经济核算体系的含义和作用

1．国民经济核算体系的含义

国民经济核算体系有两层含义：

一是指国家或国际组织为国民经济核算而制定的核算标准和规范。它以一定的经济理论为基础，明确规定一系列核算概念、定义和核算原则，制定一套反映国民经济运行的指标体系、分类标准和核算方法以及相应的表现形式（平衡表、账户、矩阵等），形成一套逻辑一致和结构完整的核算框架。这些标准和规范是保证国民经济核算的科学性、统一性和可比性所不可缺少的，同时也是正确理解和使用国民经济核算资料并进行国际比较所必需的。

二是指全面、系统反映国民经济运行的数据体系。它是根据上述标准和规范对国民经济进行核算的结果，是一整套国民经济核算资料，形成宏观经济信息系统。它是国家宏观经济决策和调控的重要基础。

2. 国民经济核算体系的作用

国民经济核算体系是国家对国民经济进行现代化管理的重要工具，它的作用主要有以下四个方面：

（1）为宏观决策和制定国民经济发展规划提供科学依据。科学的决策和计划必须建立在对当前发展状况的正确估计和对未来发展科学预测的基础上。国民经济核算体系既可全面地、综合地反映国民经济运行的过程和结果，为决策和计划提供基础数据，又可为预测未来提供宏观经济模型。

（2）对国民经济运行进行监测。国民经济核算体系按年、按季提供的信息，可以反映国民经济运行总体情况及各个环节、各个部门的动态，据以及时监测国民经济发展是否正常，以及哪些环节、哪些部门出现不协调的现象，以便于采取调控措施，促使国民经济持续、快速、协调地发展。

（3）为宏观经济分析提供基础数据。根据国民经济核算资料，可对整个国民经济发展的规模、速度、结构、重要比例及经济效益进行分析和评价，并对社会总供给与总需求的总体平衡关系及投资与储蓄平衡、财政平衡、信贷平衡、国际收支平衡的关系，以及各部门之间相互依存关系进行定量和定性分析，为改善宏观经济管理提供依据。

（4）用于国际间的经济比较。各国的国民经济核算体系，大都是参照联合国制定的标准，因此具有可比性。据以产生的数据体系可广泛用于国际比较，成为国际间进行经济交流的一种共同语言。

（三）世界上两大核算体系及其发展趋势

国民经济核算体系作为国际标准是在20世纪50年代开始形成的，由于各国经济运行机制和经济管理体制不同，形成了两种不同的国民经济核算体系，曾在相当长时期里并存发展。

1. 物质产品平衡表体系

物质产品平衡表体系，简称MPS（The System of Materal Product Balances）。物质产品平衡表体系是为适应对国民经济实行高度集中的计划管理的需要，由原苏联首先建立起来的，以后逐渐为东欧各国及古巴、蒙古等国所采用。它以物质产品的生产、分配、交换和使用为主线来核算物质产品的生产过程，核算范围包括农业、工业、建筑业、货物运输及邮电业、商业等物质生产部门，核算方法主要采用平衡法，由一系列平衡表所组成。

2. 国民账户体系

国民账户体系，简称SNA（A System of National Accounts）。国民账户体系是用于

市场经济条件下国民经济核算，首创于英国，继而在经济发达国家推行，现已为世界上绝大多数国家和地区所采用。它以广义生产的概念为基础，把国民经济各行各业都纳入核算范围，将社会产品分为货物和服务两种形态，完整地反映全社会生产活动成果及其分配和使用的过程，并注重社会在生产过程中资金流量和资产负债的核算。它运用复式计账法的原理，建立一系列宏观经济循环账户和核算表式，组成结构严谨、逻辑严密的体系。

3. 两大核算体系的主要区别

MPS 和 SNA 都是适应国家宏观经济管理需要而建立起来的国民经济核算体系，但它们是不同的经济管理体制和经济运行机制下的产物，因而在核算范围、内容、方法上都有很大差异。

第一，在核算范围上，MPS 限于物质产品核算，把非物质生产部门的服务活动排除在生产领域之外；SNA 的核算范围覆盖整个国民经济，不受物质生产领域的局限，因而能完整地反映全社会的经济活动。

第二，在核算内容上，MPS 主要反映物质产品的生产、交换和使用的实物运动；SNA 核算货物和服务的实物流量外，还注重核算收入、分配和金融交易等资金流量和资产负债存量，能更好地反映社会再生产中实物运动与价值运动交织在一起的复杂的运动过程。

第三，在核算方法上，MPS 主要采用平衡法，侧重每张平衡表内部的平衡，但平衡表之间联系不够紧密；SNA 主要采用复式计账法，通过账户体系把社会再生产各环节，国民经济各部门紧密衔接起来，能更好地反映国民经济运行中的内在联系，提高了国民经济核算的科学水平。近几年来，随着世界市场经济的迅速发展，国际上加快了国民经济核算体系一体化的进程。

（四）我国新国民经济核算体系方案的研制及实施

我国原有的国民经济核算体系是属于物质产品平衡表体系，是计划经济产物。

新国民经济核算体系的研制，是从 1984 年年末开始，在国务院领导下，由国家统计局会同有关部门和单位历时七年完成的。研制过程大体经历了以下几个阶段：

1. 理论研究

就建立我国新国民经济核算体系的理论基础、核算模式等进行反复研讨，确立了建立新国民经济核算体系的指导思想。这就是从我国发展社会主义市场经济的实际出发，以马克思主义理论为指导，在总结我国实践经验的基础上，吸取国际上科学的核算方法和有益的经验，建立适合中国国情的新的国民经济核算体系。并确定把生产劳动的范围由物质生产扩展到包括服务在内的全社会生产劳动，大胆采用新 SNA 的核算框架和国民账户核算方法。这都是对传统的理论观点和核算模式的重大突破，为研制新国民经济核算体系方案奠定了思想基础。

2. 方案设计

1987 年年初提出初步方案，此后经过广泛征求意见和专门会议讨论，前后作了七次修改。1991 年在总结几年来试编试算经验的基础上，按照整体性、系统性、平衡性的原则，对方案进行了全面的修订，使之形成了比较完整、严密的体系，正式提出了《中国国民经济核算体系（试行方案）》。

3. 试点试算

为了检验核算体系方案的科学性、实用性和可行性，从1988年以来先后组织18个省、区、市对方案中的主要表式和账户进行了试编试算，并在全国开展了增加值统计试点。这些试验工作，不仅为修改完善方案提供了重要依据，而且探索了实施途径，培养了一批核算骨干力量，为方案的实施创造了条件。

经过以上一系列的研制工作，《中国国民经济核算体系（试行方案）》经国务院组织的论证会正式通过，认定它是科学的可以付诸实施的方案。1992年3月国务院召开电话会议向全国部署实施这一新的国民经济核算体系方案。同年8月国务院发出《关于实施新国民经济核算体系方案通知》，决定从1992年起分两步实施：第一步，1992—1993年建立国家和省两级新核算体系基本框架，实现初步过渡；第二步，1995—1996年基本完成新核算体系的全面过渡。现在，以1993年《中国国民经济核算体系（试行方案）》为基础，又形成了《中国国民经济核算体系（2002）》，成为我国国民经济核算的规范性文本，标志着基本实现了与国际通行做法的接轨。自从美国于2008年制定了SNA新标准后，我国国家统计局组织力量对2008年SNA的重要修订进行了研究，并结合我国经济社会发展和核算制度方法改革的实际情况，制定了修订《中国国民经济核算体系（2002）》的计划。

二、国民经济核算中的基本概念和分类

（一）生产范围

生产活动是基本的活动，它是社会再生产过程中的首要环节，生产决定着分配、交换和使用。根据国民经济核算的整体原则要求，生产范围划到哪里，生产出成果就算到哪里，中间投入和最终使用也就算到哪里，分配与再分配，原始收入与派生收入也就在哪里分界。因此，确定了生产范围，也就决定了整个体系的核算范围。

1. 生产

新国民经济核算体系中的生产，是指经过劳动和物质资料的投入，形成货物和服务产出的活动过程。货物和服务都具有价值和使用价值，是为社会提供的可用于交换和使用的产品。

2. 货物

指核算期内生产的全部实物产品，包括生产者（企业、个体户）留作自用的产品以及住户为自身使用进行的住房建筑，就是说包括核算期内生产的全部货物。货物是有形产品，它在生产过程结束后进入使用过程，可以贮存并进行多次交换。

3. 服务

指对外单位、居民或整个社会提供的各种形式的服务，不包括居民为自身最终消费从事的家务劳动。服务是提供给使用者的无形产品，它的生产和使用过程一般是同时进行的，生产的完成也就是使用的结束，所以一般不能贮存和进行多次交换。

我国原有核算制度规定的生产范围只限于农业、工业、建筑业、运输（货运）、邮电业和商业五大物质生产部门，只核算物质产品的生产，非物质生产性服务被排除在生产范围之外。这一概念不符合市场经济下经济生活的实际情况，而且与国际通用的概念不一

致，因此被新核算体系所界定的生产范围所取代。

（二）常住单位

国民经济核算对象是整个国民经济活动，而国民经济活动是由各个单位的经济活动组成的，这些单位构成国民经济的细胞，是进行经济交易的主体。为了界定交易主体的范围，确定生产和使用核算的口径。区分国内交易和国外交易，国民经济核算中采用了“常住单位”的概念。

1. 常住单位

所谓“常住单位”，是指在一国经济领土上具有经济利益中心的单位。我国的经济领土主要由我国控制的地理领土组成，还包括我国在国外的领土“飞地”（如驻外使领馆等），不包括外国在我国的领土“飞地”。一个经济单位在我国经济领土上拥有一定活动场所，长期（通常为一年以上）从事一定规模的经济活动，这个单位就是我国的常住单位。它包括我国经济领土内的企业（含外商投资企业）、事业、行政单位和住户，不包括我国在境外投资的企业。

2. 常住机构单位

常住单位一般是按机构单位确定的，所以又称为常住机构单位。在 SNA 中，机构单位是指拥有资产，承担债务，独立从事经济活动并与其他单位进行交易的经济实体。我国明确规定以法人单位和住户作为机构单位。

3. 法人单位

法人单位是具有财务决策权和独立核算单位，包括企业、事业单位、机关、社会团体等。法人单位应同时具备以下条件：

（1）依法成立，有自己的名称、组织机构和场所，能够独立承担民事责任。

（2）独立拥有和使用资产，承担债务，有权与其他单位签订合同。

（3）会计上独立核算，能够编制资产债务表。

4. 住户

住户指共同居住、共享全部或部分收入和财产，并在一起消费的个人群体，住户中还包括住户所拥有的个体经营单位。

（三）部门分类

国民经济核算中的部门分类主要有以下三种：

1. 机构部门分类

是根据机构单位的性质特征进行的分类。一个机关单位的性质是根据它的职能、从事的主要活动及其目的确定的。一个机构部门就是具有同质的机构单位的集合。

机构部门分类是国民经济核算中的基本分类，主要用于核算各机构部门的收入与分配、金融交易和资产负债，反映经济循环中各机构部门之间的相互关系。编制资金流量表、资产负债表和经济循环账户中的机构部门账户都采用这种分类。

我国新国民经济核算体系中，按照中国实际情况将机构单位划分为以下五大部门：

（1）企业部门（非金融企业）：由除金融企业以外的所有常住独立核算企业组成，包括各种经济类型的企业，但不含个体户。

（2）金融部门：由从事金融媒介活动的所有常住独立核算企业组成，包括中国人民银行、各商业银行、信用社、保险公司、信托投资公司等。

（3）行政事业部门：由独立核算行政事业单位（包括政党和社会团体）组成。

（4）财政部门：仅指国家行使财政收支管理的职能，包括中央财政和地方财政。这是为核算经济运行中国家财政在集中资金和分配资金方面与各机构部门之间往来关系而设的虚拟部门，不是指经济实体。作为经济实体的各级财政机构则属于行政事业部门。行政事业部门和财政部门合起来相当于SNA中的政府部门。

（5）居民部门：由所有常住居民住户组成，其中包括为住户所有的个体经营单位。由于个体经营的财务收支和资产负债不能独立于其所属的住户，所以把它们列入居民部门。

2. 行业部门分类

行业部门的分类是按照从事经济活动的同质性对产业活动的单位进行的部门分类。所谓行业活动单位，就是位于一个地点从事一种或主要从事一种经济活动的单位。我国统计制度规定，产业活动单位应同时具备以下条件：

（1）在一个场所从事一种或主要从事一种产业活动。

（2）相对独立地组织生产经营或业务活动。

（3）能够掌握收入和支出等业务核算资料。

一个机构单位如果只有一个场所并从事一种或主要从事一种产业活动，那么这个机构单位同时也就是产业活动单位。规模较大的机构单位往往不只从事一种性质的生产活动，或不只一处生产场所，这就要按照其生产活动的不同性质、不同地点和能否单独提供核算资料的条件划分为若干个产业活动单位，以便按同质单位进行产业部门分类。

产业分类的作用是尽可能准确地反映国民经济的产业结构及产业部门之间的关系。

我国《国民经济行业分类和代码（国标修订方案）》与国际标准产业分类基本上兼容，我国国民经济行业分类代码表（GB/T4754—2011）2012年新标准是：A. 农、林、牧、渔业，B. 采矿业，C. 制造业，D. 电力、热力、燃气及水生产和供应业，E. 建筑业，F. 批发和零售业，G. 交通运输、仓储及邮政业，H. 住宿和餐饮业，I. 信息传输、软件和信息技术服务业，J. 金融业，K. 房地产业，L. 租赁和商务服务业，M. 科学研究和技术服务业，N. 水利、环境和公共设施业，O. 居民服务、修理和其他服务业，P. 教育，Q. 卫生和社会工作，R. 文化体育和娱乐业，S. 公共管理、社会保障和社会组织，T. 国际组织。每个门类又进一步依次细分为若干大类、中类、小类。

3. 产业分类

在国民经济行业分类的基础上，可以进行三大产业的分组。

第一产业包括农、林、牧、渔业。

第二产业包括采掘业、制造业、电力煤气及水的生产和供应业（这三个部门通称工业）、建筑业。

第三产业包括除第一、二产业之外的其他各产业部门。第三产业主要是流通和服务业，包括：交通运输业、邮电通信业、商业饮食业、物资供销和仓储业、金融、保险业、地质普查业、房地产、公用事业、居民服务业、旅游业、咨询信息和技术服务业、教育、文化、广播电视事业、科学研究事业、卫生体育和社会福利事业、国家机关等。

国民经济产业部门及其经济活动是国民经济生产核算的主要对象，也是分析产业结构的重要基础。

三、国民经济核算中常用的几个总量指标

（一）社会总产出

1. 社会总产出的概念

社会总产出是指国民经济各部门的常住单位在一定时期内生产的货物和服务的价值总和，它是社会总产品的价值表现。

2. 社会总产出的特点

（1）总产出的核算范围是全社会各个行业，既包括物质生产部门，也包括非物质生产部门。

（2）总产出包括了全部社会产品的价值，既包括实物产品的价值，也包括服务活动价值。

（3）总产出的价值构成包括了中间投入的产品价值和最终产品价值之和，或转移价值和新创造价值之和。即：

总产出＝中间投入＋最终产品价值　　（4—14）

或　　　＝C＋V＋M　　（4—15）

3. 社会总产出的作用

（1）反映国民经济各部门生产经营活动的总成果。

（2）是计算国内生产总值等其他国民经济核算统计指标的依据。

4. 社会总产出的局限性

总产出的局限性在于，它的价值中包括了产品在生产过程中原料、材料、燃料、动力等转移价值（中间投入），形成了重复计算。社会分工越细，专业化程度越高，这种重复计算就越多。

（二）国内生产总值

1. 国内生产总值的概念

国内生产总值简称 GDP（Gross Domestic Product）。它是一个国家或地区在其领土（辖区）范围内，本国居民和外国居民在一定时期内（通常为一年）所生产的最终产品的价值总和。

这里所指的“最终产品”包括实物产品和服务，是从国民经济整个范围来说的最终产品。它是指在一定时间内生产的而在周期内不再加工、可供最终消费和使用的产品。如果当年在国民经济范围内还要进一步加工，则不能算为最终产品，而称中间产品。最终产品包括可直接用于个人消费和社会消费以及用于投资和供出口用的产品。从价值方面考察，它是社会总产品价值（总产出）扣除中间产品价值后的余额。最终产品价值，在企业和部门称为增加值，所有单位的增加值之和就是国内生产总值。

国内生产总值是按“国土原则”统计的。所谓“国土原则”是指本国领土（本辖区）作为计算范围，凡是在本国领土范围内生产的产品和提供的劳务，如国营企业、集体企

业、三资企业、个体企业等，不论由谁经营、归谁所有、由谁提供，都要计入本国（本辖区）的产值中。反之，超出了本国领土范围即使为本国（本辖区）所有，也不能计入产值。所以，一国的国内生产总值实际上是由该国所有常住单位生产所创造的，反映常住单位的生产成果。

2. 国内生产总值的计算方法

国内生产总值采用了以下三种计算方法，这三种方法从不同角度观察和分析经济总量的形成以及结构比例关系，为宏观决策和调控提供依据。

（1）生产法。

生产法又叫增加值法或部门法。它是从生产角度计算各部门在一年内所生产产品和提供劳务的增加值，各部门的增加值加总后得国内生产总值。增加值的计算公式为：

增加值＝总产出－中间投入（中间消耗） （4—16）

国内生产总值＝各部门增加值之和 （4—17）

式中：

总产出（即总产值）是指一定时期内生产单位所生产的货物和提供的服务的全部价值，包括中间投入价值和增加值两部分。

中间投入：也称中间消耗，是指一定时期内生产单位在全部生产过程中消耗或转换的物质产品投入和物质性的服务投入（如货运、邮电、通信、商业和饮食等服务），以及非物质性服务的投入（如金融保险、文化教育、医疗卫生、行政管理等）。计入中间投入的物质产品和服务的价值，必须具备两个条件：

第一，它必须是在与总产出相对应的生产过程中消耗的物质产品和服务；

第二，本期消耗的物质产品必须是不属于固定资产的非耐用品。

计入中间投入的物质产品和服务应该按生产过程中实际使用的数量计算，其价格一般采用实际购进价格计算。

增加值：总产出的价值扣除中间投入价值后的余额。它反映生产单位或部门生产活动的最终成果。

增加值在具体计算过程中，对于以不同的部门应采取不同的方法分开核算，然后才能加总。

（2）收入法。

收入法，又称分配法或成本法。它是从收入的角度出发把生产各要素在产品生产与劳务提供的过程中应得到的收入份额来计算国内生产总值的一种方法。具体构成项目有劳动者报酬、生产税净额、营业盈余、固定资产折旧。其计算公式为：

国内生产总值＝劳动者报酬＋生产税净额＋营业盈余＋固定资产折旧 （4—18）

（3）支出法。

支出法是从最终使用的角度来计算国内生产总值的方法，它反映了社会最终产品的使用结果。一定时期的国内生产总值的最终使用包括总消费、总投资和净出口三部分。将这三部分价值相加即得国内生产总值。其计算公式为：

国内生产总值＝总消费＋总投资＋净出口 （4—19）

用三种方法计算表 4—3 中的国内生产总值。

表 4—3　　国内生产总值账户　　单位：亿元

使用		来源	
总产出	8 553	消费	3 858
减：中间消耗	3 775	居民消费	2 702
		社会消费	1 156
劳动者报酬	2 583	总投资	889
生产税净额	601	固定资产投资总额	905
生产税		库存增加	−16
减：补贴		净出口	31
营业盈余	1 005	出口	1 124
固定资产折旧	589	减：进口	1 093
国内生产总值	4 778	国内生产总值	4 778

生产法国内生产总值＝总产出－中间消耗＝8 553－3 775＝4 778（亿元）

收入法国内生产总值＝劳动者报酬＋生产税净额＋营业盈余＋固定资产折旧
＝2 583＋601＋1 005＋589＝4 778（亿元）

支出法国内生产总值＝总消费＋总投资＋净出口＝3 858＋889＋31＝4 778（亿元）

（三）国民生产总值

1. 国民生产总值的概念

国民生产总值简称 GNP（Gross National Product）。它是指一个国家的国民在一定时期内（通常为一年），在国内和国外所生产的最终产品和提供劳务价值的总和。

国民生产总值是按“国民原则”统计的。所谓“国民原则”就是指凡是本国国民经营生产的最终产品和提供的劳务作为计算的范围，不是本国国民，则不属计算范围。

2. 国民生产总值的计算方法

国民生产总值的计算方法与国内生产总值的计算方法基本相同，也按照“生产法”、“收入法”和“支出法”三种方法进行，所不同的是计算范围。国民生产总值等于国内生产总值加上国外净要素收入之和。或者说，国民生产总值等于国内生产总值加上来自国外的本国劳动者报酬净额和财产收入净额。即：

国民生产总值＝国内生产总值＋国外净要素收入　　(4—20)

或：

国民生产总值＝国内生产总值＋本国国民在国外取得的劳动和财产收入
－外国国民在本国取得的劳动和财产收入　　(4—21)

（四）国民收入

1. 国民收入的概念

国民收入简称 NI（National Incime），是指一个国家的劳动、资本、土地三要素所有者在一定时期内从生产的产品或提供的劳务中获得的收入。劳动可以获得工资、资本创造利润（包括利息）、土地生产租金，因此工资、租金、利润和利息四个项目之和即为国民收入。

2. 国民收入的计算方法

根据上述几项分析，SNA国民收入的计算公式为：

国民收入＝工资＋利润＋利息＋租金 （4—22）

或

国民收入＝国民生产总值－固定资产折旧－企业间接税＋政府津贴 （4—23）

（五）个人收入

1. 个人收入的概念

个人收入简称PI（Personal Income）。它是指全社会成员在一定时期内从各种来源所获得的收入的总和，包括：劳动收入，业主收入，租金收入，股息及利息收入，来自政府和非营利组织对个人的转移支付，如救济金、补助金等。

国民收入是个人收入的主要来源，但国民收入中有些并未分配给个人，如公司或企业的未分配利润、雇主对雇员的社会保险支付等；同时，有些要素收入还要通过再分配形式变成个人收入，比如政府对个人的转移支付，如抚恤金、救济金等。所以，个别情况下个人收入有可能大于国民收入。

2. 个人收入的计算公式

个人收入＝工资与薪金收入＋业主收入＋租金收入＋股息及利息收入
＋来自政府和非营利组织对个人的转移支付 （4—24）

（六）个人可支配收入

个人可支配收入，简称PDI（Personal Disposable Income），是指在个人收入中扣除税款和非税性负担后所得余额。它是个人收入中可以用于消费支出或储蓄的部分，它构成实际的购买力。其计算公式为：

个人可支配收入＝个人收入－个人税－非税支出 （4—25）

或 ＝个人消费支出＋个人储蓄 （4—26）

思考与练习

一、简答题

1. 简述下列基本概念：总量指标、相对指标、国民经济、常住单位、第三产业、国民生产总值、国内生产总值、国民收入。
2. 简述总量指标的作用。
3. 什么是时期总量和时点总量？两者有什么区别？
4. 计算总量指标采用哪些计量单位？试说明各种计量单位的特点。
5. 计算和使用统计总量指标，应该注意哪些问题？
6. 常用的相对指标有哪几种？各有什么作用？请列出它们的计算公式。

7. 计划完成情况包括哪些内容？分析长期计划执行情况时，累计法和水平法各有什么特点？当计划任务用提高或降低百分比表示时，如何确定计划完成程度？

8. 简述计算和运用相对指标的原则。

二、计算题

1. 某企业 2012 年计划比上年增产甲产品 1%、乙产品 8%、丙产品 5%，实际产量甲产品为 2011 年的 1.2 倍、乙产品为 85%、丙产品为 2.03 倍。试确定三种产品的计划完成程度。

2. 某公司的三个工厂工业产值次数，如表 4—4 所示。

表 4—4　　三个工厂工业产值次数表

企业	工业产值（万元）		完成计划百分比（%）
	计划	实际	
甲	680	750	
乙			109.7
丙	600		
合计	2 000	2 200	

要求：根据指标之间关系，计算表中所缺数字。

3. 我国人口和土地面积资料，如表 4—5 所示。

表 4—5　　我国人口总数资料表

	根据第六次全国人口普查调查（万人）	
	1982 年	2010 年
人口总数	101 654	133 972
男	52 352	68 685
女	49 302	65 287

国土面积为 960 万平方公里。试计算全部可能的相对数，并指出它们属于哪一种相对数。

4. 某企业按五年计划规定最后一年的产量应达到 360 万件，实际执行情况如表 4—6 所示。

表 4—6　　某企业五年产量资料表　　单位：万件

年份	第一年	第二年	第三年	第四年				第五年			
				一 季	二 季	三 季	四 季	一 季	二 季	三 季	四 季
产量	150	205	265	75	80	85	85	95	95	105	105

试计算五年计划完成程度，并说明提前完成时间。

5. 某地区计划“十一五”期间完成固定资产投资 300 亿元，实际固定资产投资完成情况如表 4—7 所示。

表 4—7　　某地区实际固定资产投资情况　　单位：亿元

年　份	2006	2007	2008	2009	2010
实际固定资产投资情况	58.8	65.2	78.2	97.8	120

要求：计算该地区“十一五”期间固定资产投资计划完成程度指标，并说明完成计划的时间情况。

第五章

平均指标与变异指标

学习要点

- 深刻理解平均指标的概念、特点和作用。
- 掌握各种平均指标、变异指标的计算方法及运用。
- 明确平均指标和变异指标的区别和联系。
- 掌握是非标志的平均数和标准差的计算方法。
- 掌握 Excel 在描述统计分析中的运用。

第一节　平均指标概述

一、平均指标

平均指标又称为统计平均数，是说明一定时间、地点、条件下同质总体中各单位在某一数量标志上一般水平的综合指标，反映现象总体分布的集中趋势。

构成某一现象总体的各个单位，由于它们所处环境或具体条件不同，因此它们在某一标志上的具体数值就有可能存在差异，有时差异还会很大。例如，某一种产品的成本水平在不同企业之间会有差别；同一车间各个工人日加工零件数会有多有少；同一单位职工的工资也会有高有低。但是尽管如此，在一定条件下，由于一些共同因素的作用，总体单位的标志值又必然会有一个大致的水平。例如，产品的平均成本、平均工作效率或平均工资等，这就是平均指标，它是从同质总体各单位标志值中抽象出来的一种综合性指标。

平均指标具有两个明显的特点：

第一，平均指标是一个代表性数值，它代表了同质总体中各单位在某一数量标志方向的一般水平。例如，某单位职工平均日工资为 200 元，“平均日工资 200 元”就代表了这个单位每一个职工工资的一般水平。

第二，平均指标又是一个抽象化的数值，它把总体各单位实际同一标志上的数量差异抽象掉了。例如，上述单位每个职工实际日工资水平与其平均日工资水平多少都有些差别，或高于 200 元，或低于 200 元，但平均指标却把数量差异抽象掉了，所以仅从平均指标无法反映各单位之间的数量差异。

二、平均指标的种类

（一）按平均指标说明现象的时间情况不同分类

按平均指标说明现象的时间情况不同分类为静态平均数和动态平均数。从静态上说明现象的一般水平，即现象在一定时间或时点上的一般水平，这种平均指标称为静态平均数。例如，平均工资、平均成本、粮食平均单产量等。而从动态上说明现象的一般水平，即现象在其发展变化的不同时间或时点上的一般水平，这种平均指标可称为动态平均数。例如，工农业生产的平均发展速度或平均增长速度，银行办事处的平均库存现金额，企业平均职工人数等，都是一种动态平均数。本章主要阐述静态平均指标的计算方法和应用原则，至于动态平均指标的计算与应用，本章只在几何平均数一节作简要介绍，而在时间数列一章再作重点介绍。

（二）按平均指标计算和确定的根据不同分类

按平均指标计算和确定的根据不同分为数值平均数和位置平均数。数值平均数是指以统计数列的所有各项数据来计算的平均数，用以反映统计数列的所有各项数值的平均水平。这类平均数的特点是，统计数列中任何一项数据的变动，都会在一定程度上影响数值平均数的计算结果。换句话说，数值平均数是由分配数列的所有变量数值来确定的。它包括了算术平均数、调和平均数和几何平均数。位置平均数是指根据标志值的某一特定位置来确定的，它不是对统计数列中所有各项数据进行计算所得的结果，而是根据数列中处于特殊位置上的个别单位或部分单位的标志值来确定的，常用的位置平均数有众数和中位数两种。

三、平均指标的作用

平均指标的作用可以概括为以下几个方面：

（一）比较作用

平均指标作为总体中各单位的代表性数值，可以用来比较同类现象在不同地区、不同单位间的一般水平，以反映它们的数量差别，或者比较同一现象在不同时间上的一般水平，以说明现象发展变化的趋势和规律。无论是不同空间上现象水平的比较，还是不同时间上现象水平的比较，都必须使用平均指标。例如要比较两个班级同学的学习成绩，很显然，我们不能从两个班级随便拿出两个同学的成绩来比较，因为它们不具有代表性。只有以两个班级同学的平均成绩相比较，才能看出这两个班学习成绩方面的差异。又如要分析农作物单位面积产量的变动趋势，就不能根据某一地块各年单产变动情况作为分析依据，因为个别地块粮食单产往往因偶然因素影响而波动较大，甚至看不出什么明显趋势，只有把很多地块的产量综合起来计算其平均单产，再根据历年平均单产变动情况进行分析，才能得到粮食单产变化的规律性的认识。

（二）分析作用

利用平均指标可以分析研究现象之间的联系和相互依存关系。例如，商品流通费用率与商品流转额之间，机床维修费用与其使用年限之间，农作物收获率与其地形条件及施肥量之间都存在一定的依存关系。但是由于一些偶然因素的影响，仅从个别或局部资料进行分析，就无法看出它们之间的相互关系。只有在分组的基础上计算其有关的平均指标，在排除各种偶然因素影响后，才能正确认识现象间的本质联系和相互依存关系。

（三）计算作用

利用平均指标，可以计算和推算总体的有关指标。这种作用在抽样法中尤为重要。因为事实上很多统计调查都没有必要或不可能采用全面调查方式，而较多采用抽样调查方式进行，以样本指标推算总体相应指标，进而推算总体的总量指标。例如，农产量抽样调查就是如此，它是以样本的平均单产推算总体平均单产，进而推算农作物总产量。工业企业在制定原材料购进或储备计划时，也必须先计算单位产品的平均原材料消耗量，再根据生产任务确定原材料总消耗量等，它们都必须以平均指标为计算依据。

第二节　数值平均数

一、算术平均数

算术平均数是分析社会经济现象一般水平和典型特征的最常用、最重要的平均指标，它是将总体标志量与总体单位数相比的结果。其基本公式为：

$$\text{算术平均数}=\frac{\text{总体标志总量}}{\text{总体单位数}} \tag{5—1}$$

例如，某工厂加工车间的 45 名工人某日生产某种零件1 125件，则其人均日产零件数为 1 125/45＝25（件）。又如，6 名学生的月生活费总额是 4 200 元，平均月生活费为 4 200/6＝700（元）。

在计算算术平均数时，要注意的是：（1）分子指标与分母指标范围的一致性。只有在同质总体的情况下才有可能计算其平均指标，因而作为分子的总体标志总量必须是作为分母的所有单位的标志值之和。（2）要注意把算术平均数与强度相对数区别开来。算术平均数是总体标志总量与总体单位数之比，它所平均的是总体各单位的标志值，说明总体单位的一般水平，数值来源于同一总体。例如，用全国粮食产量与全国种粮农民人口数来计算的农民人均粮食产量是算术平均数，因为全国每一位种粮农民具有粮食产量这一个人标志。而强度相对数是两个有关的总量指标之比，说明现象的强度、密度或普遍程度。其数值来自于不同的总体。例如，用全国粮食产量与全国人口数计算的全国平均每人拥有的粮食产量指标则是一个强度相对指标，因为全国人口中有很多人不具有粮食产量这个标志。

算术平均数分为两种，即简单算术平均数和加权算术平均数。下面分别加以讨论。

1. 简单算术平均数

在总体没有分组或虽分组但各项次数分配相等的情况下，直接把各单位的标志值加总后再平均，这样计算的平均数就是简单算术平均数。

如果以 $X_i(i=1,2,3,\cdots,n)$ 表示各单位的标志值，N 表示总体单位数（或称变量值项数），以 $\overline{X}$ 表示算数平均数，则简单算术平均数的计算公式可表示如下：

$$\overline{X}=\frac{X_1+X_2+\cdots+X_n}{n}=\frac{\sum X}{n} \tag{5—2}$$

式中：$\sum$为总和符号。

按上面方法计算平均指标，称为简单平均法，所计算的平均数称为简单算术平均数。

例如，假定某班组 10 名工人的日加工零件数分别为 20、21、21、22、22、22、23、23、24、24，则人均日产量为：

$$\overline{X}=\frac{\sum X}{N}=\frac{20+21+21+22+22+22+23+23+24+24}{10}=\frac{222}{10}=22.2\text{（件）}$$

2. 加权算术平均数

在总体分组情况下，不能采用上述简单平均法计算平均指标，而应采用加权平均法，其基本公式为：

$$\overline{X}=\frac{X_1f_1+X_2f_2+\cdots+X_nf_n}{f_1+f_2\cdots+f_n}=\frac{\sum Xf}{\sum f} \tag{5—3}$$

式中：$\overline{X}$ 为各组的标志水平；

f 为各组单位数或权数；

Xf 为各组标志总量。

按上面方法计算平均指标，称为加权平均法，所计算的平均数为加权算术平均数。

总体分组后形成的变量数列有两种情况，即单项式变量数列和组距式变量数列。

(1) 单项式变量数列计算平均数，可直接用上面的公式确定的方法计算。

例如，某班组工人按加工零件数及有关资料，如表 5—1 所示，计算该组工人平均加工零件数。

表 5—1　某班组工人加工零件数及有关资料

按加工零件分组（件）	工人数（人）	每组加工零件数（件）
X	f	Xf
30	2	60
40	2	80

续前表

按加工零件分组（件）	工人数（人）	每组加工零件数（件）
50	8	400
60	6	360
70	2	140
合计	20	1 040

则该组工人平均加工零件数为

$$\overline{X}=\frac{\sum Xf}{\sum f}=\frac{1\ 040}{20}=52\text{（件）}$$

因为 $\overline{X}=\frac{X_1f_1+X_2f_2+\cdots+X_nf_n}{f_1+f_2+\cdots+f_n}=\frac{\sum Xf}{\sum f}=\frac{1}{\sum f}\sum Xf=\sum X\cdot\frac{f}{\sum f}$，所以，如果单项式变量数列中各组变量值的分布状况是频率（比重），计算平均指标的公式为：

$$\overline{X}=\sum X\cdot\frac{f}{\sum f} \tag{5—4}$$

例如，工人按加工零件数分组资料，如表 5—2 所示，计算平均加工零件数。

表 5—2　　某班组工人加工零件数及有关资料

按加工零件分组（件）	比重（%）	平均加工零件数（件）
X	$\frac{f}{\sum f}$	$X\cdot\frac{f}{\sum f}$
30	10	3
40	10	4
50	40	20
60	30	18
70	10	7
合 计	100	52

则该组工人平均加工零件数为

$$\overline{X}=\sum X\cdot\frac{f}{\sum f}=52\text{（件）}$$

其计算结果与用次数公式计算的结果完全一样。

（2）组距式变量数列计算平均数，首先必须确定各组的标志水平，然后才能进行计算，下面举例说明在组距式变量数列情况下计算加权算术平均数的方法和过程，具体数值如表 5—3 所示。

表 5—3　　　　　　　　　　**某企业1 200名职工工资水平分布表**

日工资水平（元）	职工人数
40～50	46
50～60	130
60～70	374
70～80	490
80～90	100
90～100	36
100 以上	24
合计	1 200

在组距式变量数列情况下计算加权算术平均数，可以用组中值作为各组的平均水平，以各组组中值乘以各组单位数计算出各组标志总量，并汇总为总体标志总量，再除以总体单位数。上表资料计算结果如表 5—4 所示。

表 5—4　　　　　　　　　　**平均工资计算表**

日工资水平（元）	组中值（元）X	职工人数		工资总额（元）Xf	Xd
		人数 f	比重 $d=\frac{f}{\sum f}$（%）		
40～50	45	46	3.83	2 070	1.723 5
50～60	55	130	10.83	7 150	5.956 5
60～70	65	374	31.17	24 310	20.260 5
70～80	75	490	40.83	36 750	30.622 5
80～90	85	100	8.33	8 500	7.080 5
90～100	95	36	3.00	3 420	2.850 0
100 以上	105	24	2.00	2 520	2.100 0
合计	—	1 200	100.00	84 720	70.593 5

把上表计算结果代入公式

$$\bar{X}=\frac{\sum Xf}{\sum f}=\frac{84\ 720}{1\ 200}=70.6(\text{元})$$

计算结果表明，该企业职工日平均工资水平为 70.6 元。

从以上计算过程可以看出，在计算算术平均数的过程中，各组的次数（单位数）具有非常重要的作用。即总平均指标总是靠近次数最大组的标志值，而远离次数较小组的标志值，因此在计算算术平均数中又把各组的次数称为权数，即在平均数中起到了权衡轻重的作用。如果把各组单位数化为比重，再以各组组中值乘以其比重，所计算的结果与前面完全相同，而其权数作用更为明显。用比重作权数计算算术平均数的公式为：

$$\bar{X}=\sum Xd=\sum X\cdot\frac{f}{\sum f}=70.6\text{（件）}$$

式中：$d=\frac{f}{\sum f}$。

可以看出，由于表中第 4 组职工人数比重最大（40.83%），因此计算的平均指标（70.6 元）接近该组的标志水平（75 元）而数列两端各组比重较小，所计算的平均数也就远离这几组的标志水平。

公式 $\bar{X}=\frac{\sum Xf}{\sum f}$ 中的 f 称为绝对权数，而公式 $\bar{X}=\sum Xd$ 中的 $d=\frac{f}{\sum f}$ 称为相对权数。在计算算术平均数时，可根据不同情况，采用不同性质的权数加权计算，它们的计算结果是完全一致的。

在上一章中，我们曾经指出，根据分组资料计算计划完成程度相对数，应以总体实际水平与总体计划水平相比来计算，而不应采取其他形式。这也可以看成是根据相对指标求平均数的问题（但是这样计算的平均数不同于一般意义的平均数），在这个问题上容易发生的差错是权数的错误选择。以表 5—5 为例说明这一问题。

表 5—5　　某工业局所属 60 个全民企业年产值计划完成情况

计划完成程度（%）	组中值（%）X	企业数（个）	计划产值（万元）f	实际产值 Xf
80～90	85	3	500	425.0
90～100	95	8	450	427.5
100～110	105	35	4 200	4 410
110～120	115	10	1 800	2 070.0
120 以上	125	4	350	437.5
合计	—	60	7 300	7 770.0

根据表中资料计算该工业局全民企业产值计划平均完成百分比时，注意不能以企业个数作为权数加权计算。因为以企业个数加权，就等于把各企业的产值计划水平同等看待，而实际上，产值计划完成程度大致相同的企业，由于其计划产值可能存在很大差别，因而它们每完成计划的 1%所包含的绝对量是不同的。例如，第一组（完成计划 80%～90%组）三个企业的计划产值之和为 500 万元，各企业产值计划分别是 400 万元，80 万元和 20 万元，它们每完成计划的 1%所创造的产值分别是 4 万元，8 000 元和 2 000 元，实际经济效果有很大差别。所以在这种情况下计算全局计划平均完成程度相对数，应把计划产值理解为权数，以各组计划产值与其计划完成百分比相乘求出实际产值，最后以实际产值之

和与计划产值之和对比计算：

$$全局产量计划平均完成百分比 = \frac{全局实际产量}{全局计划产值} \times 100\%$$

$$即\ \bar{X} = \frac{\sum Xf}{\sum f} \times 100\% = \frac{7\ 770}{7\ 300} \times 100\% = 106.44\%$$

结果表明，全局 60 个全民工业企业产值计划平均完成程度为 106.44%。

算术平均数以抽象化数值代表总体各单位的一般水平，在统计分析、计算及抽样推断中广泛应用，是一种最常用、最重要的平均指标。但数列中如有个别较大或较小数值时，算术平均数往往受其影响而偏大或偏小，从而影响了平均指标的代表性，这是算术平均数的局限性，这时也可采用众数或中位数等形式计算平均指标。

二、调和平均数

调和平均数是平均指标的一种，它是变量值倒数的算术平均数的倒数。根据资料情况不同，可以分为简单调和平均数和加权调和平均数两种。调和平均数也叫倒数平均数。

（一）简单调和平均数

简单调和平均数是在资料未分组情况下，各变量值倒数的算术平均数的倒数。设变量为 $X_1, X_2, X_3, \cdots, X_n$，其倒数为 $\frac{1}{X_1}, \frac{1}{X_2}, \frac{1}{X}, \cdots, \frac{1}{X_n}$，则调和平均数为：

$$调和平均数(倒数平均数) = \frac{1}{\frac{\frac{1}{X_1} + \frac{1}{X_2} + \cdots \frac{1}{X_n}}{n}} = \frac{1}{\frac{\sum \frac{1}{X}}{n}} = \frac{n}{\sum \frac{1}{X}}$$

如以 H 表示调和平均数，上面计算过程可写为下面公式形式：

$$H = \frac{n}{\sum \frac{1}{X}} \qquad (5—5)$$

例如，市场上某种蔬菜，早上 1 元可买 1.5 公斤，即每公斤 0.67 元，中午 1 元可买 2 公斤，即每公斤 0.5 元，晚上 1 元可买 2.5 公斤，即每公斤 0.4 元。若早上、中午、晚上各买 1 元该种蔬菜，求平均价格，则

$$H = \frac{3}{\frac{1}{0.67} + \frac{1}{0.50} + \frac{1}{0.40}} = 0.50(元/公斤)$$

（二）作为算术平均数变形的加权调和平均数

调和平均数也可以作为算术平均数的变形使用。在前面关于算术平均数的分析计算中可以看出，计算算术平均数，必须有各组的变量值和各组单位数，否则无法直接利用算术平均数基本公式计算其平均指标。如下例：

某农副市场某种商品连续三天的销售价格和销售额资料，如表 5—6 所示。

表 5—6　　某农副市场某种商品连续三天的销售价格和销售额资料

时间	单 价（元）X	销售额（元）m	销售量 $f=m/X$
第一天	0.70	577.5	825
第二天	0.75	450.0	600
第三天	0.72	388.8	540
合计	—	1 416.3	1 965

如果要了解该种商品三天中的平均销售价格，由于没有掌握每天的销售量资料，所以无法直接利用算术平均法计算。不过，由于已知道每天的销售单价和销售额，其销售量也很容易计算。现以 m 代表销售额，则：

$$\text{销售量 } f=\frac{m}{X}$$

于是可按下列公式计算平均销售单价：

$$\text{平均销售价格}=\frac{\sum m}{\sum \frac{m}{X}}=\frac{1\,416.3}{1\,965}=0.72(\text{元})$$

说明农副市场该种商品三天中的平均销售价格为 0.72 元。以上计算过程可用下面公式表示：

$$H=\frac{\sum m}{\sum \frac{m}{X}} \tag{5—6}$$

式中：$m=Xf$。

这就是作为算术平均数变形的调和平均数公式。式中，H 代表调和平均数，m 表示各组标志总量。可以看出，公式中分子与分母所反映的实际经济内容与算术平均数是完全一致的，所以把它称为算术平均数的变形。

调和平均数有以下两个特点：

（1）受所有标志值的影响，受极小值的影响大于受极大值的影响，但比算术平均数受极值的影响小。

（2）数列中若有一个标志值等于零，就不能计算调和平均数。

三、几何平均数

在求某些现象的平均比率或平均发展速度时，需要把各个变量连乘起来再以其项数开方，这样计算的结果叫做几何平均数，它是 n 项变量连乘积的 n 次方根，是平均指标的另一种形式。

（一）简单几何平均数

假定某变量数列的数值为 $X_1,X_2,X_3,\cdots,X_n$，则其几何平均数的计算公式为：

$$G=\sqrt[n]{X_1X_2X_3\cdots X_n}=\sqrt[n]{\prod X} \tag{5—7}$$

式中：G 代表几何平均数；

n 为变量值项数；

$\prod$ 为连乘符号。

几何平均数主要用于计算平均比率和平均速度，因而是一种动态平均数。在计算时由于要开高次方，所以多采用对数方法计算。

例如，某产品生产经过三个连续作业车间，各车间产品合格率分别为 95%、95.8%、93%，求各车间平均合格率。

$$G=\sqrt[3]{0.95\times0.958\times0.93}=\sqrt[3]{0.8464}=94.59\%$$

(二) 加权几何平均数

加权几何平均数主要用于计算几何平均数的各个标志值的次数不相同时，它是各标志值 X_i 取 f_i 次方的连乘积的 $\sum f_i$ 次方根，计算公式为：

$$G=\sqrt[\sum_{i=1}^{n} f_i]{X_1^{f_1}X_2^{f_2}\cdots X_n^{f_n}}=\sqrt[\sum_{i=1}^{n} f_i]{\prod X_i^{f_i}} \qquad (5—8)$$

例如，某企业从银行贷款用于基础建设项目，银行贷款期限为 8 年，年利率按复利计算并实行市场利率制，其中有 3 年为 6%，2 年为 6.5%，3 年为 7%，则其平均年本利率为：

$$G=\sqrt[\sum_{i=1}^{n} f_i]{X_1^{f_1}X_2^{f_2}\cdots X_n^{f_n}}=\sqrt[3+2+3]{1.06^3\times1.065^2\times1.07^3}=1.065$$

平均年利率为：1.065－1=6.5%。

几何平均数有如下特点：

(1) 如果数列中有一个标志值为零，便无法计算几何平均数。

(2) 受极值影响小于算术平均数和调和平均数。

(3) 只适于具有标志值连乘积关系的数列。

关于几何平均数的具体应用，将在时间数列一章中进一步讲述。

从以上分析计算可以看出，算术平均数、调和平均数和几何平均数有一个共同点，它们都是根据总体中所有单位的标志值计算的。因而当总体中有少数特别小或特别大的数值时，会使上述三种平均指标的代表性受到一定的影响。

根据同一资料计算上述三种平均指标，它们的数值是不相等的。其中以算术平均数为最大，调和平均数最小，因此在比较不同总体平均指标大小时，必须使用同一种平均指标。同一资料计算这三种平均指标时，它们之间的关系可用下述不等式表示：

$$\bar{x}>G>H$$

只有当所有变量值都相等时，上述三种平均数才相等。

四、正确运用平均指标的原则

在计算和应用平均指标时，应该注意以下几点。

(一) 要注意总体的同质性

在计算平均指标时要注意，只有在同质总体条件下计算平均指标才有意义。把本质不同的事物在一起平均，是没有意义的，是一种虚构的平均数。因此总体的同质性是计算和应用平均指标首先要注意的问题。

（二）要注意影响平均指标的各因素的作用，用组平均数补充说明总平均数

在各种平均指标中，以算术平均数应用最广泛。在分组情况下，算术平均数的大小受两个因素的影响，即标志水平的高低和具有不同标志水平的各组比重（权数）的影响。如果各组标志水平较高，其平均指标也高，反之则低；在标志水平不变的情况下，如果具有较高标志水平的组所占比重大，对平均指标影响程度也大，所计算的平均指标就高些，反之，如果标志水平较低的组比重大，平均指标就偏低些。正是这种总体结构的影响，有时会使总平均指标的变动方向与组平均指标的变动方向相反。下面某企业职工平均工资变动的实例（如表 5—7 所示）就说明了这个道理。

表 5—7　　某企业职工日工资变动情况

工人类别	基期				报告期			
	人数（人）	比重（%）	工资总额（元）	平均工资（元）	人数（人）	比重（%）	工资总额（元）	平均工资（元）
甲	200	40	12 000	60.0	450	75	29 700	66.00
乙	300	60	24 600	82.0	150	25	13 350	89.00
合 计	500	100	36 600	73.2	600	100	43 050	71.75

与基期比较，这个企业工人报告期的工资水平，不论甲类职工还是乙类职工都有所提高，但他们的总平均工资却从基期的 73.2 元降到报告期的 71.75 元，其原因就是具有不同工资水平的各组工人比重发生了变动。工资水平较低的甲类职工人数比重由 40%提高到 75%，而工资水平较高的乙类职工人数比重由 60%下降到 25%，因此使总平均工资反而降低了。在这种情况下，应该以各组的平均水平（组平均数）补充说明总平均数，才能得出正确的结论。

（三）要注意总体在分组标志下的分布状况，用次数分布状况补充说明总平均数

平均数是一种抽象化的综合性指标，它只能从平均意义上说明总体各单位的一般水平，因而仅从平均指标无法反映各单位的差异情况。例如，某货运公司 85 台车按单车货运计划完成程度分组资料，如表 5—8 所示。

表 5—8　　某货运公司 85 台车货运量计划完成程度表

计划完成程度（%）	单车台数（台）
80 以下	2
80～90	3
90～100	5
100～110	50

续前表

计划完成程度（%）	单车台数（台）
110 以上	25
合计	85

这里各台单车计划任务数相同，因此用各组单车台数加权计算的该运输公司 85 台车货运计划平均完成程度为 105.94%，即超额 5.94%完成了月货物运输计划。如果只看平均指标，给人印象是全都超额完成了货运计划。但是如果结合分配数列来看，尚有 10 台车没有完成任务，也就是说，各台车计划完成程度尚有很多差别。可见，只有把平均指标与次数分布结合起来进行分析说明，才能充分照顾到部分与总体、个别与一般，对现象做出全面正确的结论。

第三节　位置平均数

位置平均数就是根据总体中处于特殊位置上的个别单位或部分单位的标志值来确定的平均数，在特殊情况下可以用来反映现象的一般水平。常用位置平均数有中位数和众数。

一、中位数

（一）中位数的含义

中位数是把被研究的变量按照大小顺序排列以后，其位置居于中间的那个数值。由于位置居中，其数值既不太大，也不太小，因此有时利用它来代表现象的一般水平。当在数列中出现极端变量值的情况，用中位数作为代表值，比用算术平均数更好。中位数用 M_e 表示。例如，人口的平均年龄会受到一些特别长寿人年龄的影响，使计算结果偏大，而年龄中位数往往能够较好地体现人口年龄的平均水平。

（二）中位数的确定方法

中位数的确定方法，要视所掌握的资料而定。一般来说，可分为两种情况：一种是资料未经分组；一种是资料已经分组。由于这两种情况不同，确定中位数的方法也不同，现分述如下：

1. 由未分组资料确定中位数

在资料未经分组时，首先将某个标志值按大小顺序加以排列，然后用公式确定中位数的位置。确定中位数的位置可以采用下列公式：

$$\text{中位数位置} = \frac{n+1}{2} \qquad (5—9)$$

式中：n 为数据的个数。

(1) 如果总体单位的项数是奇数，则居于中间位置的那个标志值就是中位数。

假设有 7 个工人生产某种产品，他们的日产量（件）按顺序排列是：4、6、6、8、9、12、14，则：

$$中位数位置 = \frac{(7+1)}{2} = 4$$

$$M_e = 8（件）$$

(2) 如果总体单位是偶数，则中间位置的两个标志值的算术平均数为中位数。

现假设上例资料为 8 人，其日产量情况是：4、6、6、8、9、12、14、15。则：

$$中位数位置 = \frac{(8+1)}{2} = 4.5$$

就是说，第 4 个工人与第 5 个工人之间为中间位置。第 4 个工人的日产量为 8 件，第 5 个工人的日产量为 9 件，故中位数为：

$$M_e = \frac{(8+9)}{2} = 8.5（件）$$

2. 由分组资料确定中位数

(1) 在单项式数列中，确定中位数。

在计算中位数的资料为单项式数列的情况下，可按下面步骤确定：第一，确定中位数位置$=\frac{\sum f}{2}$（$\sum f$ 为总体单位数之和）；第二，计算各组累计次数（向上累计次数或向下累计次数）；第三，根据中位数位置找出中位数。

例如，145 名工人的日劳动情况如表 5—9 所示，并确定其中位数。

表 5—9

从单项数列求中位数

每日平均砌砖量（M^3）（X_i）	工人数（f_i）	工人数累计	
		向上累计	向下累计
0.80	20	20	145
0.90	30	50	125
0.95	80	130	95
1.00	10	140	15
1.10	5	145	5
合计	145	—	—

$$中位数位置 = \frac{\sum f}{2} = \frac{145}{2} = 72.5 \approx 73（人）$$

由表中资料可知：向上累计，到第二组为止只有 50 人，还有 23 人才到中位数的位置，因而中位数的位置在第三组；向下累计，到第二组只有 15 人，还差 58 人，到第三组 95 人。因而中位数的位置在第 3 组。

由此可见，无论向上累计或向下累计，中位数的位置都在第 3 组；因而，0.95M^3 就是中位数，即：

$M_e = 0.95$ M³

（2）组距式数列确定中位数。

在计算中位数的资料为组距式变量数列情况下，先按 $\frac{\sum f}{2}$ 的公式确立中位数所在组的位置，然后按下面公式计算中位数：

1）下限公式（向上累计次数时使用）：

$$M_e = L + \frac{\frac{\sum f}{2} - S_{m-1}}{f_m} \times i \tag{5—10}$$

式中：M_e 代表中位数；

L 代表中位数所在组的下限；

f_m 代表中位数所在组的次数；

S_{m-1} 代表中位数所在组前一组的累计次数；

i 代表中位数所在组的组距；

$\sum f$ 代表总次数。

举例说明中位数计算过程，资料如表 5—10 所示。

表 5—10　　某公司职工日工资水平分组及其中位数计算表

日工资水平（元）	组中值 X	职工人数 f	累计次数 S	
			向上累计	向下累计
50～60	55	35	35	930
60～70	65	70	105	895
70～80	75	120	225	825
80～90	85	250	475	705
90～100	95	156	631	455
100～110	105	117	748	299
110～120	115	85	833	182
120～130	125	44	877	97
130～140	135	35	912	53
140 以上	145	18	930	18
合计	—	930	—	—

根据上述公式，计算中位数分为三步进行：第一步，根据公式 $\frac{\sum f}{2}$ 确定中位数的位置，即 $\frac{\sum f}{2} = \frac{930}{2} = 465$；第二步，计算累计次数以确定中位数所在组，即可得中位数所在组为 80～90 这一组；第三步，根据中位数公式计算中位数的近似值。于是，根据上表

计算的中位数如下：

$$M_e = L + \frac{\frac{\sum f}{2} - S_{m-1}}{f_m} \times i$$

$$= 80 + \frac{\frac{930}{2} - 225}{250} \times 10$$

$$= 89.6\text{（元）}$$

计算结果表明该单位930名职工日工资水平的中位数为89.6元。

2）上限公式（向下累计时用）：

$$M_e = U - \frac{\frac{\sum f}{2} - S_{m+1}}{f_m} \times i \qquad (5—11)$$

式中：U 为中位数所在组的上限；

S_{m+1} 为中位数所在组后一组的累积次数。

仍以上例用上限公式计算如下：

$$M_e = 90 - \frac{\frac{930}{2} - 455}{250} \times 10 = 89.6\text{（元）}$$

可见，同一资料按上限公式与按下限公式计算的结果是一致的。如果把公式中的次数改为频率（比重），计算结果也完全相同。

（三）中位数的特点

（1）中位数不受极值大小和开口组的影响，从而提高了它对变量数列的代表性。

（2）对分配不对称的数值中，中位数更能说明问题。

（3）中位数缺乏敏感性。

中位数作为一种平均指标，某些时候也可用以代表总体各单位的一般水平。由于它位置居中，所以有时用它作代表性数值更合适些。在人口统计研究和统计预测及决策中要常常用到中位数。

二、众数

（一）众数的含义

众数是总体中出现的次数最多（也就是出现机会最大）的那个组的标志值，它能直观地说明客观现象分配中的集中趋势。由于众数意义明确，容易确定，因此在统计分析中也常用它来说明现象的一般水平，众数用 M_0 表示。

在实际工作中，众数是应用较广泛的。例如，要说明消费者需要的服装、鞋帽等的普遍尺码，反映集市贸易市场某种蔬菜的价格等，都可以通过市场调查分析了解哪一尺码的成交量最大，哪一种蔬菜价格的成交量最多。人们的这种一般需求，即为众数。

（二）众数的确定

确定众数必须先对资料进行整理，编制分配数列。由于分组有单项式分组和组距式分组，而组距式分组又有等距分组和不等距分组之分，因而各种不同的资料条件确定众数的方法又有所不同。

1. 单项式分配数列

单项式分配数列确定众数，方法比较简单，即出现次数最多的标志值就是众数。

例如，若有 100 人进行射击，结果为：

射击成绩：6 环　7 环　8 环　9 环　10 环

射击人数：5 人　15 人　55 人　15 人　10 人

从射击结果中可以看出射击成绩为 8 环的人数最多，共 55 人，所以 8 环就是众数。

2. 组距式分配数列

组距式分配数列确定众数由组距数列确定众数，应首先确定众数所在的组，然后再通过一定的公式计算众数的近似值。在等距分组条件下，众数所在的组就是次数最多的那一组；在不等距分组的条件下，众数组则是频数密度或频率密度最高的那一组。众数值是依据众数组的次数与众数组相邻的两组次数的关系来近似计算的。

可根据下面公式推算众数的近似值。

（1）下限公式：$M_0 = L + \frac{\Delta_1}{\Delta_1 + \Delta_2} \times i$　　（5—12）

式中：M_0 表示众数；

L 为众数所在组的下限值；

Δ_1 为众数所在组次数与前一组次数之差；

Δ_2 为众数所在组次数与后一组次数之差。

仍以表 5—10 为例计算众数：

$$M_0 = 80 + \frac{130}{130 + 94} \times 10 = 85.8 \text{（元）}$$

（2）上限公式：$M_0 = U - \frac{\Delta_2}{\Delta_1 + \Delta_2} \times i$　　（5—13）

式中：U 为众数组上限值，其他符号同前。计算如下：

$$M_0 = 90 - \frac{94}{94 + 130} \times 10 = 85.8 \text{（元）}$$

（三）众数的特点

（1）不受极值大小影响，具有较好代表性。

（2）若总体呈均匀分布，则该数列无众数。

（3）由于它由其所处位置决定，缺乏敏感性。

三、算术平均数与中位数、众数的关系

算术平均数、中位数和众数是根据不同情况，采用不同方式确定的平均数，它们既有

区别又有联系。按同一资料计算的算术平均数、中位数和众数存在着一定的关系，这种关系的具体表现取决于总体的分布情况。

（一）对称分布

在对称分布情况下，各种单位数以算术平均数为对称轴，左右两边对称分布，并逐渐等量减少，因此按同一资料计算的三种指标相等，如图 5—1 所示。

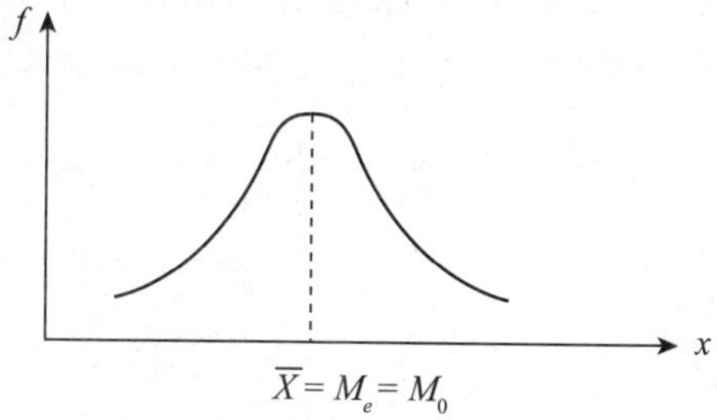

图 5—1　对称分布

（二）左偏分布

在左偏分布情况下，由于次数集中在右边（变量值较大一边），因而众数最大，而算术平均数因受较小数值影响而偏小，中位数居中，如图 5—2 所示。

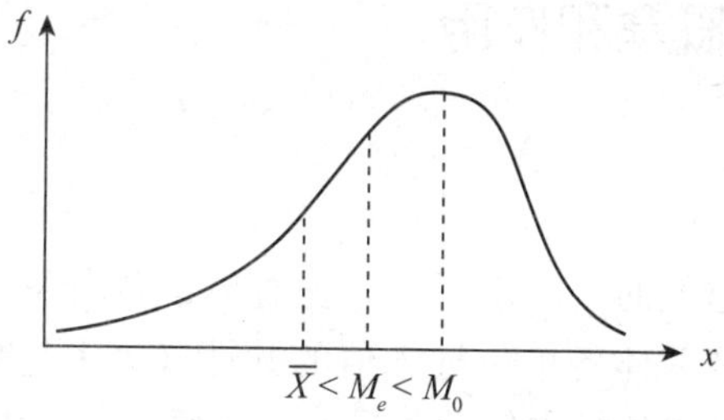

图 5—2　左偏分布

（三）右偏分布

在右偏分布情况下，次数主要集中在左边（变量值小的一边），因而众数最小，算术平均数则因受较大标志值影响而偏大，中位数居中，如图 5—3 所示。

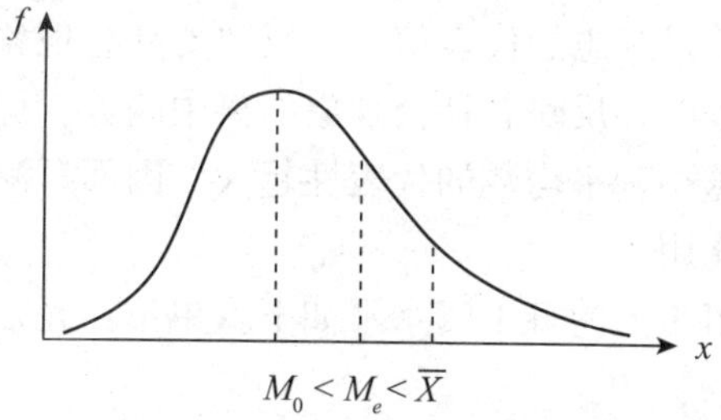

图 5—3　右偏分布

可见，在非对称分布情况下按同一资料计算的算术平均数、中位数和众数是有差异的，差异的大小取决于次数分布的非对称程度，即偏态程度越大，它们的差异越大。但一般来说在偏态程度较小情况下，不论左偏还是右偏，三者间大致数量关系是：中位数与算术平均数的距离约等于众数与算术平均数距离的 1/3，而中位数与众数的距离约等于众数与算术平均数距离的 2/3。这种关系可用公式表示如下：

$$\bar{X}-M_0=3(\bar{X}-M_e)X \tag{5—14}$$

利用这种关系，在已知其中两个指标数值的情况下，可以推算出第三个指标数值，即：

$$\bar{X}=\frac{3M_e-M_0}{2}$$

$$M_e=\frac{M_0+2\bar{X}}{3}$$

$$M_0=3M_e-2\bar{X}$$

不过必须指出，上面所说的只是大致的数量关系，而非严格意义上的数量关系，因此推算结果只能是个近似值，与按公式计算的结果是有差别的。

第四节　变异指标

一、变异指标的概念和作用

（一）变异指标的概念

平均数是总体单位标志值的一般水平，它把总体中各单位标志值的差异给抽象化了。因此，通过平均数只能反映总体各单位标志值的共性（集中趋势），而不能反映它们之间的差异性。为了反映总体各单位标志值的差异性，就要研究标志变动度，即标志数值的变异程度（离中趋势）。统计上，把反映总体各单位标志值的变动范围或变异程度的综合指标称为变异指标，又称标志变异指标、标志变动度。

（二）变异指标的作用

标志变异指标在统计分析中具有重要的作用，主要有以下几点。

1. 标志变异指标是衡量平均数代表性大小的重要尺度

统计平均数是总体中数量标志的代表值，它反映着社会现象的集中趋势。标志变动度是总体中数量标志的变异程度，反映着社会现象的离中趋势。标志变动度越大，平均数的代表性越小；标志变动度越小，平均数的代表性越大。因而，测定标志变动度，对于衡量平均数的代表性具有重要作用。

例如，假定某车间两组工人的日工资水平如下（单位：元）

甲组：50、60、70、80、90

乙组：60、65、70、75、80

这两个小组日平均工资都是 70 元。但是，由于各组工人工资的变动程度不同，这些平均数的代表性是不同的。甲组工人工资每人相差 10 元，乙组工人工资每人相差 5 元。因而，相对来说，乙组工人平均工资的代表性较好，甲组较差。

2. 标志变异指标是反映社会产品和经济工作质量稳定性和均衡性的重要指标

利用标志变异指标可以反映社会产品和经济工作的质量，因而，它在计划和管理工作中具有重要作用。

例如，假定对某钢铁厂两座高炉的铁水含碳量进行观察，每炉取 10 个样本，结果如下：

甲炉（%）：4.52　4.72　4.57　4.43　4.49　4.51　4.53　4.42　4.67　4.60

$$\bar{x}=\frac{45.46}{10}=4.546(\%)$$

乙炉（%）：4.36　4.55　4.60　4.72　4.43　4.42　4.78　4.59　4.61　4.40

$$\bar{x}=\frac{45.46}{10}=4.546(\%)$$

就上列资料来说，两座高炉铁水的平均含碳量相同，但是含碳量的波动范围不同。甲炉的波动范围是在 4.42～4.72 之间，而乙炉的波动范围是在 4.36～4.78 之间。我们知道，铁水含碳量的波动范围越小，则铁水的质量越稳定。因而，比较起来甲炉的铁水质量比较稳定，乙炉的铁水质量则不够稳定。这提醒管理者要在生产管理中采取一定的必要措施。

又如，假定两个车间钢材的月份计划完成情况，如表 5—11 所示。

表 5—11　　甲、乙车间钢材产量计划完成情况表　　单位：吨

	计划完成	实际完成			
		上旬	中旬	下旬	全月
甲车间	120	35	40	45	120
乙车间	120	20	40	60	120

由表中数字可知：甲、乙两个车间本月份钢材产量都完成了计划，但计划的执行情况是不同的。甲车间各旬钢材产量差别不大，生产比较均衡；乙车间各旬钢材产量差别较大，生产不够均衡，特别是计划任务的一半产量都集中到下半旬生产，有突击现象，因而生产很不正常。显然，了解各种情况，对于评价各个车间的工作成绩，改进企业内部的生产管理是有重要意义的。

3. 标志变异指标对于抽样调查与推断具有重要意义

我们知道，很多社会现象需要通过抽样方法来进行统计研究。在抽样过程中，标志变动度是非常重要的指标。抽样调查，首先要确定抽样数目，而抽样数目的多少，则和标志变动度有直接关系。标志变动度小，可以少抽取一些单位；标志变动度大，则必须抽取较多的单位。抽样调查的目的，是根据抽样调查的结果推论全及总体。在抽样推断过程中，标志变动度指标具有非常重要的意义。

测定标志变动度的主要指标有全距、平均差、方差、标准差和离散系数。

二、全距

全距也称极差，它是总体中各单位标志的最大值与最小值之间的差额。极差越大，说明总体中的标志值变动度越大，其平均数代表性越低；反之，则表示变动度越小，其平均数代表性就高。极差通常用R表示，即：

$$R=\text{最大标志值}-\text{最小标志值} \tag{5—15}$$

例如，前面列举的各组工人日工资的全距是：

甲组：全距＝90－50＝40（元）

乙组：全距＝80－60＝20（元）

可见，甲组工人工资的变动范围较大，乙组较小，乙组的平均数代表性较强。

全距的主要优点是：计算简便，意义清楚，它是粗略地测定标志变动度的常用方法。

全距的主要缺点是：易受极端数值的影响，准确性较差。因而在应用时特别注意数列中是否含有极端的标志值。如果具有个别极大或极小的标志值，则利用全距反映标志变动度容易偏高，不太确切。如果没有极大或极小的标志值，则利用全距反映标志变动度比较合适。

三、平均差

平均差就是总体各单位的标志值与其平均数离差绝对值的算数平均数。平均差越大，说明总体中的标志值变动度越大，平均数代表性就差；反之，则表示变动度越小，平均数代表性就好。由于各个标志值对算术平均数的离差总和恒等于0，即$\sum(X_i-X)=0$，因而，各项离差的平均数也等于0。为此，在计算平均差时，应当采取离差的绝对值。平均差通常用符号$A.D.$表示，其计算方法，因所掌握的资料不同分为简单平均法和加权平均法。

（一）简单平均法

在资料未经分组时，计算平均差采用简单平均式，即：

$$A.D.=\frac{\sum|x-\bar{x}|}{n} \tag{5—16}$$

表5—12为甲、乙两组工人工资的平均差计算表。

表5—12　　　　未分组资料平均差计算表　　　　单位：元

甲组			乙组		
工资	离差	离差绝对值	工资	离差	离差绝对值
x	$x-\bar{x}$	$\lvert x-\bar{x}\rvert$	x	$x-\bar{x}$	$\lvert x-\bar{x}\rvert$
50	－20	20	60	－10	10

续前表

甲组			乙组		
工资	离差	离差绝对值	工资	离差	离差绝对值
60	−10	10	65	−5	5
70	0	0	70	0	0
80	10	10	75	5	5
90	20	20	80	10	10
合计	—	60	合计	—	30

$$甲组\ A.D. = \frac{\sum |x-\bar{x}|}{N} = \frac{60}{5} = 12\ (元)$$

$$乙组\ A.D. = \frac{\sum |x-\bar{x}|}{N} = \frac{30}{5} = 6\ (元)$$

这就是说，在甲、乙两组工人平均日工资相等（都等于 70 元）的情况下，每个工人的工资与其平均工资的平均离差为：甲组 12 元，乙组 6 元。乙组的平均差小，因而其平均数的代表性比甲组大。

（二）加权平均法

在资料已经分组并制成分配数列时，计算平均差应采用加权平均式，即：

$$A.D. = \frac{\sum |x-\bar{x}|f}{\sum f} \tag{5—17}$$

例如，50 名学生学习成绩的平均差的计算方法，如表 5—13 所示。

表 5—13　　50 名学生按学习成绩分组平均差计算表

成绩（分）	人数	组中值	每组总成绩	离差	离差绝对值	离差绝对值×人数
	f	x	xf	$x-\bar{x}$	$\|x-\bar{x}\|$	$\|x-\bar{x}\|f$
60～70	10	65	650	−13	13	130
70～80	20	75	1 500	−3	3	60
80～90	15	85	1 275	7	7	105
90 以上	5	95	475	17	17	85
合计	50	—	3 900	—	—	380

平均指标为：

$$\bar{x} = \frac{\sum xf}{\sum f} = \frac{3\ 900}{50} = 78\ (分)$$

平均差为：

$$A.D.=\frac{\sum|x-\overline{x}|f}{\sum f}=\frac{380}{50}=7.6\text{（分）}$$

平均差的优点是它综合反映了总体各单位标志值变动程度，能够全面准确地反映数据的离散情况。平均差的缺点是采用了离差的绝对值，不便于计算，使其应用受到很大限制。

四、方差与标准差

方差是各变量值与其平均数离差平方的算术平均数，标准差是方差的平方根，标准差又称均方差。方差和标准差是测定标志变动度的最重要、最常用的指标。方差和标准差越大，说明总体中的标志值变动度越大，平均数代表性越低；反之，则表示变动度越小，平均数代表性越高。方差用 σ^2 表示，标准差通常用 σ 表示。其计算公式根据资料情况不同，分为简单与加权两种形式：

（一）简单法

根据未分组资料计算标准差时，采用下列公式：

$$\text{简单方差 } \sigma^2=\frac{\sum(x-\overline{x})^2}{n} \tag{5—18}$$

$$\text{简单标准差 } \sigma=\sqrt{\frac{\sum(x-\overline{x})^2}{n}} \tag{5—19}$$

现仍以甲、乙各组工资资料为例，计算方差和标准差，如图 5—14 所示。

表 5—14 甲、乙两组标准差计算表

甲组			乙组		
工资（元）	离差	离差平方	工资	离差	离差平方
x	$x-\overline{x}$	$(x-\overline{x})^2$	x	$x-\overline{x}$	$(x-\overline{x})^2$
50	−20	400	60	−10	100
60	−10	100	65	−5	25
70	0	0	70	0	0
80	10	100	75	5	25
90	20	400	80	10	100
合计	—	1 000	合计	—	250

$$\text{甲组 } \sigma^2=\frac{\sum(x-\overline{x})^2}{n}=\frac{1\,000}{5}=200\text{（元）}$$

$$\sigma=\sqrt{\frac{\sum(x-\overline{x})^2}{n}}=\sqrt{\frac{1\,000}{5}}=14.1\text{（元）}$$

乙组 $\sigma^2=\frac{\sum (x-\bar{x})^2}{n}=\frac{250}{5}=50$（元）

$$\sigma=\sqrt{\frac{\sum (x-\bar{x})^2}{n}}=\sqrt{\frac{250}{5}}=7.07\text{（元）}$$

计算表明，虽然甲、乙组工人平均日工资相等（都等于 70 元），乙组的方差和标准差比甲组的数值小，说明总体中的标志值变动程度小，因而其平均数的代表性比甲组大。

（二）加权法

根据分组资料或分配数列计算方差与标准差时，要采用以下公式：

$$\sigma^2=\frac{\sum (x-\bar{x})^2 f}{\sum f} \tag{5—20}$$

$$\sigma=\sqrt{\frac{\sum (x-\bar{x})^2 f}{\sum f}} \tag{5—21}$$

现以表 5—15 为例，计算标准差。

表 5—15　　学生按学习成绩分组及相关资料

成绩（分）	人数	组中值	每组总成绩	离差	离差的平方	离差的平方×工人数
	f	x	xf	$x-\bar{x}$	$\lvert x-\bar{x}\rvert^2$	$\lvert x-\bar{x}\rvert^2 f$
60～70	10	65	650	−13	169	1 690
70～80	20	75	1 500	−3	9	180
80～90	15	85	1 275	7	49	735
90 以上	5	95	475	17	289	1 445
合计	50	—	3 900	—	—	4 050

平均指标为：

$$\bar{x}=\frac{\sum xf}{\sum f}=\frac{3\ 900}{50}=78\text{（分）}$$

标准差为：

$$\sigma=\sqrt{\frac{\sum (x-\bar{x})^2 f}{\sum f}}=\sqrt{\frac{4\ 050}{50}}=9\text{（分）}$$

在从组距数列计算标准差时，应先求出组中值，作为变量，再按加权法进行计算。

方差和标准差是统计分析中最广泛使用的测定标志变异指标，它的优点是综合了每个单位与平均数之间的离散程度，同时与平均差相比，更具有数字处理的合理性。

五、离散系数

离散系数是标准差与其平均数的比值。标准差是反应标志变动度的绝对指标，它的大小，不仅决定于标志值的离散程度，而且还决定于标志值水平的高低。因而，对于平均水平或使用不同计量单位的不同数列，就不应通过标准差直接对比其标志变动度的大小，而应把标准差的绝对数变成相对数，即计算标准差对其算术平均数的百分比。这种相对数，在统计中称为离散系数（或标准差系数、变异系数、离势系数），通常用V表示，即：

$$V=\frac{\sigma}{\bar{x}}\times 100\% \tag{5—22}$$

例如，甲组平均工资 70 元，标准差为 14.1 元；若有另一小组丙组平均工资为 80 元，其标准差为 15.4 元。平均水平不同，因而不能直接比较。为了对比它们标志变动度的大小，应该计算离散系数，即：

甲组工人工资的离散系数：

$$V_{甲}=\frac{\sigma}{\bar{x}}\times 100\%=\frac{14.1}{70}\times 100\%=20.14\%$$

丙组工人工资的离散系数：

$$V_{丙}=\frac{\sigma}{\bar{x}}\times 100\%=\frac{15.4}{80}\times 100\%=19.25\%$$

通过上述计算可以看出，虽然丙组标准差较大，但离散系数较小，说明丙组平均工资代表性高。

六、交替标志的平均数和标准差

（一）交替标志的含义

在统计研究中，有时我们要进行这样的分组：把全部总体单位分为具有某一标志的单位和不具有某一标志的单位两组。例如，我们把全部产品分为合格品和不合格品两组。这种用“是”、“否”或“有”、“无”来表示的标志就是交替标志，也叫是非标志。

交替标志既然是用“是”、“否”或“有”、“无”来表示，那么我们可以用 1 来表示具有这一标志，即$x=1$，用 0 来表示不具有这一标志，即$x=0$。设全部单位数为N，其中具有标志值的单位数为N_1，不具备标志值的单位数为N_0 则有$N=N_1+N_0$，具有标志值的成数（具有标志值的单位所占比重）为$p=\frac{N_1}{N}$，不具备标志值的单位所占成数为$q=\frac{N_0}{N}$，可见两个成数之和等于 1，即：

$$p+q=1 \qquad q=1-p \tag{5—23}$$

（二）交替标志的平均数和标准差的计算

交替标志也可以计算算术平均数和均方差，在抽样调查中需要有这样的计算。现在，我们用p代表具有某种标志的单位在总体中所占的成数（比重），用q代表不具有某种标志的单位在总体中所占的成数，计算是非标志的算术平均数和标准差如下：

1. 交替标志的算术平均数的计算

交替标志的平均数计算过程用表 5—16 表述。

表 5—16　　是非标志的算术平均数计算表

是非标志 x	总体单位数（成数）f	xf
0	q	0
1	p	p
合计	$p+q$	p

通过上表的计算，我们得到是非标志的平均数公式：

$$\bar{x}=\frac{\sum xf}{\sum f}=\frac{p}{1}=p \tag{5—24}$$

即：是非标志的算术平均数，就是具有某一标志的单位在总体中的成数。

2. 交替标志的标准差的计算

交替标志的标准差的计算，如表 5—17 所示。

表 5—17　　交替标志的标准差计算表

是非标志 x	总体单位（成数）f	$x-\bar{x}$	$(x-\bar{x})^2$	$(x-\bar{x})^2 f$
0	q	$0-p$	$(0-p)^2$	$(0-p)^2q=p^2q$
1	p	$1-p$	$(1-p)^2$	$(1-p)^2p=q^2p$
合计	1	—	—	$p^2q+q^2p=pq(p+q)=pq$

通过上表的计算，我们得到是非标志的标准差公式：

$$\sigma=\sqrt{\frac{\sum (x_i-x)^2 f_i}{\sum f_i}}=\sqrt{\frac{pq}{1}}=\sqrt{pq} \tag{5—25}$$

即：交替标志的标准差，就是具有某一标志的单位数在总体中的成数和不具有某一标志的单位数在总体中的成数的乘积的平方根。

现在举例说明，某企业生产某种产品的废品率为 5%，这 5%也就是这批产品中废品率的平均数。其标准差为：

$$\sigma=\sqrt{pq}=\sqrt{0.05\times 0.95}=\sqrt{0.047\,5}$$
$$=0.218 \text{ 或 } 21.8\%$$

第五节　Excel 描述统计分析

在数据分析的时候，一般首先要对数据进行描述性统计分析（Descriptive Analysis），以发现其内在的规律，再选择进一步分析的方法。描述性统计分析要对调查总体所有变量的有关数据做统计性描述，主要包括数据的频数分析、数据的集中趋势分析、数据离散程度分析、数据的分布以及一些基本的统计图形，常用的指标有均值、中位数、众数、方差、标准差等等。

例如，对某一年第二季度北京旅行社组织出境游的人数进行统计资料分析。数据如图 5—4 所示。

	A	B	C
1	日本	65144	
2	意大利	48176	
3	法国	59397	
4	新加坡	19323	
5	中国台湾	27169	
6	马来西亚	15813	
7	菲律宾	3992	
8	中国香港	42275	
9	韩国	37279	
10	中国澳门	17338	
11	澳大利亚	11785	
12	泰国	15625	
13	德国	39194	
14			

图 5—4　某一年第二季度北京旅行社组织出境游人数

操作步骤：

(1) 选择“工具”菜单的“数据分析”，打开数据分析对话框，如图 5—5 所示，选择“描述统计”单击“确定”。

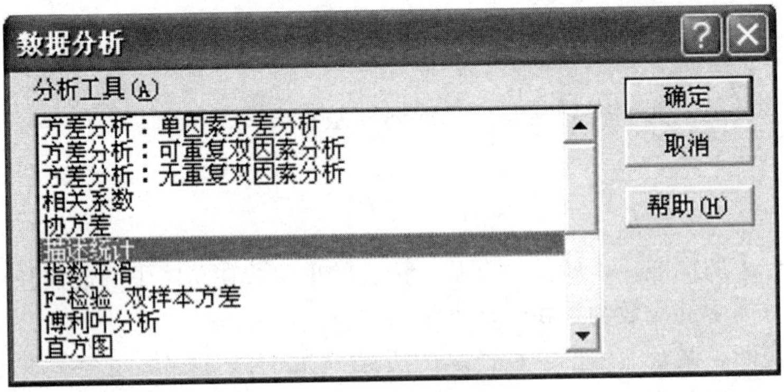

图 5—5　数据分析对话框

(2) 出现描述统计对话框，如图 5—6 所示。

描述统计对话框内各选项的含义如下：

● 输入区域：在此输入待分析数据区域的区域单元格范围。

● 分组方式：指出输入区域的数据是按行还是按列排列，描述统计工具可以同时对多列或多行数据进行统计分析。

● 标志位于第一行/列：如果分组方式是“逐行”，则显示“标志位于第一列”；如果分组方式是“逐列”，则显示“标志位于第一行”。如果输入区域的第一行/列包含标志项（变量名），则选中“标志位于第一行/列”复选框；如果输入区域没有标志项，则不需选择，Excel 将在输出表中生成适宜的数据标志。

● 输出区域：在此框中可填写输出结果表左上角单元格地址，用于控制输出结果的存放位置。整个输出结果分为两列，左边一列包含统计标志项和统计选项，右边一列包含统计值。Excel 会根据所选择的“分组方式”不同，为输入区域中的每一行/列生成一个两列

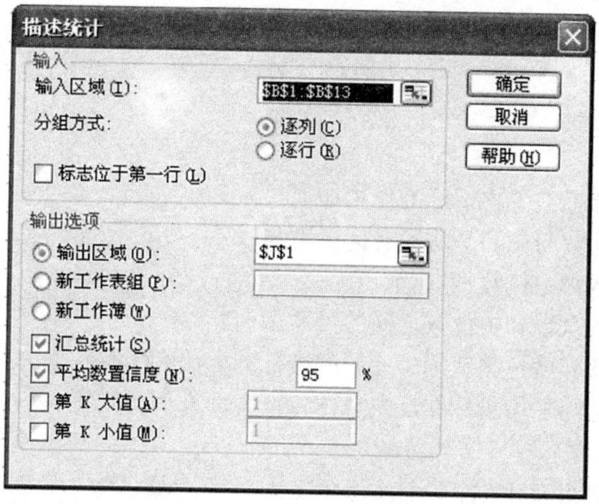

图 5—6　描述统计对话框

的统计表。

● 新工作表组：在当前工作簿中插入新工作表，并由新工作表的 A1 单元格开始存放统计结果。还可在右侧编辑框中键入名称，给新工作表命名。

● 新工作簿：创建一个新工作簿，并在新工作簿的新工作表的 A1 单元格存放统计结果。

● 汇总统计：选中此项，可指定输出生成统计结果

● 平均数置信度：设置由样本均值推断总体均值的置信区间。例如，若置信度 95% 计算出的总体样本均值置信区间为 10，则表示：在 5%的显著水平下总体均值的置信区间为（$\bar{x}-10$，$\bar{x}+10$）

● 第 K 大/小值：在右侧编辑框中输入 K 值，可输出每行/列的数据的第 K 个最大/小值。

（3）填完“描述统计”对话框之后，按“确定”按钮即可得如图 5—7 所示结果。

	A	B
1		
2		
3	平均	30962.30769
4	标准误差	5313.417324
5	中位数	27169
6	众数	#N/A
7	标准差	19157.79861
8	方差	367021247.6
9	峰度	-0.903051667
10	偏度	0.453394621
11	区域	61152
12	最小值	3992
13	最大值	65144
14	求和	402510
15	观测数	13
16	置信度(95.0%)	11576.94182
17		

图 5—7　汇总统计结果

思考与练习

一、简答题

1. 什么是平均指标？平均指标的作用如何？

2. 加权算术平均数与调和平均数有何区别与联系？

3. 如何确定众数和中位数？

4. 算术平均数、众数和中位数之间的关系如何？

5. 什么是标志变异度？测定标志变异度指标的方法有哪些？

6. 标志变异指标与平均指标在反映总体特征方面有何异同？

二、计算题

1. 某工厂生产班组有 12 名工人，每个工人日产产品件数为：17、15、18、16、17、16、14、17、16、15、18、16，计算该生产班组工人的平均日产量。

2. 某公司下属 15 个企业，2012 年按其生产某产品平均单位成本的高低分组资料，如表 5—18 所示。

表 5—18　　某产品平均单位成本资料

按平均单位成本分组（元/件）	企业数（个）	各组产量在总产量中所占比重（%）
10～12	2	22
12～14	7	40
14～18	6	38
合计	15	100

试计算该公司这种产品的平均单位产品成本。

3. 某企业开展增收节支活动后，某种产品成本资料如表 5—19 所示。

表 5—19　　某产品 1～3 月成本资料

成本项目 月份	总成本（元）	平均成本（元）
1 月	10 000	10
2 月	30 000	8
3 月	35 000	7.2

试问该企业第一季度某种产品平均成本为多少元？

4. 银行对某笔投资的年利率按复利计算，25 年利率分配如表 5—20 所示，试计算其平均年利率。

表 5—20　　　　　　　　　　**某笔投资 25 年利率分配表**

年限	利率（%）	年数
第 1 年	3	1
第 2 年到第 5 年	5	4
第 6 年到第 13 年	8	8
第 14 年到第 23 年	10	10
第 24 年到第 25 年	15	2
合计	—	25

5. 已知某地区各工业企业产值计划完成情况及计划产值，如表 5—21 所示。

表 5—21　　　　　　**某地区各工业企业产值计划完成情况及计划产值资料**

计划完成程度（%）	企业数（个）	计划产值（万元）
90 以下	7	140
90～100	22	310
100～110	57	1 650
110～120	26	710
120 以上	3	40
合计	115	2 850

（1）计算产值计划平均完成程度。

（2）若上表中，所给资料不是计划产值，而是实际产值，计算产值平均完成程度。

6. 某企业工人按年工资分组资料，如表 5—22 所示。

表 5—22　　　　　　　　**某企业工人按年工资分组资料**

按年工资分组（元）	工人数（人）
600～700	10
700～800	15
800～900	35
900～1 000	12
1 000—1 100	8
合计	80

计算工人工资的平均数、中位数、众数、全距、标准差、离散系数。

7. 甲、乙两店销售人员及销售资料分组，如表 5—23 所示。

表 5—23　　甲、乙两店销售人员资料表

甲店		乙店	
按销售额分组（百元）	人数（人）	按销售额分组（百元）	人数（人）
20～30	3	20～30	—
30～40	12	30～40	2
40～50	9	40～50	8
50～60	6	50～60	6
60～70	—	60～70	4
合计	30	合计	20

试问哪个店的平均销售额代表性强，为什么？

第六章

时间数列

学习要点

- 理解时间数列的概念、种类、作用和编制的原则。
- 掌握各种水平指标与速度指标的计算方法。
- 熟悉长期趋势和季节变动分析的测定方法。
- 掌握 Excel 在时间序列指标分析中的应用。

第一节　时间数列概述

在社会经济统计中，常常需要研究和反映社会经济现象的发展变化及其过程。因此，要编制时间数列并计算动态分析指标。

一、时间数列的概念和作用

时间数列是将某种现象的指标数值按时间先后顺序排列而成的统计数列。时间数列又称动态数列、时序数列。如表 6—1 所示。

表 6—1　　2009—2013 年国内生产总值情况表

年份	2009	2010	2011	2012	2013
国内生产总值（亿元）	340 903	401 513	473 104	519 470	568 845

资料来源：《中国统计年鉴》(2013)。

从表 6—1 中可以看出，时间数列有两个构成因素：一个是社会经济现象所属的时间因素；另一个是反映社会经济现象数量特征的统计指标因素。

任何社会经济现象，随着时间的推移，都会呈现出一种在时间上的发展和运动过程。对时间数列分析，就是从时间发展变化的角度，研究客观事物在不同时间发展的状况，探索其随时间推移演变的趋势和规律。

时间数列分析方法是统计学的重要分析方法，它的作用是：

（1）反映社会经济现象发展变化的过程和结果。

（2）用以计算动态分析指标，研究现象发展变化方向、程度、趋势及变化的规律性。

（3）用以预测现象未来发展趋势。

（4）对相互联系的时间数列进行对比分析或相关分析。

二、时间数列的种类

时间数列按照指标的表现形式不同，可以分为绝对数时间数列、相对数时间数列和平均数时间数列。其中，绝对数时间数列是最基本的时间数列，其余两种时间数列则是以绝对数时间数列为基础而派生出来的。

（一）绝对数时间数列

绝对数时间数列又称总量指标时间数列，它是指将总量指标按时间先后顺序排列而成的数列。它反映社会经济现象在各期达到的绝对水平及其变化发展的状况。绝对数时间数列根据数列中的指标反映的时间状况不同，又可分为时期数列和时点数列。

1. 时期数列

时期数列中所排列的指标为时期指标，各时期上的数值分别反映现象在这一段时期内所达到的总水平、总规模，如表6—2所示。

表6—2　　我国2009—2013年社会消费品零售总额

年份	2009	2010	2011	2012	2013
社会消费品零售总额（亿元）	132 678	156 998	183 919	210 307	237 810

资料来源：《中国统计年鉴》(2013)。

这一数列的每一项指标，都是我国2008—2012年全年社会消费品零售总额，因而是时期数列。时期数列的特点如下。

（1）时期数列中各个指标数值具有可相加性，即相加后有经济意义。由于时期数列中每个指标的数值是表示在一段时期内发展过程的总量，所以相加后的数值就表现在更长一段时期内发展过程的总量。

（2）时期数列中指标数值的大小与时期长短有直接关系。在一般情况下时期越长数值越大，如年产值必定大于年内某月产值，但有些现象如利润等若出现负数，则可能出现时期越长数值越小的情况。

（3）时期数列的数值指标一般是通过连续不断登记而取得的。

2. 时点数列

时点数列中所排列的指标为时点指标，各时点上的数值分别反映现象在该时点上所达到的总水平、总规模，如表 6—3 所示。

表 6—3　　我国 2009—2013 年年末移动电话用户数

年份	2009	2010	2011	2012	2013
年末移动电话用户数（万户）	74 721	85 900	98 625	111 216	122 911

资料来源：《中国统计年鉴》(2013)。

这一数列中的每一项数列，都是每年年末移动电话用户数，因而是时点数列。时点数列的特点如下：

(1) 时点数列中各个指标数值不具有可加性，即相加后没有实际意义。这是因为时点数列中每个指标都是表明某一瞬间状态的数量，相加后的数值不属于任何时点。如上表中 2012 年年末与 2013 年年末移动电话用户数相加就没有实际意义。

(2) 时点数列中指标数值的大小与时期长短没有直接关系。这是因为时点数列每个指标数值只表明某一时点上的数量，因此指标数值大小与时间间隔长短没有直接联系。

(3) 时点数列的数值指标一般是通过一定时期登记一次而取得的。

(二) 相对数时间数列

相对数时间数列是指将一系列同类相对数指标，按时间先后顺序加以排列所形成的数列。它反映社会经济现象对比关系的发展变化情况，如表 6—4 所示。

表 6—4　　2009—2013 年城镇人口占总人口的比例

年份	2009	2010	2011	2012	2013
城镇人口比例（%）	46.6	49.7	51.3	52.6	53.73

资料来源：《中国统计年鉴》(2013)。

相对数时间数列中的各项指标，不具有可加性。

(三) 平均数时间数列

平均数时间数列是指将一系列同类平均指标按时间先后顺序加以排列而成的数列，反映社会经济现象一般水平的发展变化趋势，如表 6—5 所示。

表 6—5　　2009—2013 年全国城镇居民人均可支配收入统计表

年份	2009	2010	2011	2012	2013
人均可支配收入（元）	17 175	19 109	21 810	24 565	26 955

资料来源：《中国统计年鉴》(2013)。

与相对数时间数列一样，平均数时间数列的各项指标也不具有可加性。

三、时间数列的编制原则

编制时间数列的目的是通过同一指标不同时间的对比来反映社会现象的发展过程及其规律。因此，编制时间数列应遵循以下基本原则：

（一）时期长短应该相等

在时间数列中，由于各指标数值大小与时期长短有直接关系，为了便于比较，更清晰地反映社会经济现象的变动过程与发展趋势，一般应使它们的时期长短保持一致。但这一原则也不能绝对化，有时为了特殊研究的目的，还要求编制时期不等的时间数列。

（二）总体范围应该一致

总体范围与指标数值有直接关系，如果总体范围有了变化，则指标数值须经过调整，使前后时间的数值能够进行比较。例如，某市的行政辖区发生了变化，其辖区的工业总产值指标便应随之进行适当调整，才能进行前后对比。

（三）经济内容应该相同

指标的经济内容是由其理论内涵所决定的，随着社会经济条件的变化，有些指标的经济内容发生了变化。对于名称相同而经济内涵不一致的指标，尤其要注意这一点，务必使各时间上的观察值内涵一致，否则也不具备可比性。

（四）数据的计算口径应该一致

指标的计算方法有时也称为计算口径，如果统计指标计算口径前后不一致，则难以进行比较。

第二节　时间数列水平指标

为了研究现象时间上的发展水平和速度，分析其发展的规律，需要在时间数列基础上确定一系列时间数列的分析指标。这些指标主要有：发展水平、增长量、平均发展水平、平均增长量。现以2009—2013年我国国内生产总值的资料为例，说明时间数列分析指标的计算方法，如表6—6所示。

表6—6　　2009—2013年我国国内生产总值资料

年份		2009	2010	2011	2012	2013
发展水平（国内生产总值，亿元）		a_0	a_1	a_2	a_3	a_4
		340 903	401 513	473 104	519 470	568 845
增长量（亿元）	累计增长量 (a_n-a_0)	—	60 610	132 201	178 567	227 942
	逐期增长量 (a_n-a_{n-1})	—	60 610	71 591	46 366	49 375

一、发展水平

发展水平是指社会经济现象在各个时期或时点上所达到的规模或水平，是计算其他指标的基础。发展水平可以是指总量指标，如工业总产值、年末人口总体水平；也可以是相对数指标或平均数指标，如工业增加值占国内生产总值的比率、职工年平均工资等。

发展水平按其在时间数列中的地位和作用不同可分为最初水平、最末水平、中间水平、报告期水平和基期水平。最初水平是数列中第一项指标数值，最末水平是数列中最后一项指标数值，其余各项指标数值都叫中间水平。在动态分析中，我们还将所研究的那一时期（或时点）的发展水平称之为报告期水平或计算期水平，把用来进行比较的基础时期（或时点）的发展水平叫基期水平。如果用符号表示数列中各个时期的发展水平，则 a_0 代表最初水平，a_n 代表最末水平。如表 6—6 中，2009 年国内生产总值340 903亿元为最初水平，2012 年国内生产总值568 845亿元为最末水平。若研究 2011 年的国内生产总值情况，且与 2008 年对比，则 2008 年为基期，2011 年为报告期。

二、增长量

增长量是指社会经济现象在一定时期增长（或减少）的绝对量。它是报告期发展水平减基期发展水平之差，反映报告期增长的绝对水平。这个差数可以是正数，也可以是负数。正数表示增加，负数表示减少。计算增长量，由于采用的基期不同，可分为逐期增长量和累计增长量。

1. 逐期增长量

逐期增长量是报告期发展水平减前一期发展水平之差，说明报告期发展水平比前一期发展水平增加（或减少）的绝对量。以公式计算如下：

$$逐期增长量 = a_n - a_{n-1} \qquad (6—1)$$

如表 6—6，2013 年比 2012 年国内生产总值的逐期增长量为：

568 845－519 470＝49 375（亿元）

2. 累计增长量

累计增长量是报告期发展水平减固定基期发展水平之差，说明报告期发展水平比固定基期发展水平增加（或减少）的绝对量。以公式计算如下：

$$累计增长量 = a_n - a_0 \qquad (6—2)$$

如表 6—6，2012 年比 2009 年国内生产总值的累计增长量为：

519 470－340 903＝178 567（亿元）

3. 逐期增长量与累计增长量的关系

数列中逐期增长量之和等于累计增长量。以公式计算如下：

$$(a_1 - a_0) + (a_2 - a_1) + \cdots + (a_n - a_{n-1}) = a_n - a_0 \qquad (6—3)$$

如表 6—6，2012 年以前的逐期增长量的和等于 2012 年的累计增长量。即：

(401 513－340 903)＋(473 104－401 513)＋(519 470－473 104)

＝519 470－340 903＝178 567(亿元)

三、平均发展水平

将时间数列中各时期或时点上的发展水平加以平均而得到的平均数叫平均发展水平，又称序时平均数或动态平均数。平均发展水平反映现象在某一段时间内发展的一般水平。

（一）绝对数时间数列计算序时平均数

由于绝对数时间数列有时期数列和时点数列之分，其计算序时平均数的方法也不一样，下面分别说明。

1. 由时期数列计算序时平均数

由时期数列计算序时平均数只需采用简单算术平均法，以时期项数除时期数列中各个指标数值之和即可。公式表示如下：

$$\bar{a}=\frac{a_1+a_2+\cdots+a_n}{n}=\frac{\sum a}{n} \tag{6—4}$$

式中：$\bar{a}$ 代表序时平均数；

a_i 代表各期发展水平（$i=1,2,\cdots,n$）；

n 代表时期项数。

计算表 6—6 中 2009—2013 年国内生产总值的平均发展水平。

$$\text{平均发展水平}=\frac{340\ 903+401\ 513+473\ 104+519\ 470+568\ 845}{5}$$

$$=\frac{2\ 303\ 835}{5}=460\ 767\text{（亿元）}$$

2. 由时点数列计算序时平均数

由于不可能连续登记现象发展过程中每一时点上的数值，时点数列序时平均只能根据间隔时间登记的时点资料来计算。时点数列根据掌握资料不同可以区分为连续时点和间断时点，两种数列均有间隔相等和间隔不等两种类型。因此，时点数列序时平均数就有四种计算方法：

（1）连续时点数列计算序时平均数。

1）间隔相等的连续时点数列序时平均数采用简单平均法计算，其计算公式为：

$$\bar{a}=\frac{\sum a}{n} \tag{6—5}$$

例如，某企业 6 月 1 日有 300 位工人，6 月 11 日进了 30 人，6 月 21 日调离了 15 人，则该企业 6 月份平均职工人数为：

$$\bar{a}=\frac{\sum a}{n}=\frac{300+330+315}{3}=315\text{（人）}$$

2）间隔不等的连续时点数列计算序时平均数采用加权平均法，其计算公式为：

$$\bar{a}=\frac{\sum af}{\sum f} \tag{6—6}$$

例如，某企业 6 月份职工人数变动如下：1 日职工人数2 600人，其中非直接生产人员

300 人；13 日企业调离 24 人，其中企业管理人员 8 人；22 日招进生产工人 20 人，那么该企业非生产人员及全部职工的平均人数如下：

$$\bar{a}=\frac{300\times 12+292\times 18}{30}=\frac{8\ 856}{30}=295\text{（人）}$$

$$\bar{a}=\frac{2\ 600\times 12+2\ 576\times 9+2\ 596\times 9}{30}=\frac{77\ 748}{30}=2\ 591\text{（人）}$$

（2）间断时点数列计算序时平均数

间断时点数列一般是由月末、季末或年末登记的时点资料排列而成的数列，也有间隔相等与间隔不等两种情况。

1）在间隔相等的情况下，假定研究现象在时点间隔间变动是均匀的，因而先将两个相邻时点数相加后除以 2，即得这两个时点间的序时平均数，然后再用简单平均法求出序时平均数。计算公式如下：

$$\bar{a}=\frac{\frac{a_1+a_2}{2}+\frac{a_2+a_3}{2}+\cdots+\frac{a_{n-1}+a_n}{2}}{n-1} \tag{6—7}$$

例如，某工厂 2013 年下半年各月初产品库存情况资料如表 6—7 所示，计算下半年平均库存量。

表 6—7　　某工厂 2013 年下半年各月初产品库存情况　　单位：吨

月份	6 月	7 月	8 月	9 月	10 月	11 月	12 月
月初库存量	200	270	310	305	330	285	340

根据上表资料，试计算下半年月平均库存量。

$$7\text{ 月份平均库存量}=\frac{270+200}{2}=235\text{（吨）}$$

$$8\text{ 月份平均库存量}=\frac{310+270}{2}=290\text{（吨）}$$

$$9\text{ 月份平均库存量}=\frac{305+310}{2}=307.5\text{（吨）}$$

$$10\text{ 月份平均库存量}=\frac{330+305}{2}=317.5\text{（吨）}$$

$$11\text{ 月份平均库存量}=\frac{285+330}{2}=307.5\text{（吨）}$$

$$12\text{ 月份平均库存量}=\frac{340+285}{2}=312.5\text{（吨）}$$

$$\text{下半年平均库存量}=\frac{235+290+307.5+317.5+307.5+312.5}{7-1}=295\text{（吨）}$$

如将上述两个步骤的计算方法，合并计算则为：

下半年平均库存量

$$=\frac{\frac{270+200}{2}+\frac{310+270}{2}+\frac{305+310}{2}+\frac{330+305}{2}+\frac{285+330}{2}+\frac{340+285}{2}}{7-1}$$

$$=\frac{\frac{1}{2}\times 200+270+310+305+330+285+\frac{1}{2}\times 340}{7-1}=295\text{（吨）}$$

由此可见，间隔相等的时点数列序时平均数，可将数列中首项数值的 $\frac{1}{2}$ ，加上中间各项数值，再加上末项数值的 $\frac{1}{2}$ ，然后用项数减 1 去除即得。这一方法称为“简单序时平均法”。用公式表示如下：

$$\bar{a}=\frac{\frac{a_1}{2}+a_2+\cdots+a_{n-1}+\frac{a_n}{2}}{n-1} \qquad (6—8)$$

2）如果时点数列中的间隔不等，则以各间隔长度（f）为权数，应用加权平均法计算序时平均数。以公式表示如下：

$$\bar{a}=\frac{\frac{a_1+a_2}{2}\cdot f_1+\frac{a_2+a_3}{2}\cdot f_2+\cdots+\frac{a_{n-1}+a_n}{2}\cdot f_{n-1}}{\sum_{i=1}^{n-1}f_i} \qquad (6—9)$$

例如，某农场某年的牲畜存栏数资料，如表 6—8 所示，计算年平均牲畜存栏数。

表 6—8　　某农场某年的牲畜存栏数　　单位：头

时间	1月1日	5月1日	6月1日	10月1日	12月1日
牲畜存栏数	1 200	1 500	1 600	1 000	1 300

该农场的年平均牲畜存栏数为：

$$\bar{a}=\frac{\frac{a_1+a_2}{2}\cdot f_1+\frac{a_2+a_3}{2}\cdot f_2+\cdots+\frac{a_{n-1}+a_n}{2}\cdot f_{n-1}}{\sum_{i=1}^{n-1}f_i}$$

$$=\frac{\frac{1\,200+1\,500}{2}\times 4+\frac{1\,500+1\,600}{2}\times 1+\frac{1\,600+1\,000}{2}\times 4+\frac{1\,000+1\,300}{2}\times 2}{4+1+4+2}$$

$$\approx 1\,313\text{（头）}$$

（二）相对数或平均数时间数列计算序时平均数

由于相对数或平均数时间数列都是绝对数时间数列派生数列，按照数列性质，要求利用其相应的两个绝对数时间数列，分别计算分子、分母的序时平均数，然后对比求得。

计算公式为：

$$\bar{c}=\frac{\bar{a}}{\bar{b}} \qquad (6—10)$$

式中：$\bar{c}$ 代表相对数或平均数时间数列的序时平均数；

$\bar{b}$ 代表分母数列的序时平均数；

$\bar{a}$ 代表分子数列的序时平均数。

例如，某企业某年第二季度各月末职工情况如表 6—9 所示。计算该企业第二季度生产工人占全部职工的平均比重。

表 6—9　　某企业某年第二季度各月末职工人数统计表

日期	3月末	4月末	5月末	6月末
a. 生产工人数	725	754	760	780
b. 全体工人数	860	863	865	868

该企业第二季度生产工人占全部职工的平均比重为：

$$\bar{c}=\frac{\bar{a}}{\bar{b}}=\frac{\left(\frac{725}{2}+754+760+\frac{780}{2}\right)/3}{\left(\frac{860}{2}+863+865+\frac{868}{2}\right)/3}=\frac{2\ 266.5}{2\ 592}=87.4\%$$

四、平均增长量

平均增长量是说明社会经济现象在一定时期内平均每期增长的数量，反映现象平均增长的水平。其计算公式：

$$平均增长量=\frac{逐期增长量之和}{逐期增长量个数}=\frac{累计增长量}{时间数列项数-1}$$

$$=\frac{\sum_{i=1}^{n}(a_i-a_{i-1})}{n}=\frac{a_n-a_0}{n} \qquad (6—11)$$

例如，表 6—6 中，2009—2013 年国内生产总值平均增长量为：

$$=\frac{\sum_{i=1}^{n}(a_i-a_{i-1})}{n}=\frac{a_n-a_0}{n}=\frac{227\ 942}{4}=56\ 985.5（亿元）$$

第三节　时间数列速度指标

时间数列速度指标主要有发展速度、增长速度、增长 1%的绝对值、平均发展速度、平均增长速度和翻番速度指标等。我们仍以 2009—2013 年国内生产总值（表 6—6）的资料为例，说明时间数列速度指标的计算方法，计算结果如表 6—10 所示。

表 6—10　　2009—2013 年国内生产总值速度指标

年份	2009	2010	2011	2012	2013
发展水平 （国内生产总值，亿元）	a_0	a_1	a_2	a_3	a_4
	340 903	401 513	473 104	519 470	568 845

续前表

年份		2009	2010	2011	2012	2013
发展速度（%）	定基	100	117.78	138.78	152.38	166.86
	环比	—	117.78	117.83	109.77	109.50
增长速度（%）	定基	—	17.78	38.78	52.38	66.86
	环比	—	17.78	17.83	9.77	9.50
增长1%的绝对值（亿元）		—	3 409.03	4 015.13	4 731.04	5 194.70

一、发展速度和增长速度

（一）发展速度

发展速度是各报告期的发展水平与基期发展水平之比，说明事物报告期水平较基期水平的相对发展程度。

其计算公式：

$$发展速度=\frac{报告期水平}{基期水平} \tag{6—12}$$

发展速度通常用百分数表示，当比值较大时，也可用倍数表示，它说明报告期水平为基期水平的百分之几或若干倍。当它大于100%，表明现象是上升的；若小于100%，表明现象是下降的。

由于所选基期的不同，所以发展速度分为：定基发展速度和环比发展速度。

1. 定基发展速度

定基发展速度是报告期水平与固定基期水平之比，说明报告期水平为固定基期水平的百分之几或多少倍。公式表示如下：

$$\frac{a_1}{a_0},\frac{a_2}{a_0},\cdots,\frac{a_n}{a_0} \tag{6—13}$$

如表6—10中，2013年的定基发展速度为：

$$定基发展速度（\%）=\frac{a_4}{a_0}=\frac{568\ 845}{340\ 903}\times 100\%=166.86\%$$

2. 环比发展速度

环比发展速度是报告期发展水平与前一期发展水平之比，说明报告期发展水平为前一期发展水平的百分之几或多少倍。以公式表示如下：

$$\frac{a_1}{a_0},\frac{a_2}{a_1},\cdots,\frac{a_n}{a_{n-1}} \tag{6—14}$$

如表6—10中，2013年国内生产总值比2012年的发展速度发展为：

$$环比发展速度（\%）=\frac{a_4}{a_3}=\frac{568\ 845}{519\ 470}\times 100\%=109.50\%$$

3. 环比发展速度与定基发展速度的关系

从上可知，各期环比发展速度与定基发展速度存在着一定的关系，即各期的环比发展速度的连乘积等于定基发展速度。以公式表示如下：

$$\frac{a_1}{a_0} \times \frac{a_2}{a_1} \times \cdots \times \frac{a_n}{a_{n-1}} = \frac{a_n}{a_0} \tag{6—15}$$

如表 6—10 中 2013 年以前各年的环比发展速度的连乘积等于 2012 年的定基发展速度：

$$117.78\% \times 117.83\% \times 109.77\% \times 109.50\% = 166.81\%$$

（二）增长速度

增长速度是各期增长量与基期发展水平之比，说明事物增长快慢程度的动态相对数，表示报告期水平比基期水平增长了百分之几或多少倍。其计算公式为：

$$增长速度 = \frac{增长量}{基期水平} \tag{6—16}$$

增长速度可以是正数，也可以是负数。正数表示增长，负数表示降低。增长速度由于采用的基期不同，也可分为定基增长速度和环比增长速度。

1. 定基增长速度

定基增长速度是报告期累计增长量与固定基期水平之比，表明报告期水平比固定基期水平增长了的百分之几或多少倍。以公式表示为：

$$定基增长速度（倍数或\%）= \frac{a_n - a_0}{a_0} \tag{6—17}$$

如表 6—10 中，2013 年国内生产总值的定基增长速度为：

$$定基增长速度 = \frac{a_4 - a_0}{a_0} = 0.668\,6（倍）或 66.86\%$$

2. 环比增长速度

环比增长速度是报告期的逐期增长量与前一期水平之比，表明报告期水平比前一期水平增长了百分之几或多少倍。以公式表示如下：

$$环比增长速度（倍数或\%）= \frac{a_n - a_{n-1}}{a_{n-1}} \tag{6—18}$$

如本例，2013 年国内生产总值的环比增长速度为

$$环比增长速度 = \frac{a_4 - a_3}{a_3} = 9.50\%$$

3. 增长速度与发展速度的关系

定基增长速度与环比增长速度无直接关系，即环比增长速度的连乘积不等于定基增长速度。但增长速度与发展速度却有一定关系，即发展速度减 1 或 100%等于增长速度，其关系以公式表示如下：

$$\frac{a_n - a_0}{a_0} = \frac{a_n}{a_0} - 1 \quad 或 \quad \frac{a_n - a_{n-1}}{a_{n-1}} = \frac{a_n}{a_{n-1}} - 1 \tag{6—19}$$

如表 6—10 中，2013 年国内生产总值环比发展速度（%）减 100%等于 2013 年环比增长速度（%）：

$$109.50\% - 100\% = 9.50\%$$

二、增长1%的绝对值

发展速度和增长速度都是相对指标，它们只能表明现象发展或增长的程度而不能说明现象增减的绝对量。由于相对指标具有抽象化作用，因而在低水平基础上计算的增长速度与在高水平基础上计算的增长速度的意义是不同的。例如，研究我国GDP增长时，2013年比2012年增长1%为4 731.04亿元，2010年比2009年增长1%为3 140.45亿元，虽然增长速度都是1%，但由于2009年与2013年的GDP不同，其相应增长的GDP绝对数显然不一样。因此，为了深入研究现象增长速度与水平之间的关系，就需要计算增长1%的绝对值指标。

增长1%的绝对值，是增长量与其增长速度的比值，说明报告期每增长1%所包含的绝对量是多少。现以环比增长量与环比增长速度加以解释说明。

增长1%的绝对值=（逐期增长量/环比增长速度）×1%　　(6—20)

$$\text{或 增长 }1\%\text{ 的绝对值}=\frac{\text{基期水平}}{100}$$

$$\text{即：增长 }1\%\text{ 的绝对值}=\left[(a_n-a_{n-1})/\left(\frac{a_n-a_{n-1}}{a_{n-1}}\right)\right]\times 1\%=a_{n-1}\times 1\% \quad (6\text{—}21)$$

如表6—10中，2013年增长1%的绝对值$=a_4\times 1\%=568\ 845\times 1\%=5\ 688.45$（亿元）。

相关资料：2013年美国货物进口总额为23 315.2亿美元，中国为19 504亿美元，德国为11 885.48亿美元。请分析各国增长1%的绝对量。

三、平均发展速度、平均增长速度和翻番速度

（一）平均发展速度

平均发展速度是各个时期环比速度的序时平均数。它说明现象在较长时期内发展速度的一般水平。在实际工作中，主要的计算方法有两种：几何平均法和方程式法。两种方法的原理依据不同，具体计算过程和应用场合也不一样。

设$a_0,a_1,a_2,\cdots,a_n$是实际动态数列，$r_1,r_2,\cdots,r_n$是各期环比发展速度，$a_0,a_0\bar{r},a_0\bar{r}^2,\cdots,a_0\bar{r}^n$是理论动态数列（$\bar{r}$为平均发展速度）。

1. 几何平均法（水平法）

在实践中，如果用水平法制定长期计划，则要求用几何平均法计算其平均发展速度，这样可以保证在最后一年达到规定的a_n水平，所以几何法也称“水平法”。即从最初水平a_0出发，以平均发展速度$\bar{r}$代替各环比发展速度，经过n期发展，正好达到最末水平a_n，也就是，实际动态数列各期环比发展速度连乘积等于理论动态数列中各期平均发展速度的连乘积。

即：

$$\frac{a_1}{a_0}\times\frac{a_2}{a_1}\times\frac{a_3}{a_2}\times\cdots\times\frac{a_n}{a_{n-1}}=\frac{a_0\bar{r}}{a_0}\times\frac{a_0\bar{r}^2}{a_0\bar{r}}\times\frac{a_0\bar{r}^3}{a_0\bar{r}^2}\times\cdots\times\frac{a_0\bar{r}^n}{a_0\bar{r}^{n-1}}$$

$$r_1\times r_2\times r_3\times\cdots\times r_n=\bar{r}\times\bar{r}\times\bar{r}\times\cdots\times\bar{r}=\bar{r}^n$$

$$\therefore\quad \bar{r}==\sqrt[n]{r_1\times r_2\times r_3\times\cdots\times r_n}=\sqrt[n]{\frac{a_1}{a_0}\times\frac{a_2}{a_1}\times\frac{a_3}{a_2}\times\cdots\frac{a_n}{a_{n-1}}}=\sqrt[n]{\frac{a_n}{a_0}}\quad(6\text{—}22)$$

【例 6—1】 我国 2009—2013 年国内生产总值资料，如表 6—10 所示。

按几何法计算其平均发展速度：

$$\bar{r}=\sqrt[4]{1.1778\times1.1783\times1.0977\times1.0950}=\sqrt[4]{1.668}$$

2. 方程法（累计法）

在实践中，如果长期计划按累计法制定，则要求用方程法计算平均发展速度，如固定资产投资额、造林面积、新增生产力和干部培训数等的发展规模，则适合用若干年（3年、5 年或 10 年）的累计数表现。按此方法，可以保证计划期内各期发展水平累计达到计划规定的总数，所以方程法也称累计法。即实际动态数列各项之和等于理论动态数列各项之和，以公式表示为：

$$a_0+a_1+a_2+\cdots+a_n=a_0+a_0\bar{r}+a_0\bar{r}^2+\cdots+a_0\bar{r}^n$$

$$\therefore\quad \bar{r}+\bar{r}^2+\cdots+\bar{r}^n=\sum_{i=1}^{n}a_i/a_0 \qquad (6—23)$$

解上列高次方程式，求出 $\bar{r}$ 的正根，即为方程法平均发展速度。

下面举例说明累计法计算平均发展速度。

【例 6—2】 某地区 2008—2013 年固定资产投资额资料，如表 6—11 所示，用累计法计算各年平均发展速度。

表 6—11　　2008—2013 年固定资产投资额资料表

年份	2007	2008	2009	2010	2011	2012
固定资产投资额	1 074	1 176	1 343	1 574	1 551	1 702

用累计法计算固定资产投资额的平均发展速度计算公式为：

$$\bar{r}+\bar{r}^2+\bar{r}^3+\bar{r}^4+\bar{r}^5+\bar{r}^6=\sum_{n=1}^{6}a_n/a_0$$

本例数字：$\sum_{n=1}^{6}a_n=7\ 349, a_0=1\ 074, n=6$

首先，根据 $\frac{\sum_{n=1}^{6}a_n}{a_0}$ 来判断资料是递增型还是递减型。

$$\frac{\sum_{n=1}^{6}a_n}{a_0}=\frac{7\ 349}{1\ 074}=6.8426 \text{ 或 } 684.26\%$$

再用期数 6 去除，684.26%/6 = 114.04% >100%，故本例是递增型。

用以上公式进行计算，需解高次方程，比较麻烦，故一般使用《累计法查对表》（表 6—12）进行查对求之。

表 6—12　　累计法查对表（摘录）

平均年递增率（%）	各年发展总和为基期的%				
	1 年	2 年	3 年	4 年	5 年
…	…	…	…	…	…

续前表

平均年递增率（%）	各年发展总和为基期的%				
	1年	2年	3年	4年	5年
10.6	110.60	232.92	368.21	517.84	683.34
10.7	110.70	233.24	368.90	519.07	685.32
10.8	110.80	233.57	369.59	520.31	687.30
10.9	110.90	233.89	370.28	521.54	689.29
…	…	…	…	…	…

查表，684.26%介于683.34%和685.32%之间，对应的平均增长速度是10.6%和10.7%，用插补的方法计算，该地区“十五”期间固定资产投资额的平均增长速度为10.65%，则平均发展速度是110.65%。

几何法和累计法是两种不同特点的计算方法，用同一资料，两种方法计算结果是不相同的。因此，在实际工作中，应根据两种方法的各自特点，结合社会经济现象的性质，正确选用。几何平均法侧重最末一期的发展水平，因此一般对侧重于最后一期的数值，如人口、产值、产量及一些经济效益指标，宜采用几何法；累计法侧重于各期发展水平的总量，因此对基本建设投资额、地质勘探、垦荒面积、造林面积总数侧重于全期各年数值之和的指标，宜采用累计法。

（二）平均增长速度

因平均增长速度不等于全期各环比增长速度的连乘积，故它不能根据各环比增长速度进行直接计算。但可以利用

平均增长速度＝平均发展速度－1　　(6—24)

例如，例6—2中，

平均增长速度＝110.65%－100%＝10.65%

（三）“翻番”速度指标及其计算

1. 翻番速度指标的概念

“翻番”，顾名思义，“番”是数词，意指“次”、“回”；“翻”是动词，意指“翻转”、“滚翻”。在数量上是指“倍增”。例如，基期数值为100，翻一番即为200；翻两番即在200的基础上再翻一番，即为400。

2. “翻番”速度指标的计算

其数学表达式为：

$a_n = a_0 2^K$（a_0 为基期水平，a_n 为计算期水平，K 为番数）　　(6—25)

若番数 K 包括整数番和非整数番，设 R 为整数番，S 为非整数番，则上式可改写为：

$$a_n = a_0 2^{R+S} \qquad (6—26)$$

翻番速度是各级领导经常使用的术语，在实践中应用广泛。

【例6—3】 某发电厂当前发电能力为300万千瓦，要求到2020年达到2 000万千瓦，

问翻番速度是多少？

由 $2\ 000 = 300 \times 2^K$

得到 $K = 2.74$（番）

也就是翻了 2.74 番。

3. 翻番速度指标与平均增长速度、平均发展速度的关系和换算

设 a_0 为基期水平，a_n 为报告期水平，n 为时间间隔数，K 为翻番数，$\bar{x}$ 为平均增长速度，$\bar{r}$ 为平均发展速度，则

$$\frac{a_n}{a_0} = 2^K \quad \text{（按翻番计算）} \tag{6—27}$$

$$\frac{a_n}{a_0} = (1+\bar{x})^n \quad \text{（按平均增长速度计算）} \tag{6—28}$$

$$\frac{a_n}{a_0} = \bar{r}^n \quad \text{（按平均发展速度计算）} \tag{6—29}$$

$$\therefore \quad \frac{a_n}{a_0} = 2^K = (1+\bar{x})^n = \bar{r}^n \tag{6—30}$$

有了上列三个指标之间的关系式，则可相互进行换算。

【例 6—4】 据有关部门估计，我国按人口平均的国民生产总值，1979—2000 年，计划翻 1.98 番，问换算为年递增率为多少？

$$(1+\bar{x})^n = 2^K$$

本例为：$(1+\bar{x})^{21} = 2^{1.98}$

$$\bar{x} = \sqrt[21]{2^{1.98}} - 1 = 0.067$$

四、运用速度指标应注意的几个问题

（1）在具体运用速度指标时，必须结合剧烈波动的原因进行具体分析。如果事物在发展过程中，出现剧烈波动、大起大落现象，从平均的观点看，这种现象的离散程度很大，所计算的平均速度指标代表性也就很低。

（2）选择基期特别重要。平均发展速度是根据基期和计算期的水平指标计算的。所以，必须注意选择正常的时间，即未受影响的时间或有意义的时间作为基期。

（3）速度指标与水平指标相结合。速度指标与水平指标相结合，指的是两方面的结合，一方面是速度指标与增长 1%的水平值相结合。有时对比两个事物的发展速度，如果只看速度指标，可能会得出错误的结论，所以必须结合增长 1%的水平值，具体分析现象的发展情况。另一方面是累计增长量与定基增长速度、逐期增长量、环比增长速度相结合，互相补充。

（4）总平均速度指标要与分期速度、分段速度指标相结合。总平均发展速度，一般反映一段长时间事物发展的情况，但往往掩盖各期发展的情况，只有将两者结合起来，既反映事物发展的情况又能发现事物发展的实现过程。

（5）将速度指标与图形结合起来，生动地描述发展的情况，给人以深刻的印象。

第四节　时间数列趋势分析与测定

一、时间数列的因素构成

事物的发展受多种因素的影响，时间数列的形成也是多种因素共同作用的结果，在一个时间序列中，有长期的起决定性作用的因素，也有临时的起非决定性作用的因素；有可以预知和控制的因素，也有不可预知和不可控制的因素，这些因素相互作用和影响，从而使时间数列变化趋势呈现不同的特点。时间数列的变动主要受以下四大因素的变动影响：

(1) 长期趋势（T），即指社会经济现象按一定方向不断长期发展变化（向上或向下发展）的趋势。例如，中国改革开放以来国内生产总值持续上升。

(2) 季节变动（S），即指社会经济现象随着季节的更替而发生的有固定规律性的周期性变动。例如，农产品、时令商品的产量与销售量，旅行社的旅游收入等都会受到季节的影响，学校寒暑假制度所带来的客运部门客流量在一年中的规律性变化等都称之为季节变动。

(3) 循环变动（C），也称波浪式变动，指现象持续若干年的周期变动，它的周期长短不一，没有规律，而且通常周期较长，不像季节变动有明显的变动周期（小于一年）。循环变动不是单一方向的持续变动，而是涨落相间的交替变动。如商业周期的繁荣、衰退、萧条、复苏四个阶段的循环变动。

(4) 不规则变动（I），也称剩余变动或随机变动，它是时间数列中除了上述三种变动之外，还存在受临时的、偶然的因素或不明原因引起的非趋势性、非周期性的随机变动，这种变动一般无法作出解释。如受到自然灾害、战争等不可抗力的影响。

按对四种变动因素相互关系的不同假设，可分为加法模型和乘法模型。

(1) 加法模型。当四种变动因素呈现出相互独立的关系时，时间数列总变动（Y）体现为各种因素的总和，即 $Y=T+S+C+I$。此为加法模型，其中，Y，T 是总量指标，S，C，I 是季节变动、循环变动与不规则变动对长期趋势所产生的偏差，或是正值，或是负值。

(2) 乘法模型。当四种变动因素呈现出相互影响的关系时，时间数列总变动（Y）体现为各种因素的乘积，即 $Y=T\times S\times C\times I$。此为乘法模型，其中，$Y$，$T$ 为总量指标，S，C，I 则是比率，用百分数表示。

最常用的是乘法模型，乘法模型的基本假设是四个因素是由不同的原因形成的，但相互之间存在一定的关系，它们对事物的影响是相互的，因此时间数列中各观察值表现为各种因素的乘积。利用乘法模型可以将四个因素很容易地从时间数列中分离出来，因而乘法模型在时间数列分析中被广泛应用。

二、长期趋势分析

长期趋势是时间数列的主要构成要素。通过对时间数列长期趋势变动的分析，可以掌握现象活动的规律性，并对其未来的发展趋势做出判断或预测。反映现象发展的长期趋势有两种基本形式：一种是直线趋势（其变化率或趋势线的斜率基本不变），另一种是非直线趋势即趋势曲线（其变化率或趋势线的斜率是变动的）。

测定长期趋势的分析方法主要有时距扩大法、移动平均法、最小平方法。

（一）时距扩大法

时距扩大法（也称间隔扩大法）是测定直线趋势的一种简单方法。当原始数列中各指标数值不规则波动，现象变化规律不明显时，可通过扩大数列时间间隔，对原始资料加以整理，消除偶然因素的影响，以反映现象的发展趋势。

【例 6—5】某服装厂某年各月生产服装资料，如表 6—13 所示。

表 6—13　　某服装厂某年各月生产服装统计表

月份	1	2	3	4	5	6	7	8	9	10	11	12
产量（万件）	35	36	46	37	39.2	45	47	44	45	43	50	48

从表 6—13 中的资料看，由于各月产量受多种因素影响，发展不均匀，但趋势不明显，现以季度为时间单位将时距扩大，如表 6—14 所示。

表 6—14　　某服装厂某年各季生产服装统计表

季度	1	2	3	4
产量（万件）	117	121.2	136	141

时距扩大以后的资料，清晰地显示出了服装产量呈逐渐增加的变化趋势。

应用时距扩大法时应注意：第一，数列发展水平之间的间隔应当相等，以便比较；第二，时间间隔的长短，应根据现象的性质和特点而定，必须能显现现象的变化趋势。

（二）移动平均法

移动平均法（又称继动平均法）也是趋势变动分析的一种较简单的常用方法。该方法采用一定间隔长度的项数逐期移动，分别计算出一系列移动平均数，这些平均数形成新的时间数列对原时间数列的波动起到一定的修匀作用，削弱了原数列中短期偶然因素的影响，从而呈现出现象发展的长期变动趋势。

设时间数列水平顺序为 $a_1, a_2, \cdots, a_n$，若取三项平均，则移动后的新项为：

$$\bar{a}_2 = \frac{a_1 + a_2 + a_3}{3}$$

$$\bar{a}_3 = \frac{a_2 + a_3 + a_4}{3}$$

…………

$$\bar{a}_{n-1}=\frac{a_{n-2}+a_{n-1}+a_n}{3} \tag{6—31}$$

现仍以某服装厂某年各月生产服装资料为例，采用3项和5项移动平均数分别进行修匀，计算其移动平均数，计算结果如表6—15所示。

表6—15 **某服装厂某年各月生产服装资料移动平均数**

月份	服装产量（万件）	3项移动平均数	5项移动平均数
1	35	—	—
2	36	39.00	—
3	46	39.67	38.64
4	37	40.73	40.64
5	39.2	40.4	42.84
6	45	43.73	42.44
7	47	45.33	44.04
8	44	45.33	44.80
9	45	44.00	45.80
10	43	46.00	46.00
11	50	47.00	—
12	48	—	—

运用移动平均法分析长期趋势应注意以下几点：

(1) 移动平均法对原有时间数列修匀，修匀的程度与原数列移动平均的项数多少有关。一般说来，移动项数越多，修匀的作用就越大，而所得出的移动平均数的项数也就越少；反之，移动项数越少，修匀的作用就越小，所得出的移动平均数的项数也就越多。

(2) 移动平均所取项数的多少应视资料的特点而定。一般要求移动项数与周期变动的时距相吻合，或为它的整倍数。

(3) 偶数项移动平均要计算正位平均数。偶数项移动平均因为中点错了半期，需要再作一次两项移动平均才能正过来。

(4) 移动平均后的新数列的项数少于原数列。若按奇数项移动平均所形成的新数列中，首尾各有 $\frac{N-1}{2}$（N 为移动项数）个时期得不到趋势值；若按偶数项移动平均所形成的新数列中，首尾各有 $\frac{N}{2}$ 个时期得不到趋势值，这是移动平均法存在的不足之处。

（三）最小平方法

最小平方法又称最小二乘法，是测定长期趋势的常用方法。它的基本思想是趋势线的估计数值和实际值的离差平方和为最小，这就使求出的趋势线与原数列达到最佳的配合，即：

$$\sum(y-\hat{y})^2 = \text{最小值} \tag{6—32}$$

式中：$\hat{y}$ 为趋势线的估计数值；

y 为时间数列的实际数值。

趋势线可能是直线也可能是曲线，选择什么样的趋势线，参考根据如下：

(1) 在直角坐标系中根据散点图情况选择。

(2) 根据数列中的数值计算分析。

下面主要介绍如何用最小平方法配合直线方程、抛物线方程及曲线方程。

1. 直线趋势模型

如果现象的发展在坐标中散点图大致为一条直线或逐期增长量大体相等，则可考虑拟合直线趋势模型进行分析。直线趋势方程为：

$$\hat{y} = a + bt \tag{6—33}$$

式中：a 为截距；

b 为直线的斜率。

在求这方程中的 a,b 两个系数时，用求偏导数方法可得出下列两个标准方程：

$$\begin{cases}\sum y = na + b\sum t \\ \sum ty = a\sum t + b\sum t^2\end{cases} \tag{6—34}$$

解之则得

$$a = \frac{\sum y}{n} - \frac{b\sum t}{n} = \bar{y} - b\bar{t}$$

$$b = \frac{\sum ty - \frac{1}{n}(\sum t)(\sum y)}{\sum t^2 - \frac{1}{n}(\sum t)^2} \tag{6—35}$$

将 a,b 代入趋势方程，即为所求的最佳配合趋势直线方程。

【例 6—6】 某地区近几年来商品房销售面积及增加值，如表 6—16 所示。

表 6—16　　某地区近几年来商品房销售面积及增加值

年份	销售量（万平方米）y	逐期增长量
2007	30	—
2008	40	10
2009	49	9
2010	60	11
2011	70	10
2012	81	11
2013	91	10

从表中可以看出，该地区近几年来商品房销售面积的增加值大体相等，所以可配合直线趋势方程。有关数据，如表 6—17 所示。

表 6—17　　某地区近几年来商品房销售面积直线趋势计算表

年份	销售面积（万平方米）y	t	ty	t^2	$\hat{y}$
2007	30	1	30	1	29.49
2008	40	2	80	4	39.70
2009	49	3	147	9	49.91
2010	60	4	240	16	60.12
2011	70	5	350	25	70.33
2012	81	6	486	36	80.54
2013	91	7	637	49	90.75
合 计	421	28	1 970	140	420.84

根据表 6—17 资料，将有关数字代入，a 和 b 的计算公式：

$$b=\frac{\sum ty-\frac{1}{n}(\sum t)(\sum y)}{\sum t^2-\frac{1}{n}(\sum t)^2}=\frac{1\ 970-\frac{1}{7}\times 28\times 420.84}{140-\frac{1}{7}\times(28)^2}=10.24$$

$$a=\bar{y}-b\bar{t}=\frac{420.84}{7}-10.24\times\frac{28}{7}=19.16$$

将求出的 a 和 b 的数值代入趋势方程即得

$$\hat{y}=19.16+10.24t$$

可以应用上述直线趋势模型进行预测。若预测该地区 2014 年的销售面积，此时 $t=8$，则

$$\hat{y}_{2014}=19.16+10.24\times 8=101.08（万平方米）$$

以上是按直接法计算的，可改为按简捷法计算。

将上例的资料改为计算表，如表 6—18 所示。

表 6—18　　某地区近几年来商品房销售面积直线趋势计算表

年份	销售面积（万平方米）y	t	ty	t^2	$\hat{y}$
2007	30	−3	−90	9	29.49
2008	40	−2	−80	4	39.70
2009	49	−1	−49	1	49.91
2010	60	0	0	0	60.12
2011	70	1	70	1	70.33
2012	81	2	162	4	80.54
2013	91	3	273	9	90.75
合 计	421	0	286	28	420.84

简捷法具体计算是：当资料中的年份为奇数时，以中项年份为原点，则各年值分别

为…，−3，−2，−1，0，1，2，3，…从而 $\sum t=0$；当年份为偶数时，则以中间两项的中点为原点，各年份以两年为单位，原点以前各年的 t 值依次为：…，−5，−3，−1，原点以后各年的 t 值依次为：1，3，5，…，这样，同样可使 $\sum t=0$，于是上述方程可简化为：

$$\begin{cases}\sum y=na\\ \sum ty=b\sum t^2\end{cases}\tag{6—36}$$

因此 $a=\dfrac{\sum y}{n}$

$$b=\frac{\sum ty}{\sum t^2}\tag{6—37}$$

根据表 6—16 资料计算 a 和 b 的值为：

$$a=\frac{\sum y}{n}=\frac{420.84}{7}=60.12$$

$$b=\frac{\sum ty}{\sum t^2}=\frac{286}{28}=10.21$$

以 a 和 b 的数值代入趋势方程，则得：

$$\hat{y}=60.12+10.21t$$

若预测该地区 2014 年的销售面积，此时 $t=4$，则

$$\hat{y}_{2014}=60.12+10.21\times 4=100.96\text{（万平方米）}$$

2. 抛物线趋势模型

如果现象发展的散点图大致呈现为一条抛物线或它的逐期增长量的增长量（二级增长量）大体相同，则可考虑拟合抛物线趋势模型进行分析。

抛物线趋势的一般模型为：

$$\hat{y}=a+bt+ct^2\tag{6—38}$$

抛物线趋势模型的增长量描述，如表 6—19 所示。

从表中观察，各期的二级增长量均为 2c。

抛物线趋势模型有 a,b,c 三个待定参数，用偏导数为 0 导出以下联立方程组

$$\begin{cases}\sum y=na+b\sum t+c\sum t^2\\ \sum ty=a\sum t+b\sum t^2+c\sum t^3\\ \sum t^2y=a\sum t^2+b\sum t^3+c\sum t^4\end{cases}\tag{6—39}$$

表 6—19　　抛物线模型增量分析表

t	$y_c=a+bt+ct^2$	逐期增长量	二级增长量
1	$a+b+c$		
2	$a+2b+4c$	$b+3c$	

续前表

t	$y_c = a + bt + ct^2$	逐期增长量	二级增长量
3	$a+3b+9c$	$b+5c$	$2c$
4	$a+4b+16c$	$b+7c$	$2c$
5	$a+5b+25c$	$b+9c$	$2c$
…	…	…	…

利用简捷法，令 $\sum t = 0, \sum t^3 = 0$，得到

$$\begin{cases} \sum y = na + c\sum t^2 \\ \sum ty = b\sum t^2 \\ \sum t^2 y = a\sum t^2 + c\sum t^4 \end{cases} \qquad (6—40)$$

求出 a,b,c 带入方程就可以了。

【例 6—7】 某工业工业企业 2005—2013 年某产品产量，如表 6—20 所示。

表 6—20　　某工业企业 2005—2013 年某产品产量表

年份	产品产量	逐期增长量	二级增长量
2005	988		
2006	1 012	24	
2007	1 043	31	7
2008	1 080	37	6
2009	1 126	46	9
2010	1 179	53	7
2011	1 239	60	7
2012	1 307	68	8
2013	1 382	75	7

从资料显示，各年的增长量大体相等，所以接近抛物线模型。其抛物线趋势模型计算表，如表 6—21 所示。

表 6—21　　某工业企业产品产量抛物线趋势模型计算表

年份	t	y	ty	t^2	t^2y	t^4	$\hat{y}$
2005	−4	988	−3 952	16	15 808	256	988.27
2006	−3	1 012	−3 036	9	9 108	81	1 011.64
2007	−2	1 043	−2 086	4	4 172	16	1 042.39
2008	−1	1 080	−1 080	1	1 080	1	1 080.52

续前表

年份	t	y	ty	t^2	t^2y	t^4	$\hat{y}$
2009	0	1 126	0	0	0	0	1 126.03
2010	1	1 179	1 179	1	1 179	1	1 178.92
2011	2	1 239	2 478	4	4 956	16	1 239.19
2012	3	1 307	3 921	9	11 763	81	1 306.84
2013	4	1 382	5 528	16	22 112	256	1 381.87
合计	0	10 356	2 952	60	70 178	708	10 355.67

从表中得到

$$\sum y = 10\ 356;\ \sum ty = 2\ 952;\ \sum t^2 = 60;\ \sum t^2 y = 70\ 178;\ \sum t^4 = 708$$

代入联立方程得 $\begin{cases} 10\ 356 = 9a + 60c \\ 2\ 952 = 60b \\ 70\ 178 = 60a + 708c \end{cases}$

用消元法得

$a = 1\ 126.03$

$b = 49.20$

$c = 3.69$

代入抛物线方程得

$\hat{y} = 1\ 126.03 + 49.20t + 3.69t^2$

如果预测 2014 年的产量，令 $t=5$，得到

$\hat{y}_{2014} = 1\ 126.03 + 49.20 \times 5 + 3.69 \times 5^2 = 1\ 464.28$（吨）

3. 指数曲线趋势模型

如果现象发展的图形大致呈指数曲线或它的环比发展速度或环比增长速度大体相同，可考虑拟合指数曲线趋势模型进行分析。指数曲线趋势的一般模型为：

$$\hat{y} = ab^t \tag{6—41}$$

式中，a 为动态数列的基期水平；b 为现象的一般发展速度；t 为动态数列的时间。a，b 均为待定参数。

用指数曲线模型分析长期趋势时，一般是先将指数方程取对数转化成直线方程，然后按直线方程办法估计参数，再对直线方程求得的结果查反对数还原。

对上述方程式两边取对数，得

$$\lg\hat{y} = \lg a + t\lg b \tag{6—42}$$

设 $Y = \lg\hat{y}, A = \lg a, B = \lg b$

则 $Y = A + Bt$

用最小平方法求得的联立方程组为：

$$\begin{cases} \sum Y = nA + B\sum t \\ \sum tY = A\sum t + B\sum t^2 \end{cases} \tag{6—43}$$

同样可以设$\sum t=0$，则此联立方程组可简化为：

$$\begin{cases}\sum Y = nA \\ \sum tY = B\sum t^2\end{cases} \tag{6—44}$$

对上述联立方程组求解，可以得到A，B参数值。由于A，B参数为对数值，需要查反对数表求得a,b值。把参数值代入指数曲线模型，可求得时间数列中各个观察值对应的趋势值，据此可对该事物进行预测。

三、季节变动分析

季节变动与长期趋势是影响动态数列的常态因素。季节变动是指现象随着季节的变动而引起的比较有规则的变动。季节变动对某些部门的生产经营活动和人们的经济生活有一定的影响，因此测定季节变动对实际工作有重要意义。首先，掌握了季节变动的规律性，有利于指导工作。其次，可根据季节变动规律性进行经济预测；同时，利用季节变动规律配合长期趋势进行长期预测，可以大大提高预测的准确性。

测定季节变动的方法很多。按其是否消除长期趋势看，有两种方法：一种是按月平均法；另一种是趋势剔除法。不管是用哪种方法来计算季节变动，都须用3年或更多年份的资料（至少3年）作为基本数据进行计算分析，这样才能较好地消除偶然因素的影响，使季节变动的规律性更切合实际。

（一）按月（季）平均法

若是月资料就按月平均；若是季资料则按季平均。其计算的一般步骤如下：

第一步：列表。将各年同月（季）的数值列在同一栏内，一般要三年以上的历史资料；

第二步：将各年同月（季）的数值加总，求出月（季）平均数；

第三步：将所有月（季）的数值加总，求出总的月（季）平均数；

第四步：求季节比率（或季节指数）$S.I$，其计算公式为：

$$S.I = \frac{\text{各月(季)平均}}{\text{全期月(季)平均}} \times 100\% \tag{6—45}$$

【例6—8】某淘宝商家2009—2013年各季销售额资料如表6—22所示。

表6—22　　某淘宝商家2009—2013年各季销售额资料

季度	销售额（元）					5年同季销售合计	5年同季销售额平均	季节比率
	2009年	2010年	2011年	2012年	2013年			
一季	137 920	142 814	131 002	157 436	149 827	718 999	143 799.8	0.725
二季	186 742	198 423	193 987	200 114	214 301	993 567	198 713.4	1.002
三季	274 561	265 419	247 556	283 002	276 333	1 346 871	269 374.2	1.358
四季	175 433	183 521	169 847	194 319	185 204	908 324	181 664.8	0.916
合计	774 656	790 177	742 392	834 871	825 665	3 967 761	198 388.1	1.000

表 6—22 资料中的季节比率，反映了该商家销售额季节变化情况。其中，第三季度为旺季，第一季度为淡季。

按月（季）平均法的优点是计算简便，缺点是没有考虑中长期趋势的影响，在存在中长期趋势变动的情况下得出的季节比率不够精确。解决这个问题，可采用趋势剔除法来测定季节变动。

（二）趋势剔除法

如果数列包含有明显的上升（下降）趋势或循环变动，为了更准确地计算季节指数，就应当首先设法从数列中消除趋势因素，然后再用平均的方法消除不规则变动和循环变动，从而较准确地分解出季节变动成分。数列的长期趋势可用移动平均法或趋势方程拟合法测定。假定包含季节变动的时间数列的各影响因素是以乘法模型形式组合，其结构为 $Y=T\cdot C\cdot S\cdot I$。

【例 6—9】 某企业羊毛衫销售资料如表 6—23 所示，用趋势剔除法消除长期趋势后再来测定季度变动趋势。

表 6—23 某企业羊毛衫分季销售量 单位：千件

年份＼季度	1	2	3	4
第 1 年	324	126	94	288
第 2 年	345	137	102	313
第 3 年	372	126	110	338
第 4 年	369	126	110	356

根据表中资料，可以大致看出销售数量是上升的，有明显的长期趋势在起作用。为分析季节变动，要消除长期趋势的影响。其测定步骤为：

第一，用移动平均法求长期趋势。由于季节资料是 4 项，先以 4 项移动平均，然后再以 2 项移动平均进行正位，求得长期趋势值 $\hat{y}$，如表 6—24 所示。

表 6—24 羊毛衫长期计算表 单位：千件

年份	季度	销售量 y	四项移动平均数	二项正位平均数 $\hat{y}$	趋势值剔除 $y/\hat{y}$ %
第 1 年	1	324			
	2	126	208.0		
	3	94	213.3	210.7	44.61
	4	288	216.0	214.7	134.14
第 2 年	1	345	218.0	217.0	158.99
	2	137	224.3	221.2	61.93
	3	102	231.0	227.7	44.80
	4	313	228.3	229.7	136.26

续前表

年份	季度	销售量 y	四项移动平均数	二项正位平均数 $\hat{y}$	趋势值剔除 $y/\hat{y}$ %
第 3 年	1	372	230.3	229.3	162.23
	2	126	236.5	233.4	53.98
	3	110	235.8	236.2	46.57
	4	338	235.8	235.8	143.34
第 4 年	1	369	235.8	235.8	156.49
	2	126	240.3	238.1	52.92
	3	110			
	4	356			

第二，剔除长期趋势。用原数列的观察值除以趋势值（$y/\hat{y}$），结果见表。

第三，计算季节比率。将表中剔除后的数据编排成新的数列，据此计算季度比率。

第四，调整季节比率。

由于各季季节比率相加之和等于 398.77%，不等于理论值 400%，因此需要计算修正系数进行调整。现计算如下：

$$校正系数=\frac{400\%}{398.77\%}=1.003\ 08$$

调整后的季度比率如表 6—25 所示，如第一季度调整后的季度比率为 159.73%。用趋势剔除法测定的季节比率同样可用于预测，方法同前。

表 6—25 **剔除长期趋势后季节比率计算表**

季度 \ 年份	1	2	3	4	合计
第 1 年			44.61	134.14	
第 2 年	158.99	61.93	44.80	136.26	
第 3 年	162.23	53.98	46.57	143.34	
第 4 年	156.49	52.92			
合计	477.71	168.83	135.98	431.74	
平均	159.24	56.27	45.33	137.91	398.75
校正系数	1.003 08	1.003 08	1.003 08	1.003 08	1.003 08
季节比率（%）	159.73	56.44	45.47	138.33	399.99

四、循环变动与不规则变动分析

（一）循环变动

循环变动一般周期较长，是以若干年为周期的社会经济现象的观测数据为基础的一种波动规律。在测定循环变动时，往往采用剩余法。剩余法是指从时间序列数据中剔除长期趋势、季节变动和不规则变动后，进而求出循环变动影响的一种方法。

根据乘法模型原理，按其消除长期趋势和季节变动的先后顺序的不同，有三种基本形式：

（1）从原数列中求出趋势值和季节比率，同时将它们剔除：

$$\frac{Y}{T\times S}=C\times I \tag{6—46}$$

（2）先消除季节变动，再剔除长期趋势：

$$\frac{Y}{S}=\frac{T\times S\times C\times I}{S}=T\times C\times I \tag{6—47}$$

$$\frac{T\times C\times I}{T}=C\times I \tag{6—48}$$

（3）先剔除长期趋势，再消除季节变动：

$$\frac{Y}{T}=\frac{T\times S\times C\times I}{T}=S\times C\times I \tag{6—49}$$

$$\frac{S\times C\times I}{S}=C\times I \tag{6—50}$$

上述三种方法的计算结果都含有不规则变动 I，采用移动平均法可将不规则变动消除，剩下的结果就是循环变动指数。循环变动指数为 100%，则无循环变动；循环变动指数大于 100%，则为上涨期；循环变动指数小于 100%，则为跌落期。若将循环指数绘成曲线图，其波峰、波谷即可显现出来。

（二）不规则变动

不规则变动时由一些不可估计、不可预料的原因引起的变动，具有很大的随机性。因此，测定不规则变动实际意义不大，一般不予计算。为了完整地将时间数列的构成要素进行分离测定，这里只作简单说明。

测定不规则变动分析时，在已测定长期趋势、季节变动和循环变动的基础上，采用剩余法则可求出不规则变动指数。

以季（月）资料编制的动态数列，不规则变动指数的计算公式为：

$$I=\frac{Y}{S\times T\times C} \tag{6—51}$$

以年资料编制的动态数列，不规则变动指数的计算公式为：

$$I=\frac{Y}{T\times C} \tag{6—52}$$

不规则变动指数围绕 100%上下波动，大于 100%为正面影响，起增大观察值的作用；小于 100%为负面影响，起减小观察值的作用。离 100%愈远的影响愈大，等于 100%是无不规则变动。

第五节　Excel 在时间序列指标分析中的应用

时间序列是将某种现象在时间上变化发展的一系列同类的统计指标，按照时间的先后顺序排列，用绝对数编制的时间序列是基本的时间序列。一般有时期数列和时点数列。动态分析指标用 Excel 中的一般统计函数就可以得到，时间序列趋势分析则需要专门的数据分析工具来解决。下面通过实例来讲解。

一、水平指标的计算

例如，我国 2013 年 1—4 季度的国内生产总值资料如图 6—1 所示，计算我国 2013 年国内生产总值的平均值。

	A	B	C	D	E	F
1	时间	1季度（亿元）	2季度（亿元）	3季度（亿元）	4季度（亿元）	平均值
2	国内生产总值	118855	129154	138753	430092	204213.50
3	第一产业	7427	11195	17047	39910	18894.75
4	第二产业	54569	62468	58081	191603	91680.25
5	第三产业	56859	55491	63625	198579	93638.50
6						

图 6—1　我国 2013 年 1—4 季度国内生产总值资料

图中的国内生产总值数列是时期数列。计算时期数列的平均值用简单算术平均法，因此用 Excel 中的 AVERAGE 函数来计算：各季平均每月总产值计算公式如表 6—26 所示。

表 6—26　　**各季度平均每月总产值计算公式**

说明	单元格	公式
国内生产总值	F2	＝AVERAGE（B2：E2）
第一产业	F3	＝AVERAGE（B3：E3）
第二产业	F4	＝AVFRAGE（B4：E4）
第三产业	F5	＝ AVERAGE（B5：F5）

二、速度指标的计算

常用的速度分析指标主要有发展速度、增长量、增长速度、平均发展速度和平均增长速度等指标。

例如，我国 2008—2013 年社会消费品零售总额的统计数据如图 6—2 所示，根据资料来计算逐期增长量、累计增长量和平均增长量。

	A	B	C	D	E	F	G	H
1	年份	社会消费品零售总额/亿元	逐期增长量/亿元	累计增长量/亿元	环比发展速度/%	定基发展速度/%	环比增长速度/%	定基增长速度/%
2	2008	114830.10	--	--	--	--	--	--
3	2009	132678.40	17848.30	17848.30	115.54	115.54	15.54	15.54
4	2010	156998.40	24320.00	42168.30	118.33	136.72	18.33	36.72
5	2011	183918.60	26920.20	69088.50	117.15	160.17	17.15	60.17
6	2012	210307.00	26388.40	95476.90	114.35	183.15	14.35	83.15
7	2013	237810.00	24073.00	119549.90	111.45	204.11	11.45	104.11
8								

图 6—2　我国 2008—2013 年社会消费品零售总额的统计数据

操作方法如下：

(1) 逐期增长量：选中 C3，输入“=B3-B2”，按 ENTER 键得到 2009 年的增长量，然后定位在单元格上，按住鼠标左键不放，向下拖曳到 C7 区域放开，即可得到 2010—2013 年的逐期增长量。

(2) 累计增长量：选中 D3，输入“=B3-114 830.1”，按 ENTER 键得到 2009 年的累计增长量，然后定位在单元格上，并按住鼠标左键不放，向下拖曳到 D7 区域放开，即可得到 2010—2013 年的累计增长量。

(3) 环比发展速度：选中 E3，输入“=B3/B2 * 100”，按 ENTER 键得到 2009 年的环比发展速度，然后定位在单元格上，并按住鼠标左键不放，向下拖曳到 E7 区域放开，即可得到 2010—2013 年的环比发展速度。

(4) 定基发展速度：选中 F3，输入“=B3/B2 * 100”，按 ENTER 键得到 2009 年的定基发展速度，然后定位在单元格上，并按住鼠标左键不放，向下拖曳到 F7 区域放开，即可得到 2010—2013 年的定基发展速度。

(5) 环比增长速度：选中 G3，输入“=E3-100”，按 ENTER 键得到 2009 年的环比增长速度，然后定位在单元格上，并按住鼠标左键不放，向下拖曳到 G7 区域放开，即可得到 2010—2013 年的环比增长速度。

(6) 定基增长速度：选中 H3，输入“=F3-100”，按 ENTER 键得到 2009 年的定基增长速度，然后定位在单元格上，并按住鼠标左键不放，向下拖曳到 H7 区域放开，即可得到 2010—2013 年的定基增长速度。

(7) 平均增长量：选中 C8，输入“==AVERAGE（C3：C7)”，按回车键，即可得到平均增长量。

(8) 平均发展速度：选中 E8，单击插入菜单，选择函数选项，出现插入函数对话框后，选择 GEOMEAN 函数，在数值区域中输入 E3：E7 即可。

三、Excel 在长期趋势测定中的应用

移动平均法是一种简单的平滑预测技术。通过对时间序列进行平滑以消除其随机波动，移动平均法既可以用于对时间序列进行平滑以描述序列的趋势（包括线性趋势和非线性趋势)，也可以用于对平稳序列进行短期预测。

Excel 在“数据分析”中提供了三种时间序列计算方法，即常用的移动平均法、指数平滑法和回归法。下面举例介绍。

例如，根据我国 2013 年 1—8 月份居民价格消费指数数据，试预测我国居民价格消费指数趋势。

操作步骤：

(1) 在 Excel 工作表中 B2：B9 区域中输入“居民价格消费指数”资料。

(2) 在 Excel 中选择工具菜单的数据分析选项，在分析工具框中选择“移动平均”。

(3) 在“输入区域”选“B2：B9”，不需要选“标志位于第一行”，间隔选 3，表示进行三项移动平均，选一个输出区域（C2)，并选择输出“图表输出”和“标准差”输出，单击确定，如图 6—3 所示。

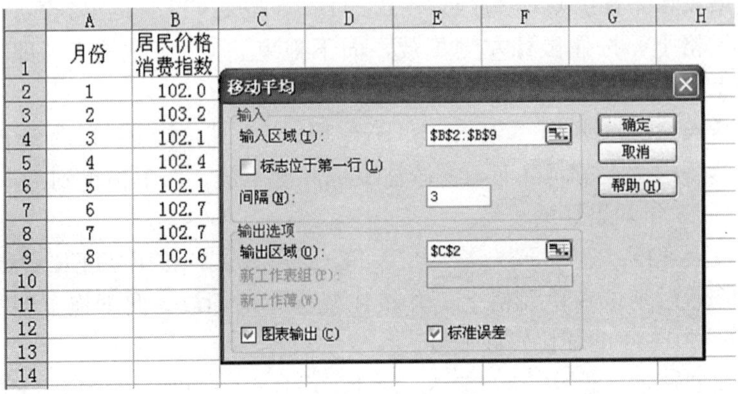

图 6—3　“移动平均”选项窗口

（4）输入完毕后，Excel 给出移动平均的计算结果及实际值与移动平均值的曲线图，结果如图 6—4 所示。

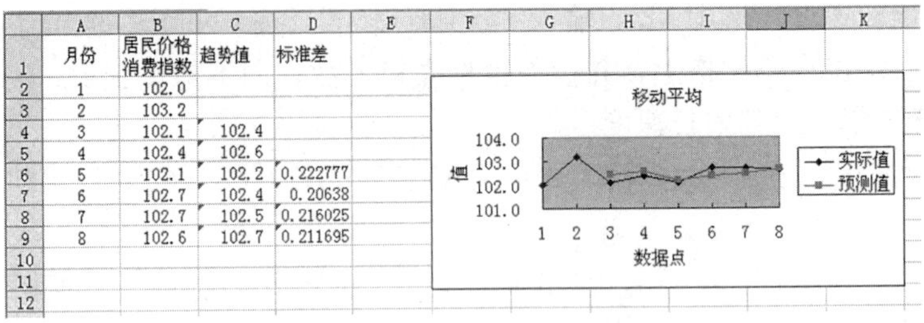

图 6—4　“移动平均”曲线图

图中还绘制出实际观察值与三项移动平均估计值之间的拟合曲线。可以看出，移动平均值削弱了上下波动。如果这种波动不是季节波动而是不规则变动的话，显然，移动平均可以削弱不规则变动。

最小二乘法趋势分析在第十章相关和回归分析章节讲解。

思考与练习

一、简答题

1. 简述时间序列的构成要素。
2. 时期数列和时点数列有哪些不同的特点？
3. 由时期数列和时点数列计算序时平均数有什么不同？
4. 如何用移动平均法和最小平方法测定长期趋势？

二、计算题

1. 某工业企业资料如表 6—27 所示。

表 6—27 **某工业企业** 单位：人

指标	1月初	4月末	6月初	年末
全部职工人数	4 000	4 080	4 160	4 200
其中管理人员	280	300	308	320

试计算该企业管理人员占全部职工的平均比重。

2. 某企业 2008—2013 年某产品产量资料如表 6—28 所示。

表 6—28 **某企业 2008—2013 年间某产品产量**

年份	2008	2009	2010	2011	2012	2013
产量（万件）	500					
逐期增长量（万件）	—	50.00				
累计增长量（万件）	—		44.00			
环比发展速度（%）	—					
环比增长速度（%）						5.00
定基发展速度（%）				132.80		
定基增长速度（%）						
增长1%的绝对值（万件）	—					7.00

要求：（1）将表中空格数据填齐；（2）计算 2008—2013 年该企业的年平均产量、年平均增长量和年平均增长速度。

3. 某企业 6 月 1 日有职工 500 人，6 月 8 日新进 10 人，6 月 20 日新进 5 人，6 月 27 日调离 8 人，计算该企业 6 月份平均职工人数。

4. 已知某企业资料如表 6—29 所示。

表 6—29 **某企业资料**

按计划完成百分比分组（%）	实际产值（万元）
80～90	68
90～100	57
100～110	126
110～120	184

（1）试计算该企业平均计划完成百分比。

（2）如果上述资料的实际产值是计划产值，试计算该企业平均计划完成百分比。

5. 某企业连续 6 年的销售额资料如表 6—30 所示。

表 6—30　　某企业连续 6 年的销售额

年份	销售额（万元）
2008	85.6
2009	91.0
2010	96.1
2011	101.2
2012	107.0
2013	112.2

要求：(1) 试用最小平方法建立恰当的趋势方程；(2) 试预测该企业 2014 年和 2015 年的销售额。

6. 某产品专卖店 2011—2013 年各季度销售额资料如表 6—31 所示。

表 6—31　　某产品专卖店 2011—2013 年各季度销售额

年份	一季度	二季度	三季度	四季度
2011	51	75	87	54
2012	56	67	82	62
2013	76	77	89	73

要求：采用按季平均法和移动平均趋势剔除法计算季节指数。

第七章

统计指数

学习要点

- 深刻理解统计指数的概念、分类。
- 掌握综合指数两种形式的编制方法及应用。
- 掌握平均数指数的基本含义、编制原理及应用。
- 能运用指数体系对总量指标和平均指标进行因素分析。
- 了解常用的几种统计指数。
- 掌握 Excel 在统计指数分析中的应用。

第一节　统计指数的概念和种类

一、统计指数的概念

统计指数简称指数，通常是指被研究对象两个不同时期数值对比的结果，用以反映现象在时间上的发展变化方向及其程度，通常表现为百分数。例如，2014 年 6 月份我国居民消费价格指数（CPI）为 102.2%，即表示将基期年份（指 2013 年 6 月）的一般价格水平作为 100%，则 2014 年 6 月份的物价水平相当于 2013 年 6 月的 102.2%，表示 2014 年 6 月我国居民消费价格指数同比上涨 2.2%。指数法是统计研究中常用的数量分析方法之一。

对于指数也有不同的解释，迄今为止，指数的概念可以概括为广义和狭义的两类。

广义的指数泛指所有反映社会经济现象数量变动的相对数，即用来表明同类现象在不同空间、不同时间、实际与计划对比变动情况的相对数。指数的使用范围不仅限于动态对比，而且已推广到静态对比。例如，在某一时期中，实际指标值与计划指标值对比，同类事物在不同地区、企业之间的数量对比，等等。这些相对数从广义上来说，都可以称之为指数。狭义的指数是一种特殊的相对数，它是说明不能直接相加和对比的复杂社会经济现象综合变动的相对数。复杂的社会经济现象的总体是由许多个别现象组成的，而这些个别现象的数量不能直接相加和对比。例如，钢铁、粮食、原煤、水果这几种产品使用价值不同，计量单位不同，将这几种产品的产量直接相加没有经济意义，因而不能将它们的产量简单相加和对比，来说明这些产品产量的总变动情况。为了研究这几种产品产量的总变动，就需要计算狭义的指数。狭义的指数是广义指数中的特殊部分，本章主要研究狭义指数的编制方法及其在统计分析中的应用。

二、统计指数的作用

由于人们利用指数法从数量上进行社会经济现象各个因素变动的分析，因此指数法也称为因素分析法。指数的作用，也就是应用指数分析法解决统计研究的任务，主要有以下几个方面。

（一）综合反映社会经济现象总体的变动方向和程度

从数量方面反映社会经济现象的变动，除了应用发展速度指标说明个别产品产量、个别商品价格或个别产品成本等在不同时期的变动情况外，更有必要综合研究多种产品产量、多种商品价格或多种产品成本等总的变动情况，这是总指数的主要作用。指数分析法的首要任务就在于将这些不同使用价值的多种产品或商品的数量关系，由不能直接相加过渡到可以综合对比，从而计算产品产量总指数、零售商品物价总指数或产品成本总指数等，借以反映复杂经济现象的总变动。

（二）分析和测定复杂现象的各个构成因素对现象发展变动的影响方向和程度

许多社会经济现象的数量变动是由它们的构成诸因素变动综合影响的结果。例如，商品销售额的变动就是商品销售量和商品价格两个因素变动综合影响的结果。指数分析法的任务之一，就是要根据影响事物的主要因素的内在联系，分别编制相应的指数进行综合分析。例如，编制商品销售量指数和商品价格指数，以便分析它们对商品销售额总变动的影响。这种方法不仅可以对总量指标如工业总产值、生产费用支出总额及其构成因素进行分析，还可以研究总平均指标的变动中各组标志水平和总体构成变动的影响。例如，职工平均工资的总变动，既受到各类职工平均工资水平的影响，又受各类职工数的结构（比重）影响，因此，需要利用指数，以测定总平均工资变动中这两个因素的变化情况及其产生的影响程度。

（三）反映现象总体的长时期内的变动趋势，对比分析有关数列之间的变动关系

对于同一个复杂经济总体，有时需要根据连续若干个时期的统计资料编制一系列指数，形成一个指数数列，可以用来说明该现象的综合变动趋势。同时，将几个有联系而性质不同的现象的指数数列结合起来对比分析，可以表明这些现象之间变化的差异和相互联系的情况。

三、统计指数的种类

指数的种类很多，可以按不同的角度作不同的分类。

（一）按其反映的对象范围的不同，可以分为个体指数和总指数

1. 个体指数

个体指数是指单个现象或单个事物变动的相对数。例如，某型号手机的产量指数就是一个个体指数。个体指数通常记作 K，例如：

$$个体产品产量指数\ K_Q=\frac{Q_1}{Q_0} \tag{7—1}$$

$$个体产品成本指数\ K_Z=\frac{Z_1}{Z_0} \tag{7—2}$$

$$个体产品物价指数\ K_P=\frac{P_1}{P_0} \tag{7—3}$$

式中：Q 代表产量，Z 代表单位产品成本，P 代表商品或产品的单价；下标 1 代表报告期，下标 0 代表基期。

可见，个体指数就是同一种现象的报告期指标数值与基期指标数值对比而得的发展速度指标。

2. 总指数

总指数是指说明复杂经济现象总体综合变动的相对数。例如，工业总产量指数，零售物价总指数等。总指数与个体指数有一定的联系，可以用个体指数计算相应的总指数。用个体指数简单平均法求得的总指数，称为简单指数；用个体指数加权平均求得的总指数，称为加权指数。总指数与个体指数的区别不仅在于考察对象是“复杂现象总体”，还在于其计算方法不是直接加总或简单综合对比，总指数的分析对象一般不能直观分析。

（二）按其所反映的社会经济现象特征的不同分类

1. 数量指标指数

数量指标指数简称数量指数。它是指反映现象的量的因素变化情况的指数。如经济增长指数、商品销售量指数、工业产品产量指数等等。

2. 质量指标指数

质量指标指数简称质量指数。它是指综合反映现象的质的因素变动情况的指数。如股票价格指数、劳动生产率指数、物价指数、产品成本指数等等。

（三）按其采用基期的不同分类

1. 定基指数

定基指数将不同时期的某种指数按时间先后顺序排列，就形成了指数数列。在指数数列中，如果各个指数都以一个固定时期作为基期，就称为定基指数。如某厂工业总产值 2013 年与 2009 年相比为 150%。

2. 环比指数

环比指数指在指数数列中，如果各个指数都是以报告期的前一期作为基期，则称之为环比指数。如某厂工业总产值2013年与2012年相比为120%。

（四）按其对比内容不同分类

1. 动态指数

动态指数是由两个不同时期的同类经济变量值对比形成的指数，说明现象在不同时期内发展变化的情况。如2012年比2011年国内生产总值指数为107.8%。

2. 静态指数

静态指数包括空间指数和计划完成情况指数两种。空间指数是指同一时间条件下，不同地区、单位之间同一经济变量的不同数值对比的结果，反映现象在不同区域的差异程度。如地区间的价格比较指数、中日对比的人均国内生产总值指数等就是空间指数。计划完成情况指数是指由同一地区、单位的实际指标数值与计划指标数值对比的结果，反映计划的完成程度。如产品产量计划完成情况指数。

（五）按总指数的编制方法或表现形式不同分类

1. 综合指数

综合指数，即从数量上表明不能直接相加的社会经济现象的总指数，是总指数计算的基本形式。

2. 平均数指数

平均数指数，即以个体指数为基础，通过平均形式编制的总指数，它是总指数计算的另一种形式，在一定条件下是综合指数的变形，但其仍具有相对独立的意义。

第二节　综合指数的编制

一、综合指数

（一）综合指数的概念和特点

综合指数是由两个总量指标对比计算的反映多种现象综合变动的相对数。凡是一个总量指标可以分解为两个（或以上）因素指标时，将其中一个（或以上）因素指标固定下来，仅研究其中另一个因素指标的变动程度，这样的总指数叫综合指数。

综合指数是总指数的基本形式，它的特点是：

第一，将不能直接相加和对比的复杂现象的变量值，通过过渡到可以相加，然后再将报告期与基期数值对比，综合说明现象总变动的方向和程度。如要反映不同商品的销售量变动，可以引进销售价格，销售量与销售价格相乘得出可以比较的销售额，便克服了销售量不能直接比较的问题。

第二，它能从绝对量和相对量两方面反映现象的经济内容和数量变化的规律。

（二）综合指数编制的基本方法

综合指标是反映复杂总体变动的相对数，要使综合指数做到将复杂总体变动情况表现出来，必须解决三个问题：使复杂总体内多种现象可以相加、使复杂总体可以对比、使比较的结果正确地表现出来。

1. 确定指数化因素和同度量因素，使总体内各种现象实现可以相加的过渡

以产量为例，在分析各种产品的产量总动态时，产品的使用价值不同，具有质的差别，不能直接相加；而将每种产品产量分别乘以其价格后，是可以直接相加的。可见，为了使不能直接相加的现象转化为可以直接加总的总体，需要将各种产品由实物形态进行转化，变为可以相加的形态（如价值形态）。例如：

产品产量(Q)×单位产品价格(P)＝产品价值(QP)

从上述经济方程式中可以看出：(1) 单位产品价格起着媒介作用，使不能直接相加的各种产品产量过渡到能够相加的产品价值。这种起到媒介和过渡作用的因素叫做同度量因素。同度量因素在综合各种产量的过程中不仅起到同度量的媒介作用，而且还起到权衡轻重的作用，所以也称之为权数。(2) 产品总产量是研究的对象，而各种产品产量是总产量变动的因素，是指数法所测定的因素。这个在指数中被研究和测定的因素叫做指数化因素。

指数化因素决定了指数的性质：一个指数中的指数化因素是数量指标，那么这个指数就是数量指标指数；一个指数中的指数化因素是质量指标，那么这个指数就是质量指标指数。

2. 确定同度量因素所属的时期，使总体可以动态对比

例如，为了说明各种产品产量的动态，必须假定报告期和基期的产品价值是按一个时期的单位产品价格计算的，即价格这个同度量因素必须采用同一个时期的。现在假定按基期价格 P_0 计算，则产品数量指数公式为：

$$\overline{K}_Q=\frac{\sum Q_1P_0}{\sum Q_0P_0} \tag{7—4}$$

式中：$\overline{K}_Q$ 代表产品产量总指数，其余符号的意义与第一节中所述相同。

从上述公式可以看出，编制总指数所采用的形式是综合指数，它是由两个时期（报告期和基期）内的总量指标数值对比的特殊相对数。由于将其中一个因素指标固定（同度量因素），因而可以测定另一个因素指标（通常称之为指数化指标）在时间上发展变化的方向和程度。

采用合理假定的抽象方法，固定其中的一个因数（同度量因素），以测定另一个因素（指数化指标）的动态，是统计指数分析法的主要特点。

3. 表现总变动的方向、程度和经济效果

通过同度量因素使两个时期内不能同度量现象的数值转化为可以同度量现象的数值。通过对比，不仅可以从相对数方面明显反映该现象在时间上发展变化的方向和程度，而且还可以联系绝对数的变动进行分析。例如，公式（7—4）中分子与分母的差额

$\sum Q_1P_0-\sum Q_0P_0$ 可以说明由于产量的变动而产生的经济效果。因此，它具有现实的经济意义。

正因为综合指数具有以上的方法和特点，所以它已成为计算总指数的基本形式或方法。同时，以上方法特点基本上体现了编制总指数的一般原理。

以下将分别以数量指标指数和质量指标指数为例，说明采用综合指数公式计算总指数的具体编制方法。

二、数量指标指数的编制

数量指标指数是用来反映生产、经营或经济工作数量的总体规模变动情况的指数，即指数化因素是数量指标的指数。如工业产品产量指数、农业产品生产量指数、商品销售量指数、货物运输量指数，等等。以商品销售量指数为例，说明数量指标综合指数的计算方法。

假设某企业经营的商品数量和相应的商品价格资料，如表 7—1 所示。由于三种商品的实物量不能直接相加，所以必须通过同度量因素即价格 P 使之转化为能够相加的销售额指标。为了分析销售量（指数化指标）这一因素的变动，必须假定价格因素没有变动，即假定报告期和基期的价格相同。计算数量指标指数时，有三种可能采用的价格，即报告期价格、基期价格和固定价格（不变价格）。采用不同时期的价格作为同度量因素，所得的结果也就不同，具有不同的经济意义。现分别计算如下。

表 7—1　　数量指标指数编制算例

商品名称	计量单位	销售量		价格（元）		销售额（元）		报告期假定
		基期 Q_0	报告期 Q_1	基期 P_0	报告期 P_1	基期 Q_0P_0	报告期 Q_1P_1	Q_1P_0
甲	斤	20 000	21 000	1.0	1.2	20 000	25 200	21 000
乙	件	5 000	6 000	15.0	15.0	75 000	90 000	90 000
丙	台	400	700	400.0	380.0	160 000	266 000	280 000
合计	—	—	—	—	—	255 000	381 200	391 000

1. *以基期价格作为同度量因素*

以基期价格作为同度量因素，即用 P_0 作权数，说明在基期价格水平的条件下销售量的综合变动的方向和程度，则商品销售量综合指数公式为：

$$\overline{K}_Q=\frac{\sum Q_1P_0}{\sum Q_0P_0} \tag{7—5}$$

上式是两个商品销售额之比，可以说明在价格水平不变的条件下，销售量的综合变动的方向和程度。按表 7—1 的资料计算得：

$$\overline{K}_Q=\frac{\sum Q_1P_0}{\sum Q_0P_0}=\frac{391\ 000}{255\ 000}=153.33\%$$

结果表明，报告期商品销售量比基数增长了（方向）53.33%（程度），分子与分母的差额（经济效果）为：

$$\sum Q_1P_0-\sum Q_0P_0=391\ 000-255\ 000=136\ 000(\text{元})$$

表示由于销售量增加，销售额增加了136 000元。

2. 以报告期价格作为同度量因素

以报告期价格作为同度量因素，即以 P_1 作权数，说明在报告期价格水平的条件下，销售量的综合变动的方向和程度，于是，商品销售量综合指数公式就成为如下形式：

$$\overline{K}_Q=\frac{\sum Q_1P_1}{\sum Q_0P_1} \tag{7—6}$$

现用表7—1中的资料代入上式得：

$$\overline{K}_Q=\frac{\sum Q_1P_1}{\sum Q_0P_1}=\frac{210\ 000\times 1.2+6\ 000\times 15+700\times 380}{200\ 000\times 1.2+5\ 000\times 15+400\times 380}$$

$$=\frac{381\ 200(\text{元})}{251\ 000(\text{元})}=151.87\%$$

$$\sum Q_1P_1-\sum Q_0P_1=381\ 200-251\ 000=130\ 200(\text{元})$$

计算结果表明，三种商品销售量平均上升了51.87%，销售额增加了130 200元。

上述两个数量指标综合指数公式各有一定的经济意义，但两者是有明显的区别的：(1)（7—5)式是以基期价格作为同度量因素，即价格仍维持原来的水平，所以反映的仅仅是销售量的变动情况，不包含价格变动的影响。(2)（7—6）式是以报告期价格作为同度量因素，从基期来看，价格已经发生变化，所以这一公式比（7—5）式多了一个价格因素的影响，在反映商品销售量变动情况的同时，也含有价格变动的因素。

究竟采用哪一个公式，须视实际情况和研究分析的目的而定。就编制销售量指数的目的而论，应该只反映销售量的变化，不该同时反映价格因素的变动，所以从这一角度来说，(7—5）式比（7—6）式要好。

上述解决销售量综合指数中同度量因素问题的方法，也适用于其他数量指标指数，这仅是一般的原则。按照我国的习惯做法，数量指标综合指数是以基期的质量指标作为同度量因素的。

3. 以某一时期内的固定价格（不变价格）为同度量因素

为了研究各个时期的产量变动情况，需要采用不变价格作为同度量因素。不变价格是指某一时期内的固定价格，通常用 P_n 表示。在统计工作中，计算工业产量指数和农业产量指数都采用这种方法，其基本公式为：

$$\overline{K}_Q=\frac{\sum Q_1P_n}{\sum Q_0P_n} \tag{7—7}$$

不变价格不能脱离实际太远，因此经过一定时期以后，不变价格也要作相应的调换。我国对于主要工业产品曾经编制和使用过1952、1957、1970、1980、1990年和2000年不变价格。目前正在使用的就是2000年的不变价格。

三、质量指标指数的编制

质量指标指数是说明经济工作质量或表明事物属性特征变动的指数，即指数化因素为质量指标的指数。例如，商品价格指数、产品成本指数等。价格水平是以货币为计算单位的，但由于各种商品（或产品）的价格反映不同使用价值的实物量的价格水平，彼此直接相加和对比是没有实际意义的，因而各种同品的单价是不能相加的。可见，编制质量指标指数时，同样要解决同度量因素及其所属的时期这两个问题。现以物价指数为例，说明质量指标综合指数的编制方法。

如上所述，各种商品价格不能直接相加，但商品单价乘以商品销售量等于商品销售额，而商品销售额就成为可以直接加总的总量。因此，编制物价总指数时，同度量因素就是商品销售量。为了说明多种商品价格综合变动的方向和程度，同度量因素（Q）必须是同一个时期的，即假定报告期、基期和固定时期的商品销售量相同。于是就有三种可能的情况，得出三种计算公式。

1. 以报告期销售量 Q_1 作为同度量因素

在报告期销售量条件下，各种商品的价格综合变动的方向和程度的公式为：

$$\overline{K}_P = \frac{\sum P_1 Q_1}{\sum P_0 Q_1} \qquad (7—8)$$

仍以表 7—1 中的资料代入，则商品价格综合指数为：

$$\overline{K}_P = \frac{\sum P_1 Q_1}{\sum P_0 Q_1} = \frac{1.2 \times 21\ 000 + 15 \times 6\ 000 + 380 \times 700}{1.0 \times 21\ 000 + 15 \times 6\ 000 + 400 \times 700}$$

$$= \frac{381\ 200(\text{元})}{391\ 000(\text{元})} = 97.49\%$$

$$\sum P_1 Q_1 - \sum P_0 Q_1 = 381\ 200 - 391\ 000 = -9\ 800(\text{元})$$

计算结果表明，三种商品价格平均下降（方向）了 2.51%（程度）；分子与分母的差额（经济效果），说明由于物价的下降，商品销售额减少 9 800 元。

2. 以基期销售量 Q_0 作为同度量因素

在基期销售量不变的条件下，各种商品价格综合变动的方向和程度的公式为：

$$\overline{K}_P = \frac{\sum P_1 Q_0}{\sum P_0 Q_0} \qquad (7—9)$$

为了便于比较，仍用表 7—1 中的资料代入，则商品价格综合指数为：

$$\overline{K}_P = \frac{\sum P_1 Q_0}{\sum P_0 Q_0} = \frac{1.2 \times 20\ 000 + 15 \times 5\ 000 + 380 \times 400}{1.0 \times 20\ 000 + 15 \times 5\ 000 + 400 \times 400}$$

$$= \frac{251\ 000(\text{元})}{255\ 000(\text{元})} = 98.43\%$$

$$\sum P_1 Q_0 - \sum P_0 Q_0 = 251\ 000 - 255\ 000 = -4\ 000(\text{元})$$

按（7—9）式计算结果和按（7—8）式计算结果不同，产生这种差别的原因就在于计算物价总指数采用了不同时期的销售量，（7—8）式是假定销售量变化为报告期的情况下商品价格综合变动的方向和程度，其中包含同度量因素（即 Q_1 ）变动的影响。（7—9）式是则假定基期销售量未发生变化的情况下商品价格综合变动的方向和程度，其中不反映销售量的变动，只反映价格的变动。因此，从物价指数的任务出发，（7—9）式比（7—8）式要好，但也应该考虑，编制物价指数的目的不仅是反映物价总变动的方向和程度，还要考察价格变动的实际经济效果。以报告期销售量作为同度量因素计算的物价指数，可以反映当前现实生活中全部商品价格的总变动，以及这种变动对人民生活和国家财政收支等的影响，它具有现实的经济意义。从这一角度出发，（7—8）式是比较合理的。换言之，编制物价指数时，使用报告期的销售量作为同度量因素，这个一般原则也适用于编制其他质量指标指数。我国的习惯是，计算质量指标指数时采用报告期的数量指标为同度量因素。

3. 以固定时期的销售量（或产量）Q_n 作为同度量因素

在考察成本计划执行情况时，为了防止某些单位采用破坏产品品种计划来完成成本计划的不正确做法，不宜用报告期产品产量而以计划产品产量作同度量因素，用公式表示如下：

$$\overline{K}_P=\frac{\sum Z_1Q_n}{\sum Z_0Q_n} \tag{7—10}$$

编制上述指数的目的，主要是说明在完成计划产品产量的条件下产品成本综合变动的方向和程度。由于采用了计划产量而不用报告期产量作为同度量因素，所以（7—10）式中不包含产量变化的影响在内。

但在多数情况下，为了观察质量指标变化的程度及其产生的实际经济效果，所以较多地采用报告期数量指标作为同度量因素。例如，产品成本综合指数公式就采用如下的形式：

$$\overline{K}_P=\frac{\sum Z_1Q_1}{\sum Z_0Q_1} \tag{7—11}$$

第三节　平均数指数的编制

一、平均数指数的概念

平均数指数是总指数的另一种形式，是个体指数的加权平均数。平均数指数是综合指数的变形，它的编制方法是以个体指数为基础，采取加权平均数形式编制的总指数。综合指数与平均指数都是编制总指数的形式或方法，适用于不同的条件，各有其应用价值。这两种指数体系形式虽有区别，但在实际应用时，在采用一定的权数条件下根据综合指数公式可以推导出平均指数公式。以下介绍两种常用的平均数指数，即加权算术平均数指数和加权调和平均数指数。

二、加权算术平均数指数

加权算术平均数指数，是以个体数量指数为变量值，以基期总量为权数，加权平均计量的指数。由于基本形式类似加权算术平均数，故称为加权算术平均数指数。

编制数量指标指数时，如果掌握的资料只是个体数量指数和综合指数，即基期的实际数值资料，就要用加权算术平均数指数公式计算其总指数，现以产品产量指数为例，如表7—2所示，说明如下：

表7—2　　加权算术平均数指数编制算例

产品名称	计量单位	产量		个体产量指数	基期产值
		基期 Q_0	报告期 Q_1	$K=Q_1/Q_0$	（万元）Q_0P_0
甲	件	1 000	1 200	1.20	20
乙	吨	300	330	1.10	12
丙	台	90	95	1.06	8
合计	—	—	—	—	40

由于已知个体产品数量指数 $K=Q_1/Q_0$，则 $Q_1=KQ_0$，代入产量综合指数公式得：

$$\overline{K}_Q=\frac{\sum P_0Q_1}{\sum P_0Q_0}=\frac{\sum KP_0Q_0}{\sum P_0Q_0} \tag{7—12}$$

式中，以个体产品产量指数 K 为变量，以基期产品产值（Q_0P_0）为权数，则产品产量综合指数就改变为加权算术平均数指数。现以表7—2中的资料为例，说明用加权算术平均数指数公式计算产品产量指数如下：

$$\overline{K}_Q=\frac{\sum KP_0Q_0}{\sum P_0Q_0}=\frac{1.20\times 20+1.10\times 12+1.06\times 8}{20+12+8}=1.14 \text{ 或 } 114\%$$

计算结果表明，产品产量增长14%。由于产品产量的增长，增加的总产值为：

$$\sum KP_0Q_0-\sum P_0Q_0=45.68-40=5.68(\text{万元})$$

在统计实践中，有时由于权数的原始材料不易及时取得，因而采用固定权数 W 计算平均数指数。这种权数是用相对数（比重）形式代替它的实际数值，在较长一段时期内作为不变权数使用，使总指数的计算简便易行。固定权数（可根据有关的普查、抽样调查或全面统计报表资料调整计算确定）$\sum W=100$。

例如，在我国商业统计中，编制零售物价指数时就采用固定加权算术平均数法，其权数是经过调整的基期销售额，即用各类商品的销售额所占的比重 W 表示，以 K 代表各类零售消费品价格的个体指数，计算公式为：

$$\overline{K}_P=\frac{\sum K_PW}{W} \tag{7—13}$$

现用表7—3中的资料为例，说明按上述公式计算零售物价总指数的过程。

表 7—3

固定加权算术平均数指数算例

商品类别	类指数 K_P(%)	固定权数 W	KW(%)
食品类	108.5	48	5 208
服装类	106.4	25	2 660
日用品类	103.0	11	1 133
燃料类	101.5	6	609
其他	98.5	10	985
合 计	——	100	10 595

$$\overline{K}_P = \frac{\sum K_P W}{W} = \frac{10\ 595\%}{100} = 105.95\%$$

上例中的类指数在计算总指数时，实际上起着个体指数的作用，但应注意与权数材料的范围相适应。通常，从社会商品零售的实际情况出发，选择若干代表性商品计算其个体指数，并确定相适应的固定权数来计算价格总指数，是一种简便易行的方法。

固定权数的平均数指数特点是：

（1）权数资料一经确定，可在相对较长时间内使用，能减少工作量。

（2）在不同时期内采用同样权数，可比性强，有利于指数数列的编制。

（3）只能计算相对数。

固定权数的平均数指数在我国应用十分广泛。我国的商品零售价格指数、农副产品收购价格指数、职工生活费指数（居民消费指数）及西方的工业生产指数、消费品价格指数等等，均采用了固定权数的平均指数的编制方法。

需要注意的是，在缺乏全面统计资料的情况下，采用固定权数的平均数指数形式计算总指数，一般只能反映现象变动的方向和程度，不能直接计算该现象发展变动所产生的实际效果，这是固定权数的平均数指数方法的局限性。但在另一方面，这种方法具有简便、快速和较大灵活性的优点，因而也有广泛的应用价值。

三、加权调和平均数指数

加权调和平均数指数是以个体指数为变量，按调和平均数形式进行加权计算的平均数。由于这一指数在形式上采用了调和平均数的形式，故被称为加权调和平均数指数。这种形式的指数公式通常用来编制质量指标指数。例如，编制物价指数时，一般不易取得销售量资料，只能掌握报告期的销售额以及有关的价格资料，就不能直接编制物价综合指数，而要采用调和平均数指数公式计算。现以表 7—4 中的资料为例，说明其计算过程。

表 7—4　　加权调和平均数指数编制算例

商品名称	计量单位	价格		个体物价指数 $K_P = P_1/P_0$	报告期销售额（元）P_1Q_1
		基期 P_0	报告期 P_1		
甲	斤	14.0	15.4	1.1	10 710
乙	双	25.0	30.0	1.2	52 500
丙	件	8.0	8.0	1.0	23 800
合计	—	—	—	—	87 010

已知个体物价指数 $K_P = P_1/P_0$，则 $P_0 = \frac{1}{K_P}P_1$，代入物价综合指数公式得

$$\overline{K}_P = \frac{\sum P_1Q_1}{\sum P_0Q_1} = \frac{\sum P_1Q_1}{\sum \frac{1}{K_P}P_1Q_1} \tag{7—14}$$

可见，综合指数公式变形后，就得出以个体物价指数为变量，以报告期的商品销售额（Q_1P_1）为权数的加权调和平均指数公式。

将表 7—4 中的资料代入上式，即得：

$$\overline{K}_P = \frac{\sum P_1Q_1}{\sum \frac{1}{K_P}P_1Q_1} = \frac{10\ 710 + 52\ 500 + 23\ 800}{\frac{10\ 710}{1.1} + \frac{52\ 500}{1.2} + \frac{23\ 800}{1.0}}$$

$$= \frac{10\ 710 + 52\ 500 + 23\ 800}{9\ 736 + 43\ 750 + 23\ 800}$$

$$= \frac{87\ 010}{77\ 286} = 1.125\ 8 \text{ 或 } 112.58\%$$

$$\sum P_1Q_1 - \sum \frac{1}{K_P}P_1Q_1 = 87\ 010 - 77\ 286 = 9\ 724（元）$$

综上所述，可以看出：(1) 综合指数改变为算术平均数指数时，要以综合指数的分母指标 $\sum Q_0P_0$ 作为权数；(2) 综合指数改变为调和平均数指数时，要以综合指数的分子指标 $\sum Q_1P_1$ 作为权数。

四、综合指数与平均数指数的关系

总指数的基本形式是综合指数。总指数在特定权数条件下改变的平均数指数公式，其计算形式虽然不同于综合指数，但计算结果和反映的经济内容与相应的综合指数是一致的。在这种特定的权数条件下，平均数指数是综合指数的变形。

从理论上来说，数量指标综合指数和质量指标综合指数公式都可以改变为平均数指数公式。现以物价指数和物量指数为例，说明综合指数与平均指数的关系，如表 7—5 所示。

表 7—5 综合指数与平均数指数的关系

指数种类	综合指数	个体指数 K	算术平均数指数	调和平均数指数
物价指数 $\overline{K}_P$	$\frac{\sum P_1Q_1}{\sum P_0Q_1}$	$K_P=P_1/P_0$ $P_1=KP_0$ $P_0=\frac{1}{K_P}P_1$	$\frac{\sum K_PP_0Q_1}{\sum P_0Q_1}$	$\frac{\sum P_1Q_1}{\sum \frac{1}{K_P}P_1Q_1}$
物量指数 $\overline{K}_Q$	$\frac{\sum P_0Q_1}{\sum P_0Q_0}$	$K_Q=Q_1/Q_0$ $Q_1=KQ_0$ $Q_0=\frac{1}{K_Q}Q_1$	$\frac{\sum K_QP_0Q_0}{\sum P_0Q_0}$	$\frac{\sum P_0Q_1}{\sum \frac{1}{K_Q}P_0Q_1}$

计算总指数时采用何种公式，须视实际掌握的原始资料的情况和计算是否简便而定。例如，上表中的物价综合指数改变为以个体价格指数为变量（K），以 Q_1P_0（假定的商品销售额）为权数的算术平均数指数，因为没有现成的 Q_1P_0 资料，需要专门计算。而 Q_1P_1 是报告期的实际销售额，容易取得这方面的资料，所以采用调和平均数指数公式计算物价比较方便。又如，物量综合指数改变为以个体产量指数为变量（K），以基期实际产值 Q_0P_0 为权数的算术平均指数，由于可以使用现成的基期产值资料，所以计算比较方便。如果采用调和平均数指数公式时，需要专门计算假定产值 Q_1P_0，并不方便。平均数指数与综合指数的区别是：

1. 解决复杂总体不能直接同度量问题的思想不同

综合指数：先综合后对比。

平均指数：先对比后综合。

2. 运用资料的条件不同

综合指数：需具备研究总体的全面资料。

平均指数：同时适用于全面、非全面资料。

3. 在经济分析中的具体作用不同

综合指数：可同时进行相对分析与绝对分析。

平均指数：除作为综合指数变形加以应用的情况外，一般只能进行相对分析。

五、平均指数的应用

（一）我国商品零售物价指数的编制

物价指数反映物价水平的变动。我国现行编制的物价指数有农副产品收购价格指数、国营商业零售价格指数、集市贸易价格指数、工农业产品综合比价指数、职工生活零用价格指数和全社会零售物价总指数等，均采用平均数指数进行编制。其中，与人民生活关系最为密切的，是全社会零售物价总指数。

零售物价总指数全面反映城乡市场零售物价总水平的变动情况。它反映国营商业牌价、议价和集市贸易价格的总变动，反映国家计划价格和自由市场价格的总升降水平及其对城乡人民生活水平支出和国家财政收入总的影响程度。它是编制财政计划和价格计划，制定物价政策和工资政策的重要依据。

我国现行的零售物价指数的编制要点有：

1. 指数的分类

全部零售商品分为食品（粮食、副食品、烟茶酒，其他食品）、衣着、日用杂品、文化用品、医药、燃料六大类。大类以下分小类，小类以下分若干细类（或商品集团）。例如，在食品这一大类中，分为粮食、副食品、烟茶酒、其他食品四小类。在粮食这一小类中，分有细粮、粗粮两个细类。在细粮这一细类中，再分有大米、面粉两个商品集团。可想而知，全社会零售商品种类成千上万，分类只能适可而止。例如，大米作为商品集团，其中包括有糯米、粳米、籼米等，各种米还有质量等级不同之分等等。因此，在编制指数时，只能在商品集团中选取一种或数种代表规格品作为代表。

2. 代表品的选择

代表规格品的选择，各地可以根据当地情况参考中央规定的《商品目录》酌情增减确定。但是应选择那些价格变动能够反映该商品集团价格变动趋势的商品作为代表品。例如，规定以标准面粉作为面粉这一商品集团的代表品，大米则以中等白米为代表品。目前，物价统计报表制度的商品目录中，计算国营零售牌价指数的商品达 511 种之多。

3. 典型地区的选择

零售物价总指数反映的是全国平均价格水平，它既包括价格上涨较多的地区，也包括上涨不多甚至下降的地区。分地区来看，大中城市、东南沿海地区及东北部分地区平均物价上涨幅度较大。因此，选择具有代表性的典型地区作为物价调查点是很重要的。据 1985 年的资料显示，国家统计局在全国抽选具有代表性的 106 个城市和 77 个县城作为调查点，并选择 340 种主要商品作为代表商品，派人到上述调查点里的6 000多个各种类型的商店和典型市场，直接调查登记城乡的实际价格，取得大量的商品价格资料。

4. 商品价格的确定

计算国营商业零售牌价指数采用的商品价格，是按月、季、年编制的平均价格。月平均价格是将本月变价前后的价格以调价前后的天数加权算术平均计算。例如，菜市 6 月 11 日某商品价格由 130 元降为 100 元，则：

$$\text{月平均价格}=\frac{130\times10+100\times20}{30}=110\text{（元）}$$

年平均价格是将 12 个月的平均价格简单算术平均计算。例如，某商品 1—6 月每月平均价格为 12 元，而 7—12 月每月平均价格为 14 元，则：

$$\text{年平均价格}=\frac{12\times6+14\times6}{12}=13\text{（元）}$$

5. 固定权数的确定

零售物价总指数是长期连续不断地进行编制和计算的。因此，其所采用的权数必须是固定权数。零售物价指数的权数，一般根据上年 1—3 季度消费的实际零售额和第 4 季度预计零售额（不包括对社会集团的消费品零售额），并参考本年度市场变化情况加以确定。各大类的权数基本上应符合当地人民的消费构成。在确定权数时，首先确定大类的权数，其次确定小类的权数，最后确定商品的权数。各大、小类的零售额除包括指数中所选商品的零售额外，还包括未选商品的零售额。大类权数之和，大类中小类权数之和，小类中各商品集团的权数之和，均应等于100。权数一律采用整数，不要小数。每年确定一次权数，年内不变。

6. 基期的选择

物价指数是报告期与基期对比而得的相对数，这种对比，只有在条件相同的情况下，才能说明物价水平的变化。用来作为对比基准的时期应是经济和生产比较稳定的时期，不宜选用那些非正常因素（如战争、自然灾害等）影响较大的时期为基期。若一个年度不足以作为代表，也可用几年的平均数作为基期。同时，以选择晚近时期作基期为宜，因为基期相隔太远，就难以保证指数所包含项目的同质性。时间跨度过大的指数，往往夸大（偏高或偏低）价格变动的幅度。

（二）农副产品收购价格指数的编制方法

1. 计算方法

农副产品收购价格指数采用加权调和平均法计算。其计算公式为：

$$\overline{K}=\frac{\sum P_1Q_1}{\sum \frac{1}{K}P_1Q_1}\quad (\text{式中},K=\frac{P_1}{P_0}) \tag{7—15}$$

通过编制农副产品收购价格指数，可以观察分析农副产品收购价格水平的变动对农民货币收入和国家财政支出的影响，为计算和研究农产品与工业品交换的综合比价指数提供资料，为国家制定价格政策提供依据。

2. 资料的搜集

农副产品收购价格指数以省（市、区）为单位编制。调查范围包括各种经济类型的商业企业及其他单位，从农村乡（镇）、村集体农业生产单位到农民个体以各种价格形式（国家定价、指导价和市场调节价）收购的粮食、经济作物、竹木材料、干鲜水果、土畜水产、药材等农副产品的价格、数量、金额等。价格资料采用分级汇总的方式，先由各调查县市将调查点的价格资料，整理计算出不同价格形式的平均价格，连同其收购量和收购额报省（市、区）有关部门，再由省（市、区）整理计算出全省（市、区）的不同价格形式的平均价格和综合平均价格。

3. 计算步骤

第一步，计算单项商品个体价格指数。整理计算出报告期全省（市、区）各种商品（或代表规格品）的综合平均价格，与基期各种商品（或代表规格品）相应的综合平均价格对比，求出该种商品（或代表规格品）的个体价格指数。

第二步，计算小类商品收购价格指数。采用加权调和平均数指数公式计算。先综合汇总报告期本小类商品的收购额 $\sum P_1Q_1$ 。以报告期各种商品的收购额 P_1Q_1 除以其相应的个体价格指数 K，计算各种商品按基期（或上年）价格计算的假定收购额，加总求得按基期价格计算的小类商品假定的收购额 $\sum \frac{1}{K}P_1Q_1$ ，然后再与报告期小类商品收购额 $\sum P1Q_1$ 对比，求得小类商品价格指数 $\frac{\sum P_1Q_1}{\frac{1}{K}P_1Q_1}$ 。

第三步，计算大类商品收购额价格指数。先综合汇总报告期本大类中各小类商品收购额 $\sum P_1Q_1$，以各小类的商品收购额除以相应的小类商品价格指数，加总求得按基期价格计算的假定收购额 $\sum \frac{1}{K}P_1Q_1$，对比计算大类商品收购价格指数。

第四步，按上述方法计算出农副产品收购价格总指数。

第四节　指数体系和因素分析

一、指数体系

(一) 指数体系的含义

有些复杂的经济现象总体是由两个或多个因素构成的，这些构成因素可以分解为数量指标因素和质量指标因素。而复杂的经济现象总体如工业总产值、生产支出总额和商品销售额等等，就是其各个构成因素的乘积。例如：

工业总产值 = 产品产量× 出厂价格

生产总成本 = 产品产量× 单位产品成本

商品销售额 = 商品销售量× 商品销售单价

同样，上述这种关系按指数形式表现时，也存在这种对应关系，例如：

(1) 工业总产值指数 = 产品产量指数 × 出厂价格指数

$$\frac{\sum P_1Q_1}{\sum P_0Q_0}=\frac{\sum P_0Q_1}{\sum P_0Q_0}\times\frac{\sum P_1Q_1}{\sum P_0Q_1} \tag{7—16}$$

工业总产值增减额 = 产品产量变动引起的增减额 + 出厂价格变动引起的增减额

$$\left(\sum P_1Q_1-\sum P_0Q_0\right)=\left(\sum P_0Q_1-\sum P_0Q_0\right)+\left(\sum P_1Q_1-\sum P_0Q_1\right)$$

(2) 生产总成本指数 = 单位产品成本指数 × 产品产量指数

$$\frac{\sum Z_1Q_1}{\sum Z_0Q_0}=\frac{\sum Z_1Q_1}{\sum Z_0Q_1}\times\frac{\sum Z_0Q_1}{\sum Z_0Q_0} \tag{7—17}$$

生产总成本 = 单位产品成本变动引起的增减额 + 产品产量变动引起的增减额

$$\left(\sum Z_1Q_1-\sum Z_0Q_0\right)=\left(\sum Z_1Q_1-\sum Z_0Q_1\right)+\left(\sum Z_0Q_1-\sum Z_0Q_0\right)$$

(3) 商品销售额指数 = 物价指数 × 商品销售量指数

$$\frac{\sum P_1Q_1}{\sum P_0Q_0}=\frac{\sum P_1Q_1}{\sum P_0Q_1}\times\frac{\sum P_0Q_1}{\sum P_0Q_0} \tag{7—18}$$

商品销售额增减 = 物价变动引起的增减额 + 商品销售量变动引起的增减额

$$(\sum P_1Q_1-\sum P_0Q_0)=(\sum P_1Q_1-\sum P_0Q_1)+(\sum P_0Q_1-\sum P_0Q_0)$$

以上仅以综合指数为例，说明各个有关指数之间的关系。若干个指数由于经济上的联系和数量上的关系而形成的一个整体，就叫做指数体系。指数体系反映客观事物之间的联系，它的基本含义是：若干个因素（数量指标因素和质量指标因素）指数的乘积等于总变动指数；各个因素的变动所引起的差额之和等于实际产生的总差额。

统计指数体系同时具有三个特征：(1) 构成体系的各指数在经济上具有逻辑联系，相互之间能补充说明问题；(2) 构成体系的各指数在数量上具有乘积对等关系和加减对等关系；(3) 构成体系的指数个数在三个或三个以上。

（二）指数体系的作用

为了研究复杂社会经济现象发展变化的具体原因，了解各个构成因素的影响程度和经济效果，就需要编制指数体系。指数体系在经济活动分析中的重要作用主要有以下几点：

1. 指数体系是进行因素分析的基础

统计指数的重要作用之一就是分析受多因素影响的现象的总变动中各因素影响的方向和程度。而指数体系正是从数量上反映现象的总变动与其各影响因素之间的联系。这样可以利用指数体系，从相对数和绝对数两个方面分析各因素变动对现象总变动的影响。

2. 指数体系为确定同度量因素的时期提供依据

计算某个影响因素指数及其对现象总体变动的影响，必须假定其他因素不变。那么其他因素固定在什么时期，必须要以指数体系为依据，才能体现指数体系的完整性和科学性。

3. 指数体系可以进行指数之间的相互推算

由于指数体系表现为指数之间的对等关系，如掌握指数体系中若干个指数，只有一个未知指数时，就可以运用指数体系的关系式进行推算。如反映我国居民消费水平的消费品零售量指数，就是用零售额指数除以零售价格指数求得的。

二、因素分析

反映复杂经济现象的总量指标往往是由两个或多个因素形成的，所以这类总量指标在不同时间上的发展变化，也就是它的各个因素在不同时间上发展变动的综合反映。

利用指数体系在数量上分析复杂经济现象总动态中各个因素的影响，称为因素分析法。它的任务是要测定多个因素现象的总量指标在动态对比中各因素的变动情况及其对总动态的影响程度。

（一）进行因素分析的步骤

第一步，确定分析的对象和影响因素。对同一现象可以从多种不同的角度进行影响因素分析。例如，对产品生产总量变动的分析，既可以从劳动力要素角度确定劳动量和劳动生产率两个影响因素，也可以从物的要素角度确定设备投入量和设备利用率两个影响因素。至于从哪一个角度确定影响因素，关键还要取决于分析的目的、任务和研究对象的性质。

第二步，建立有效的指数体系。根据研究现象和影响因素之间的关系，建立指数体系的两个关系式，即相对数关系式和绝对数关系式。相对数关系式表现为现象总体指数等于各影响因素指数的乘积；绝对数关系式表现为现象总体指数的绝对效果等于各影响因素指数绝对效果之和。

第三步，综合进行影响因素分析。根据指数体系的两个关系式，对计算结果从绝对数和相对数两个方面，对现象总变动作出综合分析结论和简要文字说明。

按照总量指标分解的因素多少，可以分为两因素的因素分析法和多因素的因素分析法，兹分别叙述如下。

(二) 总量指标的两因素的因素分析

两因素的因素分析就是将总量指标分解为数量和质量两个因素，采用假定的方法，固定其中一个因素以测定另一个因素的影响方向和程度。实际上，这两个因素和总量指标的总动态之间形成一个指数体系，所以指数体系成为因素分析法的基本依据。现用表 7—6 中的假设资料为例，说明两因素的分析方法。

表 7—6　某企业产量与成本情况

产品名称	计量单位	产量		单位产品成本（元）		基期生产支出总额（万元）	报告期生产支出总额（万元）	
		报告期 Q_1	基　期 Q_0	报告期 Z_1	基　期 Z_0	Z_0Q_0	实　际 Z_1Q_1	按基期成本计算 Z_0Q_1
甲	件	2 000	1 600	900	1 200	192	180	240
乙	台	60	60	4 000	4 500	27	24	27
丙	辆	42	40	50 000	55 000	220	210	231
合 计	—	—	—	—	—	439	414	498

根据上表计算有关指数，并作因素分析如下：

(1) 生产支出总额指数 $= \dfrac{\sum Z_1Q_1}{\sum Z_0Q_0} = \dfrac{414}{439} = 94.30\%$

可见，生产支出总额报告期比基期下降了 5.7%，支出总额减少了 25 万元：

$$\sum Z_1Q_1 - \sum Z_0Q_0 = 414 - 439 = -25 \text{（万元）}$$

(2) 产品成本指数 $= \dfrac{\sum Z_1Q_1}{\sum Z_0Q_1} = \dfrac{414}{498} = 83.13\%$

计算结果表明单位产品成本水平下降了 16.87%，从而节约了生产费用：

$$\sum Z_1Q_1 - \sum Z_0Q_1 = 414 - 489 = -84 \text{（万元）}$$

(3) 产品产量指数 $= \dfrac{\sum Z_0Q_1}{\sum Z_0Q_0} = \dfrac{498}{439} = 113.4\%$

由于产品产量增加了 13.4%，支出总额增加了：

$$\sum Z_0Q_1 - \sum Z_0Q_0 = 498 - 439 = 59\text{（万元）}$$

以上三种指数处于一定的经济联系中，构成如下的指数体系：

生产支出总额指数＝生产成本指数×产品产量指数

$$\frac{\sum Z_1Q_1}{\sum Z_0Q_0} = \frac{\sum Z_1Q_1}{\sum Z_0Q_1} \times \frac{\sum Z_0Q_1}{\sum Z_0Q_0} \tag{7—19}$$

相对数分析：94.30％＝113.4％×83.13％

绝对数分析：－25(万元)＝59(万元)－84(万元)

（三）总量指标的多因素分析

反映复杂经济现象的总量指标是由两个以上密切联系的因素共同形成的，就需要进行多因素的综合分析。例如，影响工业企业原材料支出总额的因素，可以分解为产品产量、单位产品原材料消耗量和原材料单位价格三个因素。如用公式表示，即：

原材料支出总额＝产品产量×单位产品原材料消耗量×原材料单价

$$QMP = Q \times M \times P \tag{7—20}$$

由于上述总量指标表现为三个因素的乘积，因此研究这类总量指标变动的原因时，就可以根据这种相互关系进行因素分析。分析的基本依据仍然是有关的指数体系，其方法和两因素分析法基本上是一致的，但在具体处理上应注意以下几点：

1. 运用两方法确定数量指标和质量指标

由于多个因素之间存在着互为条件的关系，因此要逐步进行分解，相对地判别数量指标和质量指标。例如，在上例中，产品产量 Q 是数量指标，而 MP 为单位产品原材料费用，相对产品产量而言，则是质量指标。因此，按照前述惯用的指数体系分析 Q 对于 QMP（原材料支出总额）的影响时，要将 M 和 P 固定在基期；单位产品原材料消耗量 M 相对 Q 而言，是质量指标，而相对原材料单价 P 来说，则是数量指标。因此，分析 M 对于 QMP 的影响时，应将 Q 固定在报告期，将 P 固定在基期；相对于 QM 即原材料消耗总量这一数量指标来说，原材料单价 P 是质量指标，按照一般的原则，分析 P 这一因素对于 QMP 的影响时，要把 Q 和 M 都固定在报告期。

2. 确定各个因素的排列顺序

一般地说，数量指标在前，质量指标在后。例如，对工业产品原材料支出总额的三个因素进行分析时，根据各个因素之间的客观经济联系，按产量 Q、单位产品原材料消耗量 M、原材料单价 P 顺序排列，以保持它们之间相互适应和合理结构的关系。因为 Q 与 M 的乘积等于原材料消耗量，再乘以原材料单价 P，就等于原材料支出总额。

3. 在分析中逐项变化同度量因素的时期

按照上述顺序将各个因素逐次连锁地进行替换，借以分析各个因素的变动对总量指标 QMP 的影响程度。具体说，分析第一个因素时，其他因素固定在基期；分析第二个因素时，第一个因素固定在报告期，而第三个因素仍固定在基期；分析第三个因素时，其他因素固定在报告期。可以看出，当分析某个因素时，它前面的因素固定在报告期，后面的因素固定在基期。即分析过的因素固定在报告期，未分析过的因素固定在基期。

现以表 7—7 中的资料为例，说明总量指标的多因素指数分析方法和步骤。表（1）、

（2）两栏为给定的资料，（3）、（4）两栏则是分析计算的结果。

表 7—7　　某企业产品产量、材料消耗情况

	基期 （1）	报告期 （2）	变动程度（%） （3）	影响绝对额 （万元）（4）
产品产量 Q（万件）	10	13.0	130.0	60
单位产品原材料消耗量 M（斤/件）	5	4.0	80.0	−52
原材料单位价格 P（元/斤）	4	4.5	112.5	26
原材料支出总额 QMP	200	234	117	34

首先，根据上述资料，测定现象总体数量的总动态：

$$\text{原材料支出总额指数}=\frac{\text{报告期原材料支出总额}}{\text{基期原材料支出总额}}=\frac{Q_1M_1P_1}{Q_0M_0P_0}=\frac{234}{200}=1.17\text{ 或 }117\%$$

结果表明，报告期原材料支出总额比基期增长了 17%，因而使支出总额增加了 34 万元，即：

$$Q_1M_1P_1-Q_0M_0P_0=234-200=34\text{（万元）}$$

其次，分析各个因素变动对于支出总额的影响程度。其中

（1）由于产品产量变动的影响：

$$\text{产品产量指数}=\frac{Q_1M_0P_0}{Q_1M_0P_0}=\frac{13}{10}=1.13\text{ 或 }113\%$$

报告期产品产量比基期增长了 30%，因而原材料支出总额增加 60 万元，即：

$$Q_1M_0P_0-Q_0M_0P_0=(13\times5\times4)-200=60\text{（万元）}$$

（2）由于单位产品原材料消耗的影响：

$$\text{原材料消耗指数}=\frac{Q_1M_1P_0}{Q_1M_0P_0}=\frac{4}{5}=0.8\text{ 或 }80\%$$

报告期单位产品原材料消耗量比基期降低 20%，从而使原材料支出额减少了 52 万元，即：

$$Q_1M_1P_0-Q_1M_0P_0=(13\times4\times4)-(13\times5\times4)=208-260=-52\text{（万元）}$$

（3）由于原材料单位价格变动的影响：

$$\text{原材料价格指数}=\frac{Q_1M_1P_1}{Q_1M_1P_0}=\frac{4.5}{4}=1.125\text{ 或 }112.5\%$$

报告期原材料单位价格提高了 12.5%，结果使原材料支出总额增加了 26 万元，即：

$$Q_1M_1P_1-Q_1M_1P_0=234-(13\times4\times4)=26\text{（万元）}$$

最后，对所有影响因素进行综合分析：

（1）原材料支出总额指数等于各个影响因素的指数的乘积，即形成如下的指标体系：

$$\frac{Q_1M_1P_1}{Q_0M_0P_0}=\frac{Q_1M_0P_0}{Q_0M_0P_0}\times\frac{Q_1M_1P_0}{Q_1M_0P_0}\times\frac{Q_1M_1P_1}{Q_1M_1P_0}=\frac{Q_1}{Q_0}\times\frac{M_1}{M_0}\times\frac{P_1}{P_0}\qquad(7\text{—}21)$$

将前面的计算结果代入上式，表明三个因素的变动对原材料支出总额的影响程度为：

117％＝130％×80％×112.5％

（2）上述四个指数的分子与分母的差额之间存在如下数量关系：

$$Q_1M_1P_1-Q_0M_0P_0=(Q_1M_0P_0-Q_0M_0P_0)+(Q_1M_1P_0-Q_1M_0P_0)+(Q_1M_1P_1-Q_1M_1P_0) \quad (7—22)$$

根据前面分析的结果，代入上式即得：

34(万元)＝60(万元)－52(万元)＋26(万元)

以上是以一种产品为例，说明总量指标的多因素指数分析的一般方法和步骤。如果涉及多种产品，其分析方法以及步骤同上，但指数体系应改写成如下形式：

$$\frac{\sum Q_1M_1P_1}{\sum Q_0M_0P_0}=\frac{\sum Q_1M_0P_0}{\sum Q_0M_0P_0}\times\frac{\sum Q_1M_1P_0}{\sum Q_1M_0P_0}\times\frac{\sum Q_1M_1P_1}{\sum Q_1M_1P_0} \quad (7—23)$$

上述四个指数的分子与分母的差额，存在如下的数量关系：

$$\sum Q_1M_1P_1-\sum Q_0M_0P_0=(\sum Q_1M_0P_0-\sum Q_0M_0P_0)+(\sum Q_1M_1P_0-\sum Q_1M_0P_0)+(\sum Q_1M_1P_1-\sum Q_1M_1P_0) \quad (7—24)$$

如果反映复杂经济现象的总量指标可以分解为四个或更多的因素，为了深入分析，就要按照上述多因素指数分析法的原理，建立四个因素或更多因素的指数体系，以测定有关因素在不同时间上的变动方向和程度。

（四）平均指标的因素分析

因素分析法按其所分析的指标性质分，可以分为总量指标的因素分析和平均指标的因素分析。平均指标的因素分析是与平均指标的动态分析相联系的，即要在总平均指标的动态对比中，分析各个因素的变动对于总平均指标的影响方向和程度。因此，为了考察总平均指标的动态及其原因，需要编制相互联系的平均指标指数，形成一个平均指标指数体系，借以分析总平均指标的动态及其各个因素所起的作用。在平均指标指数体系中，有以下三种指数，它们的关系是：

可变构成指数＝固定构成指数×结构影响指数

即：

$$\overline{K}=\frac{\overline{X}_1}{\overline{X}_0}=\frac{\sum X_1f_1}{\sum f_1}\Big/\frac{\sum X_0f_0}{\sum f_0}$$

$$=\left(\frac{\sum X_1f_1}{\sum f_1}\Big/\frac{\sum X_0f_1}{\sum f_1}\right)\times\left(\frac{\sum X_0f_1}{\sum f_1}\Big/\frac{\sum X_0f_0}{\sum f_0}\right) \quad (7—25)$$

现在以表7—8中的假设资料，应用因素分析法，测定平均工资变动的影响因素。

表 7—8 某企业平均工资情况

工人类别	工人数		日平均工资（元）		日工资总额（元）		
	基期 f_0	报告期 f_1	基期 X_0	报告期 X_1	基期实际 X_0f_0	报告期实际 X_1f_1	假定 X_0f_1
技术工	600	800	70	75	42 000	60 000	56 000
辅助工	400	2 200	40	45	16 000	99 000	88 000
	1 000	3 000	58	53	58 000	159 000	144 000

根据表中资料计算：

1. 平均工资总变动（可变构成指数）

$$\overline{K}_{可变}=\frac{\overline{X}_1}{\overline{X}_0}=\frac{\sum X_1f_1}{\sum f_1}\Big/\frac{\sum X_0f_0}{\sum f_0}$$

$$=\frac{159\ 000}{3\ 000}\Big/\frac{58\ 000}{1\ 000}=53/58=91.4\%$$

结果表明，报告期工人总平均工资比基期降低了 8.6%。绝对变动差额为：

$$\frac{\sum X_1f_1}{\sum f_1}-\frac{\sum X_0f_0}{\sum f_0}=\overline{X}_1-\overline{X}_0=53-58=-5\text{（元）}$$

显然，上述平均工资可变构成指数既受各组工人工资水平变动影响，又受各组工人结构变动的影响。为了测定这两个因素变动对于总平均工资动态的影响方向和程度，需要分别计算固定构成指数和结构变动影响指数。

2. 由于各组工资水平变动影响（固定构成指数）

根据表 7—8 资料计算平均工资固定构成指数时，应将各组工人人数的结构（数量指标）固定在报告期，才能单纯地反映组平均工资（质量指标）变动的影响程度：

$$\overline{K}_{固定}=\frac{\sum X_1f_1}{\sum f_1}\Big/\frac{\sum X_0f_1}{\sum f_1}=\frac{159\ 000}{3\ 000}\Big/\frac{144\ 000}{3\ 000}=53/48=110.4\%$$

计算结果表明，消除工人结构这一因素变动的影响，报告期工人平均工资水平比基期提高了 10.4%。这一公式的分子与分母的差额：

$$\frac{\sum X_1f_1}{\sum f_1}-\frac{\sum X_0f_1}{\sum f_1}=\overline{X}_1-\overline{x}_H=53-48=5\text{（元）}$$

即单纯由于工资水平这一因素的变动而使每人的工资平均提高了 5 元。

3. 由于工人结构影响（结构变动影响指数）

根据表 7—8 资料计算平均工资的结构变动影响指数时，应以相应的组平均工资作为同度量因素（即权数），并将其固定在基期：

$$\overline{K}_{结构}=\frac{\sum X_0f_1}{\sum f_1}\Big/\frac{\sum X_0f_0}{\sum f_0}=\frac{144\ 000}{3\ 000}\Big/\frac{58\ 000}{1\ 000}=\overline{x}_H/\overline{X}_1=48/58=82.8\%$$

计算结果表明，消除了各组工人平均工资水平变动的影响后，单纯由于各组工人结构的变动而使报告期的总平均工资比基期降低了 17.2%，平均每人降低了 10 元，即：

$$\frac{\sum X_0 f_1}{\sum f_1}-\frac{\sum X_0 f_0}{\sum f_0}=\overline{x}_H-\overline{X_0}=48-58=-10\text{（元）}$$

综上所述，可见以上三种平均指标指数之间存在着密切的联系，形成如下的指数体系：

$$\frac{\sum X_1 f_1}{\sum f_1}\Big/\frac{\sum X_0 f_0}{\sum f_0}=\left[\frac{\sum X_1 f_1}{\sum f_1}\Big/\frac{\sum X_0 f_1}{\sum f_1}\right]\times\left[\frac{\sum X_0 f_1}{\sum f_1}\Big/\frac{\sum X_0 f_0}{\sum f_0}\right] \tag{7—26}$$

将上例中各种指数数值代入上式，则：91.4%=110.4%×82.8%

上述三种指数之间的绝对额的联系：

$$\frac{\sum X_1 f_1}{\sum f_1}-\frac{\sum X_0 f_0}{\sum f_0}=\left[\frac{\sum X_1 f_1}{\sum f_1}-\frac{\sum X_0 f_1}{\sum f_1}\right]+\left[\frac{\sum X_0 f_1}{\sum f_1}\Big/\frac{\sum X_0 f_0}{\sum f_0}\right] \tag{7—27}$$

即：$53-58=(53-48)+(48-58)=5-10=-5$（元）

第五节　几种常用的统计指数

统计指数作为一种重要的经济分析方法，在实践中得到了广泛的应用。现就经济分析中常用的几个统计指数介绍如下：

一、居民消费价格指数

（一）居民消费价格指数的概念

居民消费价格指数（Consumer Price Index）是指反映一定时期居民所购买的生活消费品和服务项目价格水平的变动趋势和变动幅度的指数。通常记为 CPI。

大多数国家都编制居民消费价格指数，用以反映价格变动情况，测定通货膨胀，并用以进行宏观经济分析，实施价格总水平调控。

（二）居民消费价格指数的计算

居民消费价格指数实际上是一种统计质量指标指数，就计算公式来说，是计算消费品及服务的价格指数。基本公式如下：

$$I_P=\frac{\sum P_1Q_1}{P_0Q_1}\ \text{或}\ I_P=\frac{\sum KW}{\sum W} \tag{7—28}$$

式中，K 为某类消费品价格指数，W 为消费品和服务项目的销售额。

可见，前一种公式是基本公式，后一种是平均数指数的形式。在现实中一般是以后一种计算公式来确定居民消费价格指数的。

居民消费价格指数所涉及的消费品和服务项目成百上千种，计算过程十分复杂。其大致过程如下：

第一步，选择代表产品。国家统计局的要求是，选择的内容包括食品、衣着、家庭设备及用品、医疗保健、交通与通信、娱乐教育及文化用品、居住、服务八大类，251 个基本分类，700 多个品种。

第二步，对选定的产品和服务进行调查，搞清产品和服务的价格变动情况。

第三步，计算出 700 多种代表品的个体指数，再按个体指数计算出 251 个基本分类的各类指数，最后再以居民消费额为权数对各类别指数加权平均，计算出居民消费价格总指数。

（三）居民消费价格指数的作用

（1）反映消费价格的变动方向和程度。

分别编制城镇居民消费价格指数和农村居民消费价格指数，可以反映商品和服务价格变动对两类居民生活的不同影响；按产品分类计算消费价格指数，可以考查某类产品价格变化幅度的情况。

（2）用来反映通货膨胀的状况。

通货膨胀的严重程度用通货膨胀率来反映，一般情况下可以用居民消费价格指数来推算，其公式为：

$$\text{通货膨胀率}=\frac{\text{报告期居民消费价格指数}-\text{基期居民消费价格指数}}{\text{基期居民消费价格指数}} \tag{7—29}$$

通货膨胀情况也可以通过居民消费价格指数上升情况判断。国际上通行的做法是当 CPI>3%的增幅时，就可以称为通货膨胀了，若 CPI>5%的增幅时，就可以称为严重的通货膨胀。

（3）可以间接推算货币购买力指数。

（4）推算实际工资情况。

消费品和服务的价格提高，意味着同等数量的货币工资不能够买到同样数量的消费品，就是实际工资水平发生了变化。利用消费品价格指数，可以推算实际工资。其公式为：

$$\text{实际工资}=\frac{\text{货币工资}}{\text{消费价格指数}} \tag{7—30}$$

二、生产者价格指数

生产者价格指数（Producer Price Index）是测量在初级市场上的生产领域内工业企业产品出厂价格变动趋势和变动程度的一种价格指数，通常记为 PPI。

生产者价格指数是根据每种商品在非零售市场上首次交易中的价格计算的。其计入的产品覆盖了原始的、经过制造的和在各个阶段上加工的货物，也包括制造业、农业、林业、渔业以及公共事业等的各类产出。其主要目的是衡量企业购买的一篮子物品和劳务的总费用。由于企业最终要把它们的费用以更高消费价格的形式转移给消费者，所以，生产者物价指数的变动可以用来预测消费物价指数的变动状况。生产者价格指数与居民消费价格指数相比，主要区别在于选取的代表性商品所属的类别不同，但计算过程和方法相同。

三、股票价格指数

(一) 股票价格指数的概念

股票价格指数（Stock Price Index），是指反映股票价格综合变动情况的相对数。简称为股价指数。

股票价格指数是由证券交易所或金融服务机构编制的表明股票市场行情变动的一种供参考的指示数字。股价指数的单位是“点”，即以基期的指数为100或1 000（有的为10），每上升1%或1‰就可以称为上升一个“点”。

(二) 股票价格指数的计算方法

股票价格指数，实际也是一种价格指数，其编制的原理与一般价格指数原理相同。自有股市以来，曾先后出现过几种不同的计算方法：

1. 简单平均法

简单平均法，即先计算各样本股票的个体价格指数，再加总求和的算术平均数，即为票价指数：

$$股价指数=\frac{n个样本指数之和}{n} \qquad (7—31)$$

2. 综合法

综合法，即先将样本股票的价格分别按基期和报告期加总，而后相比求出股价指数：

股价指数=报告期各股价之和/基期各股价之和 (7—32)

3. 加权法

加权法，即以各期样本股价分别乘以其权数，再相比后计算出股价指数。权数一般使用发行量。即：

$$股价指数=\sum(报告期样本股价格\times发行量)/\sum(基期样本股价格\times发行量)$$

$$I=\sum p_1q_1/\sum p_0q_1 \qquad (7-33)$$

式中，p_1 和 p_0 分别为报告期和基期样本股票价格，q_1 为报告期该股的发行量。

目前大多数股票市场都以加权法作为计算股票价格指数方法。

(三) 世界上几种著名的股票指数

1. 道·琼斯股票指数

道·琼斯股票指数是世界上历史最为悠久的股票指数。它是1884年由道·琼斯公司的创始人查理斯·道开始编制的。最初的道·琼斯股票价格平均指数是根据11种具有代表性的铁路公司的股票，采用算术平均法进行计算编制而成。发表在查理斯·道自己编辑出版的《每日通讯》上。其计算公式为：

股票价格平均数=入选股票的平均价格之和/入选股票的数量

现在的道·琼斯股票价格平均指数是以1928年10月1日为基数。因为这一天收盘时的道·琼斯股票价格平均数恰好为100美元，所以将其定为基准日。而以后的股票价格同基准日相比计算的百分数，就成为各期的股票价格指数。所以现在的股票指数普遍采用“点”来作单位，而股票指数每一点的跌涨，就是相对于基准日的涨跌百分数。

目前，道·琼斯股票价格平均指数共分四组，第一组是工业股票价格平均指数。它由30种有代表性的大工商公司的股票组成，而且随经济发展而变大，大致可以反映美国整个工商业股票的价格水平变动，这也就是人们常说的“道·琼斯30种工业股票指数”。第二组是运输业股票价格指数，它包括美国20家著名运输公司的股票，其中8家铁路运输公司，8家航空公司和4家公路货运公司。第三组是公用事业股票价格平均指数，是以美国15家煤气公司和电力公司的股票所组成，反映公用事业类股票价格变动。第四组是股票综合平均指数。它是以上三种股票所涉及的65家公司综合的价格指数。在四种道·琼斯股价指数中，以道·琼斯工业股价平均指数最为著名，它被大众传媒广泛地报道，并作为道·琼斯指数的代表加以引用。

2. 伦敦金融时报指数

伦敦金融时报指数是“伦敦《金融时报》工商业普通股票平均价格指数”的简称。由英国最著名的报纸《金融时报》编制和公布，用以反映英国伦敦证券交易所的行情变动。该指数分三种，一是由30种股票组成的价格指数，二是由100种股票组成的价格指数，三是由500种股票组成的价格指数。通常所说的英国金融时报指数指的是第一种，即30种著名的工商业的股票组成，并采用加权算术平均数法计算出来的价格指数。该指数以1935年7月1日为基准日，以该日股价指数为100点，以后各期股价与其比较，所得的数值即为各期的指数。该指数是国际公认的重要股价指数之一。

3. 日经指数

日经指数原称为“日本经济新闻社道·琼斯股票平均价格指数”，是由日本经济新闻社编制并公布的反映日本东京证券交易所股票价格变动的股票价格平均指数。它的前身是1950年9月编制的“东证修正平均股价”。1975年5月1日，日本经济新闻社向美国道·琼斯公司买进商标，采用道·琼斯股票价格平均的计算方法，并将所编制的股票指数定名为“日本经济新闻社道·琼斯股票平均价格指数”。1951年改为“日经平均股价指数”，简称为日经指数。日经指数按计算对象采用的样板不同，现分为两种：一是日经225种平均股价指数，二是500种平均价格指数。两种股价指数在国际上均有良好的评价。

4. 香港恒生指数

香港恒生指数是由香港恒生银行1969年11月24日发表的。恒生指数包括从香港500多家上市公司中挑选出来的33家有代表性且经济实力雄厚的大公司股票作为成分股。分为四大类，其中金融业4种、公用事业6种、地产业9种、航空酒店等其他工商业14种。恒生指数以1964年7月31日为基期，基点为100点。其计算方法是将33种股票按每天的收盘价乘以各自发行股票数为报告期市值，再与基期的市值比较，乘以100就得出当天的股票价格指数。恒生指数自公布以来，具有良好的声誉，不论股票市场如何狂升或猛跌，还是正常平稳，恒生股票指数都能基本反映整个股市的情况。

（四）我国的股票指数

我国有两个证券交易所，它们是上海证券交易所和深圳证券交易所。两个股票市场分别有各自不同的股票价格指数体系。

目前上海证券交易所编制的股票指数共计有四大类 16 种。其中包括：(1) 样本指数类 4 种，即沪深 300、上证 180、上证 50、红利指数；(2) 综合指数类 2 种，即上证综合指数、新综合指数；(3) 分类指数类 7 种，即 A 股指数、B 股指数、工业指数、商业指数、地产指数、公用指数、综合指数；(4) 其他指数类 3 种，即基金指数、国债指数、企债指数。

目前深圳证券交易所编制的股票指数有 3 类 13 种。其中包括：(1) 综合类 3 种，即深证综合指数、深证 A 股指数、深证 B 股指数；(2) 成分股类指数 9 种，即深证成分股指数、成分 A 股指数、成分 B 股指数、工业类指数、商业类指数、金融类指数、地产类指数、公用事业类指数、综合企业类指数；(3) 深证基金指数。

下面简介国内证券市场比较重要的几种股票价格指数。

1. 上证综合指数

该股票基准日为 1990 年 12 月 19 日，其样本股包括了全部的上市股票，基准日指数定为 100 点，以“点”为单位，权数采用股票发行量。其计算公式为：

$$上证综合指数=\frac{报告期市价总值}{基期市价总值}\times 100$$

其中，市价总值=(市价×发行股数)

该指数是公认的反映上海股市总体走向的统计指标，为国内外分析市场时普遍采用。

2. 深市成分股指数

该股票以 1994 年 7 月 20 日为基准日，基准日的股指点数为1 000，样本股为 40 家具有代表性成分股，并以流通量为权数计算。其计算公式为：

$$深市成分指数=\frac{报告期成分股市值}{基期成分股市值}\times 1\,000$$

其中，市价总值=$\sum$(市价×成分股流通股数)

该股指在全部上市公司中注意选择上市时间长、市场规模大、流动性和成长性较好的股票作为样本股，并且每隔一段时间对成分股样本进行调整，同时以流通股本作为权数，从而保证能比较客观地反映深圳股市的变动情况。

3. 沪深统一 300 指数

沪深统一 300 指数是我国首次编制的综合反映中国证券市场全面运行状况的股票指数。基期选择为 2004 年 12 月 31 日，基准日股指点数为 1 000 点，股票样本总数为 300 支，样本分别从沪、深两市选择。样本选择的标准是规模大、流动性好和运行平稳的优良股票。计算公式为：

$$沪深\ 300\ 指数=\frac{报告期成分股的调整市值}{基期成分股的调整市值}\times 1\,000$$

其中：调整市值 $=\sum$(市价×调整股本数)，这里的调整股本数是指按分级靠档的方法确定的作为权数的股本数。具体的方法是某股票的流通比例（流通股/总股本）低于 10%，则采用流通股本为权数，某股票的流通比例落在某个区间，则以该区间上限比例占总股数作为权数，如某股票其流通比例为 35%，落在 30%～40%区间内，则以总股本 40%作为权数。

三、货币购买力指数

货币购买力是单位货币在不同时期购买商品或服务的数量。货币购买力（money purchasing power index）指数是反映货币购买力变动情况的相对数，即单位货币在不同时期购买商品及服务数量的比例。计算公式为：

$$货币购买力指数=\frac{报告期单位货币购买某种商品或服务数量}{基期单位货币购买该种商品或服务数量} \quad (7—34)$$

货币购买力同商品和服务的价格水平变动成反比，因此也可以用下列公式计算：

$$货币购买力指数=\frac{1}{某种商品或服务的价格指数} \quad (7—35)$$

综合反映购买力指数的公式为：

$$货币购买力指数=\frac{1}{居民生活费用价格指数} \quad (7—36)$$

货币购买力指数反映了币值的稳定程度，综合反映了各时期的币值的变动情况，可以从一个侧面分析一个国家的财政经济状况，寻找影响币值稳定程度的因素和解决存在问题的办法。

第六节　Excel 在统计指数分析中的应用

统计指数是说明经济社会现象在时间、空间上的变化以及计划完成相对数。指数分析法是研究社会经济现象数量变动情况的一种统计分析法。指数有总指数和平均指数之分。下面我们介绍在 Excel 中如何进行指数分析。Excel 中没有专门的指数函数，只能通过自己构造公式来进行指数的计算和分析。

某企业甲、乙、丙三种产品的销售情况如表 7—9 所示，计算三种产品的销售量总指数和价格总指数。

表 7—9　　指数计算表

商品名称	计量单位	销售量		价格（元）		销售额（元）	
		基期 q_0	报告期 q_1	基期 p_0	报告期 p_1	基期 p_0q_0	报告期 p_1q_1
甲	公斤	200	250	150	150	30 000	37 500
乙	米	250	255	60	65	15 000	16 575
丙	台	20	22	4 000	4 200	80 000	92 400

操作步骤：

第一步，计算各产品按基期价格计算的报告期销售额 p_0q_1。在 I4 中输入“=E4 * D4”，并用鼠标将其余各值拖曳出来。

第二步，计算 $\sum p_0q_0$ 、$\sum p_1q_1$ 。选定 G4：G6 区域，单击工具栏上的“Σ”按钮，在 G7 中出现该列的求和；选定 H4：H6 区域，单击工具栏上的“Σ”按钮，在 H7 中出现该列的求和。

第三步，计算销售量指数和销售价格指数。

$$\bar{k}_q=\frac{\sum p_0q_1}{\sum p_0q_0}\qquad \bar{k}_q=\frac{\sum p_1q_1}{\sum p_0q_1}$$

最终计算结果如图 7—1 所示。

	A	B	C	D	E	F	G	H	I
1	商品	计量单位	销售量		价格（元）		销售额（元）		按基期价格计算的报告期销售额（元）
2			基期	报告期	基期	报告期	基期	报告期	
3			q_0	q_1	p_0	p_1	p_0q_0	p_1q_1	p_0q_1
4	甲	公斤	200	250	150	150	30000	37500	37500
5	乙	米	250	255	60	65	15000	16575	15300
6	丙	台	20	22	4000	4200	80000	92400	88000
7							125000	146475	140800
8			销售总指数	1.1264	销售价格指数	1.0403			
9									

图 7—1　Excel 计算销售量指数和销售价格指数计算结果

思考与练习

一、简答题

1.什么叫综合指数？有什么特点？

2.综合指数和平均数指数有何联系和区别？

3.平均数指数在什么条件下才能成为综合指数的变形？

4.什么叫同度量因素？作用是什么？

5.指数体系中指数之间的数量对等关系如何理解？

6.平均数指数和平均指标指数有何区别？

二、计算题

1. 依据资料计算产量指数和价格指数，如表 7—10 所示。

表 7—10　三种产品产量及价格资料表

产品	计量单位	产量		出厂价格（元）	
		2011 年	2012 年	2011 年	2012 年
甲	件	100	100	500	600
乙	个	20	25	3 000	3 000
丙	米	1 000	2 000	6	5

2. 某厂产品成本资料如表 7—11 所示。

表 7—11　　某厂产品成本资料

产品名称	计量单位	单位成本（元）		产品产量	
		基期	报告期	基期	报告期
甲	件	10	9	1 000	1 100
乙	个	9	9	400	500
丙	米	8	7	700	800

计算：（1）成本个体指数和产量个体指数。（2）综合成本指数。（3）总生产费用指数。

3. 某厂所有产品的生产费用 2001 年为 12.09 万元，比上年多 0.9 万元，单位产品成本平均比上年降低 3%。试确定：（1）生产费用总指数；（2）由于成本降低而节约的生产费用。

4. 某印染厂产量资料如表 7—12 所示。

表 7—12　　某印染厂产量资料

产品名称	上年实际产值 $Q_0\ P_0$（万元）	本年实际产值 $Q_1\ P_1$（万元）	产量本年比上年增长（%） $\frac{Q_1}{Q_0}-100\%$
甲	200	240	25
乙	450	485	10
丙	350	480	40
合计	1 000	1 205	—

依据表中资料计算加权算术平均数指数，以及产量增长使产值增加多少？

5. 某机床厂总生产费用资料如表 7—13 所示。

表 7—13　　某机床厂总生产费用资料

产品名称	上年生产费用 Z_0Q_0（万元）	本年生产费用 Z_1Q_1（万元）	单位成本本年比上年降低（%） $Z_1/Z_0-100\%$
车床	750	780	−5
铣床	500	520	−3
合计	1 250	1 300	—

依据表中资料计算加权调和平均数指数，以及确定生产费用是否节约。

6. 某工厂工人和工资情况如表 7—14 所示。

计算：平均工资的可变构成指数，固定构成指数和结构影响指数，并进行分析。

表 7—14 **某工厂工人和工资情况**

	平均人数（人）		平均工资（元）	
	基期	报告期	基期	报告期
技术工人	200	300	80	100
一般工人	400	900	50	60
合计	600	1 200	—	—

7. 某工业企业甲、乙、丙三种产品产量及价格资料如表 7—15 所示。

表 7—15 **甲、乙、丙三种产品产量及价格资料**

产品名称	计量单位	产量		价格（元）	
		基期	报告期	基期	报告期
甲	套 300	320	360	340	
乙	吨	460	540	120	120
丙	台	60	60	680	620

要求：（1）计算三种产品的产值指数、产量指数和价格指数。（2）计算三种产品报告期产值增长的绝对额。（3）从相对数和绝对数上简要分析产量及价格变动对总产值变动的影响。

8. 某市纺织局所属企业有关资料如表 7—16 所示。

表 7—16 **某市纺织局所属企业有关资料**

企业名称	工人数（人）		劳动生产率（元）	
	基期	报告期	基期	报告期
甲	6 000	6 400	5 000	6 000
乙	3 000	6 000	4 000	5 000
丙	1 000	3 600	2 500	3 000

要求：计算劳动生产率可变构成指数、固定构成指数和结构影响指数；并从相对数和绝对数上对劳动生产率的变动原因进行简要分析。

9. 某地工业局所属 3 个生产同种产品的企业单位产品成本及产量资料如表 7—17 所示。

表 7—17　　三个企业生产同种产品单位产品成本及产量资料

企业名称	单位产品成本（元）		产量（万架）	
	基期	报告期	基期	报告期
代表符号	z_0	z_1	q_0	q_1
甲	18	18	40	80
乙	20	18	60	80
丙	24	12	60	40

要求：(1) 计算该局所属 3 个企业基期及报告期的总平均单位产品成本水平及指数。(2) 从相对数和绝对数上分析说明总平均单位产品成本变动中，受单位产品成本水平与产量结构变动的影响。

第八章

抽样推断

学习要点

- 理解抽样推断的基本概念、基本内容和抽样推断的基本原理。
- 把握抽样误差、置信区间和置信度的关系。
- 能够利用样本资料对总体平均数和总体成数进行区间估计。
- 了解各种抽样的组织方式及其误差。
- 掌握必要抽样数目的确定方法。
- 掌握 Excel 在抽样推断中的应用。

第一节　抽样推断概述

一、抽样推断的概念

抽样推断是按照随机的原则，从被研究对象中抽取部分单位构成样本，通过对样本进行调查，取得有关数据，并依据所得数据运用科学的原理和方法，去推断被研究总体相应的数量指标的一种统计分析方法。例如，从全部产品中随机抽取部分产品进行质量检验，计算合格率，以此来推断全部产品的合格率及全部合格品产量；又如，根据某院校部分大学生的日常生活费支出及来源情况，推断全校学生的月平均生活费水平及来源情况；等等。

因此，从内涵来说，抽样推断包括抽样调查和抽样推断两部分，前者着重调查，后者着重推断。

二、抽样推断的特点和作用

（一）抽样推断的特点

1. 按照随机原则抽选调查单位是抽样推断的前提

抽样调查是非全面调查，与其他非全面调查，如典型调查、重点调查等，在选择单位的方法上完全不同。典型调查、重点调查均由调查者有意识地选择调查单位，因而受调查者主观因素的影响，这样取得的调查资料，不能用来对总体的数量特征进行统计推断。抽样调查则是按随机原则抽选调查单位，完全排除调查者主观因素的影响，这样调查的部分单位资料，可以计算抽样误差从而用来推断总体的数量特征。

2. 抽样推断是以部分特征推断整体特征的一种研究方法

抽样推断是以抽样调查为基础的，用一部分单位的指标数值去推断总体指标数值。根据抽样推断这一特点，可把抽样调查与重点调查、典型调查区别开来。因为重点调查、典型调查的目的是为了解剖事实，深刻把握事物的发展变化规律。

3. 运用概率估计法是抽样推断特有的估计方法

样本数据和总体参数之间，并不存在自变量和因变量严格对应关系，因而它不能利用一定的函数关系推算总体参数，但它却能运用归纳推理原理，即不保证从正确的前提一定得到正确的结论，而只肯定从正确的前提得到的结论有一定程度的可靠性。

4. 抽样推断的误差可以事先计算并加以控制

用样本指标估计相应的总体指标，肯定会存在一定的误差。但抽样误差的范围，可以事先通过有关资料加以计算，并可采取必要的组织措施来控制这一误差范围，保证抽样推断的结果达到一定的可靠程度。

（二）抽样推断的作用

抽样推断在生物、气象、医学、农业、商业、金融和教育等各领域都有广泛应用，其自身特点决定了它具有独特的重要作用，主要表现在以下几个方面：

第一，抽样调查可以解决无法进行全面调查或很难进行全面调查，但又需要了解其全面数量情况的社会经济现象，以实现调查的目的。例如，想要掌握某海域的某种生物数量，就无法进行全面调查。另外，如电视机使用寿命检验，种子的发芽率，轮胎的里程试验等，这些调查所使用的测试手段对产品具有破坏性，不可能进行全面调查，只能采用抽样调查。

第二，抽样调查可以补充或修正全面调查的数据。全面调查由于范围广、工作量大、参加人员多，往往容易发生登记性误差和计算误差。如果在全面调查后，随机抽取一部分单位重新调查一次，将这些单位两次调查的资料进行对照，加以比较，计算其差错率，并据以对全面资料加以修正，可以进一步提高全面调查资料的准确性。例如，人口普查、牧畜普查，由于调查人员多、涉及面广，容易产生操作性的登记误差。这时往往用抽样调查的资料进行补充和修正。

第三，抽样调查可用于工业生产过程的质量控制。在工业产品成批或大量连续生产过程中，利用抽样调查可以检验生产过程是否正常，及时提供信息，进行质量控制，保证生产质量稳定。

第四，抽样调查可以对某些总体的假设进行检验，判断其真伪，以做出正确的决策。例如，新工艺、新技术的改革，是否能收到明显的效果，需要对未知或完全不知道的总体做出一些假设，然后利用抽样推断法，根据实验的材料对所做假设进行检验，做出判断。

三、抽样推断中的基本概念

（一）全及总体和样本总体

1. 全及总体

全及总体，简称总体，指抽样调查所要认识对象的全体。全及总体中单位数的多少称为总体容量，一般用 N 来表示，N 总是很大的数。例如，淘宝网的所有用户、职工工资调查中的全体职工、生活费调查中的全体学生等，都是全及总体。

总体按照其单位标志的性质的差异，可分为变量总体和品质总体两大类。变量总体是强调具有相同数量标志的总体，品质总体是强调具有相同的品质标志的总体。对总体的另外一种分类是根据单位数是否有限划分为有限总体和无限总体。虽然有限总体理论上可以采用全面调查，但是一般情况下因为现实原因或者经济原因而和无限总体一样选择抽样调查。

2. 样本总体

样本总体，又称样本、子样。它是从全及总体中随机抽取出来的，用以代表全及总体的部分单位的集合体。例如，调查看春晚的部分观众。样本单位数称之为样本容量，一般用 n 代表样本容量。在抽样推断实践中，一般样本容量 $n \geqslant 30$ 个的称大样本，样本容量在 30 个以下的称小样本。社会经济统计中的抽样推断，一般采用大样本，但个别情况下也采用小样本。

（二）全及指标和抽样指标

1. 全及指标

全及指标也称参数，是反映全及总体数量特征的综合指标。全及指标主要有：全及平均数、全及成数、总体数量标志标准差及其方差、总体是非标志标准差及其方差。需要特别指出的是，在抽样调查中，全及指标有时是无法求得的，但它确实是客观存在的。

设总体变量为 X，而 $X_1, X_2, \cdots, X_N$ 为其变量值，则全及指标可分别表示如下：

（1）全及平均数。全及平均数又称总体平均数，是全及总体各单位标志值的平均数，用 $\overline{X}$ 表示，即：

$$\overline{X} = \frac{\sum X}{N} \text{或} \overline{X} = \frac{\sum XF}{\sum F} \qquad (8—1)$$

（2）全及成数。全及成数又称总体成数，是指全及总体中具有某一相同标志表现的单位数占全及总体单位数的比重用 P 表示。全及总体中具有某一相同标志表现的单位数用 N_1 表示，显然 $P = \frac{N_1}{N}$。如果将全及总体中不具有该种标志表现的单位数占全及总体单位

数的比重用 Q 表示，全及总体中不具有该标志的单位数用 N_0 表示，则 $Q=\frac{N_0}{N}$，且 P 与 Q 互为余数，即 $P+Q=1$ 或 $P=1-Q$ 或 $Q=1-P$。

（3）总体数量标志标准差（或方差）。总体数量标志标准差（或方差）是指全及总体中根据各单位标志值计算的标准差（或方差），记为 σ（或 σ^2），即：

$$\sigma=\sqrt{\frac{\sum(X-\overline{X})^2}{N}} \text{ 或 } \sigma=\sqrt{\frac{\sum(X-\overline{X})^2F}{\sum F}} \tag{8—2}$$

$$\sigma^2=\frac{\sum(X-\overline{X})^2}{N} \text{ 或 } \sigma^2=\frac{\sum(X-\overline{X})^2F}{\sum F} \tag{8—3}$$

（4）总体是非标志标准差（或方差）。总体是非标志标准差（或方差），是根据全及总体中的是非标志（或交替标志）计算的标准差（或方差）。其标准差为 $\sqrt{P(1-P)}$，方差为 $P(1-P)$。

2. 抽样指标

反映由样本总体各个标志值或标志特征的综合指标，称为抽样指标，又称统计量。抽样指标常和总体参数相对应，因而有：样本平均数、样本成数、样本数量标志标准差及其方差、样本是非标志标准差及其方差等。

设样本变量为 x，而 $x_1,x_2,\cdots,x_n$ 为样本观察值，则有：

样本均值：$\bar{x}=\frac{\sum x}{n}$ 或 $\bar{x}=\frac{\sum xf}{\sum f}$ （8—4）

样本成数：$p=\frac{n_1}{n}$ （8—5）

样本数量标志标准差：$S=\sqrt{\frac{1}{n}\sum_{i=1}^{n}(x_i-\bar{x})^2}$ （8—6）

样本数量标志修正标准差：$S_*=\sqrt{\frac{1}{n-1}\sum_{i=1}^{n}(x_i-\bar{x})^2}$ （8—7）

样本成数标准差：$S_p=\sqrt{p(1-p)}$ （8—8）

样本成数修正标准差：$S_{*p}=\sqrt{\frac{n}{n-1}p(1-p)}$ （8—9）

应当注意，全及指标是唯一的，而抽样指标是随机变量。因为在一个总体中，只能计算出一个平均数或成数；但一个总体可以有很多个样本，而每一个样本都可以计算出一组抽样指标。尽管样本统计量的计算方法是确定的，但它的取值会随着不同的样本而发生变化，所以统计量（样本指标）本身也是随机变量。

四、抽样推断的原理

（一）抽样推断的数学根据

1. 正态分布

社会现象中的很多问题都满足正态分布的条件，如人的身高、螺丝的口径、青砖的抗压强度等，都服从正态分布。正态分布在实践活动中应用非常广泛。

(1) 正态分布的密度函数。

正态分布其密度函数表示如下：

$$f(x)=\frac{1}{\sigma\sqrt{2\pi}}e^{-(x-u)^2/2\sigma^2} \tag{8—10}$$

式中，u 为 X 的数学期望（即样本平均数的平均数或总体平均数），σ 是 X 的标准差（$\sigma>0$），u 和 σ 是决定方程的参数。所以随机变量 X 服从正态分布时，可以简记为 $X\sim N(u,\sigma^2)$ 。

(2) 正态分布的分布函数。

正态分布的分布函数（累积函数也叫概率）为：

$$F(x)=\int_{-\infty}^{x}f(t)\mathrm{d}t=\frac{1}{\sigma\sqrt{2\pi}}\int_{-\infty}^{x}e^{-(t-u)^2/2\sigma^2}\mathrm{d}t \tag{8—11}$$

并且有 $\int_{-\infty}^{+\infty}f(x)\mathrm{d}x=1$（即累积函数或概率为 1 或 100%） (8—12)

(3) 标准正态分布。

当 $u=0,\sigma=1$ 时，此时的正态分布称为标准正态分布，记为 $X\sim N(0,1)$ 。

标准正态分布密度函数为：

$$f(x)=\frac{1}{\sqrt{2\pi}}e^{-x^2/2} \tag{8—13}$$

其分布函数（累积函数或概率）：

$$F(x)=\frac{1}{\sqrt{2\pi}}\int_{-\infty}^{x}e^{-t^2/2}\mathrm{d}t \tag{8—14}$$

(4) 正态分布的标准化。

由于不同现象的随机变量可以有不同的数学期望和方差，它们甚至连计量单位都不相同，因而对不同的问题，就有不同的正态分布。要利用上述分布函数 $F(x)$ 对各类不同的正态分布求某点或某区间的概率是很困难的。所以必需先对一般正态分布加以标准化，使不同的正态分布变换为具有同一的数学期望为 0，而方差为 1 的标准正态分布。

设 $X\sim N(u,\sigma^2)$ ，其平均数 $\bar{x}$ 也为服从正态分布的随机变量，设 U 为新的变量并等于：

$$U=\frac{\bar{x}-\mu}{\sigma}\sim N(0,1) \tag{8—15}$$

即：无论 $\bar{x}$ 服从何种正态分布，其转换的 U 都服从标准正态分布。这样我们就可以用这个标准正态分布确定 $\bar{x}$ 的变化范围。

2. 中心极限定理

从直观上看，如果总体变量存在有限的平均数和方差，那么不论这个总体变量的分布如何，随着抽样单位数的增加，抽样平均数便趋近于正态分布，这就是中心极限定理的基本思想。中心极限定理是一系列定理的总称，这里就其基本形式加以介绍。

(1) 林德伯格—列维定理。

若 $x_1, x_2, \cdots, x_n$ 是相互独立且同分布的随机变量，且数学期望为 $Ex_i = u$，方差为 $Dx_i = \sigma^2$，则 $\sum x$ 也是一个随机变量，当 n 很大时，它的分布渐近服从数学期望为 nu，方差为 $n\sigma^2$ 的正态分布，即：

$$\sum x \sim N(nu, n\sigma^2) \tag{8—16}$$

$$\bar{x} \sim N(u, \frac{\sigma^2}{n}) \tag{8—17}$$

其标准化为 $$\frac{\bar{x} - u}{\sigma / \sqrt{n}} \sim N(0,1) \tag{8—18}$$

(2) 棣莫佛—拉普拉斯定理。

总体为随机变量 X 的各单位只有两种取值，即 A 或 $\bar{A}$，并且取 A 的概率为 P，取 $\bar{A}$ 的概率为 $1-P$。从 X 中抽取容量为 n 的样本 $x_1, x_2, \cdots, x_n$，则 A 出现的次数 K 服从二项分布，记为 $K \sim B(n, P)$。随机变量 K 的数学期望为 nP，其方差为 $nP(1-P)$。当样本容量很大时，即 $n \to \infty$ 时，则服从二项分布的随机变量 K 服从正态分布，即：

$$K \sim N(nP, nP(1-P)) \tag{8—19}$$

其标准化为 $$U = \frac{K - nP}{\sqrt{nP(1-P)}} \sim N(0,1) \tag{8—20}$$

(二) 抽样估计的优良标准

抽样推断是由样本的数据估计全及总体的数据，样本数据也叫估计量。一个好的估计量，必须满足以下要求：

1. 无偏性

无偏性是指采用的样本数据，其数学期望（即平均数）等于被估计的总体参数。设总体参数是 θ，所选择的估计量是 $\hat{\theta}$，若 $E(\hat{\theta}) = \theta$，则称 $\hat{\theta}$ 是 θ 的无偏估计量。从平均数来说，抽样指标对全及总体来说是没有偏差的。例如，样本平均数的数学期望就是总体平均数。

2. 一致性

一致性是指虽然样本指标与总体指标有差别，但当样本单位数逐渐增大时，样本指标就越来越接近总体指标。换言之，一个大样本给出的估计量要比一个小样本给出的估计量更接近总体的参数。因为样本均值抽样分布的标准差与样本容量大小成反比，因此可以说大样本量给出的估计量更接近总体均值。

3. 有效性

一个无偏的估计量并不意味着它非常接近被估计的参数，它还必须与总体参数的离散程度比较小。有效性是指对同一参数的两个无偏估计量，方差（标准差）更小的估计量更有效。

一般地说，用样本平均数和样本成数来估计总体平均数和总体成数，满足上述要求，是合理的估计。

第二节 抽样误差

一、抽样误差的概念及影响因素

（一）抽样误差的概念

抽样调查的意义是用样本的指标来推断相应的总体指标，这两者之间必然存在着差异，这个差异就是抽样误差。抽样误差是由于随机抽样的偶然因素使样本各单位对总体各单位的代表性差别而引起的抽样指标和全及指标之间的离差。如抽样平均数 $\bar{x}$ 与总体平均数 $\overline{X}$ 的离差为 $\bar{x}-\overline{X}$；抽样成数 p 与总体成数 P 的离差为 $p-P$ 。必须指出，抽样误差是抽样调查所特有的误差，凡进行抽样就一定会产生抽样误差，这种误差是不可避免的。根据大数定律可以知道，随着样本容量 n 的增大，抽样误差会减小，但不会为零，因此抽样误差可以在抽样程序上加以控制，所以也称为可控制性误差。在全面调查中有登记性误差，而没有代表性误差。在抽样调查中，这两种误差都存在。抽样误差是抽样调查所固有的，可以运用数学方法计算其样本量界限，并通过抽样设计程序控制范围。

一般来说，抽样误差的大小会随样本的不同而不同，其对总体的代表性也有所差异。抽样误差越小，样本对总体的代表性就越大，抽样推断越准确可靠；反之，抽样误差越大，样本对总体的代表性就越小，抽样推断的准确可靠性就越差。

（二）影响抽样误差的因素

抽样误差的大小受以下几个方面因素的影响：

（1）总体单位的标志值的差异程度。差异程度愈大则抽样误差愈大，反之则愈小。若单位间无差异，则不存在抽样误差。

（2）样本单位数的多少。在其他条件相同的情况下，样本单位数愈多，则抽样误差愈小。若样本单位数与总体单位数相等时，抽样误差就不存在了。

（3）抽样方法。抽样方法不同，抽样误差也不相同。一般说，重复抽样比不重复抽样，误差要大些。

（4）抽样调查的组织形式。抽样调查的组织形式不同，其抽样误差也不相同，而且同一组织形式的合理程度也会影响抽样误差。

二、抽样平均误差

（一）抽样平均误差的概念

抽样平均误差是抽样平均数（或抽样成数）的标准差。它反映抽样平均数（或抽样成数）与总体平均数（或总体成数）的平均误差程度。

从同一总体中，按随机原则抽取同样单位数的多个样本，每个样本可以计算各自的样本平均数（或抽样成数）。将一系列抽样平均数（或抽样成数）计算其抽样平均数（或抽样成数）的标准差，反映抽样平均数（或抽样成数）与总体平均数（或总体成数）的平均误差程度。

以 $\mu_{\bar{x}}$ 表示抽样平均数的抽样平均误差，μ_p 表示抽样成数的抽样平均误差，M 表示全部可能的样本数目，则

$$\mu_{\bar{x}}=\sqrt{\frac{\sum(\bar{x}-E\bar{x})^2}{M}} \tag{8—21}$$

$$\mu_p=\sqrt{\frac{\sum(p-Ep)^2}{M}} \tag{8—22}$$

式中，$E\bar{x}$ 表示样本平均数的平均数，它等于总体平均数 $\bar{X}$；Ep 表示样本成数的平均数，它等于总体成数 P；M 表示样本个数。因此有

$$\mu_{\bar{x}}=\sqrt{\frac{\sum(\bar{x}-\bar{X})^2}{M}} \tag{8—23}$$

$$\mu_p=\sqrt{\frac{\sum(p-P)^2}{M}} \tag{8—24}$$

（二）抽样平均误差简例

设有 1，2，3，4，5 五个数字作为总体，采用不重复抽样方法，随机抽取三个数字组成样本，可以组成 $C_5^3=10$ 个样本，如表 8—1 所示。

表 8—1　　抽样分布表

样本	样本平均数（$\bar{x}$）	误差（$\bar{x}-\bar{X}$）	误差平方（$\bar{x}-\bar{X}$）^{2}
1、2、3	(1+2+3)÷3=2	−1	1
1、2、4	(1+2+4)÷3=2.33	−0.67	0.448 9
1、2、5	(1+2+5)÷3=2.67	−0.33	0.108 9
1、3、4	(1+3+4)÷3=2.67	−0.33	0.108 9
1、3、5	(1+3+5)÷3=3	0	0
1、4、5	(1+4+5)÷3=3.33	0.33	0.108 9
2、3、4	(2+3+4)÷3=3	0	0
2、3、5	(2+3+5)÷3=3.33	0.33	0.108 9
2、4、5	(2+4+5)÷3=3.67	0.67	0.448 9
3、4、5	(3+4+5)÷3=4	1	1

其总体平均数为：

$$\bar{x}=\frac{1+2+3+4+5}{5}=3$$

根据表 8—1 资料可以得到：

$$\mu_{\bar{x}}=\sqrt{\frac{\sum(\bar{x}-\bar{X})^2}{M}}=\sqrt{\frac{3.333\,4}{10}}=0.58$$

上式只表明了抽样平均误差的含义，并不能作为计算公式。因为在现实抽样中不知道总体平均数和总体成数，不可能也没有必要找出所有可能的样本并计算它们的平均值，所以按上述公式计算抽样平均误差是不可能的。但从统计量的分布律我们已经知道，抽样平均误差实际上是该统计量在其概率分布中的标准差。

数理统计证明：$\mu_{\bar{x}}=\sqrt{\dfrac{\sum(\bar{x}-E\bar{X})^2}{M}}$

$$\mu_{\bar{x}}=\frac{\sigma}{\sqrt{n}} \tag{8—25}$$

$$\mu_p=\sqrt{\frac{\sum(p-EP)^2}{M}}$$

$$\mu_p=\sqrt{\frac{P(1-P)}{n}} \tag{8—26}$$

通过上述两个公式，我们就可以计算抽样平均误差了。

三、抽样误差的计算公式

（一）抽样平均误差

抽样平均误差是所有可能样本指标与总体指标之间离差平方的平均数的平方根，即样本指标对总体指标的标准差。它反映抽样平均数（或抽样成数）与总体平均数（或总体成数）的一般误差水平。通常用 $\mu_{\bar{x}}$ 表示抽样平均数的抽样平均误差，μ_p 表示抽样成数的抽样平均误差。

由于抽样方法不同，公式也略有不同，现分述如下：

1. 重复抽样条件下抽样平均数的平均误差的计算

重复抽样的条件下，抽样平均数的平均误差与总体的变异程度（σ）以及样本容量大小（n）两个因素有关，具体关系为：

$$\mu_{\bar{x}}=\frac{\sigma}{\sqrt{n}} \tag{8—27}$$

2. 不重复抽样条件下抽样平均数的平均误差的计算

不重复抽样条件下，抽样平均数的平均误差不但和总体变异程度及样本容量有关，而且还要考虑总体单位数的多少，其具体关系为：

$$\mu_{\bar{x}}=\frac{\sigma}{\sqrt{n}}\sqrt{\frac{N-n}{N-1}} \tag{8—28}$$

式中，N 为总体单位数。与重复抽样公式对比可以看出，不重复抽样的抽样平均误差比重复抽样的抽样平均误差多一个修正因子 $\sqrt{\dfrac{N-n}{N-1}}$。由于这个因子总是小于 1，因此不重复抽样的抽样平均误差总是小于重复抽样的抽样平均误差。在总体单位数 N 很大的情况下，这个因子十分接近于1，因而两种抽样平均误差相差很小。不重复抽样的抽样平均误差公式可以表示为如下的近似式：

$$\mu_{\bar{x}}=\sqrt{\frac{\sigma^2}{n}\left(1-\frac{n}{N}\right)} \tag{8—29}$$

在计算抽样平均误差时，通常得不到总体标准差的数值，可以用标准差 S_* 来代替总体标准差 σ，若在大样本的情况下，一般可以用样本的标准差 s 来代替总体标准差 σ。

【例 8—1】 对北京 15 万公务员 2013 年的收入水平进行调查，抽取 3%的公务员作为样本。调查显示，2013 年北京公务员的平均月收入为6 083元，年收入的标准差为 593.21 元，试计算重复抽样和不重复抽样的抽样平均误差。

解：已知 $N=150\ 000$（户），$n=150\ 000\times 3\%=4\ 500$（户），$\sigma=593.21$（元）

重复抽样的抽样平均数的抽样平均误差为：

$$\mu_{\bar{x}}=\frac{\sigma}{\sqrt{n}}=\frac{593.21}{\sqrt{4\ 500}}=8.84\text{（元）}$$

不重复抽样的抽样平均数的抽样平均误差为：

$$\mu_{\bar{x}}=\sqrt{\frac{s^2}{n}(1-\frac{n}{N})}=\sqrt{\frac{593.21^2}{4\ 500}(1-\frac{4\ 500}{150\ 000})}=8.71\text{（元）}$$

3. 重复抽样条件下抽样成数的抽样平均误差的计算

重复抽样条件下，抽样成数的抽样平均误差的计算公式为：

$$\mu_p=\sqrt{\frac{P(1-P)}{n}} \tag{8—30}$$

式中，P 为总体成数，n 为样本单位数。

4. 不重复抽样条件下抽样成数的抽样平均误差的计算

不重复抽样条件下，抽样成数的抽样平均误差的计算公式为：

$$\mu_p=\sqrt{\frac{P(1-P)}{n}\left(\frac{N-n}{N-1}\right)} \tag{8—31}$$

在总体单位数 N 很大的情况下，μ_p 的近似式为：

$$\mu_p=\sqrt{\frac{P(1-P)}{n}\left(1-\frac{n}{N}\right)} \tag{8—32}$$

在缺少总体成数时，往往是采用样本成数 p 来代替总体成数 P。

【例 8—2】 对福州的空气质量进行调查。福州市共计 700 万居民，发放 10 万张调查问卷，结果显示，9.8 万人对福州的空气质量满意，其余的不满意。试求福州市民对福州空气质量的满意度的抽样平均误差。

解：已知 $N=700$ 万，$n=10$ 万，$p=9.8/10=98\%$

重复抽样：$\mu_p=\sqrt{\frac{p(1-p)}{n}}=\sqrt{\frac{0.98\times(1-0.98)}{10}}=4.43\%$

不重复抽样：$\mu_p=\sqrt{\frac{p(1-p)}{n}(1-\frac{n}{N})}=\sqrt{\frac{0.98\times(1-0.98)}{10}\times(1-\frac{10}{700})}=4.40\%$

（二）抽样极限误差

抽样极限误差是抽样指标与总体指标之间，在一定概率保证程度下的抽样误差被允许的最大可能范围，又叫可允许误差。抽样极限误差分别用 $\Delta_{\bar{x}}$，Δ_p 表示。

根据极限误差的含义有以下关系式：

$$|\bar{x}-\bar{X}|\leqslant\Delta_{\bar{x}} \tag{8—33}$$

$$|p-P|\leqslant\Delta_{p} \tag{8—34}$$

上两式很容易转化为下列不等式

$$\bar{x}-\Delta_{\bar{x}}\leqslant\bar{X}\leqslant\bar{x}+\Delta_{\bar{x}} \tag{8—35}$$

$$p-\Delta_{p}\leqslant P\leqslant p+\Delta_{p} \tag{8—36}$$

式中表示被估计的总体平均数是以抽样平均数 $\bar{x}$ 为中心，在 $\bar{x}-\Delta_{\bar{x}}$ 到 $\bar{x}+\Delta_{\bar{x}}$ 之间变动，区间 $(\bar{x}-\Delta_{\bar{x}},\bar{x}+\Delta_{\bar{x}})$ 称为平均数的估计区间或称平均数的置信区间，其总长度为 $2\Delta_{\bar{x}}$。在这个区间内，样本平均数和总体平均数之间的离差绝对值不超过 $\Delta_{\bar{x}}$。同样，式中表明被估计的总体成数是以抽样成数 p 为中心，在 $p-\Delta_{p}$ 与 $p+\Delta_{p}$ 之间变动，在 $(p-\Delta_{p},p+\Delta_{p})$ 区间内，抽样成数与总体成数之间的绝对离差不超过 Δ_{p}。

例如，某地区有居民共5 000户，按不重复抽样抽取 100 户居民，人均收入为 2.5 千元（即 $\bar{x}=2.5$），不重复抽样的抽样平均误差为 0.028 千元，如果确定极限误差 $\Delta_{\bar{x}}=0.022\,4$ 千元，可据此估计该地区5 000户居民的人均收入的可能范围大概是 $(2.5-0.022\,4,2.5+0.022\,4)$ 千元，即2.477 6千元至2.522 4千元之间。

四、抽样误差的概率度

在一个全及总体中，当抽样方式和样本容量确定后，不管选用哪个具体样本，它们的抽样平均误差 $\mu_{\bar{x}}$ 或 μ_{p} 都是一个定值，而抽样极限误差则是由人们根据具体情况研究后确定的。如果要求推测结果可靠性大一些，则总体指标落入的区间要尽可能大，也就表明极限误差要大；反之，极限误差要相对小一些。

设：$t=\dfrac{\Delta_{\bar{x}}}{\mu_{\bar{x}}}$，如果用 t 表示概率度，抽样平均数误差和抽样极限误差之间的关系计算公式为：

$$\Delta_{\bar{x}}=t\mu_{\bar{x}} \tag{8—37}$$

$$\Delta_{p}=t\mu_{p} \tag{8—38}$$

即：极限误差为概率度与抽样平均误差的乘积。

若统计量服从标准正态分布，计算表明：当 $t=1$ 时，可靠性为 68.27%；当 $t=2$ 时，可靠性为 95.45%；当 $t=3$ 时，可靠性为 99.73%。概率度和概率是函数关系，这种数值关系是固定的，在实际工作中是通过查表得到的。本书的附录中有“标准正态概率表”，可依此备查。

第三节　全及指标的推断

抽样的主要目的就是通过样本来估计总体的信息诸如均值、标准差等参数，由于总体指标是表示总体数量特征的参数，所以也称为参数估计。在统计实践中，抽样估计有点估计和区间估计两种，下面分别加以介绍。

一、点估计

点估计是一种以点代面的估计方法。其特点是根据总体指标的结构形式设计样本指标（统计量）作为总体参数的估计量，并且以样本指标的实际数值直接作为相应总体参数的估计值。

【例 8—3】对一批某种型号的电子元件10 000只进行耐用时间检查，随机抽取 100 只，测试的平均耐用时间为1 055小时，合格率为 91%，我们推断说10 000只电子元件的平均耐用时间为1 055小时，全部电子元件的合格率也是 91%。

总体参数点估计方法优点是：简便，易行，原理直观，常为实际工作所采用。其不足之处也是显著的，即点估计没有表明抽样估计的误差，更没有指出误差在一定范围内的概率保证程度，而另一种估计方法，即区间估计，就能够解决这一问题，所以是更好的估计方法。

二、区间估计

（一）区间估计的含义

假定参数是射击靶上 10 环的位置，作一次射击，打在靶心 10 环的位置上的可能性很小。但是打在靶子上的可能性就很大，用打在靶上的这个点画出一个区间，这个区间包含靶心的可能性就很大，这就是区间估计的基本思想。区间估计是把抽样指标与抽样平均误差结合起来去推断总体指标所在的可能范围。也就是根据给定的抽样估计可靠程度的要求，利用实际样本资料，指出总体被估计值的上限和下限，即总体指标可能存在的区间范围。这个区间范围又称为置信区间，上下限称为置信限。描述所在区间的可靠程度的概率叫置信度。

由此可见，总体参数和区间估计必须同时具备估计值、抽样误差范围和概率保证程度三个要素。

抽样误差范围决定估计的准确性，而概率保证程度则决定估计的可靠性。在抽样估计的时候，我们当然希望估计的准确性尽量高，也希望估计的可靠性尽量大。但这两个愿望是矛盾的。利用一个样本对总体进行估计时，提高了估计的准确性，必然会降低估计的可靠性。同样，提高了估计的可靠性，也必然降低估计的准确性。因此在抽样估计的时候，只能对其中一个要素提出要求，而推算另一个要素的变动情况，所以总体参数和区间估计根据所给定的条件不同，有两种估计方法。

（二）区间估计的方法

1. 置信度约束下的区间估计

根据抽样推断原理，来自总体中的容量为 n 的样本，在置信度一定的情况下，总体参数区间估计的步骤为：

（1）计算样本指标，即依据样本计算其平均数（$\bar{x}$）或成数（p）、样本平均数的抽

样平均误差 $\mu_{\bar{x}}$ 或样本成数的抽样平均误差 μ_p 。

（2）确定把握程度，即依据推断要求确定置信度，据此查表得到概率度 t ，并计算极限误差 $\Delta_{\bar{x}} = t \cdot \mu_{\bar{x}}$ 或者 $\Delta_p = t \cdot \mu_p$ 。

（3）估计总体的置信区间，即依据样本平均数或成数和极限误差，推断总体平均数或总体成数的可能范围 $(\bar{x} - \Delta_{\bar{x}}, \bar{x} + \Delta_{\bar{x}})$ 或 $(p - \Delta_p, p + \Delta_p)$ 。

【例 8—4】某大学为了解学生每天上网的时间，在全校7 500名学生中抽取 36 人进行问卷调查，得到下面数据（单位：小时）。试以 95%的可靠性求该校大学生上网的平均时间及上网时间在 4 小时以上的比例。

3.3	3.1	6.2	5.8	2.3	4.1	5.4	4.5	3.2
4.4	2.0	5.4	2.6	6.4	1.8	3.5	5.7	2.3
2.1	1.9	1.2	5.1	4.3	4.2	3.6	0.8	1.5
4.7	1.4	1.2	2.9	3.5	2.4	0.5	3.6	2.5

解：（1）该校学生平均上网样本平均数：

$$\bar{x} = \frac{\sum x_i}{36} = 3.32$$

样本标准差 $\sigma = \sqrt{\dfrac{\sum (x_i - \bar{x})^2}{36}} = 1.59$

$$\mu_{\bar{x}} = \frac{\sigma}{\sqrt{n}} = \frac{1.59}{6} = 0.265$$

查表概率为 95%时，概率度为 1.96，则：

$$\Delta_{\bar{x}} = t\mu_{\bar{x}} = 1.96 \times 0.265 \approx 0.52$$

该校学生上网的平均时间的区间范围是：

$$\bar{x} - \Delta_{\bar{x}} \leqslant X \leqslant \bar{x} + \Delta_{\bar{x}}$$

$$3.32 - 0.52 \leqslant X \leqslant 3.32 + 0.52$$

$$2.80 \leqslant X \leqslant 3.84$$

即平均上网时间落在［2.80，3.84］这个区间的把握程度为 95%。

（2）该校学生上网时间超过 4 小时的比重的范围

$$p = \frac{n_1}{n} = \frac{13}{36} = 36\%$$

$$\mu_p = \sqrt{\frac{p(1-p)}{n}} = \sqrt{\frac{0.36(1-0.36)}{36}} = 0.08$$

$$\Delta_p = t\mu_p = 1.96 \times 0.08 \approx 0.16$$

上网时间超过 4 小时的学生所占的比重的范围：

$$p - \Delta_p \leqslant P \leqslant p + \Delta_p$$

$$0.36 - 0.16 \leqslant P \leqslant 0.36 + 0.16$$

$$0.20 \leqslant P \leqslant 0.52$$

即在 95%概率保证程度下，该校上网时间超过 4 小时的学生所占的比重的范围在 20%～52%之间。

2. 允许误差约束下的区间估计

如果在区间估计中，先给定允许误差，我们也可以根据抽样推断原理，推算出总体参数的区间值及其结论的可信度，具体步骤为：

(1) 计算样本指标，即依据样本计算其平均数 ($\bar{x}$) 或成数 (p)、样本平均数的抽样平均误差 $u_{\bar{x}}$ 或样本成数的抽样平均误差 u_p 。

(2) 确定允许误差，即根据推断要求确定极限误差，以样本平均数 $\bar{x}$ 或成数±极限误差来构造总体平均数或成数的置信区间。

(3) 估计把握程度，依据极限误差及抽样平均误差计算出概率度，然后查标准正态分布双侧临界值表，得到置信区间所对应的置信度 $1-\alpha$ 水平（α 叫做显著性水平）。

【例 8—5】 从全校近万名学生中随机抽取 100 名学生进行调查，测得其平均身高为 165 厘米，根据以往经验，学生身高的标准差为 3 厘米，现要求以最大不超过 0.6 厘米的允许误差，来推断全体学生的平均身高及其可靠性。

已知 $n=100, \bar{x}=165\text{cm}, \sigma=3\text{cm}, \Delta_{\bar{x}}=0.6\text{cm}$

则全校学生平均身高的置信区间为 $[\bar{x}\pm\Delta_{\bar{x}}]=[164.4, 165.6]$

又由于 $$u_{\bar{x}}=\frac{\sigma^2}{\sqrt{n}}=\frac{9}{\sqrt{100}}=0.3$$

则 $$t=\frac{\Delta_{\bar{x}}}{u_{\bar{x}}}=\frac{0.6}{0.3}=2$$

查标准正态概率双侧临界值表，当 $t=2$ 时，$1-\alpha=0.954\ 5$ 。由此可见，该校学生的平均身高在 164.4～165.6 厘米之间的可能性为 95.45％。

第四节 抽样组织方式及抽样数目确定

在进行随机抽样时，由于所研究现象的特点和工作条件的不同，可以设计各种不同的抽样组织形式。常用的抽样组织形式有简单随机抽样、分类抽样、等距抽样和整群抽样四种基本形式。另外，在实施抽样活动中应根据对估计值要求的精度、现有的经费、资源和时间确定必要的抽样数目。也就是说，在保证精确度的前提下应尽量缩小抽样数目。

一、抽样组织方式

（一）简单随机抽样

1. 简单随机抽样的概念

简单随机抽样又称纯随机抽样，是指不对总体作任何加工整理，完全按随机原则逐个抽取调查单位的抽样调查方式。它是抽样中最基本的形式，其他各种抽样组织方式，都是以简单随机抽样的随机抽样原则为依据并采取排队、分类、分群等形式而派生的抽样组织方式。例如，在许多日常场合，相当普遍地通过“掷骰子”、“扔硬币”和“摇号”公平决定稀有物品或机会的归属，或者确定某种顺序，采用的就是简单随机抽样方式。

简单随机抽样分为重复抽样和不重复抽样两种。

2. 简单随机抽样的抽样平均误差的计算

(1) 重复抽样平均误差

重复抽样平均数平均误差公式：

$$\mu_{\bar{x}} = \sqrt{\frac{\sigma^2}{n}} \tag{8—39}$$

式中，σ 为总体均方差，通常用样本均方差代替。

重复抽样成数平均误差公式：

$$\mu_p = \sqrt{\frac{P(1-P)}{n}} \tag{8—40}$$

式中，P 为总体成数，通常用样本成数代替。

(2) 不重复抽样方法的平均误差

不重复抽样方法的平均误差有平均数和成数两个。其中不重复抽样方法平均数的平均误差如下式：

$$\mu_{\bar{x}} = \sqrt{\frac{\sigma^2}{n}\left(1-\frac{n}{N}\right)} \tag{8—41}$$

式中，$\mu_{\bar{x}}$ 为样本平均数的平均误差，σ 为总体均方差，通常用样本均方差代替。

对于不重复抽样方法成数的平均误差，因交替标志的均方差为 $\sigma = \sqrt{P(1-P)}$，这里 P 是总体具有某种标志值的比重，即成数。所以样本成数的平均误差的公式如下：

$$\mu_p = \sqrt{\frac{P(1-P)}{n}\left(1-\frac{n}{N}\right)} \tag{8—42}$$

式中，P 为总体成数，通常用样本成数代替。

(二) 分类抽样

1. 分类抽样的概念

分类抽样又称类型抽样或分层抽样。它是先对总体单位按某一主要标志加以分组，然后再从各组中按随机原则抽选一定单位构成样本。其主要应用于总体内各单位在被研究标志上有明显差别的抽样。如研究农作物产量时，可耕地有平原、丘陵和山地等区别；研究职工的工资水平时，各行各业之间有明显的差别。

将全及总体进行分类后，如何分配各组的抽样数目，通常有两种方法。一种是按各组的标志变动度来分配，标志变动度大的组，可适当多抽一些样本单位，标志变动小的组，抽样数目可适当少一些。另一种分配方法是等比例地分配各组的抽样单位数，常用的为各类型按同样比例 $\left(\frac{n_1}{N_1}=\frac{n_2}{N_2}=\cdots=\frac{n_k}{N_k}=\frac{n}{N}\right)$ 抽取单位，叫做等比例分类抽样。

2. 分类抽样的抽样平均误差的计算

分类比例抽样的平均误差公式如下：

(1) 重复抽样平均误差

重复抽样平均数平均误差公式为：

$$\mu_{\bar{x}} = \sqrt{\frac{\overline{\sigma_i^{\ 2}}}{n}} \tag{8—43}$$

式中，n 为抽样数目，即各类型抽样数目之和。

$$\overline{\sigma_i^{\ 2}} = \frac{\sum n_i \sigma_i^2}{n} \tag{8—44}$$

重复抽样成数的平均误差公式

$$\mu_p = \sqrt{\frac{\overline{P_i(1-P_i)}}{n}} \tag{8—45}$$

式中，$\overline{P_i(1-P_i)}$ 表示总体各组方差的平均数。

$$\overline{P_i(1-P_i)} = \frac{\sum p_i(1-p_i)n_i}{n} \tag{8—46}$$

（2）不重复抽样平均误差

不重复抽样平均数的平均误差公式：

$$\mu_{\bar{x}} = \sqrt{\frac{\overline{\sigma_i^{\ 2}}}{n}\left(1-\frac{n}{N}\right)} \tag{8—47}$$

不重复抽样成数的平均误差公式：

$$\mu_p = \sqrt{\frac{\overline{P_i(1-P_i)}}{n}\left(1-\frac{n}{N}\right)} \tag{8—48}$$

类型比例抽样中，重复与不重复平均抽样误差公式，仅相差 $\left(1-\frac{n}{N}\right)$ 因子，当总体单位数 N 相当大时，这个因子接近 1。因此，当 N 相当大时，在类型比例抽样中，虽应用不重复抽样，也常用重复抽样公式代替。

【例 8—6】 假定根据类型比例抽样取得数字，如表 8—2 所示。

表 8—2 **抽样资料表**

类型	抽取单位（n_i）	标志平均数（$\bar{x}_i$）	标准差（σ_i）
甲区域	600	32	20
乙区域	300	36	30

根据上表资料，进行计算：

$$\bar{x} = \frac{\sum \bar{x}_i n_i}{\sum n_i} = \frac{32\times 600+36\times 300}{600+300} = 33.33$$

$$\bar{\sigma}^{\ 2} = \frac{\sum \sigma_i^2 n_i}{\sum n_i} = \frac{20^2\times 600+30^2\times 300}{600+300} = 566.7$$

$$\mu_{\bar{x}} = \sqrt{\frac{\bar{\sigma}^{\ 2}}{n}} = \sqrt{\frac{566.7}{900}} = 0.794$$

若以0.954 5的几率保证总体平均数的范围：

$$\Delta_{\bar{x}} = t\mu_x = 2\times 0.794 = 1.588$$

故总体平均数在0.954 5的概率下介于 31.742 与 34.918 之间。

【例 8—7】 某地区有10 000居民住户，按城市居民和农村居民的比例采用不重复抽样方法抽取1 000户进行网购经历的调查，资料如表 8—3 所示。

表 8—3　　某地城乡居民住户网购经历资料

居民住户分类	抽样户数（n_i）	有网购经历 p_i（%）
城市住户	300	80
农村住户	700	45

现以 95%的概率推断该地区居民有网购经历的比重范围。

已知 $N=10\ 000$（户），$n=1\ 000$（户），$n_1=300$（户），$n_2=700$（户），

$$p_1=80\%,p_2=45\%,t=1.96$$

$$p=\frac{\sum p_i n_i}{n}=\frac{0.8\times 300+0.45\times 700}{1\ 000}=55.5\%$$

由于总体各级成数未知，因此用样本组内方差平均数代表总体组内方差平均数

$$\overline{P_i(1-P_i)}=\overline{p_i(1-p_i)}=\frac{\sum p_i(1-p_i)n_i}{n}$$

$$=\frac{0.8\times 0.2\times 300+0.45\times 0.55\times 700}{1\ 000}=22.13\%$$

$$\mu_p=\sqrt{\frac{\overline{P_i(1-P_i)}}{n}\left(1-\frac{n}{N}\right)}=\sqrt{\frac{\overline{p_i(1-p_i)}}{n}\left(1-\frac{n}{N}\right)}$$

$$=\sqrt{\frac{0.221\ 3}{1\ 000}\left(1-\frac{1\ 000}{10\ 000}\right)}=1.41\%$$

$$\Delta_p=t\cdot\mu_p=1.96\times 1.41\%=2.76\%$$

该地区居民住户网购经历比例的置信区间为：

$$p-\Delta_p\leqslant P\leqslant p+\Delta_p$$

$$55.5\%-2.76\%\leqslant P\leqslant 55.5\%+2.76\%$$

即　$52.74\%\leqslant P\leqslant 58.26\%$

计算结果表明，有 95%的把握程度推测该地区网购经历的比重在 52.74%≤P≤58.26%之间。

（三）等距抽样

等距抽样又称为机械抽样或系统抽样。这一方式抽取单位的方法是，先把总体单位按某种顺序排列成行（或按自然顺序），用随机方法抽取第一个单位，以后每隔若干单位抽取一个单位。等距抽样可以分为按无关标志排序抽样和按有关标志排序抽样两类。

按无关标志排序的等距抽样是指排序的标志与被研究的标志无关。如考察学生考试成绩，按姓氏笔画排序，观察产品的质量按生产的先后顺序排序等；按有关标志排序的等距抽样，是指排序的标志与被研究的标志相关，如农产品产量调查时，将地块按过去连续几年的亩产量排序；家庭生活消费水平调查中，按家庭收入额排序等。

等距抽样均为不重复抽样，按无关标志排序的等距抽样，其抽样平均误差的计算公式与简单随机不重复抽样的组织方式相同；按有关标志排序的等距抽样，其抽样平均误差的计算公式与类型抽样的组织方式相同。

（四）整群抽样

1. 整群抽样的含义

整群抽样也叫分群抽样或集团抽样，是先将总体各单位划分为若干群，然后以群为单位从中随机抽取一些群，对其中抽选的群的所有单位进行全面调查。例如，要了解某市一年中自行车丢失情况，将该市按派出所行政区域划分为若干个群，然后随机地抽取一些派出所，随后对被抽中的派出所所管辖的居民进行全面的调查，了解这些派出所区域内丢失自行车的整个情况。

2. 整群抽样的抽样平均误差的计算

设总体的全部单位为 R 群，每群中所包含的单位数为 m_i，现从所有群中抽取 r 群组成样本，则有：

各群平均数 $$\overline{x}_i = \frac{\sum x_i}{m_i} \tag{8—49}$$

样本平均数 $$\overline{x} = \frac{\sum \overline{x}_i}{r} \tag{8—50}$$

群间方差 $$\delta^2 = \frac{\sum (\overline{x}_i - \overline{x})^2}{r} \tag{8—51}$$

平均数的抽样平均误差的计算公式为：

$$\mu_{\overline{x}} = \sqrt{\frac{\delta^2}{r} \cdot \frac{R-r}{R-1}} \tag{8—52}$$

或 $$\mu_{\overline{x}} = \sqrt{\frac{\delta^2}{r}\left(1 - \frac{r}{R}\right)} \tag{8—53}$$

各群成数 $$p_i (i = 1, 2, \cdots, r) \tag{8—54}$$

各群成数平均数 $$p = \frac{\sum p_i}{r} \tag{8—55}$$

样本成数的群间方差 $$\delta^2 = \frac{\sum (p_i - p)^2}{r} \tag{8—56}$$

成数的抽样平均误差的计算公式为：

$$\mu_p = \sqrt{\frac{\delta^2}{r} \cdot \frac{R-r}{R-1}} \tag{8—57}$$

或 $$\mu_p = \sqrt{\frac{\delta^2}{r}\left(1 - \frac{r}{R}\right)} \tag{8—58}$$

（五）抽样方式的选择

简单随机抽样、分类抽样和等距抽样，都是直接从总体单位中抽取样本单位，因而可称为个体抽样。在个体抽样中，简单随机抽样是基本的组织方式，但当总体单位很多时，不容易组织简单随机抽样，因而简单随机抽样在实际工作中很少应用。

分类抽样是从各类型分别抽取单位，比较容易组织，并且经过分类，使各组的分布比较均匀。抽样平均指标的变异度较小，各组都有中选机会，所以在总体各单位标志值大小悬殊的情况下，它比简单随机抽样可以得到比较准确的结果，因而是一种优越的抽样调查方式。

等距抽样是分类抽样的特例。它是最容易组织的一种抽样调查，并且其准确度也一般高于简单随机抽样，故在实际工作中广泛地被采用。

整群抽样，在同样的抽样数目时其准确度低于个体抽样方式。但整群抽样能够节省调查费用，并且也可以用增加抽样数目的方法来达到所要求的准确度。故它仍不失为一种优越的抽样调查方式。

二、抽样数目的确定

（一）确定抽样数目的必要性

确定样本容量是抽样推断中的一个重要问题。在抽样调查中，样本容量越大，样本对总体的代表性越大，抽样误差越小；样本容量越小，抽样误差越大。但是，抽样数目越多，抽样调查的费用也越高，从而影响抽样调查的优越性发挥。抽样数目过多，还会影响抽样调查的时效性；抽样数目过少，抽选的样本很难对总体有代表性，由此会影响到推断的准确性。因此，为了避免样本容量的过大或过小，必须恰当地确定样本数目。

（二）影响样本数目的因素

影响样本容量的因素，概括起来主要有以下几点：

1. 总体各单位标志变异程度

如果被研究总体的标志变异程度大，则应抽取较多的样本单位；反之，要抽取的样本单位可少些。

2. 允许误差的范围

允许误差的范围，即指估计的精度，如果允许的误差范围小，即要求的精度高，应抽取较多的样本单位；反之，则应抽取较少的样本单位。

3. 抽样推断的可靠程度

抽样推断的可靠程度，即指估计的置信度，抽样推断的可靠程度越高，抽取的样本单位则越多；反之，抽取的样本单位则越少。

4. 抽样的方法和抽样的组织方式

在其他条件不变的情况下，重复抽样比不重复抽样抽取的样本要多一些。此外，不同的抽样组织方式也是影响样本容量的一个重要因素。

（三）必要抽样数目的计算公式

1. 估计总体均值时样本量的确定

重复抽样样本数目

$$\Delta_{\bar{x}} = t \cdot \mu_{\bar{x}} = t \cdot \frac{\sigma}{\sqrt{n}}$$

则 $$n = \frac{t^2\sigma^2}{\Delta_{\bar{x}}^{\ 2}} \qquad (8—59)$$

不重复抽样样本数目

$$\Delta_{\bar{x}} = t \cdot \mu_{\bar{x}} = t \cdot \sqrt{\frac{\sigma^2}{n} \cdot (1 - \frac{n}{N})}$$

则 $$n = \frac{Nt^2\sigma^2}{N\Delta_{\bar{x}}^2 + t^2\sigma^2} \tag{8—60}$$

【例 8—8】 一个学公共管理的学生想了解正在大城市中从事政策咨询的顾问每个月可以得到多少酬劳。在 95%的可靠程度下，要求均值的估计误差不超过 100 元。此外他从劳动部得到的资料估计总体标准差约为1 000元。请计算所需要的样本量。

由于最大可容许误差 $\Delta_{\bar{x}}$ 为 100 元，95%的可靠性所对应的 t 值为 1.96，即 $t = 1.96$，总体标准差的估计为1 000元。将数据代入公式可得到样本量：

$$n = \frac{t^2\sigma^2}{\Delta_{\bar{x}}{}^2} = (\frac{1.96 \times 1\,000}{100})^2 = 19.6^2 = 384.16$$

需要的样本量为 385。

注：如果得到的结果不是整数的话，应取不小于该数的最小整数。

2. 估计总体比例时样本量的确定

关于比例估计问题样本量的确定与上面的过程基本一致，只是将 σ^2 换成 $P(1-P)$。其计算公式为：

重复抽样样本数目

$$n = \frac{t^2P(1-P)}{\Delta_P{}^2} \tag{8—61}$$

不重复抽样样本数目

$$n = \frac{Nt^2P(1-P)}{N\Delta_P^2 + t^2P(1-P)} \tag{8—62}$$

【例 8—9】 根据以往的生产经验，某种产品的合格率约为 90%，现要求估计误差为 5%，在求 95%的可靠性时所需要抽取的样本数量。

$$p = 90\%, \Delta_P = 5\%, t = 1.96$$

$$n = \frac{t^2P(1-P)}{\Delta_P{}^2} = \frac{1.96^2 \times 0.9 \times 0.1}{0.05^2} = 138.3 \approx 139$$

应抽取 139 个产品作为样本。

第五节　Excel 在抽样推断中的应用

抽样推断是一种用来了解全面情况的非全面调查方法。统计抽样是按照科学原则从被研究现象的总体中抽取一部分单位进行观察，然后根据观察的结果运用数理统计的原理，来估计总体综合指标或对总体综合指标的某种假设进行检验。

一、样本单位的选取

某班级统计学期末考试成绩表如图 8—1 所示。学院专家组来检查学生考试试卷，专家组拟对总体进行抽样检查，对学校某班的全体同学随机抽取 20 名作为调查样本。为了保证结果的非人为性，利用 Excel 来进行随机抽样。

操作步骤：

（1）打开原始数据表格，对总体单位进行编号。

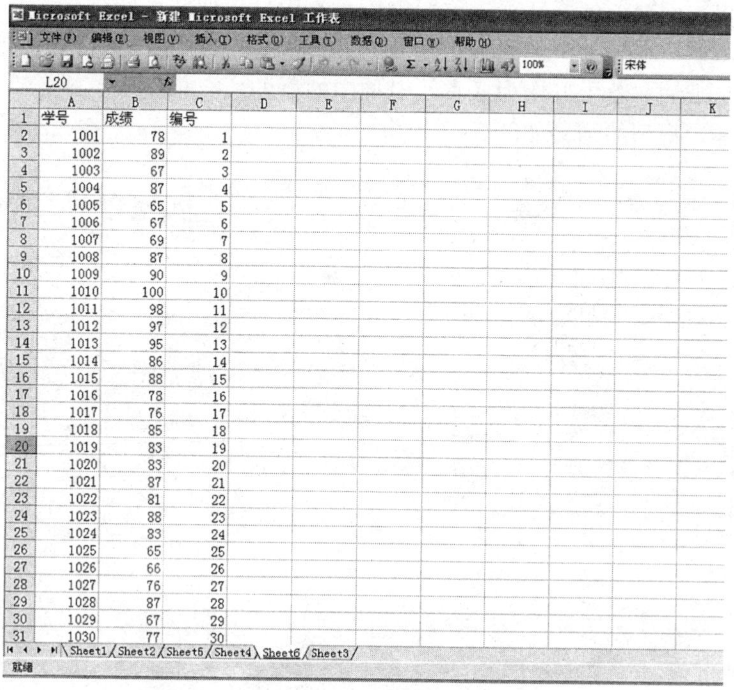

学号	成绩	编号
1001	78	1
1002	89	2
1003	67	3
1004	87	4
1005	65	5
1006	67	6
1007	69	7
1008	87	8
1009	90	9
1010	100	10
1011	98	11
1012	97	12
1013	95	13
1014	86	14
1015	88	15
1016	78	16
1017	76	17
1018	85	18
1019	83	19
1020	83	20
1021	87	21
1022	81	22
1023	88	23
1024	83	24
1025	65	25
1026	66	26
1027	76	27
1028	87	28
1029	67	29
1030	77	30

图 8—1　某班级统计学期末考试成绩表

（2）选择“工具”—“数据分析”—“抽样”，输入内容，如图 8—2 所示。

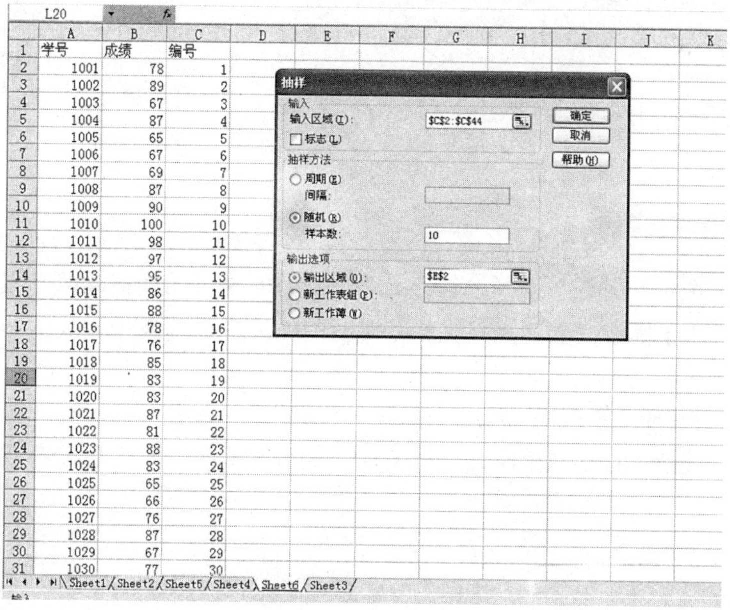

图 8—2　“抽样”窗口

在抽样方法中，有周期和随机两种抽样方式。其中："周期"即所谓的等距抽样。用这种抽样方式，需要将总体单位数除以要抽取的样本数，求得取样的周期间隔。假如我们要在 43 个总体单位中抽取样本 10 个，则在"间隔"框中输入 4。

"随机"适用于纯随机抽样、分类抽样、整群抽样和阶段抽样。采用纯随机抽样，只需要在"样本数"中填写需要样本数量即可；若采用分类抽样，必须先将总体单位按某一标志分类编号，然后在一类中随机抽取若干单位；整群抽样也要先将总体单位分群编号，然后按照随机原则抽取若干群作为样本，对抽中的群的所有单位全部进行调查。我们这里采用纯随机抽样，得到的结果如图 8—3 所示。

	A	B	C	D	E	F
1	学号	成绩	编号		抽样编号	
2	1001	78	1		12	
3	1002	89	2		36	
4	1003	67	3		3	
5	1004	87	4		36	
6	1005	65	5		7	
7	1006	67	6		2	
8	1007	69	7		4	
9	1008	87	8		12	
10	1009	90	9		42	
11	1010	100	10		16	
12	1011	98	11			
13	1012	97	12			
14	1013	95	13			
15	1014	86	14			

图 8—3　纯随机抽样结果

由于随机抽样时，总体中的每个数据都可以被多次抽取，所以在样本中的数据一般都会重复，为解决此问题，可以用"筛选"功能对所得到的数据进行筛选。

二、推断统计

（一）二项分布工具

利用 Excel 的工作表函数 BINOMDIST 可以计算二项分布的概率值、累积概率。函数 BINOMDIST 适用于固定次数的独立实验，实验的结果只包含成功或失败两种情况，且每次实验成功的概率固定不变。例如，已知次品概率的情况下，函数 BINOMDIST 可以计算抽查 10 个样品中发现 2 个次品的概率。Excel 还可以进一步建立二项分布图表。

例如，一个推销员打了六个电话，推销成功的概率是 0.3，建立推销成功次数的概率分布图表。

操作步骤如下：

先分别输入概率计算公式，在 B7 单元格地址输入"＝BINOMDIST（A7,6,0.3,0)"；在 C7 单元格地址输入"＝BINOMDIST（A7,6,0.3,1)"；在 D7 单元格地址输入"＝C7－

B7”；在 E7 单元格地址输入“＝1－C7”；在 F7 单元格地址输入“＝1－D7”。

然后对成功次数 1～6 的不同概率，即 B8：B13 单元格使用“复制柄”复制 B7 公式，系统自动完成计算。

选择“插入”菜单的“图表”，根据图表向导制作折线图，得到结果，如图 8—4 所示。

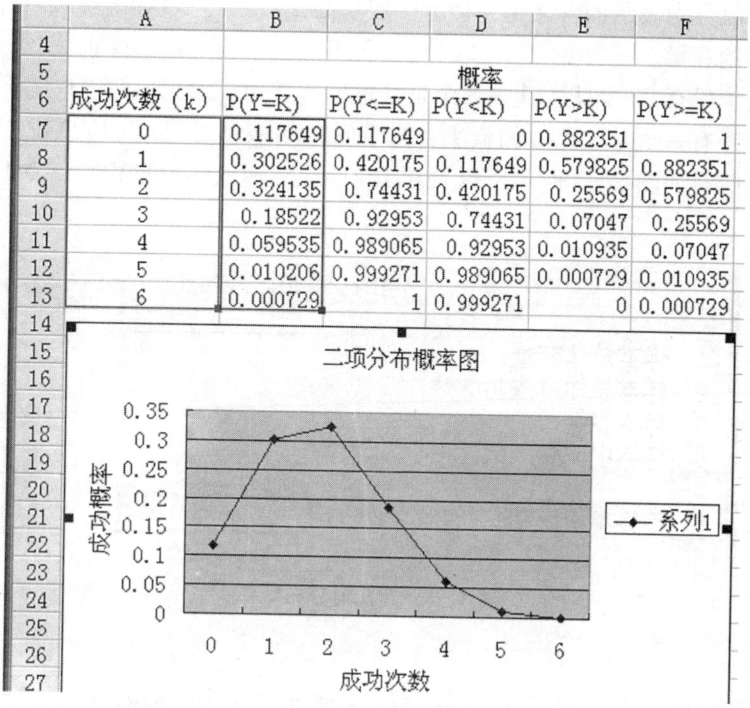

	A	B	C	D	E	F
4						
5				概率		
6	成功次数（k）	P(Y=K)	P(Y<=K)	P(Y<K)	P(Y>K)	P(Y>=K)
7	0	0.117649	0.117649	0	0.882351	1
8	1	0.302526	0.420175	0.117649	0.579825	0.882351
9	2	0.324135	0.74431	0.420175	0.25569	0.579825
10	3	0.18522	0.92953	0.74431	0.07047	0.25569
11	4	0.059535	0.989065	0.92953	0.010935	0.07047
12	5	0.010206	0.999271	0.989065	0.000729	0.010935
13	6	0.000729	1	0.999271	0	0.000729

图 8—4　二项分布概率图表

需要说明的是，BINOMDIST 函数所带的四个参数分别是：实验成功的次数，实验的总次数，每次实验中成功的概率，是否计算累积概率。第四个参数是一个逻辑值，“0”表示 FALSE，计算概率密度函数概率值；“1”表示 TRUE，计算累积分布函数概率值。

（二）其他几种主要分布的函数

1. CRITBINOM 函数

函数 CRITBINOM 是 BINOMDIST 的逆向函数，它计算出使累积二项式分布概率 $P(X<=x)$大于等于临界概率值的最小值。

语法格式：CRITBINOM（trials，probability _ s，alpha）。

这三个参数分别表示的含义是：贝努利实验次数，一次实验中成功的概率，临界概率。

例如，CRITBINOM(6,0.5,0.75)＝4，表明如果每次试验成功的概率为 0.5，那么 6 次实验中成功的次数小于等于 4 的概率恰好超过或等于 0.75。

2. HYPGEOMDIST 函数

函数 HYPGEOMDIST 计算超几何分布。给定样本容量、总体容量和样本总体中成功的次数三个参数，利用函数 HYPGEOMDIST 可计算出样本取得给定成功次数的概率。使用该函数可以解决有限总体的问题，其中每个观察值只有两种取值，或者为成功或者为失败，且给定样本区间的所有子集有相等的发生概率。

语法格式：HYPGEOMDIST（sample _ s，number _ sample，population，number _ population）。

这四个参数分别表示的含义是：样本中成功的次数，样本容量，样本总体中成功的次数，样本总体的容量。

例如，盒子里有 20 个球，其中 8 个是红色球，其余 12 个是白色球。如果从中随机抽取 4 个，求出只有一个是红色球的概率。这个问题的求解可以用 HYPGEOMDIST 函数，输入各参数说明，如图 8—5 所示，以及在 D6 单元格输入“＝HYPGEOMDIST(D4,D3,D2,D1)。

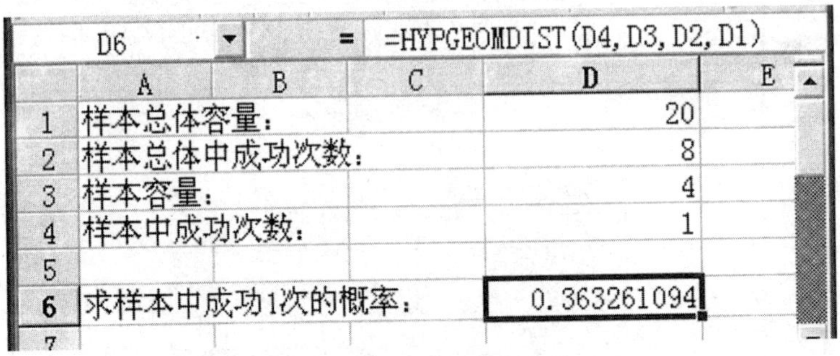
D6 = =HYPGEOMDIST(D4,D3,D2,D1)

	A	B	C	D	E
1	样本总体容量：			20	
2	样本总体中成功次数：			8	
3	样本容量：			4	
4	样本中成功次数：			1	
5					
6	求样本中成功1次的概率：			0.363261094	

图 8—5　超几何分布概率

3. POISSON 函数

函数 POISSON 计算泊松分布。泊松分布通常用于预测一段时间内事件发生指定次数的概率，如一分钟内通过收费站的汽车的数量为 n 的概率。

语法格式：POISSON（x，mean，cumulative）。

这三个参数的含义分别表示：事件数，期望值，概率分布返回形式。参数 cumulative 是逻辑值，当为 TRUE 时，计算出累积分布函数概率值，即随机事件发生的次数在 0 和 x 之间(包含 0 和 1)；当为 FALSE 时，则计算概率密度函数，即随机事件发生的次数恰好为 x。

例如，若某一收费站每分钟通过的汽车平均数量为 5 辆，求某一分钟只通过 2 辆的概率。如图 8—6，输入参数计算，得到结果 POISSON（2，5，false）＝0. 084 224。

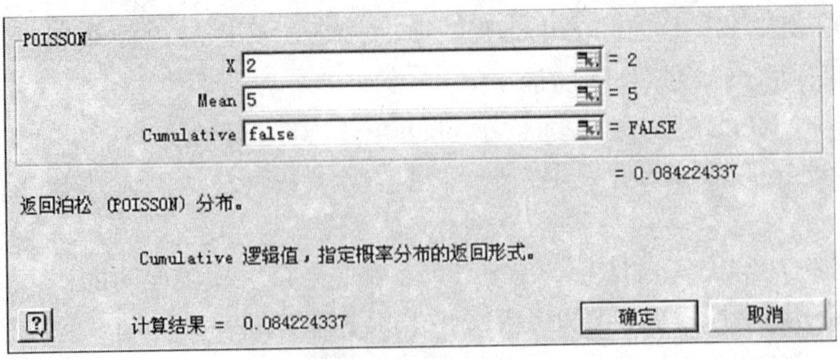

图 8—6　泊松分布

4. NORMDIST 函数

函数 NORMDIST 是正态分布函数。正态分布在模拟现实世界过程和描述随机样本平均值的不确定时有广泛作用。NORMDIST 函数计算给定平均值和标准偏差的正态分布的累积函数概率值。

语法格式：NORMDIST（x，mean，tandard _ dev，cumulative）。

该函数所带的四个参数的含义分别表示：需要计算其分布的数值，算术平均值，标准偏差，函数的返回形式。

例如：公式 NORMDIST（6，5，2，0）计算出平均值为 5、标准差为 2 的正态函数当 $X=6$ 时概率密度函数的数值；公式 NORMDIST（60，50，4，1）计算出平均值为 50、标准差为 4 的正态分布函数当 $X=60$ 时累积分布函数的数值。

5. NORMSDIST 函数与 NORMSINV 函数

NORMSDIST 函数计算标准正态分布的累积函数。

语法格式：NORMSDIST（z），其参数表示需要计算其分布的数值。

例如：NORMSDIST（2.5）＝0.993 8，表明若 x 服从标准正态分布，那么 $x<0$ 的概率为 50%。

NORMSINV 函数计算 NORMSDIST 函数的逆函数。

语法格式：NORMSINV（probability），其参数表示正态分布的概率值。

例如：NORMSINV（0.993 8）＝2.5。

6. t 分布函数 TDIST

t 分布函数 TDIST 计算 t 分布数值，该函数也可以代替 t 分布的临界值表。t 分布用于小样本数据集合的假设检验。

语法格式：TDIST（x，degrees _ freedom，tails）。

这三个参数分别表示：需要计算分布的数字，自由度的整数，指明计算的分布函数是单尾分布还是双尾分布。如果 tails=1，表示计算分布函数的单尾分布；如果 tails=2，表示计算分布函数的双尾分布。

例如：TDIST（1.96，60，2）＝0.054 645。

（三）随机抽样工具

Excel 中的 RAND（）函数可以产生大于等于 0 小于 1 的均匀分布随机数，RAND（）不带任何参数运行，每次计算时都将产生一个新的随机数。如果将 RAND（）函数从一个单元格复制或移动到另外一个单元格，也将重新产生一个随机数。RAND（）函数可以被用来作为不重复抽样调查的工具。

例如，有 10 个象征性的样本数据，从中随机抽取 5 个数据。

第一步，产生 10 个随机数，具体步骤如下：

先输入第一列 NO，可用“编辑”菜单下的“填充”，自动输入等差数列 1～10；

然后输入第二列 RANDOM，在 B2 单元格输入公式“＝RAND（）”，再用“复制柄”自动输入单元格 B2：B11。

第二步，对 B2：B11 十个单元格的随机数，要先变成稳定的随机数，才能正确进行排序。具体步骤如下：

选取单元格 B2：B11，右击选中的区域选择“复制”；

再次右击选中的区域，选择“选择性粘贴”，单击选项“数值”；

点击“确定”，此时 B2：B11 中的数据就是稳定的随机数了。

第三步，对产生的随机数进行排序，具体步骤如下：

先选取 A2：B11 单元格，选择“数据”菜单下的“排序”，选取“RANDOM”为主关键字；

然后点击“确定”按钮，即可得到图 8—7 所示按递增顺序排列好的 10 个随机数。这样，我们就可以选择 A2：A6 单元格的样本作为随机抽取的 5 个样本。

	A	B	C
1	NO	RANDOM	
2	9	0.033160905	
3	2	0.276584462	
4	4	0.517307559	
5	3	0.547327765	
6	6	0.584211724	
7	1	0.619541129	
8	5	0.688868026	
9	7	0.754667155	
10	8	0.797456658	
11	10	0.884574709	

图 8—7　随机数的排序

上面的例子进行的是不重复随机抽样，可以用类似的方法，利用 Excel 的 RANDBETWEEN（TOP，BOTTOM）函数实现总体的重复随机抽样。RANDBETWEEN（TOP，BOTTOM）函数可随机产生介于 TOP 与 BOTTOM 之间的随机整数，抽取此整数对应编号的样本可作为总体的重复随机抽样的结果。

另外，RAND（）函数产生的是 0 与 1 之间均匀的随机数，利用数据分析工具中的随机数发生器，可以生成用户指定类型分布的随机数。例如 0—1 正态分布的随机数、泊松分布的随机数等。

Excel 易于产生各类型的随机数，可以用类似的方法进行随机数字模拟试验与随机游走模拟实验。

（四）样本推断总体

Excel 提供的几个函数，如求平均函数 AVERAGE、标准差函数 STDEV、t 分布函数 TINV 等的组合，可以构造出一个专门用于实现样本推断总体的 Excel 工作表。

例如，计算样本的平均数和标准差，并估计在一定置信水平上总体均值的区间范围。操作步骤如下：

第一步，按图 8—8 输入变量名和相应的计算公式。具体操作如下：

按住 Ctrl 分别选定 A3：B5，A7：B7 和 A9：B14；

	A	B
1	以样本均值推断总体均值的置信区间	
2	样本统计量	
3	样本个数	=COUNT(样本数据)
4	样本均值	=AVERAGE(样本数据)
5	样本标准差	=STDEV(样本数据)
6	用户输入	
7	置信水平	0.95
8	计算结果	
9	抽样标准误	=样本标准差/SQRT(样本个数)
10	自由度	=样本个数-1
11	t值	=TINV(1-置信水平,自由度)
12	置信区间半径	=t值*抽样标准误
13	置信区间上界	=样本均值-置信区间半径
14	置信区间下界	=样本均值+置信区间半径

图 8—8 样本推断总体公式

选择“插入”菜单的“名称”子菜单的“指定”选项，点击“最左列”选项；

点击“确定”。

公式中因为没有指定“样本数据”区域，可能会出现如“＃N/A”的错误值，不用担心，在下面的步骤中再指定样本数据。

第二步，输入样本数据，如图 8—8 单元格 D1：D11 所示。具体操作如下：

选定样本数据 D1：D11 单元格区域；

选择“插入”菜单的“名称”子菜单的“指定”，点击“首行”选项；

点击“确定”，最后得到图 8—9 所示的计算结果。

	A	B	C	D
1	以样本均值推断总体均值的置信区间			样本数据
2	样本统计量			28.5
3	样本个数	10		26.4
4	样本均值	31.4		33.5
5	样本标准差	2.814249456		34.3
6	用户输入			35.9
7	置信水平	0.95		29.6
8	计算结果			31.3
9	抽样标准误	0.889943818		31.1
10	自由度	9		30.9
11	t值	2.262158887		32.5
12	置信区间半径	2.013194318		
13	置信区间上界	29.38680568		
14	置信区间下界	33.41319432		

图 8—9 输入样本数据及计算样本推断总体

Excel可以交叉组合使用公式和函数，以构造出一个能实现样本推断总体有关计算的Excel 工作表。实际上，在用 Excel 进行数据统计处理时，许多统计功能可能使用和上例类似的方法，通过组合使用 Excel 的各类统计函数和公式加以实现。

思考与练习

一、简答题

1. 什么是抽样推断？它有哪些特点和作用？

2. 抽样推断的原理是什么？如理理解中心极限定理？

3. 抽样推断有哪些基本概念？如何理解？

4. 什么是抽样误差、抽样平均误差和极限误差？影响抽样误差大小的因素有哪些？

5. 什么是点估计和区间估计？

6. 抽样组织方式有哪些？它们之间有何异同？

二、计算题

1. 一个研究机构做了一项调查，以确定稳定的吸烟者每周在香烟上的消费额。他们抽取了49个稳定的吸烟者，发现：$\bar{x}=20$ 元，$s=5$ 元，试求总体均值 μ 的95%的区间估计。

2. 某外贸公司出口一种茶叶，规定每包规格不低于150克，现用不重复抽样方法抽取1%进行检验，结果如表8—4所示。

表8—4　　某外贸公司茶叶质量检验资料

每包重量（克）	包　数
148～149	10
149～150	20
150～151	50
151～152	20

（1）以95.45%的概率估计这批茶叶平均每包重量的范围，确定平均重量是否达到规格要求。

（2）以同样的概率保证估计这批茶叶的合格率范围。

3. 从某年级学生中按简单随机抽样方式抽取40名学生，对公共理论课的考试成绩进行检查，得知其平均分数为78.75分，样本标准差为12.13分，试以95.45%的概率保证程度推断全年级学生考试成绩的区间范围。如果其他条件不变，将允许误差缩小一半，应抽取多少名学生？

4. 某学校某年有在校学生10 000人，为调查优秀学生所占的比率情况，对全部学生按10%的比例抽取部分学生进行调查，调查资料如表8—5所示。

表 8—5　　某学校学生调查资料表

性别	抽取人数	优秀生比例（%）	标准差
男生	600	20	20
女生	400	25	30

要求：以 90%的可靠程度推测全校优秀学生比例的可能区间，并估算优秀学生人数的可能范围。

5. 某厂对一批产品的质量进行抽样检验，采用重复抽样抽取样品 200 只，样本优质品率为 85%，试计算当把握程度为 95%时优质品率的区间范围。

6. 拥有工商管理学士学位的大学毕业生年薪的标准差大约为2 000元，假定想要估计年薪 95%的区间范围，希望估计误差为 400 元，应抽取多少样本量？

7. 某企业对一批产品进行质量检验，这批产品的总数为 5 000 件，过去几次同类调查所得的产品合格率为 93%、95%和 96%，为了使合格率的允许误差不超过 3%，在 99.73%的概率下应抽查多少件产品？

第九章

假设检验与方差分析

学习要点

- 了解假设检验的基本原理、方法和步骤。
- 根据研究问题建立正确的假设，熟悉单侧检验与双侧检验及其区别。
- 掌握在不同条件下总体均值、成数的假设检验。
- 掌握单因素方差分析、双因素方差分析。
- 掌握 Excel 进行假设检验与方差分析。

第一节　假设检验概述

我们认识事物不仅仅是认识事物的个体，更重要的是要把握事物的总体，以便认识事物的本质特征和规律。当我们利用样本资料去推断总体时，其结果的正确性、可靠性往往受到人们的质疑。在此情况下，假设检验便应运而生，它可以科学地对统计推断结果的正确性、可靠性做出具有一定把握程度的回答，以此来作出科学的判断。本章我们将介绍假设检验的概念和步骤，学习正态总体的均值和总体成数的假设检验，最后我们介绍单因素方差分析、双因素方差分析以及 Excel 在假设检验与方差分析中的应用。

一、假设检验的基本原理

（一）假设检验的概念

我们首先需对假设下定义。举个例子，美国的法律系统规定，每个人在被证实有罪前都是无辜的。陪审团首先假设被指控的犯罪者是无辜的，然后根据各种证物和证言进行确认，直至判决。同样道理，一个病人向他的医生说出多种症状，医生会根据症状要求病人进行特定的诊断检验，最后确定治疗方案。在统计分析中，我们首先做出一个假设，然后通过检验确认其正确性。因此，假设是以检验为目的所提出的有关总体参数的表达。假设检验是一个以样本信息和概率论为基础，确定假设是否合理的过程。具体解释为：事先做出一个总体指标是否等于某一个数值或某一随机变量是否服从某种概率分布的假设，然后利用样本资料采用一定的统计方法计算出有关的统计量，依据一定的概率原则，用较小的风险来判断假设总体与现实总体是否存在显著差异，是否应当接受或拒绝原假设选择的一种检验方法，也称为显著性检验。

在日常的社会经济活动中，由于我们通常难以完全知道所关心的总体的数量特征及其变化情况，因而对总体进行研究比较时，常常需要对总体的状况做出某种假设。例如，工厂生产某种新产品，推广某项新配方、新方法、新技术，企业经营管理者都十分关心产品质量是否有所提高，这也需要先做出假设，然后依据样本的实际资料，采用一定的程序来检验所做的假设是否合理，从而决定新产品、新配方、新方法、新技术的市场开发或应用推广的前景。总之，凡属于研究总体的数量变化是否符合我们预期的问题，都属于统计假设检验的讨论范围。

（二）假设检验的基本思想

1. 基本思想

假设检验的基本思想是先对所研究的命题提出一种假设——无显著性差异的假设，并假定这一假设成立，然后由此导出其必然结果。如果证明这种结果出现的可能性很小，那么有理由用“反证法”认为原假设是错误的，从而拒绝接受这个假设；否则，没有理由拒绝原假设，可以接受原假设。

2. 小概率原则

假设检验的基本思想是利用“反证法”来拒绝或接受原假设。用“反证法”的理论依据就是在实践中运用很广泛的“小概率原理”，即小概率事件在一次试验中出现的可能性很小。在实践中，我们认为这一小概率事件在一次实验中是不可能发生的。如果在假设检验中小概率事件居然在取得该样本的一次试验中发生了，我们就有理由怀疑原来对该事件假设的正确性，从而拒绝原假设成立。因此，在进行假设检验时，事先确定一个可允许的作为判断标准的小概率非常重要，这个小概率标准就是统计假设检验中的显著性水平 α，多采用 0.01，0.05，0.10 等数值。在假设检验中，依据显著性水平的大小分布概率可以得到两个区间：一个是拒绝区间，其概率为 α；另一个是接受区间，其概率为 $1-\alpha$。

（三）假设检验中命题的形式

假设一般包括两个部分，即原假设 H_0 和备择假设 H_1。

1. 原假设

原假设也叫零假设，通常是指根据已有的资料或经过周密考虑后确定的，需要通过样本去推断其正确与否的命题，一般用 H_0 表示。例如，一台包装机包装洗衣粉，额定标准重量为 500 克，要检验包装机工作是否正常。我们可以提出原假设为“包装机包装洗衣粉额定重量的确为 500 克”，表示为：

$H_0:\mu=500$ 克

2. 备择假设

备择假设是与原假设相对立的假设，一般用 H_1 表示。在上面例子中，备择假设意味着“包装机包装洗衣粉额定重量与500克有显著差异”，于是，备择假设可以表示为：

$H_1:\mu\neq 500$ 克

有时我们关心的问题，不是总体参数是否等于假定参数，而是总体参数与假设参数是否发生指定方向的差异，原假设和备择假设就要用不等号来表示。如：

$H_0:u\leqslant u_0;H_1:u>u_0$ 或 $H_0:u\geqslant u_0;H_1:u<u_0$

例如，上面例子中，我们关心的问题是包装机包装洗衣粉的额定标准重量是否比500克有所增加。根据这一要求，我们可以这样假设，原假设 H_0 表示额定标准重量没有任何增加，备择假设 H_1 表示额定标准重量有所增加，即

$H_0:u\leqslant 500$ 克；$H_1:u>500$ 克

反之，如果关心的问题是包装机装洗衣粉的额定标准重量是否比500克有所减少，则原假设 H_0 表示额定标准重量没有任何减少，备择假设表示额定标准重量有所减少，即

$H_0:u\geqslant 500$ 克；$H_1:u<500$ 克

(四) 双侧检验与单侧检验

根据假设检验中的拒绝区间的不同，把检验分为双侧检验与单侧检验。

1. 双侧检验

当假设形式为 $H_0:u=u_0,H_1:u\neq u_0$ 时，样本统计量的否定区间是指统计量概率分布曲线的两侧概率较小的变量区间，且两侧否定区间的概率各为 $\frac{\alpha}{2}$ ，如图9—1所示。我们将否定区间在曲线下两侧的假设检验称为双侧检验。

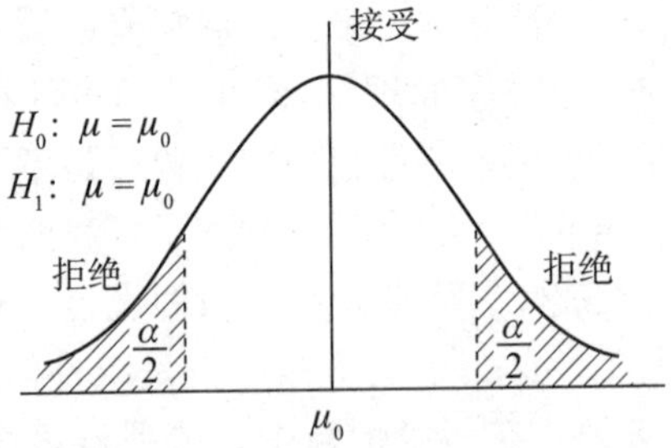

图 9—1 双侧检验

例如，一个灯泡厂需要生产平均使用寿命 $\mu=1\,000$小时的灯泡，如果寿命比它短就会失去竞争能力，如果寿命比它长，灯丝就要加粗，从而提高产品成本。为了观察生产工艺过程是否正常，从一批产品中抽取了一些样本进行检验，以检验 $H_0:\mu=1\,000$ 小时，由于灯泡厂不希望在1 000小时任何一边超越太多，所以合适的备择假设为 $H_1:\mu\neq 1\,000$ 小时。这就意味着如果样本中灯泡的平均使用寿命大于1 000小时太多，或小于1 000小时太多，都拒绝原假设。

2. 单侧检验

单侧检验又可分为左侧检验和右侧检验两种，它们都只有一个拒绝区域。

（1）左侧检验。

当假设检验的形式为 $H_0:u\geqslant u_0$，$H_1:u<u_0$ 时，否定区间是统计量概率分布在左侧概率为 α 的小区域，我们称该检验为左侧检验，如图 9—2 所示。

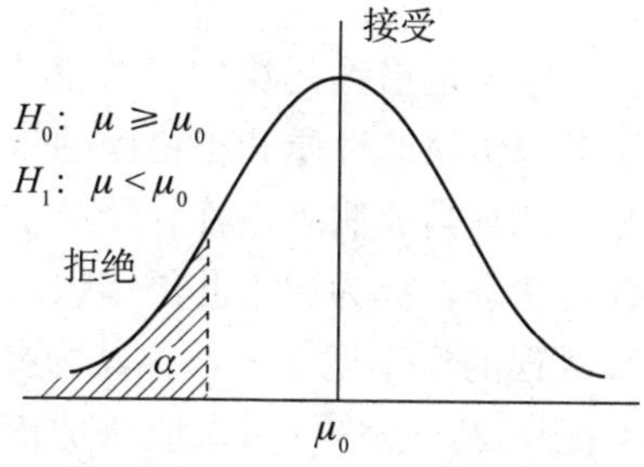

图 9—2　左侧检验

例如，某机构从某家企业购买灯泡。假定某机构购买的数量很大，该批货到达时，该机构抽取一个样本以便决定是否接受这批货。只有当该机构觉得灯泡平均寿命在1 000小时以下时，它才会拒绝这批货。如果灯泡平均使用寿命在1 000小时以上，该机构当然不会拒绝这批货。因为灯泡寿命增加，不会给这个机构增加额外的费用。因此，这个机构的假设是：$H_0:\mu\geqslant 1\,000$ 小时，$H_1:\mu<1\,000$ 小时。

（2）右侧检验。

当假设检验的形式为 $H_0:u\leqslant u_0$，$H_1:u>u_0$ 时，否定区间是统计量概率分布在右侧概率为 α 的小区域，我们称该检验为右侧检验，如图 9—3 所示。

例如，某公司经理希望他的推销员注意旅费的限额，经理要求推销员每日平均费用保持在 60 元。做出这个规定后的 1 个月后，得到每日费用的 1 个样本。经理利用这个样本来考虑费用是否在规定的限额之内。因此，原假设为 $H_0:u\leqslant 60$ 元，备择假设 $H_1:u>60$ 元。只有当样本平均数显著地超过 60 元时，即落在右端的拒绝区域时，才拒绝原假设。

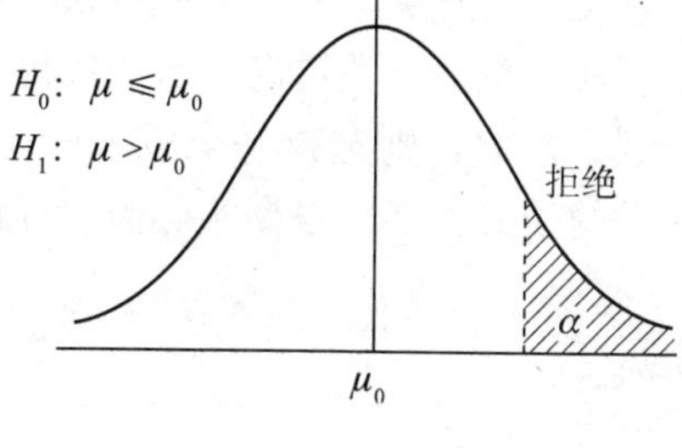

图 9—3　右侧检验

二、假设检验中的两类错误

假设检验是依据样本提供的信息进行判断的，也就是由部分来推断总体，因而不可能绝对准确，它可能犯错误。根据样本资料对原假设作出接收或拒绝的决定时，可能会出现以下 4 种情况：

（1）零假设为真，接受它；

（2）零假设为真，拒绝它；

（3）零假设为假，接受它；

（4）零假设为假，拒绝它。

上面的 4 种情况，很显然，2 与 3 是错误的决定。当然人们都愿意做出正确的决定，但实际上难以做到。因此，必须考虑错误的性质和犯错误的概率。原假设为真却被我们拒绝了，即否定了未知的真实情况，把真当成假了，称为犯第Ⅰ类错误；原假设为假却被我们接受了，即接受了未知的不真实状态，称为犯第Ⅱ类错误。

在假设检验中，犯第Ⅰ类型错误的概率记作 α，称其为显著性水平，也称 α 错误或弃真错误；犯第Ⅱ类型错误的概率记作 β，也称 β 错误或取伪错误。假设检验中各种可能结果的概率，如表 9—1 所示。α 常用水平为 0.01，0.05，0.1，是按所要求的精确度而事先规定的，表示概率小的程度。它说明检验结果与拟定假设是否有显著性差距，如有就应拒绝拟定假设。

表 9—1　　假设检验中各种可能结果的概率

项目	接受 H_0	拒绝 H_0
H_0 为真	$1-\alpha$（正确决策）	α（弃真错误）
H_0 为伪	β（取伪错误）	$1-\beta$（正确决策）

α 与 β 不同，α 是事先由决策者根据需要规定的，而 β 却是计算出来的。α 越大，就越有可能犯第Ⅰ类错误；β 越大，就越有可能犯第Ⅱ类错误。我们希望犯这两类错误的概率都尽可能小，但在一定样本容量下，减少 α 会引起 β 增大，减少 β 会引起 α 的增大。因此，在样本容量不变的情况下，要想同时减少两类错误是不可能的，要同时减少 α 和 β 错误的可能性，只有采用增加样本容量的办法来解决。但在实际工作中，样本容量不可能没有限制，否则就会使抽样调查失去意义，因此决策人往往通过权衡犯这两类错误所可能花费的代价来决定适当的显著性水平。如果犯第一类错误付出的代价和承担的风险比第二类错误要大，则我们宁可犯第二类错误；反之，则选择一个较大的 α 值。总之，在假设检验中，为了减少犯两类错误所可能带来的损失，必须根据实际需要谨慎行事。

三、假设检验的步骤

假设检验是一个系统化的过程，遵循特定的程序，如图 9—4 所示。

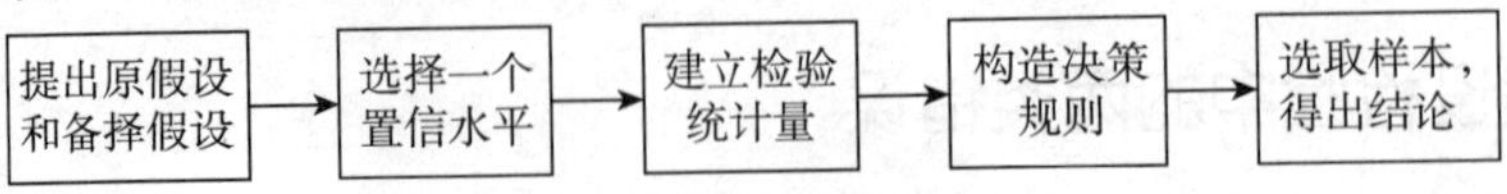

图 9—4　假设检验的过程

（一）建立统计假设

当我们对总体某些特征未知时，就可以根据历史的、经验的或其他事实，对未知特征提出假设，一般同时列出原假设 H_0 和备择假设 H_1 。原假设必须包括等号在内，而备择假设则视问题的性质在 $\neq$，$>$，$<$ 三者之中选其一。

（二）规定显著性水平 α 值

α 确定后，拒绝区域也就随之而定。如果拒绝区域在两侧，则为双侧检验；如果拒绝区域在曲线一侧，则为单侧检验，左边或右边的 α 面积为拒绝区域的面积。因此必须根据问题的性质选择一个合适的 α 。

（三）确定假设检验的样本统计量及其分布

假设确立后，要决定接受还是拒绝，都是根据某一统计量出现的数值，从概率意义上来判断的。这个统计量服从什么样的分布，是由许多因素决定的，如统计量是样本平均数、样本比例等。还要看是大样本还是小样本，是否知道总体方差等。

（四）根据显著性水平 α 确定统计量的否定域及临界值

确定检验统计量和显著性水平，就可以算出假设 H_0 为真时的临界值。我们把概率为 α 拒绝 H_0 为真的数值区域叫否定域，否定域之外的取值范围称为接受域。

（五）做出统计决策

将实际求得的检验统计量取值与临界值进行比较，做出拒绝或接受原假设的决策。如果检验统计量的值超过临界值，说明原假设落入拒绝域中，那么我们就选择拒绝原假设。若检验统计量的值小于临界值，落入接受域中，那么我们就不能拒绝原假设，而必须接受原假设或做进一步的检验。

第二节　正态总体参数的假设检验

总体平均数的假设检验是应用最为广泛的假设检验之一，特别是对于一个正态总体下的参数检验。本节我们讨论单个正态总体下均值、成数和方差的假设检验。

一、一个总体均值的假设检验

总体均值的假设检验，根据从总体中抽取样本容量的多少，可以构造不同的检验统计量，下面分别就大样本和小样本的假设检验进行分析说明。

（一）双侧检验

1. U 检验法

设总体 X 服从正态分布 $N(\mu,\sigma^2)$，从 X 中抽取的一个简单随机样本 $(x_1,x_2,\cdots,x_n)$。则

$$\bar{x} \sim N(\mu,\sigma^2) \tag{9—1}$$

标准化后，有

$$U=\frac{\bar{x}-\mu}{\sigma/\sqrt{n}} \sim N(0,1) \tag{9—2}$$

因此，以 U 作为检验统计量的假设检验，也称为 U 检验法。

下面举两个例子来说明检验过程。

【例 9—1】根据以往经验，某食品包装机在正常的情况下包装的食品重量 X 服从正态分布 $N(0.5,0.015^2)$。某天开工后为检查包装机是否正常，随机抽取其包装的 9 袋食品，测得净重为 0.497，0.506，0.518，0.498，0.511，0.520，0.515，0.524，0.512。请问，是否可以认为包装机正常工作?（显著性水平 $\alpha=0.05$）

（1）建立原假设和备择假设：

$H_0:\mu=0.5$；

$H_1:\mu\neq 0.5$

（2）选择样本统计量。由于总体分布已知为服从 $N(0.5,0.015^2)$ 的正态分布，因此选择检验统计量 U，且 $U=\dfrac{\bar{x}-\mu}{\sigma/\sqrt{n}}=\dfrac{0.511-0.5}{0.015/\sqrt{9}}=2.2$

（3）给定显著性水平 $\alpha=0.05$。由于是双侧检验，两边拒绝区间概率各为 $\dfrac{\alpha}{2}=\dfrac{0.05}{2}=0.025$，则接受区间的概率为 $1-\alpha=0.95$。U 服从标准正态分布，查标准正态概率双侧临界值（概率度）表可得 $u_{0.025}=1.96$。因此，拒绝域为 $(-\infty,-1.96]$ 和 $[1.96,+\infty)$。

（4）检验判断。由于 $U=2.2$ 落在否定域 $[1.96,+\infty)$ 内，所以否定原假设，也就是说，我们认为包装机工作出现异常。

2. t 检验法

当总体方差未知，且是小样本，检验 $H_0:\mu=\mu_0$，$H_1:\mu\neq\mu_0$ 时，常采用统计量为：

$$T=\frac{\bar{x}-\mu_0}{S_*/\sqrt{n}} \sim t(n-1) \tag{9—3}$$

式中，S_* 表示样本修正标准差。

用 t 分布统计量进行检验的方法称为 t 检验法，因 t 分布也是对称分布，其小概率 α 区域也分布在曲线下的两侧，其拒绝区域为 $(-\infty,-t_{\frac{\alpha}{2}}]$ 或 $[t_{\frac{\alpha}{2}},+\infty)$。

【例 9—2】某批矿沙的 5 个样品中的铜含量（%）经测定分别为：3.25，3.27，3.24，3.26，3.24。设测定值总体服从正态分布，但参数未知，问在显著性水平 $\alpha=0.01$ 下，能否认为这批矿砂的铜含量均值为 3.25?

（1）建立原假设和备择假设：

$H_0:\mu=3.25$；

$H_1: \mu \neq 3.25$

（2）选择样本统计量。由于总体分布已知为服从 $N(3.25, \sigma^2)$ 的正态分布，因此选择检验统计量 T，且 $T = \dfrac{\bar{x} - \mu_0}{S_* / \sqrt{n}} = \dfrac{3.252 - 3.25}{0.00068 / \sqrt{5}} = 6.58$

（3）给定显著性水平 $\alpha = 0.01$，查 t 分布表 $t_{\frac{\alpha}{2}}(n-1) = t_{0.005}(4) = 4.6041$。

（4）检验判断。$T = 6.58 > t_{\frac{\alpha}{2}}(n-1) = 4.6041$，落在否定域内，所以否定原假设，也就是说，我们认为这批矿砂的铜含量均值不是 3.25。

（二）单侧假设检验

单侧检验是指假设检验中只注意假设值是否偏高（或偏低）的单向检验。

1. 单侧 U 检验法

【例 9—3】 一种燃料的辛烷登记服从正态分布 $N(98.0, 0.8^2)$，现抽取 25 桶新油，测试其等级，算的平均等级为 97.7。假定标准差与原来一样，问新油的辛烷平均等级是否比原燃料的辛烷平均等级偏低？（显著性水平 $\alpha = 0.05$）

按题意需检验假设

$H_0: \mu \geqslant 98.0$

$H_1: \mu < 98.0$

检验统计量 U 的值为 $U = \dfrac{\bar{x} - \mu_0}{\sigma / \sqrt{n}} = \dfrac{97.7 - 98.0}{0.8 / \sqrt{25}} = -1.875$。

给定显著性水平 $\alpha = 0.05$。拒绝域 $U \leqslant -u_{0.05} = -1.645$，显然 $U = -1.875 < -u_{0.05} = -1.645$，故拒绝原假设 H_0，认为新油的辛烷平均等级比原燃料的平均等级确实偏低。

2. 单侧 T 检验

单侧 T 检验是指正态总体分布的平均数已知，方差未知，且为小样本时的检验。

【例 9—4】 某手机生产厂家在其宣传广告中声称他们生产的某种品牌手机的待机时间的平均值至少为 70 小时，质检部门随机抽查了该厂生产的这种品牌手机 6 部，测得手机待机时间为 68.5 小时，修正标准差为 10 小时，问从这些数据能否说明其广告有欺骗消费者嫌疑？（$\alpha = 0.05$）

（1）建立原假设和备择假设：

$H_0: \mu \geqslant 70$

$H_1: \mu < 70$

（2）选择样本统计量。由于总体分布已知为服从 $N(70, \sigma^2)$ 的正态分布，σ^2 未知，因此选择检验统计量 T，且

$$T = \frac{\bar{x} - \mu_0}{S_* / \sqrt{n}} = \frac{68.5 - 70}{10 / \sqrt{6}} = -1.162$$

（3）给定显著性水平 $\alpha = 0.05$，查 t 分布表，$t_\alpha(n-1) = t_{0.05}(5) = 2.015$，得拒绝区间为 $(-\infty, -2.015]$。

（4）检验判断。$T = -1.162 > -t_{0.05}(5) = -2.015$，没有落在否定域内，所以接受原假设，也就是说，我们认为该厂广告没有欺骗消费者嫌疑。

二、总体成数的假设检验

成数亦称比例或比率，是指有某种性质的个体数目占全部总体单位中的比率或者在一定条件下某事件发生的概率，介于 0～1 之间。在实际生产生活中，常常需要检验总体比例是否为某个假设值。例如，全部产品中合格品的比例，一批种子的发芽率等等。在民意调查中，常常遇到大量的比例检查问题。又如，希望了解总体中有多少人支持某观点。对于一个政治候选人来说，在两人竞选时，50％是一个相当重要的标志，得票率超过 50％将在选举中获胜。如果某候选人在一次民意调查中的支持率为 48％，他最终是否能如愿当选？48％与 50％有差异，这个差异是由于抽样的随机性带来的，还是由于该候选人的支持率确实低于竞争对手？候选人竞选班子中的统计专家们一定会精心设计假设检验，通过不断的民意调查所提供的信息，分析竞选的走势。本节讨论在大样本情况下如何对总体成数进行检验。

根据棣莫佛—拉普拉斯中心极限定理，在大样本情况下，二项分布逼近正态总体分布。所以，可以把这个问题转化为正态分布来处理，其检验统计量选 Z 统计量为：

$$U=\frac{p-P}{\sqrt{\frac{P(1-P)}{n}}}\sim N(0,1) \tag{9—4}$$

【例 9—5】一位关心环境保护的公共福利团体的发言人宣称："在这个工业区域内，遵守政府制定的空气污染标准法则的工厂不到 60％"。但环境保护局的工程师却相信至少 60％的工厂是遵守这个法则的。于是他从这个工业区域内抽出了 60 家工厂并发现 33 家是遵守空气污染标准法则的。现环保局想知道真正的比率是否少于 60％？（设 $\alpha=0.05$）

已知 $p=\frac{33}{60}=0.55, P=0.6, n=60$

根据题意，本题是要求检验遵守政府制定的空气污染标准法则的工厂是否少于 60％，因此属于成数左侧检验问题。

设立假设：$H_0: P\geqslant 0.60$；$H_1: P<0.60$

根据样本资料计算的检验统计量为

$$U=\frac{p-P}{\sqrt{\frac{P(1-p)}{n}}}=\frac{0.55-0.60}{\sqrt{\frac{0.60\times 0.40}{60}}}=-0.791$$

$\alpha=0.05$，查标准正态概率得左侧临界值 $Z_{0.05}=-1.645$，所以接受区间为 $[-1.645,+\infty)$。因为 $U=-0.791\in[-1.645,+\infty)$，故不能否定原假设 H_0，即认为遵守法则的工厂的真正比率不少于 60％。

三、总体方差的假设检验

在假设检验中，有时不仅需要检验正态总体的均值、比例，而且需要检验正态总体的方差。例如，在产品质量检验中，质量标准是通过不同类型的指标反映的，有些属于均值类型，如尺寸、重量、抗拉强度等；有些属于比例类型，如产品合格率、废品率等；有些属于方差类型，如尺寸的方差、重量的方差、抗拉强度的方差等。在这里，方差反映着产品的稳定性。方差大，说明产品的性能不稳定，波动大。在经济生活中，对方差关注的例子比比皆是。例如，居民收入的方差则反映了收入分配的情况，可用以评价收入的合理性。在投资方面，收益率的方差更是评价投资风险的重要依据。

方差检验的步骤与均值检验、比例检验的步骤是一样的，不过所使用的检验统计量是不同的，方差检验使用 χ^2 统计量：

$$\chi^2 = \frac{(n-1)S_*^{\ 2}}{\sigma^2} \sim \chi^2(n-1) \tag{9—5}$$

【例 9—6】 某厂商生产出一种新型的饮料装瓶机器，按设计要求，该机器装一瓶1 000 ml 的饮料误差上下不超过 1ml。如果达到设计要求，表明机器的稳定性非常好。现从该机器装完的产品中随机抽取 25 瓶，它们的容量与1 000的差值如表 9—2 所示。

表 9—2　　25 瓶饮料容量测试结果　　单位：ml

0.3	−0.4	−0.7	1.4	−0.6
−1.5	0.6	1.3	−1.3	−0.5
0	−0.6	0.7	−1.5	−0.9
−0.2	−1.9	−0.3	0.7	1
−0.5	1	−0.2	−0.6	1.1

试以 $\alpha = 0.05$ 的显著性水平检验该机器的性能是否达到设计要求。

(1) 建立原假设和备择假设：

$H_0:\sigma^2 = 1$, $H_1:\sigma^2 \neq 1$

(2) 选择样本统计量。由于总体分布已知为服从 $\chi^2(24)$ 分布，因此选择检验统计量 χ^2 ，样本方差为 $S_*^{\ 2} = 0.866$, $\chi^2 = \frac{(n-1)S_*^{\ 2}}{\sigma^2} = \frac{24 \times 0.866}{1} = 20.8$ 。

(3) 给定显著性水平 $\alpha = 0.05$ ，查表得 $\chi^2_{1-\frac{\alpha}{2}}(24) = 12.40$, $\chi^2_{\frac{\alpha}{2}}(24) = 39.36$ 。

(4) 检验判断。$\chi^2_{1-\frac{\alpha}{2}}(24) = 12.40 \leqslant \chi^2 = 20.8 \leqslant \chi^2_{\frac{\alpha}{2}}(24) = 39.36$ ，不能拒绝原假设，可以认为该机器的性能达到设计要求。

第三节　方差分析

一、方差分析的含义及方法

在上一节的参数假设检验中，我们检验两个总体分布的均值是否相同。当总体不止两个而是有多个时，则必须两两比较检验，显得十分繁琐，而方差分析可以完成对多个总体均值是否相同的检验，即检验：$H_0:\mu_1 = \mu_2 = \cdots = \mu_n$ 是否成立。

在社会经济生活中，人们往往设计多种不同的行动方案，并对各个方案预期效果的显著性进行分析。例如，不同阶层的居民收入是否有显著的差别；不同的施肥量对某一种农作物的产量是否有显著的影响；不同的生产流程对产品质量有无显著性影响等等。在对多个方案预期效果的显著性进行分析时，通常采用的一个重要方法就是方差分析，它是20世纪20年代由英国统计学家费歇尔（R. A. Fisher）创立的。方差分析是通过数据的分析，认识与研究对象有关的各个因素以及各个因素之间交互作用对该对象的影响。方差分析是分析试验（或观测）数据的一种方法，所研究的对象都服从正态分布。

方差分析的具体做法是：在试验中固定其他因素，观察所研究因素的变异对试验的结果是否产生影响以及影响的程度。试验的因素变化所引起的试验结果的数量差异称为“条件误差”或“系统误差”；在试验中，许许多多不能控制的“偶然因素”会引起试验结果的差异，这种差异称为“试验误差”或“随机误差”。

二、单因素方差分析

（一）单因素方差分析的含义与基本思想

如果一项试验中只有一个因素在改变，而其他因素保持不变，称之为单因素试验，对单个因素试验的数据所进行的分析叫做单因素方差分析，它只考虑一个因素A的不同水平对所考察对象的影响。单因素方差分析的基本思想：用方案之间的方差（它服从 χ^2 分布）与所有方案内部的方差之和（它也服从 χ^2 分布）的比值（它服从 F 分布），与给定显著性水平 α 所决定的临界值进行比较，来判别不同方案的均值是否相同。

（二）单因素方差分析的步骤

（1）建立假设

原假设 $H_0: u_1 = u_2 = \cdots = u$；备择假设 $H_1: H_0$ 不成立

（2）求各个不同水平之间的离差平方和 S_A，反映因素A的不同水平引起的系统误差

$$S_A = \sum n_j (\bar{x}_j - \bar{x})^2 \tag{9—6}$$

式中，$\bar{x} = \dfrac{\sum\sum x_{ij}}{n} (n = \sum n_j)$，为所有数据的总平均值；$\bar{x}_j = \dfrac{1}{n_j}\sum\limits_{i=1}^{n_j} x_{ij}$，为第 j 个水平的平均值。

（3）求所有水平内部离差平方和 S_E，反映随机因素引起的试验误差

$$S_E = \sum\sum (x_{ij} - \bar{x}_j)^2 \tag{9—7}$$

（4）计算 F 统计量（各水平间的方差与所有水平内的方差之比）

$$F = \frac{\dfrac{S_A}{r-1}}{\dfrac{S_E}{n-r}} \tag{9—8}$$

式中，r 代表水平的个数。

F 检验统计量服从第一自由度为 $r-1$，第二自由度为 $n-r$ 的 F 分布，在显著性水平 α 条件下，若 $F > F_\alpha(r-1, n-r)$，则表明 S_A 较大，$\bar{x}_j - \bar{x}$ 的离差平方和较大，对应的总体

参数 $u_i - u$ 的绝对值较大，可以认为 α 的概率拒绝 H_0，即至少有两个水平之间的均值差异足够大，水平之内的差异相对小。反之，接受 H_0，即不同水平的均值没有显著性差异。

三、双因素方差分析

（一）双因素方差分析的概念

单因素方差分析只考虑一个因素（自变量）的影响。在对实际问题研究时，情况往往更加复杂，影响因素一般超过两个。例如，在分析影响空气净化机销售量的因素时，需要考虑品牌、销售地区、价格和质量等多个因素的影响。当影响因素只有两个时便是我们要讨论的双因素方差分析。当讨论的两个影响因素对结果是相互独立的，我们称为无重复双因素分析；反之，若两个影响因素的搭配还会对结果产生新的影响效应。比如，在调查影响行车时间的影响因素时，发现路段、时段以及这两者的交互作用对行车时间都有影响，这便是有重复作用的双因素方差分析。本书只讨论无重复作用的双因素方差分析。

（二）无重复双因素方差分析

1. 无重复双因素方差分析的数据模型

先给出两类因素 A 与 B 影响下的数据，如表 9—3 所示。

表 9—3　　无重复双因素方差分析的已知数据

	因素 B_1	因素 B_2	…….	因素 B_n
因素 A_1	x_{11}	x_{12}	…….	x_{1n}
因素 A_2	x_{21}	x_{22}	…….	x_{2n}
…….	…….	…….	…….	…….
因素 A_s	x_{s1}	x_{s2}	…….	x_{sn}

假设在 A_i 与 B_j 下的总体 X_{ij} 服从 $N(\mu_{ij},\sigma^2)$ 分布，也就是说这些总体分布的方差都相同，但均值可能不同。

设总体 X_{ij} 的总平均为：$\mu = \frac{1}{s \times n}\sum_{i=1}^{s}\sum_{j=1}^{n}\mu_{ij}$

第 i 行总体的样本均值为：$\mu_{i.} = \frac{1}{n}\sum_{j=1}^{n}\mu_{ij}$

第 j 列总体的样本均值为：$\mu_{.j} = \frac{1}{s}\sum_{i=1}^{s}\mu_{ij}$

第 i 行的样本均值 $\mu_{i.}$ 与总体平均 μ 的差设为：$a_i = \mu_{i.} - \mu$ 称为 A_i 的主效应。

第 j 列的样本均值 $\mu_{.j}$ 与总体平均 μ 的差设为：$b_j = \mu_{.j} - \mu$ 称为 B_j 的主效应。

由于 A_i 与 B_j 之间没有交互作用，因此 $\mu_{ij} = \mu + a_i + b_j$。

样本 X_{ij} 可以看做其总体均值 μ_{ij} 与随机误差 ε_{ij} 之和：$X_{ij} = \mu_{ij} + \varepsilon_{ij}$，显然 ε_{ij} 服从

$N(0,\sigma^2)$ 分布，并且 ε_{ij} 之间相互独立，$\varepsilon_{ij}=X_{ij}-\mu-a_i-b_j$

2. 无重复双因素方差分析的步骤

（1）提出假设

原假设：$H_{0A}:\mu_{i.}=\mu, i=1,2,\cdots s$

$H_{0B}:\mu_{.j}=\mu, j=1,2,\cdots n$

备择假设：$H_{1A}:\mu_{1.},\mu_{2.},\cdots\mu_{s.}$ 之间不完全相等（至少有两个不等）

$H_{1B}:\mu_{.1},\mu_{.2},\cdots\mu_{.n}$ 之间不完全相同（至少有两个不等）

（2）计算数据：

总变差 $S_T=\sum_{i=1}^{s}\sum_{j=1}^{n}(X_{ij}-\bar{x})^2$　　行间变差 $S_A=n\sum_{i=1}^{s}(\bar{x}_{i.}-\bar{x})^2$

列间变差 $S_B=s\sum_{j=1}^{n}(\overline{X_{.j}}-\bar{x})^2$　总误差平方和 $S_E=\sum_{i=1}^{s}\sum_{j=1}^{n}(\overline{X_{ij}}-\overline{X_{i.}}-\overline{X_{.j}}+\bar{x})$

其中，$\bar{x}=\frac{1}{n\times s}\sum_{i=1}^{s}\sum_{j=1}^{n}X_{ij}$；$\overline{X_{i.}}=\frac{1}{n}\sum_{j=1}^{n}X_{ij}$；$\overline{X_{.j}}=\frac{1}{s}\sum_{i=1}^{s}X_{ij}$

显然，S_A,S_B,S_E 相互独立 $S_T=S_A+S_B+S_E$；$\frac{S_E}{\sigma^2}$ 服从 $\chi^2((s-1)(n-1))$ 分布；

当 H_{0A} 成立时，$\frac{S_A}{\sigma^2}$ 服从 $\chi^2(s-1)$ 分布，$F_A=\frac{\frac{S_A}{(s-1)}}{\frac{S_E}{[(s-1)(n-1)]}}=\frac{(n-1)S_A}{S_E}$ 服从 $F((s-1),(s-1)(n-1))$ 分布；

当 H_{0B} 成立时，$\frac{S_B}{\sigma^2}$ 服从 $\chi^2(n-1)$ 分布，$F_B=\frac{\frac{S_B}{(s-1)}}{\frac{S_E}{[(s-1)(n-1)]}}=\frac{(s-1)S_B}{S_E}$ 服从 $F((s-1),(s-1)(n-1))$ 分布。

（3）作出判断

若 $F_A>F_\alpha((s-1),(s-1)(n-1))$，那么拒绝 $\mu_{i.}=\mu$，即行均值不全相等；若 $F_B>F_\alpha((s-1),(s-1)(n-1))$，那么拒绝 $\mu_{.j}=\mu$，即列均值不全相等。

因计算较为麻烦，实例中我们采用计算机直接计算，将在下一节 Excel 的应用中说明。

第四节　Excel 在假设检验与方差分析中的应用

一、假设检验

假设检验是统计推断中的重要内容。例如，利用 Excel 的正态分布函数 NORMSDIST、判断函数 IF 等构造一张能够实现在总体方差已知的情况下进行总体均值假设的 Excel 工作表。具体的操作步骤如下：

第一步，按图 9—5 输入变量名和相应的计算公式。

第二步，按上面“样本推断总体”例题操作。

按住 ctrl 选定相应的单元格 A3：B4，A6：B8，A10：B11，A13：B15，A17：B19；

选择“插入”菜单的“名称”子菜单的“指定”选项，点击“最左列”选项；

点击“确定”。

第三步，输入样本数据以及用户输入的总体标准差、总体均值假设、置信水平数据。

选定样本数据 C1：C11 单元格区域；

选择“插入”菜单的“名称”子菜单的“指定”，点击“首行”选项；

点击“确定”，最后得到图 9—5 所示的计算结果。

	A	B
1	总体均值的假设检验	
2	样本统计量	
3	样本个数	=COUNT(样本数据)
4	样本均值	=AVERAGE(样本数据)
5	用户输入	
6	总体标准差	5.56
7	总体均值假设值	35
8	置信水平	0.95
9	计算结果	
10	抽样标准误	=总体标准差/SQRT(样本个数)
11	计算z值	=(样本均值-总体均值假设值)/抽样标准误
12	单侧检验	
13	单侧z值	=NORMSINV(1-置信水平)
14	检验结果	=IF(ABS(计算z值)>ABS(单侧z值),"拒绝H0","接收H0")
15	单侧显著水平	=1-NORMSDIST(ABS(计算z值))
16	双侧检验	
17	双侧z值	=NORMSINV((1-置信水平)/2)
18	检验结果	=IF(ABS(计算z值)>ABS(双侧z值),"拒绝H0","接收H0")
19	双侧显著水平	=IF(计算z值>0,2*(1-NORMSDIST(计算z值)),2*NORMSDIST(计算z值))

图 9—5　变量名及相应的计算公式

该例子的检验结果不论是单侧还是双侧均为拒绝 H_0 假设，所以，根据样本的计算结果，在 5%的显著水平之下，拒绝总体均值为 35 的假设。同时由单侧显著水平的计算结果还可以看出：在总体均值是 35 的假设前提下，样本均值小于等于 31.4 的概率仅为 0.020 303 562<0.05，小概率事件居然发生。所以，同样得出在 5%的显著水平下，拒绝总体均值为 35 的假设的结论。

二、方差分析

（一）单因素方差分析

例如，五个地区每天发生交通事故的次数资料如表 9—4 所示。

表 9—4　交通事故数据

东部	北部	中部	南部	西部
15	12	10	14	13
17	10	14	9	12
14	13	13	7	9
11	17	15	10	14

续前表

东部	北部	中部	南部	西部
—	14	12	8	10
—	—	—	7	9

试以 $\alpha=0.01$ 显著水平检验各地区平均每天交通事故的次数是否相等。

假设我们已将数据输入到工作表中的 A3：E8 单元，如图 9—6 所示。然后按下面的实验步骤进行试验。

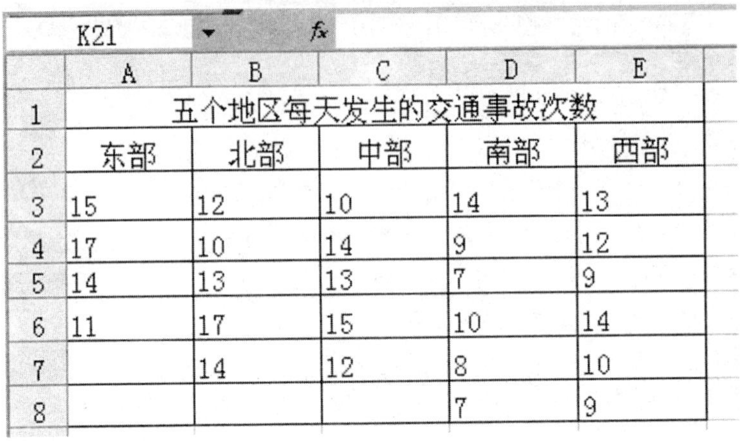

	A	B	C	D	E
1	五个地区每天发生的交通事故次数				
2	东部	北部	中部	南部	西部
3	15	12	10	14	13
4	17	10	14	9	12
5	14	13	13	7	9
6	11	17	15	10	14
7		14	12	8	10
8				7	9

图 9—6　数据录入表

操作步骤：

第一步，选择“工具”下拉菜单。

第二步，选择“数据分析”选项，如图 9—7 所示。

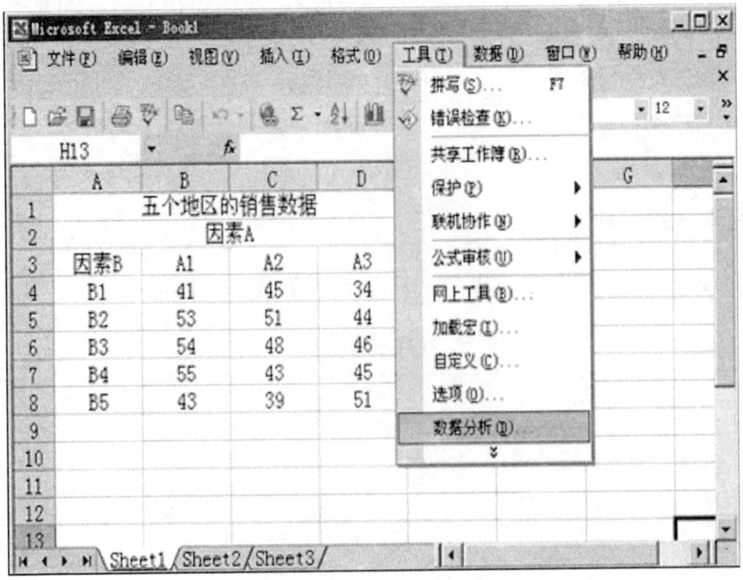

图 9—7　选择“数据分析”

第三步，在分析工具中选择“方差分析：单因素方差分析”如图 9—8 所示。

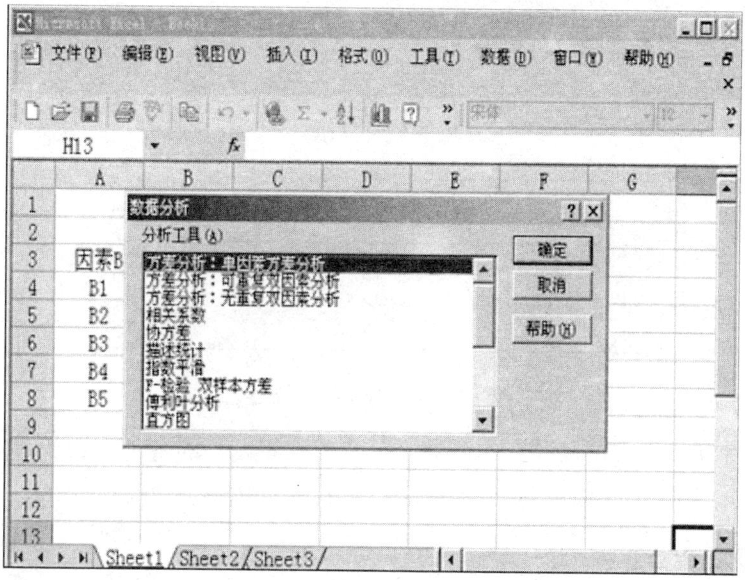

图 9—8　选择“单方差分析”

第四步，当出现对话框后 ，在“数据区域”方框内键入 A3：E8；在 α 方框内输入 0.01；在“输出选项”中选择输出区域为 G2；选择“确定”，如图 9—9 所示。

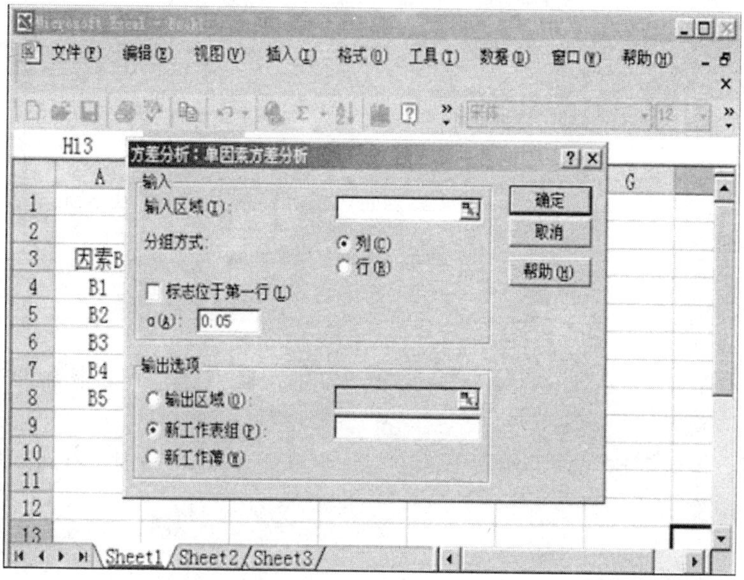

图 9—9　设置分析选项

输出结果如图 9—10 所示：

	A	B	C	D	E	F	G
1	方差分析：单因素方差分析						
2							
3	SUMMARY						
4	组	观测数	求和	平均	方差		
5	列 1	4	57	14.25	6.25		
6	列 2	5	66	13.2	6.7		
7	列 3	5	64	12.8	3.7		
8	列 4	6	55	9.166667	6.966667		
9	列 5	6	67	11.16667	4.566667		
10							
11							
12	方差分析						
13	差异源	SS	df	MS	F	P-value	F crit
14	组间	82.63718	4	20.65929	3.676135	0.020229	4.368815
15	组内	118.0167	21	5.619841			
16							
17	总计	200.6538	25				
18							

图 9—10　分析样本描述

结论：由于 $F=3.676\ 1<F_{\alpha}=4.368\ 8$，接受原假设，即各地区每天发生的交通事故次数相等。

(二) 双因素方差分析

例如，有五种不同的施肥方案分别得到某农作物在不同地块的平均单产，如表 9—5 所示。

表 9—5　　**农作物在不同地块平均单产资料**

地块 施肥方案	地块 1	地块 2	地块 3	地块 4
A 方案	335	335	275	210
B 方案	490	480	455	330
C 方案	300	345	250	175
D 方案	395	320	405	350
E 方案	450	350	395	440

试以显著水平 $\alpha=0.01$ 和 0.05 的情况下，分别检验农作物在五种施肥方案和不同地块下是否有显著差异。

假设我们已将数据输入到工作表中的 B2：E6 单元，如图 9—11 所示。然后按下面的实验步骤进行试验。

K25

	A	B	C	D	E	F
1		地块1	地块2	地块3	地块4	
2	方案A	335	335	275	210	
3	方案B	490	480	455	330	
4	方案C	300	345	250	175	
5	方案D	395	320	405	350	
6	方案E	450	350	395	440	
7						

图 9—11　录入数据表

操作步骤：

第一步，选择“工具”下拉菜单。

第二步，选择“数据分析”选项，如图 9—12 所示。

图 9—12 选择“数据分析”

第三步，在分析工具中选择“无重复双因素分析”，如图 9—13 所示。

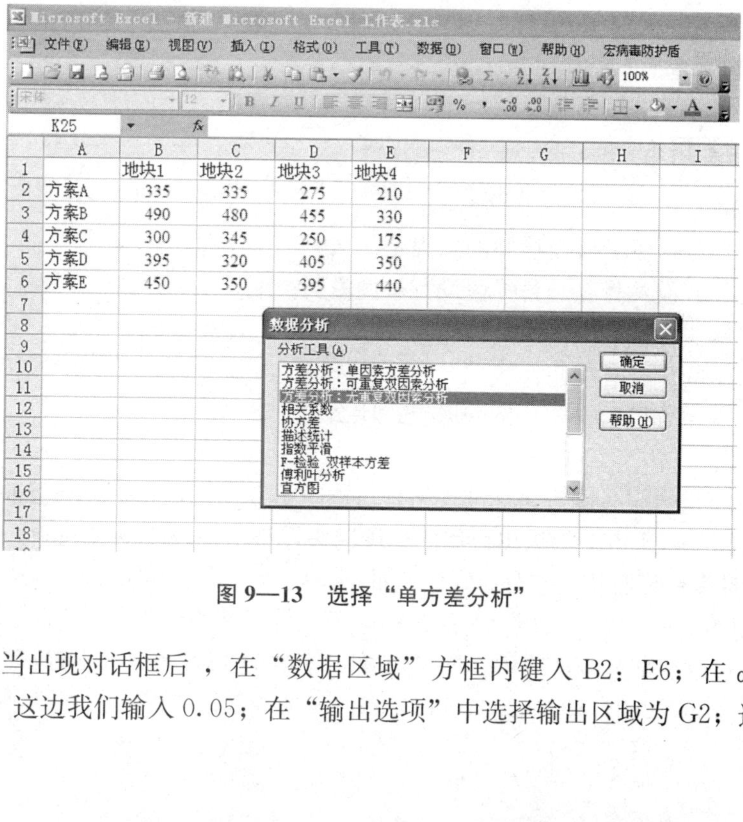

图 9—13 选择“单方差分析”

第四步，当出现对话框后，在“数据区域”方框内键入 B2：E6；在 α 方框内输入 0.01 或 0.05，这边我们输入 0.05；在“输出选项”中选择输出区域为 G2；选择“确定”。

输出结果如图 9—14 所示。

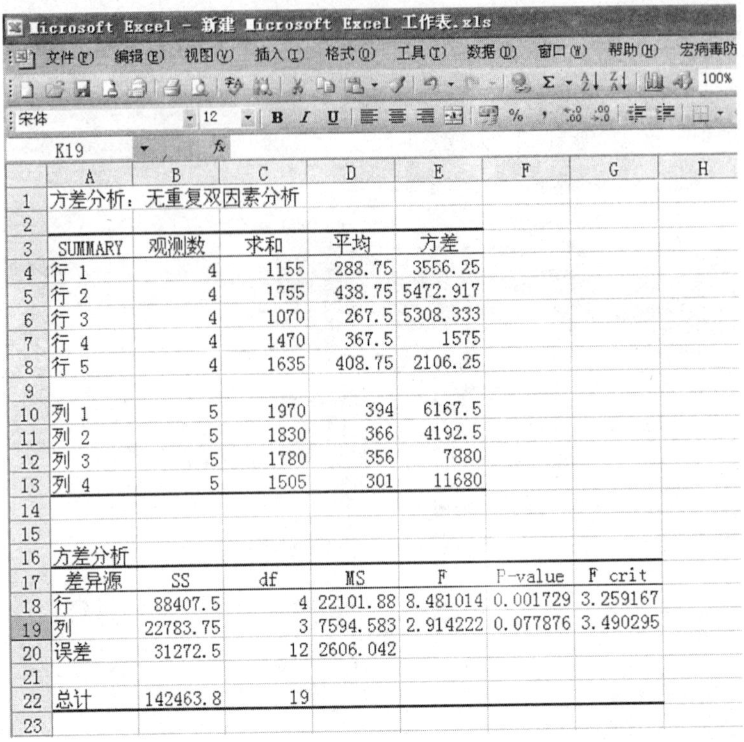

方差分析：无重复双因素分析

SUMMARY	观测数	求和	平均	方差
行 1	4	1155	288.75	3556.25
行 2	4	1755	438.75	5472.917
行 3	4	1070	267.5	5308.333
行 4	4	1470	367.5	1575
行 5	4	1635	408.75	2106.25
列 1	5	1970	394	6167.5
列 2	5	1830	366	4192.5
列 3	5	1780	356	7880
列 4	5	1505	301	11680

方差分析

差异源	SS	df	MS	F	P-value	F crit
行	88407.5	4	22101.88	8.481014	0.001729	3.259167
列	22783.75	3	7594.583	2.914222	0.077876	3.490295
误差	31272.5	12	2606.042			
总计	142463.8	19				

图 9—14　分析样本描述

结论：由于 $F_A = 8.481\ 014 \geqslant F_{0.05} = 3.259\ 167$，故拒绝原假设，即不同施肥方案对农作物收成有影响；又由于 $F_B = 2.914\ 222 \geqslant F_{0.05} = 3.490\ 295$，故接受原假设，即不同地块对农作物收成没有影响。

思考与练习

一、简答题

1. 什么是假设检验？假设检验的思想是什么？
2. 什么是原假设？什么是备择假设？举例说明。
3. 如何理解假设检验中的两类错误？
4. 假设检验的步骤有哪些？
5. 什么是方差分析？方差分析的思想是什么？

二、计算题

1. 设我国出口凤尾鱼罐头，标准规格是每罐净重 250 克，根据以往经验，标准差是 3 克。现在某食品工厂生产一批供出口用的这种罐头，从中抽取 100 罐检验，其平均净重是 251 克。假定罐头重量服从正态分布，问这批罐头是否合乎出口标准？（$\alpha = 0.05$）

2. 从长期的资料可知，某厂生产的某种电子元件服从均值为 200 小时、标准差未知的正态分布，通过改变部分生产线后，抽得 10 件作样本，测得数据（小时）为：

202，209，213，198，206，210，195，208，200，207

问新工艺条件下，这种电子元件的平均值是否有所提高？（$\alpha = 0.05$）

3. 某公司生产一种饮料，随机抽取 100 名消费者进行调查，其中男性饮用者 55 人，女性 45 人，现要求在 $\alpha = 0.05$ 的显著性水平下检验饮用者的性别比例是否各占 50%。

4. 某省估计大中型商业企业商品销售利润增长的企业比例数不低于 75%，为检查其结果，现对该省大中型商业企业进行随机抽样，抽取 60 家进行调查，其中有 51 家企业实现了销售利润增长。要求在 $\alpha = 0.05$ 的显著性水平下检验估计结果的正确性。

5. 有三个条件相当的商店采用三种优惠顾客的促销方式：消费者在 A 店每消费 100 元发 5 元赠券，消费者在 B 店每消费 500 元发 35 元赠券，C 店每1 000元发 100 元赠券。试验 6 天，所得每日销售额的数据如表 9—6 所示。

表 9—6　　A、B、C 店每日销售额数据表　　单位：千元

	日销售额					
A 店	168	174	173	178	180	169
B 店	156	167	166	165	160	165
C 店	150	153	154	161	168	156

问：这三种赠券方式的促销效果是否有显著差别？

6. 工厂实行早、中、晚三班工作制，工厂管理部门想了解不同班次工作劳动效率是否存在显著差异。每个班次随机抽出 7 名工人，得到工人的劳动效率（件/班）资料，如表 9—7 所示。

表 9—7　　工人劳动效率资料

早班	中班	晚班
34	49	39
37	49	40
35	51	42
33	48	39
33	50	41
35	51	42
35	51	40

要求：在显著水平 $\alpha = 0.05$ 的条件下，分析不同班次工人的劳动效率是否存在显著差异。

7. 某种商品有 5 种不同的包装，在 5 个不同地区销售，现从每个地区随机抽取一个规模相同的超级市场进行调查，得到该商品不同包装的销售资料，如表 9—8 所示。

表 9—8　　**某商品不同包装的销售资料**

	包装 1	包装 2	包装 3	包装 4	包装 5
地区 1	20	12	20	10	14
地区 2	22	10	20	12	6
地区 3	24	14	18	18	10
地区 4	16	4	8	6	18
地区 5	26	22	16	20	10

要求：在显著水平 $\alpha = 0.05$ 的条件下，检验包装方式和销售地区对该商品销售是否存在显著性影响。

第十章

相关和回归分析

学习要点

- 了解现象之间的相互关系，理解相关关系与回归分析的联系与区别。
- 掌握测定相关系数和建立回归模型的方法。
- 能运用相关系数和回归模型对实际问题进行分析与预测。
- 掌握运用 Excel 进行相关与回归分析。

第一节　相关关系概述

一、相关关系概念

无论是在自然界还是社会经济领域，一种现象与另一种现象之间往往存在着依存关系，当我们用变量来反映这些现象的特征时，便表现为变量之间的依存关系。如某种商品的销售额（y）与销售量（x）之间的关系、商品销售额（y）与广告费支出（x）之间的关系、粮食亩产量（y）与施肥量（x_1）、降雨量（x_2）与温度（x_3）之间的关系等。统计学的主要研究对象是随机变量，在多个变量的时候，至少有一个变量是随机变量，因此我们对变量之间关系的分析是随机变量之间的关系或随机变量与确定变量之间的关系。

变量之间的依存关系可以分为两种：

一是函数关系，指变量之间保持的严格的、确定的关系。函数关系一般的数学表达式为：

$$y = f(x) \tag{10—1}$$

例如，圆的面积（S）与半径之间的关系可表示为$S=\pi R^2$，当圆的半径R的值取定后，其圆的面积也随之确定。

二是相关关系，指变量之间保持着不确定的依存关系。即变量间关系不能用函数关系精确表达，一个变量的取值不能由另一个变量唯一确定，当变量x取某个值时，变量y的取值可能有几个或无穷多个。相关关系一般的数学表达式为：

$$y=f(x)+\varepsilon \tag{10—2}$$

式中，ε为影响y的除x外的其他随机因素。

例如，人的身高与体重这两个变量，一般而言是相互依存的，但它们并不表现为确定的函数关系。因为制约这两个变量的还有其他因素，如遗传因素、营养状况和运动水平等，以至于同一身高的人可以有不同的体重，同一体重的人又表现出不同身高。变量间的这种不严格的依存关系就构成了相关关系。

相关关系与函数关系，它们之间既有区别又有密切联系。区别突出表现在变量之间的具体关系数值是否唯一确定。凡现象之间的关系数值是唯一确定的就属于函数关系；凡现象之间的关系数值不是唯一确定的则属于相关关系。联系表现在，一方面，由于在观察或测量中存在误差等原因，实际工作中的函数关系有时通过相关关系表现出来；另一方面，在研究相关关系时又常常借用函数关系的形式近似地将它表达出来，以便找到相关关系的一般数量特征。当随机因素不存在时，相关关系就转化为函数关系。因此，函数关系是相关关系的特例。

二、相关关系种类

（一）按相关的程度可分为完全相关、不完全相关和不相关

当一个变量的变化完全由另一个变量所决定时，称变量间的这种关系为完全相关关系，这种严格的依存关系实际上就是函数关系。当两个变量的变化相互独立、互不影响时，称这两个变量不相关。实际上，这里的不相关就是概率中的独立，即变量间没有任何关系。当变量之间存在不严格的依存关系时，称为不完全相关。不完全相关关系是现实当中相关关系的主要表现形式，也是相关分析的主要研究对象。

（二）按相关的方向可分为正相关和负相关

当一个变量随着另一个变量的增加（减少）而增加（减少），即两者同向变化时，称为正相关。例如，家庭收入与家庭支出之间的关系，一般随着家庭收入的增加，家庭支出也会增加。当一个变量随着另一个变量的增加（减少）而减少（增加），即两者反向变化时，称为负相关。如产品产量与单位成本之间的关系，单位成本会随着产量的增加而减少。

（三）按相关的形式可分为线性相关和非线性相关

当变量之间的依存关系大致呈现为线性形式，即当一个变量变动一个单位时，另一个变量也按一个大致固定的增（减）量变动，就称为线性相关。当变量间的关系不按固定比

例变化时，就称之为非线性相关。

上述的这些相关关系我们可以用图 10—1 来示意。

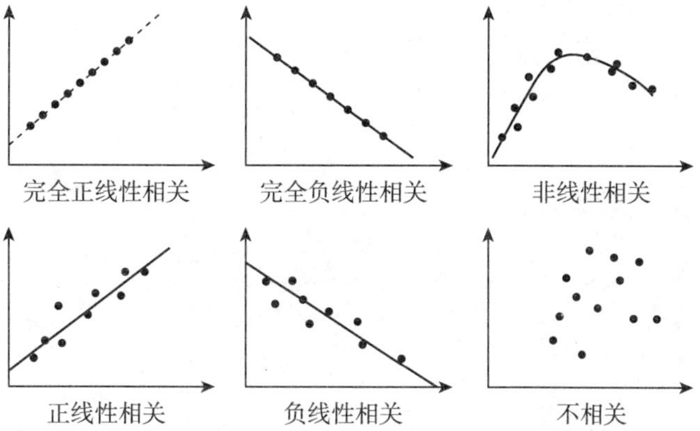

图 10—1　相关关系分类示意图

（四）按研究变量的多少可分为单相关、复相关和偏相关

两个变量之间的相关，称为单相关。一个变量与两个或两个以上其他变量之间的相关，称为复相关。在复相关的研究中，假定其他变量不变，专门研究其中两个变量之间的相关关系时称其为偏相关。

变量之间的相关关系需要用相关分析方法来识别和判断。相关分析，就是借助于图形和若干分析指标（如相关系数）对变量之间的依存关系的密切程度进行测定的过程。

三、相关分析的主要内容

相关分析的主要内容或操作程序大致如下：

（一）确定现象之间有无关系存在及相关关系的形态

确定现象之间有无关系存在，是相关分析的基础环节，属于定性认识问题。只有现象间存在相关关系才有必要进行进一步分析，才可使用相关分析法。对于现象间是否存在相关关系可从两个方面进行判断：一是依赖于研究者的理论知识和实际工作经验，在定性分析的基础上做出判断；二是根据实际观察资料，通过绘制相关变量的散点分布图，从图形上大致地判断变量之间是否定量相关，是正相关还是负相关，是直线相关还是曲线相关等。

（二）衡量现象相关关系的密切程度

衡量现象之间的相关关系的密切程度，通常是计算一些相关指标。例如，我们衡量简单线性相关的密切程度，可以计算相关系数；衡量曲线相关的密切程度，可以计算相关比率；衡量多种现象之间的相关密切程度，可以计算复相关系数。

（三）确定相关关系的数学表达式

为了确定现象之间的数量变化，必须配合数学方程式进行表达，通常称为数学建模问题，它是相关分析的必然延伸。运用数学模型，可以根据已知的自变量值及其变化规律来推算和预测因变量的未来值，帮助我们从量的方面进一步认识现象之间相互影响和相互制约的程度。

（四）确定因变量估计值的误差程度

运用数学模型预测相关事物，实际上是用确定性的函数关系表达不确定的相关关系。估计值与实际值一般会存在误差，这是因为一种事物除受模型中的自变量影响以外，往往还会受多种事物的影响。这就需要我们计算相关的估计标准误差等指标来加以分析和研究。

第二节　相关关系的测定

实践中常常借用散点图、相关系数等来帮助我们判断与分析变量之间的相关关系，而且比较直观、便利。

一、散点图

识别变量间相关关系最简单的方法是图形法，就是将所研究变量的观察值以散点的形式绘制在相应的坐标系中，通过它们呈现出的特征，来判断变量之间是否存在相关关系，以及相关的形式、相关的方向和相关的程度等。

【例 10—1】在研究某地工人劳动生产率和利润率的问题时，把利润率记为 y，把工人劳动生产率记为 x。根据样本数据 $(x_i,y_i),i=1,2,\cdots,n$（如表 10—1 所示）研究两者之间存在什么样的相关关系。

表 10—1　　**某地工人劳动生产率和利润率资料**

劳动生产率（千元）x	利润率（%）y	劳动生产率（千元）x	利润率（%）y
8	5.5	12	8.5
10	6.0	14	9.0
10	6.5	16	10.5
10	7.0	18	12.5
12	8.0	20	14.0

根据表 10—1，画出 $(x_i,y_i),i=1,2,\cdots,n$ 的散点图，如图 10—2 所示。

从图中我们看到本例的样本数据 $(x_i,y_i),i=1,2,\cdots,n$ 大致分别落在一条直线附近，

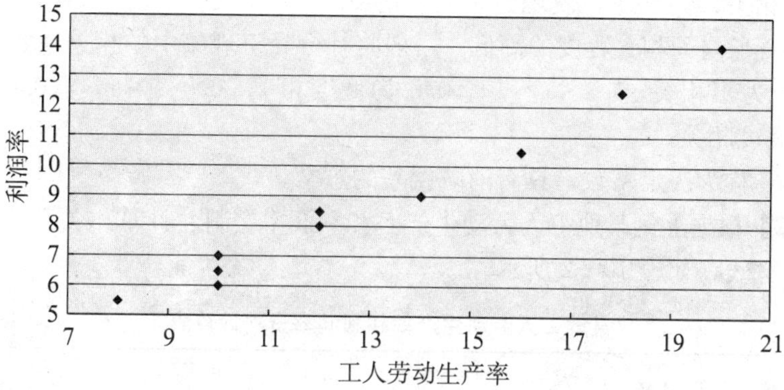

图 10—2 相关关系的散点图

这说明变量 x 与 y 之间具有明显的线性相关关系。另外，所绘制的散点图呈现出从左至右的上升趋势，它表明 x 与 y 之间存在着一定的正相关关系，即随着工人劳动生产率的提升，利润率也会增加。

图形法虽然有助于识别变量间的相关关系，但它无法对这种关系进行精确的计量。因此在初步判定变量间存在相关关系的基础上，通常还要计算相关关系的度量指标。下面我们缩小研究的范围，仅仅研究两个变量间的线性相关关系。两个变量间线性相关关系的度量指标有很多，应用最广泛的是相关系数。

二、相关系数

相关系数是测定现象之间相关关系密切程度的统计分析指标。一般是用积矩相关测量法进行计算，积矩相关测量法是测量两个定距变量之间相关性的一种方法，也称积差法。它以变量的平均值作为判断的准则，在分析现象的相关关系时计算皮尔逊（Pearson）积矩相关系数（简写为 r），说明在线性相关的条件下两个现象之间相关关系紧密程度的指标。其计算公式为：

$$r=\frac{\sum(x-\bar{x})(y-\bar{y})}{\sqrt{\sum(x-\bar{x})^2}\sqrt{\sum(y-\bar{y})^2}} \qquad (10-3)$$

式中：r 表示 相关系数；$\bar{x}$ 表示 变量 x 数列的平均数；$\bar{y}$ 表示 变量 y 数列的平均数。

这里，可以把 x 和 y 看作对称性的关系，不区分谁是自变量、谁是因变量。皮尔逊积矩相关系数 r 有以下几个性质：

(1) r 表示变量 x 和 y 的线性相关方向和相关程度，取值范围为 $-1\leqslant r\leqslant 1$ 。

(2) 当 $-1<r<0$ 时，相关图分布呈现出 y 随 x 的增加而减少的趋势，即为负相关；当 $0<r<1$ 时，相关图分布呈现出 y 随 x 的增加而增加的趋势，即为正相关。

(3) 当 $r=0$ 时，相关图分布通常呈现出不规则状态，变量 y 不受变量 x 的影响，表明 x 和 y 之间没有线性相关关系。但必须注意，$r=0$ 只能说明 x 与 y 之间没有线性关系，而不能随意排斥其他关系，或许存在着曲线相关关系。

(4) 当 $|r|=1$ 时，相关散点图呈现在一条直线上，即 y 与 x 完全线性相关。$r=1$，

表现为完全正相关；$r=-1$，表现为完全负相关。

为了判断现象之间相关程度的高低，一般将社会经济现象中的相关系数划分为四个等级：$|r|<0.3$ 为不相关，$0.3\leqslant|r|\leqslant 0.5$ 为低度相关，$0.5\leqslant|r|\leqslant 0.8$ 为显著相关，$|r|>0.8$ 为高度相关。

r 的平方 r^2 称为决定系数，具有消减误差的意义。

【例 10—2】根据上例某地工人劳动生产率和利润率资料，计算相关系数。用基本公式计算，列出计算表，如表 10—2 所示。

表 10—2　某地工人劳动生产率和利润率资料计算表

序号	劳动生产率（千元）x	利润率（%）y	$(x-\bar{x})$	$(y-\bar{y})$	$(x-\bar{x})^2$	$(y-\bar{y})^2$	$(x-\bar{x})(y-\bar{y})$
1	8	5.5	−5	−3.25	25	10.562 5	16.25
2	10	6.0	−3	−2.75	9	7.562 5	8.25
3	10	6.5	−3	−2.25	9	5.062 5	6.75
4	10	7.0	−3	−1.75	9	3.062 5	5.25
5	12	8.0	−1	−0.75	1	0.562 5	0.75
6	12	8.5	−1	−0.25	1	0.062 5	0.25
7	14	9.0	1	0.25	1	0.062 5	0.25
8	16	10.5	3	1.75	9	3.062 5	5.25
9	18	12.5	5	3.75	25	14.062 5	18.75
10	20	14.0	7	5.25	49	27.562 5	36.75
合计	130	87.5	—	—	138	71.625	98.50

以上表有关数字代入基本公式为：

$$r=\frac{98.5}{\sqrt{138}\times\sqrt{71.625}}=\frac{98.5}{99.42}=0.990\ 7$$

计算结果显示，某地工人劳动生产率和利润率之间呈现出高度正相关，相关系数 r 达到了0.990 7，决定系数 r^2 为0.981 5，这说明用该地区工人劳动生产率预测利润率可以消减 98.15%的误差。

在计算积矩相关系数 r 的过程中，用基本公式计算显得比较繁琐。如果将基本公式整理变形，则积矩相关系数 r 的计算将变得比较简单。经过推导，其简捷公式为：

$$r=\frac{n\sum xy-\sum x\sum y}{\sqrt{n\sum x^2-\left(\sum x\right)^2}\sqrt{n\sum y^2-\left(\sum y\right)^2}} \tag{10—4}$$

按简化公式计算，亦须列出计算表，如表 10—3 所示。

表 10—3　　某地工人劳动生产率和利润率资料简捷公式计算表

序号	劳动生产率（千元）x	利润率（%）y	x^2	y^2	xy
1	8	5.5	64	30.25	44
2	10	6.0	100	36	60
3	10	6.5	100	42.25	65
4	10	7.0	100	49	70
5	12	8.0	144	64	96
6	12	8.5	144	72.25	102
7	14	9.0	196	81	126
8	16	10.5	256	110.25	168
9	18	12.5	324	156.25	225
10	20	14.0	400	196	280
合计	130	87.5	1 828	837.25	1 236

以上表数字代入简捷公式为：

$$r=\frac{10\times 1\,236-130\times 87.5}{\sqrt{10\times 1\,828-130\times 130}\ \sqrt{10\times 837.25-87.5\times 87.5}}=\frac{985}{994.2}=0.990\,7$$

用公式计算都比较繁琐，后面我们用计算机来计算显得简单，但基本原理还是一样的。

第三节　线性回归分析

线性回归分析是在确定了变量之间相关关系的基础上，建立一个相应的数学模型，并根据一个已知量的变化，来估计或推算另一个未知量发展变化的研究方法。在回归分析中，回归方程主要有四种类型：一元线性回归方程、多元线性回归方程、一元非线性回归方程和多元非线性回归方程等。

一、一元线性回归分析

一元线性回归方程，又称简单直线回归方程。它只有一个自变量和一个因变量，而且两个变量的增量按一定的比例变化，或者说两个变量的增长比率为常数。一元线性回归方程虽然简单，却是基本的、重要的。

（一）一元线性回归模型

大家知道，在线性相关中，y 的数值不但受 x 变动的影响，而且还受其他随机因素的影响。因此 x 与 y 的关系也不表现为完全线性相关。直观地看，各相关点并不完全落在一条直线上，而是围绕直线上下波动，只是呈线性相关的趋势。一元回归分析的任务，就是在若干分散的具有线性相关的相关点之间，配合一条最优直线，以表明两变量之间具体的变动关系。

配合回归线相应的方程称为回归方程，一元线性回归方程的形式为：

$$\hat{y} = a + bx \qquad (10—5)$$

式中，x 为自变量，$\hat{y}$ 为因变量的估计值（或理论值），a,b 为方程的综合系数。在直角坐标图形中 a 为纵轴上的截距，表示直线的起点；b 为直线的斜率，表示 $\hat{y}$ 比 x 增长变化的倍数。

（二）相关系数的显著性检验

例 10—2 计算的相关系数 $r = 0.990\ 7$ 相对于 0 来说已经相当大了，是否说明劳动生产率和利润率之间线性相关呢？仅仅看这个数值是不能确定二者之间的线性相关关系的。因为这个数值仅仅是基于 10 个样本点计算出来的，它要受到抽样误差的影响。因此总体的相关系数需要经过正式的假设检验，才能做出比较可靠、科学的判断和结论。在实际应用中，一般都是根据样本数据计算相关系数，然后再对总体相关系数进行显著性检验。

显著性检验，可以根据相关系数、自由度（$n-m$，其中，n 为样本容量，m 为回归模型中待定参数的个数）和给定的显著水平 α 值（在社会经济现象中，给定的显著水平 α 值一般为 0.05），从相关系数临界值表中查出临界值 $r_\alpha(n-m)$，据此判断其线性关系是否成立。如果 $|r| \geqslant r_\alpha(n-m)$，表明在显著水平 a 条件下变量之间的线性关系是显著的，因此将要建立的线性回归模型是有意义的；如果 $|r| < r_\alpha(n-m)$，表明不宜建立线性回归模型，需要对其进一步分析，然后再作处理。

【例 10—3】 以例 10—1 中的统计资料为例，对工人劳动生产率和利润率(%)的相关系数进行显著性检验。

相关系数　$r=0.990\ 7$

自由度　$n-m = 10-2 = 8$（在一元线性回归模型中只有 a,b 两个参数，因此 $m = 2$）

给定的显著水平　$\alpha = 0.05$

查相关系数显著性检验表　$r_{0.05}(8) = 0.632$

由于 $r = 0.990\ 7 > r_{0.05}(8) = 0.632$，因此在 $\alpha = 0.05$ 显著水平上工人劳动生产率和利润率（%）之间确实存在线性相关关系。

（三）变量定位

在相关关系分析中，可以不区分自变量和因变量，可以认为它们之间是对称关系。但在回归分析中就不同，必须区分谁是自变量、谁是因变量，因为它们之间是非对称关系。在现实的社会经济生活中，有些现象容易区分，如上例的工人劳动生产率和利润率，显然工人劳动生产率是自变量，利润率是因变量。有些现象难以区分，如购买商品支出和价格。当价格上涨时，购买商品支出可能会减少，这时价格可以看作是自变量，购买商品支出可以看作是因变量；当购买商品支出增多时，价格下降，这时购买商品支出可以看作是自变量，价格看作是因变量。究竟谁作自变量，谁作因变量，首先应考虑研究目的，其次考虑环境因素，尽量使这两者保持一致。

（四）参数估计

在一元线性回归模型 $\hat{y}=a+bx$ 中有两个待定参数 a 和 b，可采用最小二乘法（或称最小平方法）求解。最小二乘法的原理是：y 与 $\hat{y}$ 的离差平方和为最小。用此方法估计的回归直线就是原资料的最优直线。

最小二乘法的公式表示为：

$$\sum(y-\hat{y})^2=\text{最小值} \tag{10—6}$$

设 Q 为 y 与 $\hat{y}$ 的离差平方和，则：

$$Q=\sum(y-\hat{y})^2=\sum(y-a-bx)^2=\text{最小值} \tag{10—7}$$

Q 是一个抛线，只有一个极小值，根据极小值处一阶导数为零的特点，要使 Q 达到最小，其必要条件是它对 a,b 的一阶偏导数为零，由此可以整理成下列联立标准方程式：

$$\begin{cases}\sum y=na+b\sum x\\ \sum xy=a\sum x+b\sum x^2\end{cases} \tag{10—8}$$

解之可得：

$$b=\frac{n\sum xy-\sum x\sum y}{n\sum x^2-\left(\sum x\right)^2} \tag{10—9}$$

$$a=\frac{\sum y}{n}-b\frac{\sum x}{n} \tag{10—10}$$

将 a,b 值代入 $\hat{y}=a+bx$ 中就是所求的回归直线方程。

【例 10—4】 仍以表 10—1 某地工人劳动生产率和利润率（%）的资料为例，建立回归模型。

设　$\hat{y}=a+bx$

式中 $\hat{y}$ 代表利润率（%）（因变量）；x 代表工人劳动生产率

依据公式计算如下：

$$b=\frac{n\sum xy-\sum x\sum y}{n\sum x^2-\left(\sum x\right)^2}=\frac{10\times 1\,236-130\times 87.5}{10\times 1\,828-130^2}=\frac{985}{1\,380}=0.713\,8$$

$$a=\frac{\sum y}{n}-b\frac{\sum x}{n}=\frac{87.5}{10}-0.713\,8\times\frac{130}{10}=-0.529$$

将计算的 a,b 之值代入模型中，得到回归模型：

$$\hat{y}=-0.529+0.713\,8x$$

这一模型揭示了工人劳动生产率和利润率（%）之间的数量关系。

（五）回归模型的预测

建立的回归模型是客观实际情况的一般描述，作为变化根据的自变量，很难完全解释因变量的变动。因此，在运用已建立的回归模型进行预测时，还需要分析自变量的解释力和测算估计标准误差。

1. 分析自变量解释力

分析自变量对因变量的解释力可以从两个层次进行，即有无解释力和有多大的解释力。分析的方法有许多种，这里介绍方差分析和决定系数两种方法，前者可用于有无解释力的分析，后者可用于解释力强弱的判断。

（1）回归方差分析。

自变量对因变量有无解释力，一般可以运用方差分析的方法（即 F 检验）对两个变量之间的线性关系进行检验。方差分析以总离差平方和的分解为基础，以 F 分布表确定的临界值为标准，检验两个变量是否相关的显著性。在回归分析的过程中，对于自变量 x 的某一个确定值，我们是以一个因变量 y 的平均值与之对应的，对于每一个观察值（即实际值）来说，与其平均值之间都有一个离差 $(y-\bar{y})$，每一离差（或称总离差）都可以分解为剩余离差、回归离差两个部分。

即 $(y-\bar{y})=(y-\hat{y})+(\hat{y}-y)$

由于 $\sum(y-\bar{y})=0$，因而在分析离差时，采用离差平方和即 $\sum(y-\bar{y})^2$ 来进行。

离差平方和（或称总离差平方和）由剩余平方和、回归平方和所构成，用符号表示如下：

$$\sum(y-\bar{y})^2=\sum(y-\hat{y})^2+\sum(\hat{y}-\bar{y})^2 \qquad (10-11)$$

即 总离差平方和（L_{yy}）＝剩余平方和（Q）＋回归平方和（U）

其中 $L_{yy}=\sum(y-\bar{y})^2=nS_y^2=\sum y^2-(\sum y)^2/n$

$$U=L_{yy}-Q=bL_{xy} \qquad Q=\sum(y-\hat{y})^2=L_{yy}-bL_{xy}$$

$$L_{xy}=\sum(x-\bar{x})(y-\bar{y})=nS_{xy}=\sum xy-(\sum x\sum y)/n$$

剩余平方和又称残差平方和，它反映自变量 x 对因变量 y 的线性影响之外的一切因素（包括 x 对 y 的非线性影响和测量误差等）对因变量 y 的作用。回归平方和反映在总离差平方和之中，由于 x 与 y 的线性关系而引起因变量 y 变化的部分。

每个平方和都有一个与之相联系的自由度，正如总离差平方和可以分解成剩余平方和 Q 与回归平方和 U 两部分一样，总离差平方和的自由度 df 也等于剩余平方和的自由度 df_Q 与回归平方和的自由度 df_U 之和，即

$$df=df_Q+df_U$$

其中，$df=n-1$；$df_Q=n-2$；$df_U=df-df_Q=1$

在总离差平方和 L_{yy} 中，Q 大就意味着 U 小，U 越小就说明变量间的线性相关程度越低，当 $b=0$ 时，U 值最小。因此，检验总体两变量之间是否具有真正的线性相关性，在一元线性回归模型的假设检验中是检验总体的回归系数是否等于 0，提出的零假设和备择假设是：

$$H_0:\beta=0; \quad H_1:\beta\neq 0$$

在 $H_0:\beta=0$ 成立的条件下，可以证明 U、Q 除以总体方差 σ^2 构成的统计量分别服从自由度 1、$n-2$ 的 χ^2 分布，即

$$U/\sigma^2\sim\chi^2(1) \qquad Q/\sigma^2\sim\chi^2(n-2)$$

这两个相互独立的 χ^2 分布分别除以其自由度后的比值所构成的统计量，服从第一自

由度为1、第二自由度为 $n-2$ 的 F 分布，即

$$F=\frac{U/1}{Q/(n-2)}\sim F(1,n-2) \tag{10—12}$$

为了清晰地反映方差分析的过程，可以将其内容表格化，具体形式，如表 10—4 所示。

表 10—4　　一元线性回归的方差分析表

离差来源	平 方 和	自由度	均方差	F统计量
回 归	$U=\sum(\hat{y}-\bar{y})^2=bL_{xy}$	1	$U/1$	$F=\frac{U/1}{Q/(n-2)}$
剩 余	$Q=\sum(y-\hat{y})^2=L_{yy}-bL_{xy}$	$n-2$	$Q/(n-2)$	
总 和	$L_{yy}=\sum(y-\bar{y})^2=U+Q$	$n-1$	—	

计算的 F 值还要与一定显著水平下 F 分布的临界值相比较，才能说明变量之间的相关性，即自变量 x 对因变量 y 有无解释力的问题。在一般情况下，给定显著性水平 $\alpha=0.05$ 或 0.01，结合自由度 $(1,n-2)$，查 F 分布表得临界值。如果 $F<F_\alpha(1,n-2)$，接受 H_0，表示总体两变量间的线性相关性不显著，自变量 x 对因变量 y 无解释力，所建立的回归模型无意义。如果 $F\geqslant F_\alpha(1,n-2)$，拒绝 H_0，表示总体两变量间的线性相关性显著，自变量 x 对因变量 y 有解释力，所建立的回归模型是有意义的。

【例 10—5】 仍以表 10—1 中的资料为例，给定显著性水平 $\alpha=0.05$，已知回归系数 $b=0.713\,8$，$n=10$，对某地工人劳动生产率和利润率建立回归模型的方差分析如下：

$$L_{yy}=\sum y^2-(\sum y)^2/n=837.25-(87.5)^2/10=71.63$$

$$L_{xy}=\sum xy-(\sum x\sum y)/n=1\,236-(130\times 87.5)/10=98.5$$

$$U=bL_{xy}=0.713\,8\times 98.5=70.309\,3$$

$$Q=L_{yy}-bL_{xy}=71.63-70.306\,16=1.320\,7$$

$$F=\frac{U/1}{Q/(n-2)}=\frac{70.309\,3}{1.320\,718/(10-2)}=426.117$$

将以上的计算结果列入方差分析表，如表 10—5 所示。

表 10—5　　一元线性回归方程的方差分析表

离差来源	平方和	自由度	均方差	F统计量
回归	$U=70.309\,3$	1	$U/1=70.309\,3$	$F=426.117$
剩余	$Q=1.320\,7$	8	$Q/8=0.165$	
总和	$L_{yy}=71.63$	9	—	

对于给定的显著性水平 $\alpha=0.05$，查 F 分布表得临界值：

$$F_\alpha(1,n-2)=F_{0.05}(1,8)=5.32$$

由于 $F=426.117>F_{0.05}(1,8)=5.32$，故可以认为两变量之间的线性相关关系是显

著的，有 95%的把握程度说明自变量 x 对因变量 y 有解释力。

（2）模型优劣判断。

方差分析可以说明自变量对因变量有无解释力的问题，如果说自变量对因变量有解释力，那么究竟有多大的解释力呢，或者说因变量的变化有多少可以通过自变量的变化得到解释呢？通常可以利用决定系数进行分析。决定系数也称可决系数或判定系数，即前述的相关系数的平方，是指因变量的总变差中可以被自变量解释部分的比重。它是衡量所建模型优劣的一个重要统计分析指标。其计算公式为：

$$r^2 = \frac{U}{L_{yy}} \quad 或 \quad r^2 = 1 - \frac{Q}{L_{yy}} \tag{10—13}$$

在已经计算相关系数 r 的条件下，很容易得到决定系数 r^2 的值。如例 10—3 某地工人劳动生产率和利润率的相关系数 $r = 0.990\,7$，则其决定系数 $r^2 = 0.981\,6$。它说明在利润率的总变差中，98.16%可以用其劳动生产率的变化来解释；未被解释的 1.84%是由于其他原因所致。这种解释属于统计关系，可以根据具体情况做进一步分析。决定系数与相关系数一样，是分析研究现象之间相关关系的正指标，其值愈大愈好。由于决定系数 r^2 具有消减误差的意义，其值愈大，说明回归模型拟合得愈优；反之，则说明回归模型拟合得愈差。

2. 估计标准误差

回归方程的主要任务，在于从自变量变动推算出因变量变动的估计值（或称理论值、平均值）。这个估计值可能与实际值一致，也可能不一致，因而就产生了估计值的代表性问题。我们知道，各估计值与实际值的离差，有正有负，有大有小。回归方程的代表性，不可以按某一个离差来决定，而是要从一系列离差即总离差的情况来决定。因此，需要计算一个指标，综合反映这种误差的大小和回归方程的代表性，这个指标称为估计标准误差。其计算公式为：

$$S_y = \sqrt{\frac{\sum (y - \hat{y})^2}{n - m}} \tag{10—14}$$

式中，S_y 表示估计标准误差，y 是因变量实际值，$\hat{y}$ 是根据回归方程推算出来的估计值，n 是因变量个数，m 是回归方程中参数的个数。估计标准误差 S_y，它直接反映观察值 y 对估计值 $\hat{y}$ 的平均离差。就回归直线来说，其平均离差值愈小，则所有观察点平均地愈靠近回归线，即关系程度愈密切；而当其平均离差值愈大，则所有观察点平均地离回归线愈远，即关系愈不密切。

一元回归方程中有 a，b 两个参数，所以 $m = 2$。在大样本中，如 n 值很大，也可用 n 代替 $n - m$。

【例 10—6】 以表 10—1 的资料和例 10—4 所建立的某地工人劳动生产率和利润率的回归模型，列表进行误差分析，如表 10—6 所示。

将表 10—6 中计算栏的有关数据代入 S_y，计算其估计标准误差为：

$$S_y = \sqrt{\frac{\sum (y - \hat{y})^2}{n - m}} = \sqrt{\frac{10.031}{10 - 2}} = 1.119\,8$$

表 10—6　　一元线性回归模型误差分析计算表

序号	工人劳动生产率（千元）x	利润率（%）y	y 的估计值 $\hat{y}$	$y-\hat{y}$	$(y-\hat{y})^2$
1	8	5.5	5.181 4	0.318 6	0.101 5
2	10	6.0	6.609	−0.609	0.370 9
3	10	6.5	6.609	−0.109	0.011 9
4	10	7.0	6.609	0.391	0.152 9
5	12	8.0	8.036 6	−0.036 6	0.001 3
6	12	8.5	8.036 6	−0.463 4	0.214 7
7	14	9.0	9.464 2	−0.464 2	0.215 5
8	16	10.5	10.891 8	−0.391 8	0.153 5
9	18	12.5	12.319 4	0.180 6	0.032 6
10	20	14.0	13.747	0.253	0.064
$\sum$	130	87.5	87.504	—	1.318 8

注：$\hat{y}=-0.529+0.713\,8x$

估计标准误差是分析研究现象之间相互关系的逆指标。其计算结果愈小，说明利用回归直线预测的精确度愈高；反之，则说明预测的精确度愈低。例 10—6 计算的估计标准误差只有1.119 8%，仅为平均利润率 8.75%的 13.69%，可见例 10—4 建立的回归模型是较优的。

3. 运用模型预测

建立了有效的回归模型，测算了估计标准误差，确定了把握程度，就可以运用抽样推断的方法，根据给定的自变量预测因变量的置信区间。

在社会经济活动中，一般都是用大样本来分析研究问题，即样本容量通常在 30 个以上。按照误差为正态分布的原理，当样本容量 $n\geqslant 30$ 时，我们可以做出以下假定：y 的观察值在对应的每个估计值 $\hat{y}$ 周围都是正态分布，所有的正态分布都具有相同的标准差。因此，由样本数据求出估计标准误差以后，可以利用标准正态分布曲线下的面积查表，以一定的概率和精确度对总体回归值做出区间估计。

在一般情况下，对于服从正态分布的变量，对每个确定的 $x=x_0$，其 y 的取值也服从正态分布。它的平均数，就是当 $x=x_0$ 时，直线方程的相应值 $\hat{y}_0=a+bx_0$，于是根据正态分布性质，对固定的 $x=x_0$，y 的取值是以 $\hat{y}_0$ 为中心而对称分布的。愈靠近 $\hat{y}_0$ 的地方出现几率愈大，而离 $\hat{y}_0$ 较远的地方出现的几率就较小，而且与剩余标准差 S_y 之间有下述关系：

落在 $\hat{y}_0\pm S_y$ 的区间内约占 68.27%（即 $t=1$）；

落在 $\hat{y}_0\pm 2S_y$ 的区间内约占 95.45%（即 $t=2$）；

落在 $\hat{y}_0 \pm 3S_y$ 的区间内约占 99.73%（即 $t=3$）。

上面结论对一切通常取值范围内的 x 都成立，因此，可在平面图上作两条与回归直线平行的直线：

$$y_1 = a - 2S_y + bx$$

$$y_2 = a + 2S_y + bx$$

则可以预料，在全部出现的 y 值中大约有 95%的观察点落在这两条直线所夹的范围内，如图 10—3 所示。

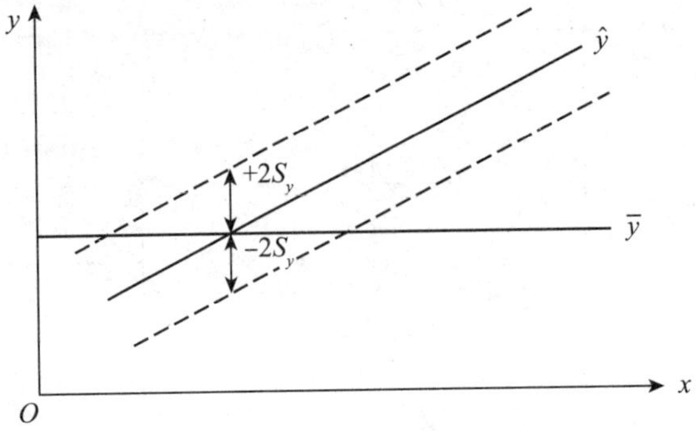

图 10—3　y 与 x 依存关系误差范围图

【例 10—7】 接例 10—6，假定当前劳动生产率为 24 千元，以 95.45%的置信度预测利润率。

已知 $x = 24$ 千元，$s_y = 1.119\,8\,\%$；

当 $1 - \alpha = 95.45\%$ 时，$t = 2$ 。

预测利润率为：

$$\hat{y}_0 = -0.529 + 0.713\,8x = -0.529 + 0.713\,8 \times 24 = 16.602\,2$$

$$\hat{y} = 16.602\,2 \pm 2 \times 1.119\,8$$

即 y 在14.362 6%～18.841 8%。

这类预测分析方法在日常的社会经济生活中是经常用到的，它是分析研究市场的重要工具。值得注意的是，一元线性回归模型只能以自变量 x 推算因变量 y，而不能反过来以因变量 y 推算自变量 x 。在互为因果关系的变量之间，可以根据研究问题的需要，分别建立 $\hat{y} = a + bx$，$\hat{x} = a + by$ 两个线性回归模型。

二、多元线性回归分析

（一）多元线性回归模型

一元线性回归模型是将影响因变量的原因归结于一个主要的因素上，当影响因变量变化的因素有多个时，一元线性回归模型就无法准确地判断多个变量之间的关系。因此，我们需要有更一般的模型，把两个或多个自变量的影响估计在内，由此构建的模型称为多元回归模型或多重回归模型。多元回归分析是以多元回归模型研究多个自变量与一个因变量的相互关系，从而推算或预测因变量的未知值或未来值。它是一元线性回归分析的扩充，其基本原理与一元线性回归分析相同，但具体操作过程要繁琐得多。

如果有两个自变量 x_1 和 x_2 与一个因变量 y 呈线性相关，则可建立二元线性回归模型：

$$\hat{y} = a + b_1x_1 + b_2x_2 \tag{10-15}$$

如果有三个自变量 x_1, x_2 和 x_3 与一个因变量 y 呈线性相关，则可建立三元线性回归模型：

$$\hat{y} = a + b_1x_1 + b_2x_2 + b_3x_3 \tag{10-16}$$

一般地，如果有 n 个自变量 $x_1, x_2, \cdots, x_n$ 与一个因变量 y 呈线性相关，则可建立 n 元线性回归模型：

$$\hat{y} = a + b_1x_1 + b_2x_2 + \cdots + b_nx_n \tag{10-17}$$

以上模型中，a 为常数项，b_i 为 y 对 x_i 的回归系数（$i = 1, 2, \cdots, n$），b_i 表明在其他变量不变的情况下，自变量 x_i 变动一个单位而引起 y 的平均变动量。

依据最小平方法，可以求得模型中的各个参数，从而建立多元线性回归模型。现举例说明二元线性回归模型的建立方法。

【例 10—8】某地管理部门随机抽取 10 个零售企业，对它们某月的商品销售额、流通费用额和利润额情况进行了调查，其资料见表 10—7。

表 10—7　　某地 10 个零售企业调查资料　　单位：万元

序号	销售额	费用额	利润额
1	40	4.8	1.8
2	43	4.9	2.0
3	48	5.7	2.1
4	42	5.0	1.9
5	41	4.8	1.9
6	45	5.0	2.1
7	47	5.7	2.2
8	50	5.7	2.4
9	52	6.1	2.5
10	56	6.5	2.6

根据上述资料进行理论分析知道，利润是企业的一个主要经营目标。商品销售额是利润的来源，在既定的条件下，商品销售额愈多则利润愈多，反之则愈少；费用额是企业经营的投入，如果其他条件不变，费用额增加，企业利润也会相应地增加，反之就会减少。由此可见，商品销售额和费用额是影响利润额的两个主要因素，因而可以把这三者融入一个模型之中，将利润额确定为因变量 y，商品销售额和费用额分别确定为自变量 x_1 和 x_2。应用相关表分析，见表 10—8 和表 10—9。

表 10—8　**商品销售额与利润额**　单位：万元

序号	销售额	利润额
1	40	1.8
2	43	2.0
3	48	2.1
4	42	1.9
5	41	1.9
6	45	2.1
7	47	2.2
8	50	2.4
9	52	2.5
10	56	2.6

表 10—9　**商品费用额与利润额**　单位：万元

序号	费用额	利润额
1	4.8	1.8
2	4.9	2.0
3	5.7	2.1
4	5.0	1.9
5	4.8	1.9
6	5.0	2.1
7	5.7	2.2
8	5.7	2.4
9	6.1	2.5
10	6.5	2.6

以上两张相关表显示：就该地 10 个零售企业的总体而言，伴随着商品销售额和费用额的增加，利润额也在增加。为了观察商品销售额、费用额与利润额的相关形态，还可以运用相关散点图进行分析，如图 10—4 和图 10—5 所示。

通过相关散点图观察，可以认为商品销售额、费用额与利润额三者之间大致表现为线性关系。因此，试用二元线性回归模型进行分析，即

$$\hat{y}=a+b_1x_1+b_2x_2$$

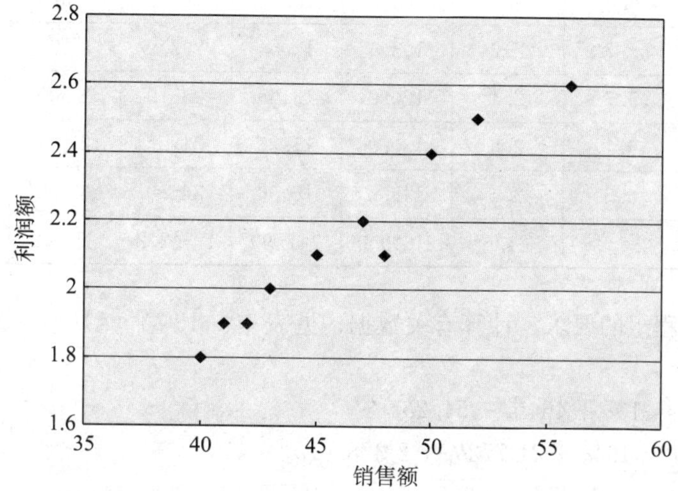

图 10—4　商品销售额与利润额相关散点图

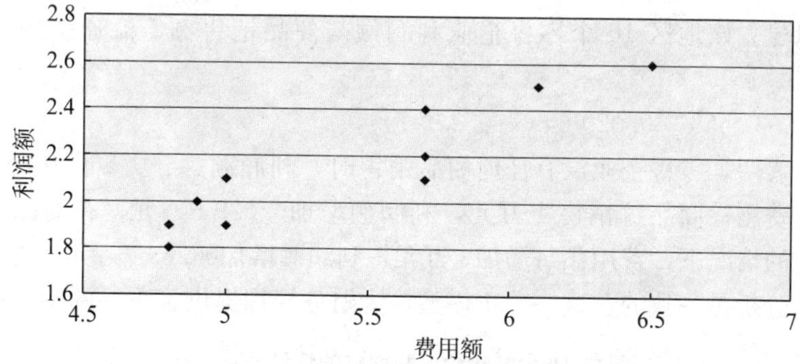

图 10—5　费用额与利润额相关散点图

依据二元线性回归模型求解参数的要求，列表计算分析，如表 10—10 所示。

表 10—10　二元线性回归模型数据计算表　　单位：万元

序号	销售额 x_1	费用额 x_2	利润额 y	x_1y	x_2y	x_1x_2	x_1^2	x_2^2	y^2
(甲)	(1)	(2)	(3)	(4)	(5)	(6)	(7)	(8)	(9)
1	40	4.8	1.8	72.0	8.64	192	1 600	23.04	3.24
2	43	4.9	2.0	86.0	9.80	210	1 849	24.01	4.00
3	48	5.7	2.1	100.8	11.97	273.6	2 304	32.49	4.41
4	42	5.0	1.9	79.8	9.50	210.0	1 764	25.00	3.61
5	41	4.8	1.9	77.9	9.12	196.8	1 681	23.04	3.61

续前表

序号	销售额 x_1	费用额 x_2	利润额 y	x_1y	x_2y	x_1x_2	x_1^2	x_2^2	y^2
6	45	5.0	2.1	94.5	10.50	225.0	2 025	25.00	4.41
7	47	5.7	2.2	103.4	12.54	267.9	2 209	32.49	4.84
8	50	5.7	2.4	120.0	13.68	285.0	2 500	32.49	5.76
9	52	6.1	2.5	130.0	15.25	317.2	2 704	37.21	6.25
10	56	6.5	2.6	145.6	16.90	364.0	3 136	42.25	6.76
$\sum$	464	54.2	21.5	1 010.0	117.90	2 542.2	21 772	297.02	46.89

按照正规方程组的要求，计算有关数据，见表 10—10 第（4）～（9）栏，然后代入正规方程组中：

$$\begin{cases}21.5 = 10a + 464b_1 + 54.2b_2 \\ 1\ 010 = 464a + 21\ 772b_1 + 2\ 328.67b_2 \\ 108.04 = 49.77a + 2\ 328.67b_1 + 249.44b_2\end{cases}$$

解方程组，求得参数值为

$$b_1 = 0.029\ 6, b_2 = 0.269\ 7, a = -0.568$$

据此可以建立该地区 10 个零售企业利润额与商品销售额、流通费用额的回归分析模型：

$$\hat{y} = -0.568 + 0.029\ 6x_1 + 0.269\ 7x_2$$

这一模型表明，零售企业没有任何商品销售时，利润额为－0.568 万元，即要支付企业生存的固定费用；商品每销售 1 万元，利润额增加0.029 6万元；在商品销售额和其他相关条件既定的情况下，费用额每增加1万元，利润额增加0.269 7万元。可见，上述模型与我们的理论分析是一致的。这一分析模型，为财务管理提供了重要的参考依据。

表 10—11　　某地 10 个零售企业利润额的估计值计算表　　单位：万元

序 号	销售额 x_1	费用额 x_2	利润额 y	利润额估计值 $\hat{y}$
（甲）	（1）	（2）	（3）	（4）
1	40	4.8	1.8	1.78
2	43	4.9	2.0	1.97
3	48	5.7	2.1	2.20
4	42	5.0	1.9	1.88
5	41	4.8	1.9	1.89
6	45	5.0	2.1	2.11
7	47	5.7	2.2	2.24
8	50	5.7	2.4	2.37
9	52	6.1	2.5	2.45

续前表

序号	销售额 x_1	费用额 x_2	利润额 y	利润额估计值 $\hat{y}$
10	56	6.5	2.6	2.58
$\sum$	464	49.77	21.5	21.48

（二）复相关系数及其显著性检验

如前所述，相关系数是说明现象之间线性相关方向和相关程度的统计分析指标，无论是两变量的相关系数还是多变量的相关系数，均为回归离差 $\sum(\hat{y}-\bar{y})^2$ 与总离差 $\sum(y-\bar{y})^2$ 之比的平方根。其基本公式为：

$$r=\sqrt{\frac{\sum(\hat{y}-\bar{y})^2}{\sum(y-\bar{y})^2}} \text{ 或 } =\sqrt{1-\frac{\sum(y-\hat{y})^2}{\sum(y-\bar{y})^2}} \qquad (10—18)$$

为了区别起见，通常把一元线性相关系数称为单相关系数，把二元及更多元的线性相关系数称为复相关系数。

【例 10—9】 以例 10—8 的调查资料和模型参数的计算结果，先计算利润额的估计值 $\hat{y}$，再依据公式（10—18）列表（如表 10—12 所示）计算复相关系数。

表 10—12 **二元线性模型复相关系数计算表** 单位：万元

序号	利润额 y	利润额估计值 $\hat{y}$	$y-\bar{y}$	$(y-\bar{y})^2$	$y-\hat{y}$	$(y-\hat{y})^2$
（甲）	(1)	(2)	(3)	(4)	(5)	(6)
1	1.8	1.78	−0.35	0.122 5	0.01	0.000 2
2	2.0	1.97	−0.15	0.022 5	0.03	0.001 1
3	2.1	2.20	−0.05	0.002 5	−0.10	0.009 7
4	1.9	1.88	−0.25	0.062 5	0.02	0.000 4
5	1.9	1.89	−0.25	0.062 5	0.01	0.000 2
6	2.1	2.11	−0.05	0.002 5	−0.01	0.000 2
7	2.2	2.24	0.05	0.002 5	−0.04	0.001 5
8	2.4	2.37	0.25	0.062 5	0.03	0.000 8
9	2.5	2.45	0.35	0.122 5	0.05	0.002 3
10	2.6	2.58	0.45	0.202 5	0.02	0.000 3
$\sum$	21.5	21.48	—	0.665 0	—	0.016 7

$$r=\sqrt{1-\frac{0.0167}{0.6650}}=0.9874$$

因变量与自变量之间的复相关系数是否客观、可靠，仍可以采用前述显著性检验方法进行判断，以鉴别多元线性回归模型的有效性。其分析如下：

根据例 10—8 建立的二元线性回归模型，其有关数据为：

模型自由度　$m-n=10-3=7$

给定的显著水平　$\alpha=0.05$

查相关系数检验表　$r_{0.05}(7)=0.785$

由于 $r=0.9874>r_{0.05}(7)=0.785$，表明在 $\alpha=0.05$ 显著水平上，利润额与商品销售额、费用额之间确实存在线性相关关系。

(三) 多元线性回归分析的应用

与一元线性回归分析一样，当我们建立了多元线性回归模型以后，仍然需要分析自变量对因变量的解释力，以便判断模型拟合的优劣。下面仍用方差分析和决定系数判断。

多元线性回归模型的方差分析，其基本原理与一元线性回归模型的方差分析原理类似，但 F 统计量的计算公式有区别：

$$F=\frac{U/(m-1)}{Q/(n-m)}\sim F(m-1,n-m) \tag{10—19}$$

式中，m 代表回归模型中参数的个数，其余符号与前相同。

多元线性回归模型的方差分析仍可以运用表格进行，其表式如表 10—13 所示。

表 10—13　　多元线性回归方差分析表

方差来源	平　方　和	自由度	均方差	F 统计量
回归	$U=\sum(\hat{y}-\bar{y})^2$	$m=1$	$U/(m-1)$	$F=\frac{U/(m-1)}{Q/(n-m)}$
剩余	$Q=\sum(y-\hat{y})^2$	$n-m$	$Q/(n-m)$	
总和	$L_{yy}=\sum(y-\bar{y})^2$	$n-1$	—	

【例 10—10】 以表 10—13 中的有关资料，对例 10—8 建立的二元回归模型进行方差分析。已知 $L_{yy}=0.6650, Q=0.0167, U=l_{yy}-Q=0.6650-0.0167=0.6483, m=3, n=10$。

$$F=\frac{U/(m-1)}{Q/(n-m)}=135.0833$$

将以上计算结果列入方差分析表中，如表 10—14 所示。

表 10—14　　　　　　　　　　　　　**多元线性回归方差分析表**

离差来源	平方和	自由度	均方差	F统计量
回归	0.637 6	2	0.324 2	$F=135.083\ 3$
剩余	0.027 4	7	0.002 4	
总和	0.665 0	9	—	

给定显著性水平 $\alpha=0.05$，查 F 分布表得临界值为：

$$F(m-1,n-m)=F_{0.05}(2,7)=4.74$$

由于 $F=135.083\ 3>F_{0.05}(2,7)=4.74$，故可以认为自变量 x_1,x_2 与因变量 y 之间的线性相关关系是显著的，有 95%的把握程度从总体上说明自变量 x_1,x_2 对因变量 y 有解释力。

上例中利润与商品销售额、费用额之间的复相关系数 $r=0.987\ 4$，则其决定系数 $r^2=0.975\ 0$。它说明在利润额的总变化中，97.50%可以用商品销售额和费用额的变化来解释。可见，建立的回归模型 $\hat{y}=-0.568+0.029\ 6x_1+0.269\ 7x_2$ 是较优的。

用决定系数确认模型以后，尚需要计算估计标准误。如前所述，估计标准误既是从另一方面说明模型拟合的优劣，还为确定预测值的置信区间提供依据。复回归的估计标准误与单回归一样，也是剩余离差的均方根，其一般计算公式仍然为（10—14）式，即

$$s_y=\sqrt{\frac{\sum(y-\hat{y})^2}{n-m}}$$

【例 10—11】 以例 10—9 表 10—12 中的有关资料和所建模型的参数，运用公式（10—14）计算其估计标准误为

$$s_y=\sqrt{\frac{\sum(y-\hat{y})^2}{n-m}}=0.048\ 8$$

估计标准误的计算结果0.048 8万元，仅为利润额 y 的平均数 21.48 万元的 2.27%，说明模型拟合是较好的。在模型有效的范围内，给定自变量值就可以预测因变量。

【例 10—12】 接上例，仍以例 10—8 建立的二元线性回归模型为例，分析当地某一零售企业的利润成果与商品销售额、费用开支是否处于正常情况。假定该零售企业的商品销售额 x_1 为 55 万元、费用支出额 x_2 为 6.8 万元、利润额 y 为 2.2 万元，现分析该企业利润指标的实现状况如下：

$$\hat{y}=-0.568+0.029\ 6\times55+0.269\ 7\times6.8=2.894\ 0\text{（万元）}$$

如果以 95.45%的概率推算利润指标的正常范围，则

$$\hat{y}=2.894\ 0\pm2\times0.048\ 8\text{（万元）}$$

即在商品销售额 55 万元、费用额 6.8 万元的条件下，利润应在2.796 4万元～2.991 6万元之间。然而该企业的利润实现状况低于正常水平（2.6 万元<2.796 4万元），这为我们进一步分析其经营运行情况提供了重要依据。

三、可化为线性回归的曲线回归

在社会经济问题的分析中，有些回归模型的因变量 y 与自变量 x 之间的关系表现为曲

线关系，但 y 与未知参数之间的关系却表现为线性关系。这时，我们常常采用变量代换的方法，先将曲线模型线性化，然后按照线性回归的方法求解分析。例如，在计量经济学中有一种最常见且非常重要的 C—D 生产函数：

$$y = AK^{\alpha}L^{\beta} \tag{10—20}$$

式中，y 为产出；K 为资本，L 为劳动力，K 与 L 代表两个投入要素；A 为效率系数，α 和 β 为 K 和 L 的产出弹性；A,α 和 β 均为待估参数。

对上式可通过两边取对数转化成线性模型。

$$\log y = \log A + \alpha \log K + \beta \log L$$

如令 $y' = \log y, \beta_0 = \log A, x_1 = \log K, x_2 = \log L$

则 $$y' = \beta_0 + \alpha x_1 + \beta x_2 \tag{10—21}$$

由（10—21）式的变换我们看到，有时虽然对于因变量和自变量可能都不是线性的，但仍可能找到适当的变换，将其转化为线性模型。对于可化为线性模型的回归问题，一般先化为线性模型，然后再用最小二乘法求出参数估计值，最后再经过适当的变换，回到所求的回归曲线。

下面介绍几种常见的非线性模型及其线性化方法。

（一）指数函数

指数函数曲线图，如图 10—6 所示。

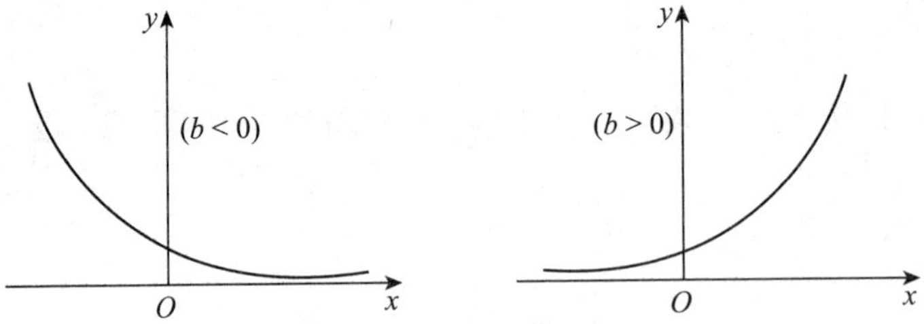

图 10—6　指数函数曲线图

指数函数模型的一般表达式为：

$$y = ae^{bx} \tag{10—22}$$

对（10—22）式两边取自然对数得：

$$\ln y = \ln a + bx$$

令 $y' = \ln y, a' = \ln a$

则 $$y' = a' + bx \tag{10—23}$$

（二）幂函数

幂函数模型的一般表达式为：

$$y = ax^{b} \tag{10—24}$$

对（10—24）式两边取对数得：

$$\ln y = \ln a + b\ln x$$

令 $y' = \ln y, a' = \ln a, x' = \ln x$ ，则

$$y' = a' + bx' \tag{10—25}$$

幂函数曲线图，如图 10—7 所示。

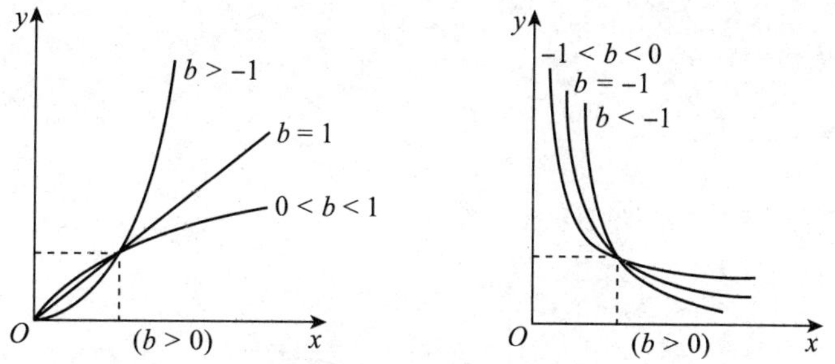

图 10—7　幂函数曲线图

（三）双曲函数

双曲函数曲线图，如图 10—8 所示。

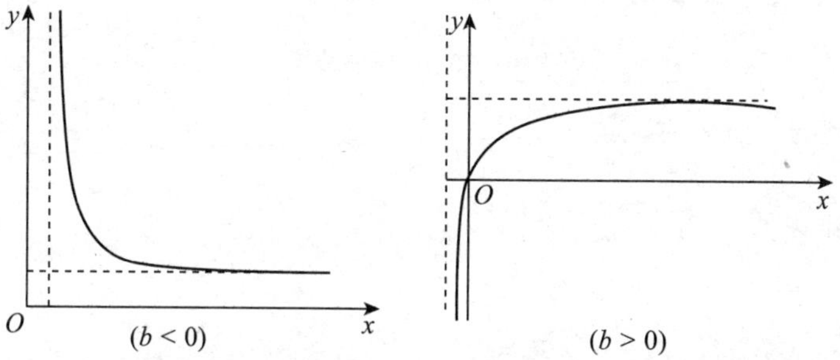

图 10—8　双曲函数曲线图

双曲函数模型的一般表达式为：

$$y=\frac{x}{ax+b} \tag{10—26}$$

令 $y'=\frac{1}{y},x'=\frac{1}{x}$

则

$$y'=a+bx' \tag{10—27}$$

（四）对数函数

对数函数曲线图，如图 10—9 所示。

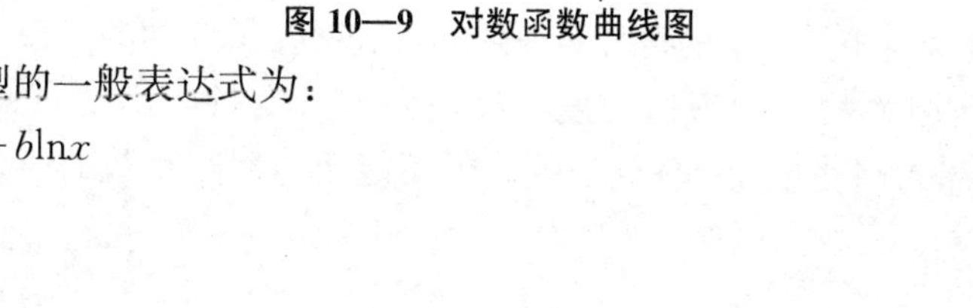

图 10—9　对数函数曲线图

对数函数模型的一般表达式为：

$$y=a+b\ln x \tag{10—28}$$

令　$x' = \ln x$

则　$y = a + bx'$　　(10—29)

(五) S形曲线

S形曲线图，如图10—10所示。

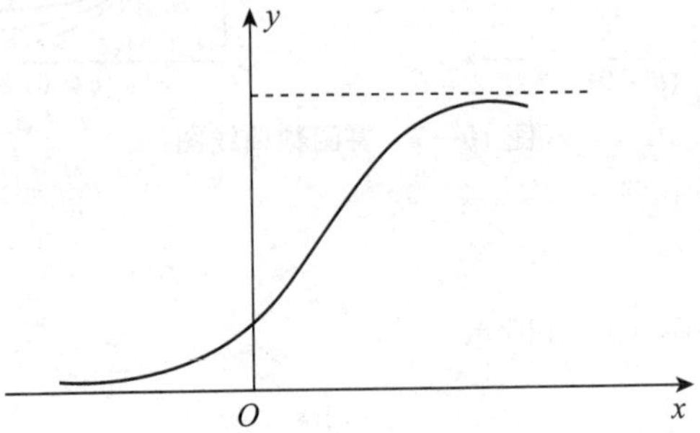

图10—10　S形曲线图

S形曲线模型的一般表达式为：

$$y = \frac{1}{a + be^{-x}} \tag{10—30}$$

令 $y' = \frac{1}{y}, x' = e^{-x}$ ，则

$$y' = a + bx' \tag{10—31}$$

四、运用回归分析应注意的问题

回归分析是对客观事物进行定量分析的一种科学方法，是在质的规定性的基础上进行的，除前述内容以外，还应注意以下几点：

(一) 筛选影响因变量的主要自变量

一种社会经济现象产生的结果，往往受其他社会经济现象、自然现象或科学技术等多种因素的影响。但在回归分析的过程中，自变量愈多，计算分析愈复杂，工作量愈大，就会影响工作效率。如果将一些不必要的影响因素纳入回归模型之中，那将会影响我们对事物的正确判断，甚至得出错误的结论。因此，在运用回归模型分析之前，一定要对自变量进行筛选，将那些影响力度大的主要自变量纳入模型之中，同时还要注意被选出的自变量之间应是关系不密切的变量，以防止多重共线性的影响。筛选的方法可以采用理论分析、经验判断、相关图、计算相关系数等多种手段。

(二) 正确理解回归系数

回归系数的符号与相关系数的符号是一致的，表明变量变动的方向；但回归系数的值并不表示变量之间相关关系的密切程度，只是表示自变量与因变量变动的比率。虽然 $b=0$ 时表明自变量对因变量没有任何影响，但不能认为回归系数的值越大，自变量对因变量的影响也越大。因为回归系数是有计量单位的，其数值受计量单位大小的影响。如果因变量的计量单位不变，将自变量的原计量单位扩大 10 倍，那么回归系数就会变为原有值的 1/10；反之，如果将自变量的原计量单位缩小为 1/10，那么回归系数就会比原有值扩大 10 倍。

（三）科学合理地内插外推

回归分析较相关分析的突出优点是能够运用回归模型进行内插估计，在控制自变量的条件下分析因变量的变动范围。一般来说，回归模型的有效性应限于模型建立时所依据资料的范围。这是因为现象在这一范围之外有可能发生结构性变化，原有的线性相关或许改变为曲线相关。如果现象的发展并未改变结构，其相互依存关系未发生质的变化，那么运用回归模型进行外推也是可行的，但要谨慎。推算和预测的过程中，还应考虑因变量的滞后性。当自变量与因变量不同步时，一定要分析因变量滞后的时间长度，以便正确估计自变量对因变量的影响。

（四）充分发挥电子计算机的作用

用手工方法进行定量分析有很大的局限性，当变量较多、数据量较大时，便无法进行分析。电子计算机的应用与发展，为我们进行回归分析提供了优越的条件。筛选变量、拟合模型、求解参数、测定相关系数、检验显著水平、计算估计标准误、分析预测因变量的置信区间，均可以在计算机上进行操作。统计资料搜集整理的计算机化、信息网络的形成、应用软件的开发和利用，使回归分析的应用范围愈来愈广泛，这将为科学决策和日常管理提供更方便的工具和更多的有用信息。

第四节　Excel 在回归分析中的应用

Excel 在回归分析中能避开复杂的计算，把复杂的计算过程交给计算机处理，使用起来非常简单。下面我们将探讨如何使用 Excel 进行回归分析。

线性回归分析通过使用“最小二乘法”对样本数据进行直线拟合，用于分析单个因变量是如何受一个或几个自变量影响的。

一、相关图的绘制

相关图又叫散点图，利用资料数据制作相关图。

例如，某公司制造一种零件，每月根据市场需求批量生产一次，为了研究在相似生产条件下，产品生产量与其工时耗用之间的关系，搜集了最近 10 次生产的批量与耗用的工时数资料如图 10—11 所示。

操作：单击 Excel 图表向导，在“图表类型”中选择“XY 散点图”，即可得到图 10—11。

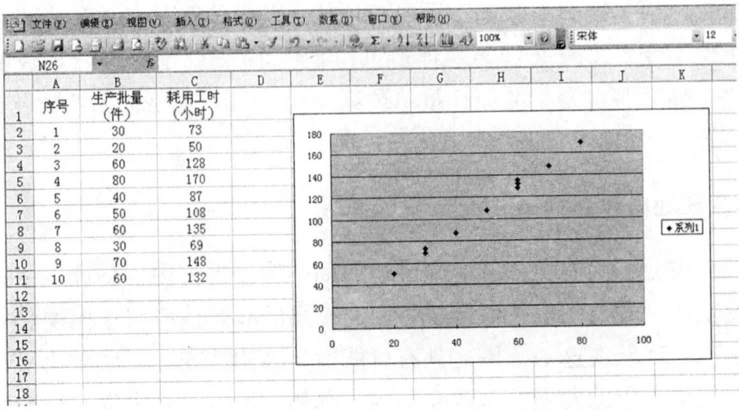

	A	B	C
1	序号	生产批量（件）	耗用工时（小时）
2	1	30	73
3	2	20	50
4	3	60	128
5	4	80	170
6	5	40	87
7	6	50	108
8	7	60	135
9	8	30	69
10	9	70	148
11	10	60	132

图 10—11　某种产品生产批量与耗用工时统计表

二、相关系数分析

相关系数分析工具用来确定两个区域中数据的变化是否相关，即一个集合的较大数据是否与另一个集合的较大数据相对应（正相关）；或者一个集合的较小数据与另一个集合的较小数据相对应（负相关）；还是两个集合的数据互不相关（相关性为零）。

例如，采用前面图 10—11 所示的数据，计算变量生产批量与耗用工时之间的相关系数。

操作步骤：

选择“数据分析”菜单的“相关系数”选项，指定“输入区域”B2：C11；

点击“确定”得到图 10—12 的两个变量之间的系数矩阵，得到两个变量之间的相关系数为0.997 801，属高度相关。

	A	B	C
1		列 1	列 2
2	列 1	1	
3	列 2	0.997801	1

图 10—12 变量的相关系数矩阵

三、一元线性回归分析

仍以上例数据资料为例进行一元线性回归分析。

操作步骤如下：

第一步，选择“工具”菜单中的“数据分析”子菜单，双击“回归”选项，弹出回归分析对话框。对话框主要选项的含义如下：

“Y 值输入区域”输入因变量数据区域，该区域由单列数据组成；

"X 值输入区域"输入自变量数据区域；
"置信度"输入所要使用的置信度，95％为默认值；
"常数为零"强制回归线通过原点；
"残差"用于控制输出表的形式查看残差；
"标准残差"可设置输出表中包含标准残差；
"残差图"设置输出生成一张图表，绘制每个自变量及其残差；
"线性拟合图"可生成一个包含预测值和观察值的图表；
"正态概率图"可绘制一张正态概率图。
第二步，按图 10—13 所示输入内容，点击"确定"得到图 10—14 的分析结果。

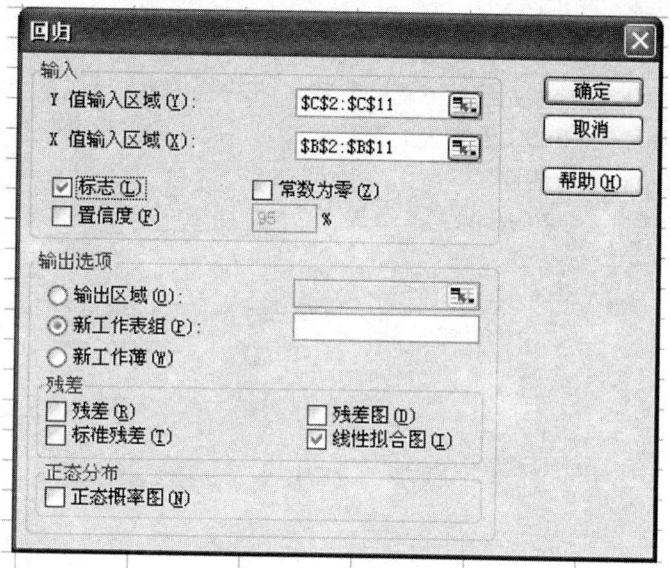

图 10—13　回归对话框

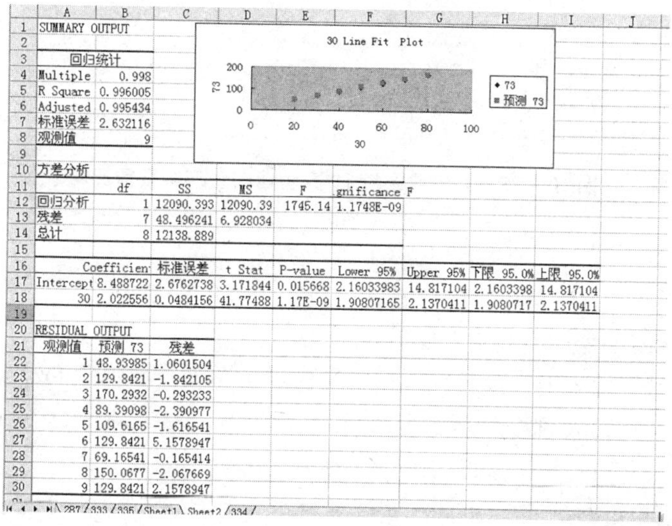

	A	B	C	D	E	F	G	H	I
1	SUMMARY OUTPUT								
2									
3	回归统计								
4	Multiple	0.998							
5	R Square	0.996005							
6	Adjusted	0.995434							
7	标准误差	2.632116							
8	观测值	9							
9									
10	方差分析								
11		df	SS	MS	F	gnificance F			
12	回归分析	1	12090.393	12090.39	1745.14	1.1748E-09			
13	残差	7	48.496241	6.928034					
14	总计	8	12138.889						
15									
16		Coefficien	标准误差	t Stat	P-value	Lower 95%	Upper 95%	下限 95.0%	上限 95.0%
17	Intercept	8.488722	2.6762738	3.171844	0.015668	2.16033983	14.817104	2.1603398	14.817104
18	30	2.022556	0.0484156	41.77488	1.17E-09	1.90807165	2.1370411	1.9080717	2.1370411
19									
20	RESIDUAL OUTPUT								
21	观测值	预测 73	残差						
22	1	48.93985	1.0601504						
23	2	129.8421	-1.842105						
24	3	170.2932	-0.293233						
25	4	89.39098	-2.390977						
26	5	109.6165	-1.616541						
27	6	129.8421	5.1578947						
28	7	69.16541	-0.165414						
29	8	150.0677	-2.067669						
30	9	129.8421	2.1578947						

287 / 333 / 335 / Sheet1 \ Sheet2 / 334 /

图 10—14　线性回归分析图

回归分析结果包含五个部分，第一部分是回归统计结果，包含相关系数、决定系数 r^2 、调整之后的相关系数、回归标准差以及样本个数。第二部分是方差分析的结果，包含可解释的离差、残差、总离差和它们的自由度以及由此计算出的 F 统计量和相应的显著水平。第三部分是回归方程的截距和斜率的估计值以及它们的估计标准误差、t 统计量大小双边拖尾概率值，以及估计值的上下界。根据这部分的结果可知回归方程为 $y = 8.488\,722 + 2.022\,556x$ 。第四部分是残差结果。第五部分是样本散点图，其中蓝色的点是样本的真实散点图，红色的点是根据回归方程进行样本历史模拟的散点。如果觉得散点图不够清晰，可用鼠标拖动图形的边界达到控制图形大小的目的。

四、多元线性回归分析

用相同的方法可以进行多元线性方程的参数估计，还可以在自变量中引入虚拟变量以增加方程的拟合程度。对于非线性方程的参数估计，可以在进行样本数据的线性化处理之后，再按以上步骤进行参数估计。

例如，某工业系统 10 家企业的生产经营情况，如图 10—15 所示。

	A	B	C	D
1	企业编号	销售利润（万元）	全员劳动生产率（万元）	可比产品成本降低率（%）
2	1	52.5	1.3	5
3	2	55.7	1.4	6
4	3	57.5	2.1	6.2
5	4	60	1.5	7
6	5	66.5	1.3	6.3
7	6	79	2.2	8.1
8	7	90.1	2.4	6.5
9	8	90.8	1.5	8.5
10	9	97.2	2.5	8.9
11	10	99.8	1.5	9.2

图 10—15 某工业系统 10 家企业的生产经营情况

操作步骤如下：

第一步，选择“工具”菜单中的“数据分析”子菜单，双击“回归”选项，弹出回归分析对话框。对话框主要选项的含义如下：

“Y 值输入区域”输入因变量数据区域，该区域由单列数据组成 D2：D11。

“X 值输入区域”输入自变量数据区域为：B2：C11；其他操作与上面一元线性回归一样。得到多元回归分析结果，如图 10—16 所示。

根据这部分结果可知，回归方程为 $y = 3.343\,78 + 0.062\,68x_1 - 0.430\,43x_2$ 。根据这个方程可以得到相应的结论。

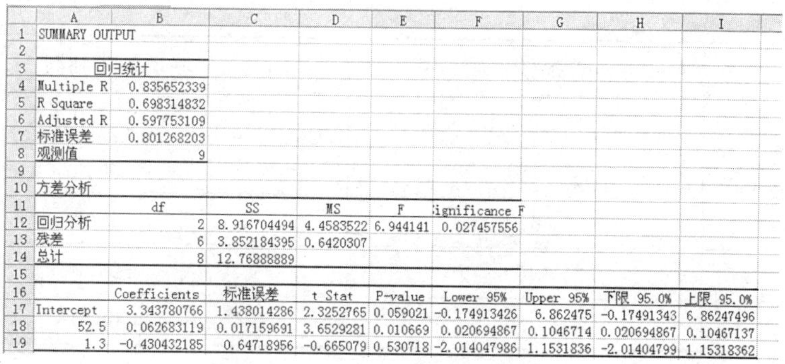

	A	B	C	D	E	F	G	H	I
1	SUMMARY OUTPUT								
2									
3	回归统计								
4	Multiple R	0.835652339							
5	R Square	0.698314832							
6	Adjusted R	0.597753109							
7	标准误差	0.801268203							
8	观测值	9							
9									
10	方差分析								
11		df	SS	MS	F	ignificance F			
12	回归分析	2	8.916704494	4.4583522	6.944141	0.027457556			
13	残差	6	3.852184395	0.6420307					
14	总计	8	12.76888889						
15									
16		Coefficients	标准误差	t Stat	P-value	Lower 95%	Upper 95%	下限 95.0%	上限 95.0%
17	Intercept	3.343780766	1.438014286	2.3252765	0.059021	-0.174913426	6.862475	-0.17491343	6.86247496
18	52.5	0.062683119	0.017159691	3.6529281	0.010669	0.020694867	0.1046714	0.020694867	0.10467137
19	1.3	-0.430432185	0.64718956	-0.665079	0.530718	-2.014047986	1.1531836	-2.01404799	1.15318362

图 10—16　多元回归分析结果

思考与练习

一、简答题

1. 什么是相关关系？它与函数关系有什么不同？
2. 相关关系如何分类？这些分类有何意义？
3. 回归分析和相关分析的区别和联系。
4. 拟合回归方程有什么要求？回归方程中参数 a、b 的经济含义是什么？
5. 相关分析的主要内容是什么？
6. 相关系数的显著性检验、估计标准差的测算有什么意义？
7. 怎样进行一元线性回归分析、多元线性回归和非线性回归分析？

二、计算题

1. 对 10 户居民家庭的月可支配收入和消费支出进行调查，得到资料，如表10—15所示。

表 10—15　　10 户居民家庭的月可支配收入和消费支出调查资料　　单位：百元

编号	1	2	3	4	5	6	7	8	9	10
消费支出	20	15	40	30	42	60	65	70	53	78
可支配收入	25	18	60	45	62	88	92	99	75	98

要求：(1) 画出相关图并判断消费支出与可支配收入之间的相关方向。(2) 计算消费支出与可支配收入的相关系数并说明其相关程度。

2. 某公司 8 个所属企业的产品销售资料，如表 10—16 所示。

表 10—16　　企业产品销售资料　　单位：万元

企业编号	产品销售额	销售利润
1	170	8.1
2	220	12.5
3	390	18.0

续前表

企业编号	产品销售额	销售利润
4	430	22.0
5	480	26.5
6	650	40.0
7	850	64.0
8	1 000	69.0

要求：（1）计算相关系数，测定产品销售额和利润之间的相关方向和相关程度。（2）确定自变量和因变量，并求出直线回归方程。（3）计算估计标准误差。（4）根据回归方程，指出当销售额每增加 1 万元时，利润额平均增加多少。（5）在 95%的概率保证下，当销售额为1 200万元时利润额的置信区间。

3. 某商店销售额和流通费率的历史资料，如表 10—17 所示。

表 10—17　　某商店销售额和流通费率的历史资料

年份	销售额（x）（百万元）	流通费率（y）（%）	年份	销售额（x）（百万元）	流通费率（y）（%）
2004	0.7	6.4	2009	4.3	1.5
2005	1.5	4.5	2010	5.5	1.4
2006	2.1	2.7	2011	6.4	1.3
2007	2.9	2.1	2012	6.9	1.3
2008	3.4	1.8	2013	7.8	1.2

要求：（1）根据数据资料做散点图。（2）建立双曲线型回归模型。（3）预测 $x = 900$ 万元时，流通费率 y 。

4. 某工业系统 10 家企业的生产经营情况如表 10—18 所示。

表 10—18　　某工业系统 10 家企业的三项主要指标统计表

企业编号	销售利润（万元）	全员劳动生产率（万元）	可比产品成本降低率（%）
1	52.5	1.3	5.0
2	55.7	1.4	6.0
3	57.5	2.1	6.2
4	60.0	1.5	7.0
5	66.5	1.3	6.3
6	79.0	2.2	8.1
7	90.1	2.4	6.5

续前表

企业编号	销售利润（万元）	全员劳动生产率（万元）	可比产品成本降低率（%）
8	90.8	1.5	8.5
9	97.2	2.5	8.9
10	99.8	1.5	9.2

要求：(1) 粗略分析销售利润与全员劳动生产率、可比产品成本降低率之间的相关状况。(2) 建立回归模型并说明其参数的经济意义。(3) 评价所建模型的优劣程度。(4) 当全员劳动生产率为 2 万元、可比产品成本降低率为 8.6%时，以 95.45%的把握程度，判断是否能用所建模型预测企业销售利润的置信区间。

第十一章

统计综合评价

学习要点

- 了解统计综合评价的基本概念。
- 掌握统计综合评价的程序。
- 熟知统计综合评价中指标选择与同度量处理。
- 掌握权重的确定方法与评价结果的综合。

统计研究的现象总体都是由多因素构成的。一般来说，这些因素的作用方向、作用程度是不尽相同的。有的是正向影响，有的是负向影响，有的是规模上的影响，有的是水平上的影响，如此等等。要研究各因素对总体的影响，就要进行综合评价。在社会经济活动中，一个企业经营的好坏，一个部门贡献的大小，除了企业或部门自身的努力以外，还会受到外部许多因素的影响。这些因素涉及自然、社会、经济、科技等许多方面。前已讲授的总量指标与相对指标、平均指标和变异指标、时间数列、统计指数、抽样推断、假设检验与方差分析、相关和回归分析等方法，主要是对现象总体的一种因素或一个方面进行分析研究，要从多个侧面分析多种因素对被研究现象总体的影响，还需要采用综合性的统计评价方法，以对事物进行全面、系统的评价。

第一节　综合评价概述

一、综合评价的概念和特点

（一）综合评价的概念

统计综合评价，简称综合评价，就是根据统计分析研究的目的，依据已有的统计资料，借助统计理论和方法，对研究对象及其组成部分的数量规模大小、水平高低、速度快慢、质量状况及内部协调状况做出定量的判断，得出概括性的结论，从而揭示事物的本质及其发展规律的一种统计分析方法。

构成统计综合评价的基本要素有被评价对象、评价指标体系、评价指标的权重系数、综合评价模型、评价主体、评价原则、评价环境等，它们有机组合构成一个综合评价系统。

统计综合评价跟单项指标评价的区别在于，单项指标是利用一个统计指标对事物的某一方面做出判断；而综合评价则是对被研究的现象总体，通过建立一个统计指标体系，对客观事物进行多方面或多层次的分析研究，以揭示事物的本质和规律。综合评价是统计工作的一个重要内容。就统计活动过程而言，统计综合评价是继统计调查、统计整理之后的一项重要的工作，是体现统计职能、发挥统计作用、实现统计价值的关键环节。综合评价是统计决策基础，客观科学地评价事物，是正确决策的指导。

（二）综合评价的特点

统计综合评价具有数量性、综合性和相对性的特点。

1. 数量性

统计是研究数量特征和数量关系的科学，数量性统计综合评价方法是区别于其他评价方法的一个显著特征。它虽然要以定性分析为基础，但定性分析的目的是为了更科学地研究事物的量。通过现象的数量表现，对被研究现象的总体进行更深刻、更全面的认识，以综合掌握事物的联系和变化过程，进而提出可行的对策。

2. 综合性

统计综合评价除了分析内容具有多因素、多层面的综合性以外，其评价方法也具有综合性。它以统计分析方法为主，但不局限于统计分析方法的运用，还综合运用有关科学的方法来研究被研究现象总体。如把计量经济学、系统工程等科学方法，综合运用于事物的分析与评价之中，确立或选择符合实际需要的分析方法体系来研究事物，以便更科学、更公正、更客观地评价事物。

3. 相对性

统计综合评价往往采用一些数学模型或计量方法，其分析结果用数值表示，但它一般不具有统计指标的独立意义，而只有相对意义。一般情况下，综合评价的结果仅适用于性质相同的对象之间的比较和排序。此外，采用不同的评价方法，有可能得出不同的结果。如对一个国家经济实力的比较，采用汇率法和购买力评价法的结果是不一致的。

二、综合评价的程序

（一）确定综合评价的对象和目的

要进行综合评价，首先必须明确评价谁，即明确综合评价的对象系统。它可以是自然界的对象系统，也可以是技术对象系统、人工制造的对象系统或社会经济的对象系统等，如对某一区域的国民经济发展的评价。其次，对于评价的对象系统在开始具体评价工作之前，还必须确定评价的目的，即评价的结果用于什么目的。不同的综合评价目的，所选用的指标体系也有所不同，只有目标明确，才有针对性，这是一项基础性的工作。

（二）构建评价指标体系

根据研究目的和研究对象的特点，选择合适的统计指标，建立一个能够从不同角度、不同侧面评价被研究对象的指标体系，这是综合评价的前提。构建综合评价指标体系，一定要考虑现象之间的相互联系，即质上联系的逻辑性和量上联系的度量性。其联系可以是单层次的，也可以是多层次的。例如，我国评价独立核算工业企业的经济效益，是利用工业增加值率、产品销售率、资产负债率、流动资产周转次数、工业成本费用利润率等指标项进行评价，该评价的指标体系是单层次的。对于多因素的复杂现象，则可构建二层次或多层次指标体系进行评价。

（三）进行指标同度量处理

综合评价需要运用由多个评价指标组成的评价指标体系。这些评价指标分别反映评价对象系统的不同侧面，一般具有不同的性质，且计量单位往往也不一样，因而必须解决不同指标的同度量问题，即对其进行无量纲化处理。这样可以消除指标量纲的影响，使不同评价指标之间具有可比性，以便对评价对象系统做出综合评价。无量纲化处理即对评价指标数值进行标准化、正规化处理。它是通过一定的数学变换来消除原始指标量纲影响的方法，即把性质、量纲各异的评价指标值转化为能够进行相互比较的相对数，即评价值。

（四）确定构成指标的权重

评价指标的权重是指各个评价指标在整个评价指标体系中相对重要性的数量表现。一般来说，评价对象系统的各个评价指标在整个评价指标体系中的作用是不一样的，因此各个评价指标的权重也应该有所不同。尽管权重的表现形式多种多样，但就其主要功能和作用来说，权重始终起着权衡轻重的作用。

（五）综合评价现象总体

对现象总体进行综合评价，是根据标准判断的。无论是指标体系总体，还是指标体系中的某一个指标，均可选择计划标准、经验标准、理论标准、时间标准、空间标准等作为其所依据的标准。标准确定以后，可根据建立的评价指标体系和相应的权重体系，在逐项评价的基础上，进行综合计算分析而得到综合指标。将这些综合指标与评价标准相对比，就可以判断出总体的特征或总体的优劣。据此，可以有针对性地提出合理化的建议，为管理决策和制定政策提供依据。

第二节　评价指标与同度量处理

一、评价指标的选择

（一）评价指标的选择原则

对客观现象进行统计综合评价，关键是要科学地选择评价项目，建立一个合适的评价指标体系。选择评价指标体系应遵循如下原则：

（1）目的性原则。评价指标体系的设计要切题，所选择的评价指标应与研究目的相吻合。

（2）客观性原则。评价指标体系能正确地把握所要研究问题的本质和内涵，能够客观地反映事物的主要特征。

（3）全面性原则。评价指标体系中的各个评价指标应能从不同的角度综合反映评价对象系统的全貌。

（4）敏感性原则。所选择的评价指标应能比较敏感地反映评价对象系统的变化。

（5）相互独立性原则。尽可能选择相关程度低的指标，各个评价指标之间的关系应该是互斥与互补的有机统一。

（6）可比性原则。评价指标含义明确，计算口径一致，达到动态可比、横向可比。

（7）可操作性原则。评价指标体系要考虑资料收集的可能性，尽可能地利用现有的统计资料。

（二）评价指标的选择方法

选择评价指标的方法有两种，即定性方法和定量方法。

1. 定性方法

常用的定性方法有综合法和分析法。

综合法一般是指通过研讨会或征询专家意见的方式，集中专家们的意见，以确定评价指标。这种方法是借助专家的智力优势和经验以选择评价指标的。根据专家意见的集中和分散情况，可以采取一次或多次的形式选择确定。当选择指标的意见分散时，还要进行客观分析，在准确分析问题的基础上，改进征询意见的组织方式，以获得理想的指标选择效果。

分析法是将评价的对象划分为若干个组成部分或不同的侧面，明确各个部分或侧面所要评价问题的内涵和外延。在此基础上，对每一侧面分别选用一个或若干个指标以反映评价对象的特征。如何把握各个部分或各个侧面的重点指标是运用分析法的关键。这种方法的运用与人们的工作经验和求真务实的科学态度密切相关。

2. 定量方法

常用的定量方法有试算法、聚类分析法和主成分分析法几种。

（1）试算法。

试算法是通过历史资料的试算来判断指标的有效性。例如，要评价全国各地区 2014 年可持续发展战略的实施绩效，可以对 2012 年和 2013 年的数据进行试算，通过试算结果判断所选指标的合适性，然后对相关指标进行科学比较，把那些代表性强的指标纳入指标体系的构建之中，然后反复修正指标体系直至满意为止。

（2）聚类分析法。

聚类分析法在选择指标方面的基本思路是：如果有若干个指标，首先将每一个指标看成一 类，然后根据指标间的相似程度，通过比较类间距离进行并类。每次将距离最近的两类加以合并，余下 $N-1$ 类。再选择这 $N-1$ 类中距离最近的两类加以合并，余下 $N-2$ 类。依次类推。这样，每合并一次，就减少一类，继续这一过程，直至将所有指标合并成为一类为止，形成由小到大的分类系统，即谱系。最后整个分类结果画在一张图上，称为聚类图或谱系图，以此直观地反映各指标间的亲疏关系。

聚类分析法的具体实施步骤：

(1) 选择度量指标间相似程度的方法。常用的方法是相关系数法。各指标两两之间都可以计算相关系数，从而形成一个相关系数矩阵。

(2) 选择度量指标类间距离的方法。常用的方法有最长距离法、最短距离法、重心法、类平均法、离差平方和法。由于一般利用相关系数表示指标（类）间的相似程度，所以多采用相关系数最大法进行聚类。

(3) 根据聚类结果绘制聚类图。根据聚类结果确定指标体系，必须以相关程度作为划分标准。至于分类时用的阈值为多少，要视对指标的简约性要求不同而定。若对指标体系的简约性要求不高，可选择较高的相关系数作为阈值，反之亦然。

(4) 根据最后划分的类别确定指标体系。由于同一类中指标的相似程度较高，即信息重复较多，可以选择其中之一作为代表，从而达到简化指标的目的。

【例 11—1】假定我们初步选择了某事物各个不同侧面特征的指标共 8 个，记为 X_1，$X_2,\cdots,X_8$。已知各指标之间的相关系数矩阵，如表 11—1 所示。

表 11—1　　指标间相关系数矩阵

	X_1	X_2	X_3	X_4	X_5	X_6	X_7	X_8
X_1	1	0.40	0.57	0.53	0.43	0.62	0.69	0.55
X_2		1	0.54	0.55	0.55	0.61	0.21	0.55
X_3			1	0.88	0.77	0.79	0.35	0.73
X_4				1	0.78	0.71	0.30	0.77
X_5					1	0.78	0.20	0.86
X_6						1	0.34	0.81
X_7							1	0.23
X_8								1

第一步，在矩阵中找到相关系数最大的两个指标，由 $r_{x_3x_4}=0.88$ 知，X_3 与 X_4 的相似程度最高，故聚为一类。留下 X_4 为代表，将有关 X_3 的信息从表 11—1 中去掉，即划掉第三行、第三列。由此得到新的相关矩阵，如表 11—2 所示。

表 11—2　　指标间相关系数矩阵

	X_1	X_2	X_4	X_5	X_6	X_7	X_8
X_1	1	0.40	0.53	0.43	0.62	0.69	0.55
X_2		1	0.55	0.55	0.61	0.21	0.55
X_4			1	0.78	0.71	0.30	0.77

续前表

	X_1	X_2	X_4	X_5	X_6	X_7	X_8
X_5				1	0.78	0.20	<u>0.86</u>
X_6					1	0.34	0.81
X_7						1	0.23
X_8							1

第二步，从表 11—2 中找出最大的相关系数为 $r_{X_5X_8}=0.86$，故 X_5 与 X_8 聚为一类，留下 X_8 作为这一类的代表，从表 11—2 中去掉 X_5 的有关信息形成新的相关系数矩阵，如表 11—3 所示。

表 11—3 **指标间相关系数矩阵**

	X_1	X_2	X_4	X_6	X_7	X_8
X_1	1	0.40	0.53	0.62	0.69	0.55
X_2		1	0.55	0.61	0.21	0.55
X_4			1	0.71	0.30	0.77
X_6				1	0.34	<u>0.81</u>
X_7					1	0.23
X_8						1

第三步，表 11—3 中最大的相关系数为 $r_{X_6X_8}$，所以 X_6 与 X_8 聚成一类，由于 X_8 已与 X_5 聚成一类了，所以该步实际上是将 X_5,X_6,X_8 聚为一类。

重复这一过程，直至将所有指标聚为一类为止。由于有 8 个指标，所以需要七步（第四步至第七步聚类过程从略）。最终形成聚类图（谱系图），如图 11—1 所示。

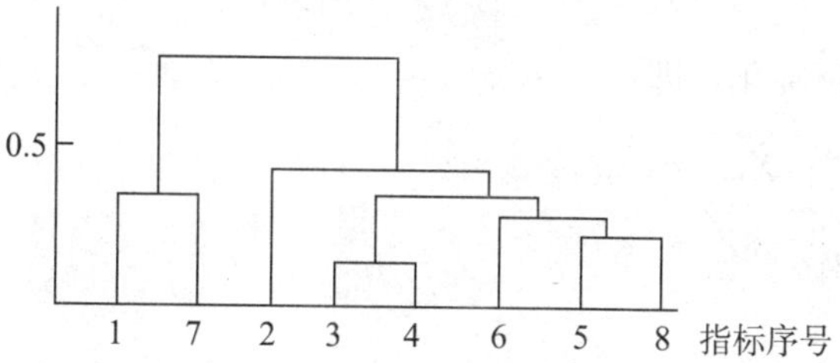

图 11—1 聚类图（谱系图）

利用聚类图，我们就可以对指标进行精简了。若以 $r=0.8$ 作为分类阈值，则 8 个指标可分为 5 类，$X_1,X_7,X_2,(X_3,X_4),(X_6,X_5,X_8)$，如果第四类中选 X_4 为代表，舍掉 X_3，第五类中选 X_5 为代表，舍掉 X_6 和 X_8，那么最终的指标体系包括五个指标：X_1,X_2,X_4,X_5,X_7。当然，若对指标体系的简约性要求较高，可以选低一些的阈值，如选 $r=0.65$。那么 8 个指标可分为三类，即 $(X_1,X_7),X_2,(X_3,X_4,X_5,X_6,X_8)$，第一类和第三类中各选一个代表指标（至于选哪一个，需要根据指标的性质及经验决定），而将其他的指标删除，则最终的指标体系将由 3 个指标构成，这就达到了我们的简化指标体系的目的。

（3）主成分分析法。

主成分分析就是设法将原来众多的具有一定相关性的指标（比如 p 个指标），重新组合成一组新的相互无关的综合指标来代替原来的指标。通常数学上的处理就是将原来 p 个指标作线性组合，若没有限制条件作为新的综合指标，这样的线性组合会有很多，那么如何去选取呢？主成分分析的基本思想是：如果将选取的第一个线性组合即第一个综合指标记为 $F1$，自然希望 $F1$ 尽可能多地反映原来指标的信息。这里的"信息"最经典的方法就是用 $F1$ 的方差来表达，即 Var（$F1$）越大，表示 $F1$ 包含的信息越多。因此在所有的线性组合中所选取的 $F1$ 应该是方差最大的，故称 $F1$ 为第一主成分。如果第一主成分不足以代表原来 p 个指标的信息，再考虑选取 $F2$，即选第二个线性组合。为了有效地反映原来信息，$F1$ 已有的信息就不在需要出现在 $F2$ 中，用数学语言表达就是要求 Cov（$F1$，$F2$）＝0，称 $F2$ 为第二主成分，依次类推可以造出第 3，第 4，…，第 k 个主成分。不难想象这些主成分之间不仅不相关，而且它们的方差依次递减。因此在实际工作中，就挑选前几个最大主成分，虽然这样做会损失一部分信息，但是由于抓住了主要矛盾，并从原始数据中进一步提取了某些新的信息，这种既减少了变量的数目，又抓住了主要矛盾的做法有利于问题的分析和处理。

主成分分析计算步骤如下：

（1）由已知的原始数据矩阵 $X_{n\times m}$ 计算样本均值向量

$$\hat{\mu} = \bar{x} = (\bar{x}_1, \bar{x}_2, \cdots, \bar{x}_m)^T \tag{11—1}$$

其中 $\bar{x}_i = \dfrac{1}{n}\sum_{j=1}^{n} x_{ij} \ (i = 1, 2, \cdots, m)$

（2）计算样本协方差矩阵

$$\hat{V} = \frac{1}{n-1}(S_{ij}) = (\hat{\sigma}_{ij}) \tag{11—2}$$

其中 $S_{ij} = \sum_{l=1}^{n}(x_{li} - \bar{x}_i)(x_{lj} - \bar{x}_j) \quad (i, j = 1, 2, \cdots, m)$

（3）把原始数据标准化，即：

$$\tilde{x}_{ij} = \frac{x_{ij} - \bar{x}_j}{\sqrt{\sigma_{jj}}}, \tilde{X}_{n\times m} = (\tilde{x}_{ij}) \tag{11—3}$$

形成样本相关矩阵

$$\hat{R} = \tilde{X}^T\tilde{X} \tag{11—4}$$

（4）求 $\hat{R}$ 的特征根 $\lambda_1 \geqslant \lambda_2 \geqslant \cdots \geqslant \lambda_m \geqslant 0$ 及相应的标准正交化的特征向量 $u_1, u_2, \cdots, u_m$，可得主成分为：

$$y_i = u_i^T x \ (i = 1, 2, \cdots, m) \tag{11—5}$$

【例 11—2】电子工业部所属的 15 个工厂某年份的经济效益数据如表 11—4 所示。其中：x_1 为资金利税率（%）；x_2 为固定资产利税率（%）；x_3 为流动资金利税率（%）；x_4 为全员利税率（%）；x_5 为成本利税率（%）；x_6 为流动资金周转天数。

表 11—4 工厂的经济效益指标

厂序	x_1	x_2	x_3	x_4	x_5	x_6
1	69.87	269.10	94.38	115.74	23.857 4	
2	66.31	260.00	89.01	93.30	40.09	80
3	67.26	272.54	89.29	78.90	26.70	84
4	68.46	250.18	94.24	76.87	24.98	18
5	39.45	146.17	54.04	90.95	17.46	109
6	24.82	116.86	31.51	81.59	10.42	117
7	30.21	73.60	51.23	39.52	31.06	227
8	31.24	168.31	38.37	62.16	14.29	129
9	23.29	109.42	29.59	29.67	8.23	99
10	23.10	92.41	30.80	43.57	12.48	136
11	18.95	57.63	28.24	21.91	17.23	231
12	8.65	21.71	14.35	9.63	8.26	177
13	5.10	27.27	6.38	8.60	6.46	239
14	4.66	18.42	6.24	8.59	4.54	231
15	1.92	9.28	2.42	3.33	9.67	135

按照上述步骤，可以计算出样本相关系数矩阵为：

$$\hat{R}=\begin{pmatrix} 1 & & & & & \\ 0.978 & 1 & & & & \\ 0.995 & 0.954 & 1 & & & \\ 0.880 & 0.895 & 0.862 & 1 & & \\ 0.008 & 0.724 & 0.842 & 0.643 & 1 & \\ -0.759 & -0.805 & -0.720 & -0.730 & -0.408 & 1 \end{pmatrix}$$

$\hat{R}$ 的特征根及相应的标准正交化的特征向量，如表 11—5 所示。

表 11—5 特征向量表

λ_i	特征向量						累计贡献率（%）
5.039 0	0.441	0.437	0.436	0.410	0.359	−0.358	83.7
0.623 0	0.083	−0.092	0.175	−0.184	0.677	0.678	94.5
0.103 0	0.013	0.057	−0.006	0.737	−0.360	0.568	97.5
0.103 0	−0.364	0.401	−0.347	0.501	0.502	−0.285	99.5
0.026 0	0.177	−0.757	0.554	0.050	−0.170	−0.095	99.9
0.000 4	0.796	−0.243	−0.551	−0.002	−0.003	0.006	100

第一主成分为：

$$y_1 = 0.441x_1 + 0.437x_2 + 0.436x_3 + 0.41x_4 + 0.359x_5 - 0.358x_6$$

第二主成分为：

$$y_1 = 0.083x_1 - 0.092x_2 + 0.175x_3 - 0.184x_4 + 0.677x_5 + 0.678x_6$$

此主成分主要反映后两个经济指标的效果。

由于前两个主成分的累计贡献率已达 94.5%，因此可以选取 y_1，y_2 来评价这些工厂的综合经济效益。

很显然，用 y_1，y_2 两个综合指标来代替原来的 6 个指标，起到了精简指标的作用。

二、同度量处理方法

筛选出评价指标、构建评价指标体系之后，由于各指标的计量单位不同（不同量纲）而无法进行直接汇总。为此，一般在完成资料搜集工作后，还需要进行消除量纲的处理，即同度量处理。较常用的同度量处理方法有如下三种。

（一）相对化处理方法

进行相对化处理，必须先对每个评价指标确定一个标准值，然后计算实际值与标准值之比。一般可用参评单位某一时期的平均值或最优值作为标准值。根据研究目的不同，也可以选择国际先进水平、国内先进水平、历史最高水平或计划规定水平等作为标准值。由于统计指标有“正”、“逆”之分，相应的处理方法也有两种类型。

1. 正指标的相对化处理

所谓正指标，就是指标数值越大就越好的指标，如产值、利润、劳动生产率等指标。其相对化处理的计算公式为：

$$\hat{x}_i = \frac{x_i}{x_m} \qquad (11—6)$$

式中，$\hat{x}_i$ 代表标准化后的比值，x_i 代表观察值，x_m 代表标准值。

2. 逆指标的相对化处理

所谓逆指标，就是指标数值越小就越好的指标，如单位产品成本、万元产值综合能耗、物耗率等指标。其相对化处理的计算公式为：

$$\hat{x}_i = \frac{x_m}{x_i} \qquad (11—7)$$

式中，符号与前相同。

【例 11—3】假定要对某市五个地区某个时期的工业企业经济效益指标进行相对化处理。已知这五个地区的工业企业经济效益指标实际值如表 11—6 所示，假设以该地区同期所有工业企业各指标平均值作为标准值。

表 11—6　　工业企业经济效益表

指标名称	计量单位	实际值					标准值
		甲地区	乙地区	丙地区	丁地区	戊地区	所有地区
产品销售率（X_1）	%	96.01	95.72	98.42	93.4	95.16	97.03

续前表

指标名称	计量单位	实际值					标准值
		甲地区	乙地区	丙地区	丁地区	戊地区	所有地区
资金利税率（X_2）	%	14.9	9.21	13.88	10.75	10.25	12.85
成本利润率（X_3）	%	9.5	3.35	7.55	3.99	5.03	6.74
劳动生产率（X_4）	元/人	14 830	10 004	15 545	9 708	14 590	13 985
流动资金周转次数（X_5）	次	1.68	1.79	1.8	2.21	1.87	1.83
净产值率（X_6）	%	28.4	26.48	25.56	22.3	25.01	26.35

现对各指标进行相对化处理。由于表11—6中6个评价指标皆为正指标，故将各工业企业的各指标实际值与其标准值相比即可。将标准值和处理后的值一并列入表11—7。

表11—7　　相对化处理计算表

指标名称	计量单位	实际值				
		甲地区	乙地区	丙地区	丁地区	戊地区
产品销售率（X_1）	%	98.95	98.65	101.43	96.26	98.07
资金利税率（X_2）	%	115.95	71.67	108.02	83.66	79.77
成本利润率（X_3）	%	140.95	49.70	112.02	59.20	74.63
劳动生产率（X_4）	元/人	106.04	71.53	111.15	69.42	104.33
流动资金周转次数（X_5）	次	91.80	97.81	98.36	120.77	102.19
净产值率（X_6）	%	107.78	100.49	97.00	84.63	94.91

（二）功效系数法处理

功效系数法是对多目标规划原理中的功效系数加以改进，经计算得到综合评判的分数。它借助功效系数，把确定要评价的各项指标值转化为可以度量的评判分数。利用功效系数法进行消除量纲的处理，必须对评价的指标确定一对阈值，包括一个下限值（不容许值）和一个上限值（满意值），并通过功效系数公式计算出每项指标的评价分。其计算公式为：

$$d_i = \frac{x_i - x_i^{(s)}}{x_i^{(h)} - x_i^{(s)}} \qquad (11—8)$$

式中，d_i 为第 i 项指标单项评分，x_i 为第 i 个指标观察值；$x_i^{(s)}$ 为第 i 个指标的不容许值；$x_i^{(h)}$ 为第 i 个指标的满意值。

当 $x_i < x_i^{(s)}$ 时，令 $d_i = 0$。

在一般情况下，可令第 i 项指标历年来最差值为不容许值，或第 i 项指标数列中较差的10%的数值平均数为不容许值；可令第 i 项指标中历年来最优值为满意值，或第 i 项指标数列中较好的10%的数值平均数为满意值。

经过同度量处理以后的功效系数在0～1之间变动。

【例 11—4】假如有三个地区，经济效益指标如表 11—8 所示。

表 11—8　　三地区经济效益系列指标表

指标名称	计量单位	实际值		
		甲地区	乙地区	丙地区
产品销售率	%	75	85	60
百元资金利税	元	25	28	13
成本降低率	%	3	4	−1
劳动生产率	千元/人	9	12	6
万元产值能耗	吨	45	25	18

确定上、下限的确定值，带入公式计算。以产品的销售率为例，各地区的功效系数的计算如下：

$$甲地区产品销售率功效系数=\frac{75-50}{100-50}=0.5$$

$$乙地区产品销售率功效系数=\frac{85-50}{100-50}=0.7$$

$$丙地区产品销售率功效系数=\frac{60-50}{100-50}=0.2$$

其他指标类似处理，如表 11—9 所示。

表 11—9　　功效系数处理表

指标名称	上限值	下限值	处理后的数值		
			甲地区	乙地区	丙地区
产品销售率	100	50	0.5	0.7	0.2
百元资金利税	35	10	0.6	0.72	0.12
成本降低率	5	−1	0.67	0.83	0
劳动生产率	15	5	0.4	0.7	0.1
万元产值能耗	60	10	0.7	0.3	0.16

(三) 标准化处理

利用标准化处理的基本前提是进行标准化处理的变量必须服从正态分布。在标准化处理中，将变量值转化为数学期望为 0、方差为 1 的标准化数值。

其操作步骤如下：

(1) 求出各观察值的算术平均数（数学期望值）$\overline{x}_i$ 和标准差 σ_i

(2) 进行标准化处理，公式如下：

$$\hat{x}_{ij}=(x_{ij}-\overline{x}_i)/\sigma_i \qquad (11—9)$$

式中，令 $\hat{x}_{ij}$ 为标准化值，x_{ij} 为观察值，$\overline{x}_i$ 为各观察值的算术平均数（数学期望值），σ_i

为标准差。

(3) 进行标准化处理的指标中若有逆指标，改变处理后的指标符号（即为了统一正指标与逆指标的评分标准）。

经标准化处理后的数值围绕0上下波动，数值大于0的说明高于平均水平，数值小于0的说明低于平均水平。

【例 11—5】 仍以表11—8的资料为例，标准化处理后的结果，如表11—10所示。

表 11—10　　标准化处理计算表

指标名称	$\bar{x}$	σ	标准化后的数值		
			甲地区	乙地区	丙地区
产品销售率	73.3	10.3	0.165	1.136	−1.291
百元资金利税	22.0	6.5	0.462	0.923	−1.385
成本降低率	1.3	1.7	1.000	0.412	−1.353
劳动生产率	9.0	2.5	0	1.200	−1.200
万元产值能耗	29.3	11.4	−1.377	0.377	0.991

第三节　权重确定与结果评价

一、权重的确定方法

权重确定是综合评价中的一个非常重要的问题。权重确定得不准确，再科学的指标体系也不可能发挥应有的作用，只能是前功尽弃。因此，在评价指标体系确定以后，权重的确定显得非常重要。权重可以采用许多方法进行确定，有定性分析确定的，有定量分析确定的。这里根据统计综合评价工作的实践，介绍几种常用方法。

(一) 德尔菲法

德尔菲法又称为专家智慧法。它是借助专家的经验与主观判断的结果来确定各指标的权重，并在不断反馈和修改中逐步得到比较满意的结果。其基本步骤如下：

1. 选择专家

这是非常重要的一步，专家选择得科学与否将直接影响到结果的准确性。一般情况下，最好选择本专业领域中既有实际工作经验又有较深理论修养，并乐意做这一工作的专家10～30人左右。

2. 专家初评

将待定权重的指标提交给各位专家，让他们在不受外界影响的前提下独立给出各指标的权重值。

3. 回收意见

将各位专家的意见收回，并计算各指标权重的均值与标准差。

4. 反馈信息

将集中以后的计算结果反馈给各位专家并提供相关的补充资料，要求各位专家在新的基础上重新确定权重。

5. 均值确定

如果一轮的专家意见比较集中，其均值的离差在控制的范围内，即可用均值确定指标权重。如果一轮的专家意见比较分散，可重复上述第3、4步，直至各指标权重与其均值的离差不超过预先给定的标准为止，也就是各专家的意见趋于一致，此时才能以各指标权重的均值作为相应指标的权重。

（二）指标比较法

指标比较法是将相邻两个指标进行比较，以其中一个指标作为对比的基础，确定另一个指标的重要程度，并将其重要程度数量化，依次顺序比较，确定各指标权数的方法。

【例11—6】 现仍以表11—8中的资料为例，说明指标比较法的操作步骤如下。

1. 指标排序、专家制定比较表

请有关专家将待评指标按其重要程度由小到大顺序排列（见表11—11第1栏），同时制定一张完整的指标比较表，如表11—11所示。

表11—11 　　**指标比较表**

指标排序	比较指标	相对重要比	权数	归一化权数
(1)	(2)	(3)	(4)	(5)＝(4)/12.69
产品销售率	产品销售率	1.0	1	0.08
百元资金利税	产品销售率	1.2	1.2×1＝1.2	0.09
成本降低率	百元资金利税	1.5	1.5×1.2＝1.8	0.14
劳动生产率	成本降低率	2.1	2.1×1.8＝3.78	0.30
万元产值能耗	劳动生产率	1.3	1.3×3.78＝4.91	0.39
合计	—	—	12.69	1.00

2. 两两比较、确定相对重要比

将排序后的各指标与其相邻指标进行比较，由专家确定相对重要比（见表11—11第3栏）。为了便于汇总各个专家的意见，有时可以指定一个指标作为各个专家比较的基准。

3. 依据相对重要比计算权重

某一指标的权重等于本指标的相对重要比与比较指标的相对重要比的乘积。具体计算见表11—11第4栏。

4. 将权重进行归一化处理

各指标依据相对重要比计算的权重，一般不等于100%。为了指标间的相互比较，还需要对权重进行归一化处理，即使所有指标的权重之和等于1（或100%）。权重归一化处理的结果如表11—11第4栏所示。

上述的计算分析说明，指标比较法也需要利用相关专家的经验和智慧，只是操作的具体要求有所区别。从一定的意义上讲，指标比较法是德尔菲法的一种运用形式。

（三）变异系数法

前面介绍的两种方法，主要是依靠专家的智慧和作用，对综合评价指标体系中的每一个指标赋予不同的权重。变异系数法则不同，它是直接利用各指标所包含的信息计算出相应指标的权重，是一种客观赋权的方法。这种方法的基本思想是：在评价指标体系中，指标取值差异越大的指标，就是越难实现的指标；越难实现的指标，可以看做是越重要的指标。因为它更能反映出参加评价的各单位的差距。

由于评价指标体系中各指标的量纲不同，不宜直接比较其差异程度。为了消除各指标量纲不同的影响，可以采用各指标的变异系数来衡量其指标取值的差异程度。指标变异系数的计算公式为：

$$v_i = \frac{\sigma_i}{\bar{x}_i} \quad (i = 1,2,\cdots n) \tag{11—10}$$

式中，σ_i 是第 i 项指标的标准差，$\bar{x}_i$ 是第 i 项指标的均值。

在计算指标变异系数的基础上，可依据各系数与其相应总体之间的关系确定权重，各指标权重的计算公式为

$$w_i{}' = \frac{v_i}{\sum v_i} \quad (i = 1,2,\cdots n) \tag{11—11}$$

式中，$w_i{}'$ 代表各指标的权重，其余符号与前相同。

二、评价结果的综合

在确定评价指标的权重之后，可将同度量处理后的数据进行综合汇总。综合汇总有多种方法，这里侧重介绍总分评定法、加权平均综合法和距离综合法。

（一）总分评定法

总分评定法是将变量值转化为分值以后，再将各个评价对象的分值进行加总的方法。把变量值转化为分值，可以有多种记分方法。由于变量的计量尺度不同，对于不同计量层次的变量可采用不同的记分方法。

对于以定距尺度或定比尺度计量的评价指标，其记分方式可根据各评价指标的优劣排序，名次在前的计高分，名次在后的计低分。例如，报告期指标与基期指标对比，可采用三档记分：报告期比基期增加者，记满分；报告期与基期持平者，减半记分；报告期比基期下降者计零分。

对于以定序尺度计量的评价项目，一般把该项目划分为若干个评分等级，并对不同等级赋予适当的分值，然后请足够多的评判者按预定的评分等级对该项目评分。

最后的综合评判结果，是把各指标（或各项目）得分加总，得到该评价对象的总分。

【例 11—7】某公司对所属企业的管理人员工作质量的评判项目包括：组织能力、管理水平、业务知识和廉洁奉公四个项目，并对各项目的评分标准规定：很好，5 分；较好，

4 分；一般，3 分；较差，2 分。现组织 100 名职工对 H 管理人员进行评分，该管理人员的各项目得票数、得票率如表 11—12 所示。

表 11—12　　某公司所属企业的管理人员工作质量评判项目表

评判项目	很好（5）		较好（4）		一般（3）		较差（2）		得分
	得票数	得票率	得票数	得票率	得票数	得票率	得票数	得票率	
组织能力	45	0.45	40	0.40	15	0.15	0	0	4.30
管理水平	20	0.20	50	0.50	20	0.20	10	0.10	3.80
业务知识	20	0.20	30	0.30	30	0.30	20	0.20	3.50
廉洁奉公	30	0.30	30	0.30	25	0.25	15	0.15	3.75

解：该管理人员组织能力得分为：5×0.45+4×0.4+3×0.15+2×0=4.3。该管理人员组织能力、管理水平、业务知识、廉洁奉公的得分分别为 4.3、3.8、3.5、和 3.75。则该管理人员工作质量综合分=4.3+3.8+3.5+3.75=15.35。

（二）加权平均综合法

加权平均综合法有两种形式，一种是加权算术平均形式，另一种是加权几何平均形式。

1. 加权算术平均形式

加权算术平均形式的基本计算公式为：

$$\frac{\sum_{i=1}^{n} x_i\omega_i}{\sum_{i=1}^{n} \omega_i} \tag{11—12}$$

式中，给定评价指标体系由 n 个指标构成，$i = 1,2,\cdots,n$，x_i 为已经过同度量处理的各项考核指标，ω_i 为各项指标的权重。

2. 加权几何平均形式

加权几何平均形式的基本计算公式为：

$$\sqrt[\bar{\omega}_1+\bar{\omega}_2+\cdots\bar{\omega}_n]{x_1^{\bar{\omega}_1} \times x_2^{\bar{\omega}_2} \times \cdots \times x_n^{\bar{\omega}_n}} \tag{11—13}$$

式中，给定评价指标体系由 n 个指标构成，$i = 1,2,\cdots,n$，x_i 为已经过同度量处理的各项考核指标，ω_i 为各项指标的权重。

思考与练习

一、简答题

1. 综合评价有哪些特点？如何理解？
2. 统计综合评价的程序是什么？
3. 比较同度量处理中的相对化处理与标准化处理的方法特点。

二、计算题

1. 试用相对化方法对表 11—13 资料进行消除量纲的处理。

表 11—13 **某单位原始资料表**

指标名称	计量单位	标准值	实际数值		
			甲	乙	丙
产品销售率	%	97.8	97.2	99.6	92.8
劳动生产率	元/人	5 683	5 698	15 567	13 583

2. 某学校根据制定的教师教学质量评价体系，请100名学生对某教师评分（百分法），所得结果的分级资料，如表11—14所示。

表 11—14 **教师教学质量评价表**

评价指标	得票数					权数
	100分	80分	60分	40分	20分	
教学态度	50	10	20	20	0	0.20
教学内容	45	25	10	15	5	0.25
教学方法	30	30	15	10	15	0.25
学生能力培养	35	20	25	10	10	0.30

要求：计算该教学的综合平均得分。

3. 某企业2013年各项有关经济指标的满意值、不允许值以及实际完成情况资料，如表11—15所示。

表 11—15 **某企业2013年有关经济指标**

评价指标	单位	满意值	不允许值	实际值	权数
质量稳定提高率	%	100	80	82	0.2
全员劳动生产率	元/人	50 000	20 000	36 000	0.3
资金利税率	元/百元	30	20	22	0.3
增加值率	%	48	40	43	0.2

要求：用功效系数法计算该企业2013年的综合经济效益。

附表 1　　随机数字表

	1	2	3	5	6	6	7	8	9	10	11	12	13	14	15	16	17	18	19	20	21	22	23	24	25
1	03	47	43	73	86	36	96	47	36	61	46	98	63	71	62	33	26	16	80	45	60	11	14	10	95
2	97	74	24	67	62	42	81	14	57	20	42	53	32	37	32	27	07	36	07	51	24	51	79	89	73
3	16	76	62	27	66	56	50	26	71	07	32	90	79	78	53	13	55	38	58	59	88	97	54	14	10
4	12	56	85	99	26	96	96	68	27	31	05	03	72	93	15	57	12	10	14	21	88	26	49	81	76
5	55	59	56	35	64	38	54	82	46	22	31	62	43	09	90	06	18	44	32	53	23	83	01	30	30
6	16	22	77	94	39	49	54	43	54	82	17	37	93	23	78	87	35	20	96	43	84	26	34	91	64
7	84	42	17	53	31	57	24	55	06	88	77	04	74	47	67	21	76	33	50	25	83	92	12	06	76
8	63	01	63	78	59	16	95	55	67	19	98	10	50	71	75	12	86	73	58	07	44	39	52	38	79
9	33	21	12	34	29	78	64	56	07	82	52	42	07	44	38	15	51	00	13	42	99	66	02	79	54
10	57	60	86	32	44	09	47	27	96	54	49	17	46	09	62	90	52	84	77	27	08	02	73	43	28
11	18	18	07	92	46	44	17	16	58	09	79	83	86	19	62	06	76	50	03	10	55	23	64	05	05
12	26	62	38	97	75	84	16	07	44	99	83	11	46	32	24	20	14	85	88	45	10	93	72	88	71
13	23	42	40	64	74	82	97	77	77	81	07	45	32	14	08	32	98	94	07	72	93	85	79	10	75
14	52	36	28	19	95	50	92	26	11	97	00	56	76	31	38	80	22	02	53	53	86	60	42	04	53
15	37	85	94	35	12	83	39	50	08	30	42	34	07	96	88	54	42	06	87	98	35	85	29	48	39
16	70	29	17	12	13	40	33	20	38	26	13	89	51	03	74	17	76	37	13	04	07	74	21	19	30
17	56	62	18	37	35	96	83	50	87	75	97	12	25	93	47	70	33	24	03	54	97	77	46	44	80
18	99	49	57	22	77	88	42	95	45	72	16	64	36	16	00	04	43	18	66	79	94	77	24	21	90
19	16	08	15	04	72	33	27	14	34	09	45	59	34	68	49	12	72	07	34	45	99	27	72	95	14
20	31	16	93	32	43	50	27	89	87	19	20	15	37	00	49	52	85	66	60	44	38	68	88	11	80
21	68	34	30	13	70	55	74	30	77	40	44	22	78	84	26	04	33	46	09	52	68	07	97	06	57
22	74	57	25	65	76	59	29	97	68	60	71	91	38	67	54	13	58	18	24	76	15	54	55	95	52
23	27	42	37	86	53	48	55	90	65	72	96	57	69	36	10	96	46	92	42	45	97	60	49	04	91
24	00	39	68	29	61	66	37	32	20	30	77	84	57	03	29	10	45	65	04	26	11	04	96	67	24
25	29	94	98	94	24	68	49	69	10	82	53	75	91	93	30	34	25	20	57	27	40	48	73	51	92
26	16	90	82	66	59	83	62	64	11	12	67	19	00	71	74	60	47	21	29	68	02	02	37	03	31
27	11	27	94	75	06	06	09	19	74	66	02	94	37	34	02	76	70	90	30	86	38	45	94	30	38
28	35	24	10	16	20	33	32	51	26	38	79	78	45	04	91	16	92	53	56	16	02	75	50	95	98
29	38	23	16	86	38	42	38	97	01	50	87	75	66	81	41	40	01	74	91	62	48	51	84	08	32
30	31	96	25	91	47	96	44	33	49	13	34	86	82	53	91	00	52	43	48	85	27	55	26	89	62

附表 2

标准正态分布概率分布表

$$\Phi(t)=\int_{-\infty}^{t}\frac{1}{\sqrt{2\pi}}e^{-\frac{t^2}{2}}dt$$

t	0	0.01	0.02	0.03	0.04	0.05	0.06	0.07	0.08	0.09
0	0.5	0.504	0.508	0.512	0.516	0.519 9	0.523 9	0.527 9	0.531 9	0.535 9
0.1	0.539 8	0.543 8	0.547 8	0.551 7	0.555 7	0.559 6	0.563 6	0.567 5	0.571 4	0.575 3
0.2	0.579 3	0.583 2	0.587 1	0.591	0.594 8	0.598 7	0.602 6	0.606 4	0.610 3	0.614 1
0.3	0.617 9	0.621 7	0.625 5	0.629 3	0.633 1	0.636 8	0.640 6	0.644 3	0.648	0.6517
0.4	0.655 4	0.659 1	0.662 8	0.666 4	0.67	0.673 6	0.677 2	0.680 8	0.684 4	0.687 9
0.5	0.691 5	0.695	0.698 5	0.701 9	0.705 4	0.708 8	0.712 3	0.715 7	0.719	0.722 4
0.6	0.725 7	0.729 1	0.732 4	0.735 7	0.738 9	0.742 2	0.745 4	0.748 6	0.751 7	0.754 9
0.7	0.758	0.761 1	0.764 2	0.767 3	0.770 4	0.773 4	0.776 4	0.779 4	0.782 3	0.785 2
0.8	0.788 1	0.791	0.793 9	0.796 7	0.799 5	0.802 3	0.805 1	0.807 8	0.810 6	0.813 3
0.9	0.815 9	0.818 6	0.821 2	0.823 8	0.826 4	0.828 9	0.831 5	0.834	0.836 5	0.838 9
1	0.841 3	0.843 8	0.846 1	0.848 5	0.850 8	0.853 1	0.855 4	0.857 7	0.859 9	0.862 1
1.1	0.864 3	0.866 5	0.868 6	0.870 8	0.872 9	0.874 9	0.877	0.879	0.881	0.883
1.2	0.884 9	0.886 9	0.888 8	0.890 7	0.892 5	0.894 4	0.896 2	0.898	0.899 7	0.901 5
1.3	0.903 2	0.904 9	0.906 6	0.908 2	0.909 9	0.911 5	0.913 1	0.914 7	0.916 2	0.917 7
1.4	0.919 2	0.920 7	0.922 2	0.923 6	0.925 1	0.926 5	0.927 9	0.929 2	0.930 6	0.931 9
1.5	0.933 2	0.934 5	0.935 7	0.937	0.938 2	0.939 4	0.940 6	0.941 8	0.942 9	0.944 1
1.6	0.945 2	0.946 3	0.947 4	0.948 4	0.949 5	0.950 5	0.951 5	0.952 5	0.953 5	0.954 5
1.7	0.955 4	0.956 4	0.957 3	0.958 2	0.959 1	0.959 9	0.960 8	0.961 6	0.962 5	0.963 3
1.8	0.964 1	0.964 9	0.965 6	0.966 4	0.967 1	0.967 8	0.968 6	0.969 3	0.969 9	0.970 6
1.9	0.971 3	0.971 9	0.972 6	0.973 2	0.973 8	0.974 4	0.975	0.975 6	0.976 1	0.976 7
2	0.977 2	0.977 8	0.978 3	0.978 8	0.979 3	0.979 8	0.980 3	0.980 8	0.981 2	0.981 7
2.1	0.982 1	0.982 6	0.983	0.983 4	0.983 8	0.984 2	0.984 6	0.985	0.985 4	0.985 7
2.2	0.986 1	0.986 4	0.986 8	0.987 1	0.987 5	0.987 8	0.988 1	0.988 4	0.988 7	0.989
2.3	0.989 3	0.989 6	0.989 8	0.990 1	0.990 4	0.990 6	0.990 9	0.991 1	0.991 3	0.991 6
2.4	0.991 8	0.992	0.992 2	0.992 5	0.992 7	0.992 9	0.993 1	0.993 2	0.993 4	0.993 6
2.5	0.993 8	0.994	0.994 1	0.994 3	0.994 5	0.994 6	0.994 8	0.994 9	0.995 1	0.995 2
2.6	0.995 3	0.995 5	0.995 6	0.995 7	0.995 9	0.996	0.996 1	0.996 2	0.996 3	0.996 4
2.7	0.996 5	0.996 6	0.996 7	0.996 8	0.996 9	0.997	0.997 1	0.997 2	0.997 3	0.997 4
2.8	0.997 4	0.997 5	0.997 6	0.997 7	0.997 7	0.997 8	0.997 9	0.997 9	0.998	0.998 1
2.9	0.998 1	0.998 2	0.998 2	0.998 3	0.998 4	0.998 4	0.998 5	0.998 5	0.998 6	0.998 6
3	0.998 7	0.998 7	0.998 7	0.998 8	0.998 8	0.998 9	0.998 9	0.998 9	0.999	0.999

附表 3

标准正态分布双侧临界值概率表

$$\Phi(t)-\Phi(-t)=\int_{-t}^{t}\frac{1}{\sqrt{2\pi}}e^{-\frac{t^2}{2}}\,dt$$

t	0.00	0.01	0.02	0.03	0.04	0.05	0.06	0.07	0.08	0.09
0.0	0.000 0	0.008 0	0.016 0	0.023 9	0.031 9	0.039 9	0.047 8	0.055 8	0.063 8	0.071 7
0.1	0.079 7	0.087 6	0.095 5	0.103 4	0.111 3	0.119 2	0.127 1	0.135 0	0.142 8	0.150 7
0.2	0.158 5	0.166 3	0.174 1	0.181 9	0.189 7	0.197 4	0.205 1	0.212 8	0.220 5	0.228 2
0.3	0.235 8	0.243 4	0.251 0	0.258 6	0.266 1	0.273 7	0.281 2	0.288 6	0.296 1	0.303 5
0.4	0.310 8	0.318 2	0.325 5	0.332 8	0.340 1	0.347 3	0.354 5	0.361 6	0.368 8	0.375 9
0.5	0.382 9	0.389 9	0.396 9	0.403 9	0.410 8	0.417 7	0.424 5	0.431 3	0.438 1	0.444 8
0.6	0.451 5	0.458 1	0.464 7	0.471 3	0.477 8	0.484 3	0.490 7	0.497 1	0.503 5	0.509 8
0.7	0.516 1	0.522 3	0.528 3	0.534 6	0.540 7	0.546 7	0.552 7	0.558 7	0.564 6	0.570 5
0.8	0.576 3	0.582 1	0.587 8	0.593 5	0.599 1	0.604 7	0.610 2	0.615 7	0.621 1	0.626 5
0.9	0.631 9	0.637 2	0.642 4	0.647 6	0.652 8	0.657 9	0.662 9	0.668 0	0.672 9	0.677 8
1.0	0.682 7	0.687 5	0.692 3	0.697 0	0.701 7	0.706 3	0.710 9	0.715 4	0.719 9	0.724 3
1.1	0.728 7	0.733 0	0.737 3	0.741 5	0.745 7	0.749 9	0.754 0	0.758 0	0.762 0	0.766 0
1.2	0.769 9	0.773 7	0.777 5	0.781 3	0.785 0	0.788 7	0.792 3	0.795 7	0.799 5	0.803 0
1.3	0.806 4	0.809 8	0.813 2	0.816 5	0.819 8	0.823 0	0.826 2	0.829 3	0.832 3	0.835 5
1.4	0.838 5	0.841 5	0.844 4	0.847 3	0.850 1	0.852 9	0.855 7	0.858 4	0.861 1	0.863 8
1.5	0.866 4	0.869 0	0.871 5	0.874 0	0.876 4	0.878 9	0.881 2	0.883 6	0.885 9	0.888 2
1.6	0.890 4	0.892 6	0.894 8	0.896 9	0.899 0	0.901 1	0.903 1	0.905 1	0.907 0	0.909 0
1.7	0.910 9	0.912 7	0.914 6	0.916 4	0.918 1	0.919 9	0.921 6	0.923 3	0.924 9	0.926 5
1.8	0.928 1	0.929 7	0.931 2	0.932 8	0.934 2	0.935 7	0.937 1	0.938 5	0.939 9	0.941 2
1.9	0.942 6	0.943 9	0.945 1	0.946 4	0.947 6	0.948 8	0.950 0	0.951 2	0.952 3	0.953 4
2.0	0.954 5	0.955 6	0.956 6	0.957 6	0.958 7	0.959 6	0.960 6	0.961 6	0.962 5	0.963 4
2.1	0.964 3	0.965 5	0.966 0	0.966 8	0.967 6	0.968 4	0.969 2	0.970 0	0.970 7	0.971 4
2.2	0.972 2	0.972 8	0.973 6	0.974 2	0.974 9	0.975 6	0.976 2	0.976 8	0.977 4	0.978 0
2.3	0.978 6	0.979 2	0.979 7	0.980 2	0.980 7	0.981 2	0.981 7	0.982 2	0.982 7	0.983 2
2.4	0.983 6	0.984 0	0.984 5	0.985 0	0.985 3	0.985 8	0.986 1	0.986 4	0.986 9	0.987 2
2.5	0.987 6	0.988 0	0.988 3	0.988 6	0.988 9	0.989 2	0.989 5	0.989 8	0.990 1	0.990 4
2.6	0.990 7	0.991 0	0.991 2	0.991 4	0.991 7	0.992 0	0.992 2	0.992 4	0.992 6	0.992 8
2.7	0.993 1	0.993 2	0.993 5	0.993 6	0.993 9	0.994 1	0.994 2	0.994 4	0.994 6	0.994 8
2.8	0.994 9	0.995 0	0.995 2	0.995 4	0.995 5	0.995 6	0.995 8	0.995 9	0.960 0	0.996 7
2.9	0.996 2	0.996 4	0.996 5	0.996 6	0.996 7	0.996 8	0.996 9	0.997 0	0.997 1	0.997 2
3.0	0.997 3	0.997 4	0.997 5	0.997 6	0.997 7	0.997 8	0.997 8	0.997 8	0.998 0	0.998 0

附表 4

T分布表（1）

$$P\{t(n)>t_{\alpha}(n)\}=\alpha$$

自由度 n	单尾检验的显著水平 α			自由度 n	单尾检验的显著水平 α		
	0.05	0.025	0.005		0.05	0.025	0.005
1	6.314	12.706	63.657	22	1.717	2.074	2.819
2	2.920	4.303	9.925	23	1.714	2.069	2.807
3	2.353	3.182	5.841	24	1.711	2.064	2.797
4	2.132	2.776	4.604	25	1.708	2.060	2.787
5	2.015	2.571	4.032	26	1.706	2.056	2.779
6	1.943	2.447	3.707	27	1.703	2.052	2.771
7	1.895	2.365	3.499	28	1.701	2.048	2.763
8	1.860	2.306	3.355	29	1.699	2.045	2.756
9	1.833	2.262	3.250	30	1.697	2.042	2.750
10	1.812	2.228	3.169	35	1.690	2.030	2.724
11	1.796	2.201	3.106	40	1.684	2.021	2.704
12	1.782	2.179	3.055	45	1.680	2.014	2.690
13	1.771	2.160	3.012	50	1.676	2.008	2.678
14	1.761	2.145	2.977	55	1.673	2.004	2.669
15	1.753	2.131	2.947	60	1.671	2.000	2.660
16	1.746	2.120	2.921	70	1.667	1.994	2.648
17	1.740	2.110	2.898	80	1.665	1.989	2.638
18	1.734	2.101	2.878	90	1.662	1.986	2.631
19	1.729	2.093	2.861	100	1.661	1.982	2.625
20	1.725	2.086	2.845	120	1.658	1.980	2.617
21	1.721	2.080	2.831	∞	1.645	1.960	2.576

附表 5

T 分布表（2）

$$P\{|t(n)|>t_{\alpha}(n)\}=\alpha$$

自由度 n	双尾检验的显著水平 α			自由度 n	双尾检验的显著水平 α		
	0.1	0.05	0.01		0.1	0.05	0.01
1	6.314	12.706	63.657	22	1.717	2.074	2.819
2	2.920	4.303	9.925	23	1.714	2.069	2.807
3	2.353	3.182	5.841	24	1.711	2.064	2.797
4	2.132	2.776	4.604	25	1.708	2.060	2.787
5	2.015	2.571	4.032	26	1.706	2.056	2.779
6	1.943	2.447	3.707	27	1.703	2.052	2.771
7	1.895	2.365	3.499	28	1.701	2.048	2.763
8	1.860	2.306	3.355	29	1.699	2.045	2.756
9	1.833	2.262	3.250	30	1.697	2.042	2.750
10	1.812	2.228	3.169	35	1.690	2.030	2.724
11	1.796	2.201	3.106	40	1.684	2.021	2.704
12	1.782	2.179	3.055	45	1.680	2.014	2.690
13	1.771	2.160	3.012	50	1.676	2.008	2.678
14	1.761	2.145	2.977	55	1.673	2.004	2.669
15	1.753	2.131	2.947	60	1.671	2.000	2.660
16	1.746	2.120	2.921	70	1.667	1.994	2.648
17	1.740	2.110	2.898	80	1.665	1.989	2.638
18	1.734	2.101	2.878	90	1.662	1.986	2.631
19	1.729	2.093	2.861	100	1.661	1.982	2.625
20	1.725	2.086	2.845	120	1.658	1.980	2.617
21	1.721	2.080	2.831	∞	1.645	1.960	2.576

附表 6

χ^2 检验临界值概率表

$$P(\chi^2 \geq \chi_\alpha^2) = \alpha$$

自由度 n	$\alpha=0.900$	$\alpha=0.950$	$\alpha=0.975$	$\alpha=0.10$	$\alpha=0.05$	$\alpha=0.025$
1	0.016	0.004	0.001	2.706	3.841	5.024
2	0.211	0.103	0.051	4.605	5.991	7.378
3	0.584	0.352	0.216	6.251	7.815	9.348
4	1.064	0.711	0.484	7.779	9.488	11.143
5	1.610	1.145	0.831	9.236	11.071	12.833
6	2.204	1.635	1.237	10.645	12.592	14.449
7	2.833	2.167	1.690	12.017	14.067	16.013
8	3.496	2.733	2.180	13.362	15.507	17.535
9	4.168	3.325	2.700	14.684	16.919	19.023
10	4.865	3.940	3.247	15.987	18.307	20.483
11	5.578	4.575	3.816	17.275	19.675	21.920
12	6.304	5.226	4.404	18.549	21.026	23.337
13	7.042	5.892	5.009	19.812	22.362	24.736
14	7.790	6.571	5.629	21.064	23.685	26.119
15	8.547	7.261	6.262	22.307	24.996	27.488
16	9.312	7.962	6.908	23.542	26.296	28.845
17	10.085	8.672	7.564	24.769	27.587	30.191
18	10.865	9.390	8.231	25.989	28.869	31.526
19	11.651	10.117	8.907	27.204	30.144	32.825
20	12.443	10.851	9.591	28.412	31.410	34.170
21	13.240	11.591	10.283	29.615	32.671	35.479
22	14.042	12.338	10.982	30.813	33.924	36.781
23	14.848	13.091	11.689	32.007	35.172	38.076
24	15.659	13.848	12.401	33.196	36.415	39.364
25	16.473	14.611	13.120	34.382	37.652	40.646
26	17.292	15.379	13.844	35.563	38.885	41.923
27	18.114	16.151	14.573	36.741	40.113	43.194
28	18.939	16.928	15.308	37.916	41.337	44.461
29	19.768	17.708	16.047	39.087	42.557	45.722
30	20.599	18.493	16.791	40.256	43.773	46.979

附表 7 相关系数显著性检验表

自由度（$n-m$）	α=0.05 约束条件（m）			α=0.01 约束条件（m）		
	2	3	4	2	3	4
1	0.977	0.999	0.999	1.000	1.000	1.000
2	0.950	0.975	0.983	0.990	0.995	0.997
3	0.878	0.930	0.950	0.959	0.976	0.983
4	0.811	0.881	0.912	0.917	0.949	0.963
5	0.754	0.836	0.874	0.874	0.917	0.937
6	0.707	0.795	0.839	0.834	0.886	0.911
7	0.666	0.758	0.807	0.798	0.855	0.885
8	0.632	0.726	0.777	0.765	0.827	0.860
9	0.602	0.697	0.750	0.735	0.800	0.835
10	0.576	0.671	0.726	0.708	0.776	0.814
11	0.533	0.648	0.703	0.684	0.753	0.793
12	0.532	0.627	0.683	0.661	0.732	0.773
13	0.514	0.608	0.664	0.641	0.712	0.755
14	0.497	0.590	0.646	0.623	0.694	0.737
15	0.482	0.574	0.630	0.606	0.677	0.721
16	0.468	0.559	0.615	0.590	0.662	0.706
17	0.456	0.545	0.601	0.575	0.647	0.691
18	0.444	0.532	0.587	0.561	0.633	0.678
19	0.433	0.520	0.575	0.549	0.620	0.665
20	0.423	0.509	0.563	0.537	0.608	0.652
25	0.381	0.462	0.514	0.487	0.555	0.600
30	0.349	0.426	0.476	0.449	0.514	0.558
35	0.325	0.397	0.445	0.418	0.481	0.523
40	0.304	0.373	0.419	0.393	0.454	0.494
50	0.273	0.336	0.379	0.354	0.410	0.449
60	0.250	0.308	0.348	0.325	0.377	0.414

附表 8

F 检验临界值表

（$\alpha = 0.05$）

n1 / n2	1	2	3	4	5	6	7	8	9	10	12	15	20	24	30	40	60	∞
1	161.4	199.5	215.7	224.6	230.2	234.0	236.8	238.9	240.5	241.9	243.9	245.9	248.0	249.1	250.1	251.1	252.2	254.3
2	18.51	19.00	19.16	19.25	19.30	19.33	19.35	19.37	19.38	19.40	19.41	19.43	19.45	19.45	19.46	19.47	19.48	19.50
3	10.13	9.55	9.28	9.12	9.01	8.94	8.89	8.85	8.81	8.79	8.74	8.70	8.66	8.64	8.62	8.59	8.57	8.53
4	7.71	6.94	6.59	6.39	6.26	6.16	6.09	6.04	6.00	5.96	5.91	5.86	5.80	5.77	5.75	5.72	5.69	5.63
5	6.61	5.79	5.41	5.19	5.05	4.95	4.88	4.82	4.77	4.74	4.68	4.62	4.56	4.53	4.50	4.46	4.43	4.36
6	5.99	5.14	4.76	4.53	4.39	4.28	4.21	4.15	4.10	4.06	4.00	3.94	3.87	3.84	3.81	3.77	3.74	3.67
7	5.59	4.74	4.35	4.12	3.97	3.87	3.79	3.73	3.68	3.64	3.57	3.51	3.44	3.41	3.38	3.34	3.30	3.23
8	5.32	4.46	4.07	3.84	3.69	3.58	3.50	3.44	3.39	3.35	3.28	3.22	3.15	3.12	3.08	3.04	3.01	2.93
9	5.12	4.26	3.86	3.63	3.48	3.37	3.29	3.23	3.18	3.14	3.07	3.01	2.94	2.90	2.86	2.83	2.79	2.71
10	4.96	4.10	3.71	3.48	3.33	3.22	3.14	3.07	3.02	2.98	2.91	2.85	2.77	2.74	2.70	2.66	2.62	2.54
11	4.84	3.98	3.59	3.36	3.20	3.09	3.01	2.95	2.90	2.85	2.79	2.72	2.65	2.61	2.57	2.53	2.49	2.40
12	4.75	3.89	3.49	3.26	3.11	3.00	2.91	2.85	2.80	2.75	2.69	2.62	2.54	2.51	2.47	2.43	2.38	2.30
13	4.67	3.81	3.41	3.18	3.03	2.92	2.83	2.77	2.71	2.67	2.60	2.53	2.46	2.42	2.38	2.34	2.30	2.21
14	4.60	3.74	3.34	3.11	2.96	2.85	2.76	2.70	2.65	2.60	2.53	2.46	2.39	2.35	2.31	2.27	2.22	2.13
15	4.54	3.68	3.29	3.06	2.90	2.79	2.71	2.64	2.59	2.54	2.48	2.40	2.33	2.29	2.25	2.20	2.16	2.07
16	4.49	3.63	3.24	3.01	2.85	2.74	2.66	2.59	2.54	2.49	2.42	2.35	2.28	2.24	2.19	2.15	2.11	2.01
17	4.45	3.59	3.20	2.96	2.81	2.70	2.61	2.55	2.49	2.45	2.38	2.31	2.23	2.19	2.15	2.10	2.06	1.96
18	4.41	3.55	3.16	2.93	2.77	2.66	2.58	2.51	2.46	2.41	2.34	2.27	2.19	2.15	2.10	2.06	2.02	1.92
19	4.38	3.52	3.13	2.90	2.74	2.63	2.54	2.48	2.42	2.38	2.31	2.23	2.16	2.11	2.07	2.03	1.98	1.88
20	4.35	3.49	3.10	2.87	2.71	2.60	2.51	2.45	2.39	2.35	2.28	2.20	2.12	2.08	2.04	1.99	1.95	1.84
30	4.17	3.32	2.92	2.69	2.53	2.42	2.33	2.27	2.21	2.16	2.09	2.01	1.93	1.89	1.84	1.79	1.74	1.62
	3.84	3.00	2.60	2.37	2.21	2.10	2.01	1.94	1.88	1.75	1.75	1.67	1.57	1.52	1.46	1.39	1.22	1.00

附表 9

F 检验临界值表

（$\alpha=0.01$）

$n2$ \ $n1$	1	2	3	4	5	6	7	8	9	10	12	15	20	24	30	40	60	∞
1	4 052	4 999.5	5 403	5 625	5 764	5 859	5 928	5 982	6 022	6 056	6 106	6 157	6 209	6 235	6 261	6 287	6 313	6 366
2	98.50	99.00	99.17	99.25	99.30	99.33	99.36	99.37	99.39	99.40	99.42	99.43	99.45	99.46	99.47	99.47	99.48	99.50
3	34.12	30.82	29.46	28.71	28.24	27.91	27.67	27.49	27.35	27.23	27.05	26.87	26.69	26.60	26.50	26.41	26.32	26.13
4	21.20	18.00	16.69	15.98	15.52	15.21	14.98	14.80	14.66	14.55	14.37	14.20	14.02	13.93	13.84	13.75	13.65	13.46
5	16.26	13.27	12.06	11.39	10.97	10.67	10.64	10.29	10.16	10.05	9.89	9.72	9.55	9.47	9.38	9.29	9.20	9.02
6	13.75	10.92	9.78	9.15	8.75	8.47	8.26	8.10	7.98	7.87	7.72	7.56	7.40	7.31	7.23	7.14	7.05	6.88
7	12.25	9.55	8.45	7.85	7.46	7.19	6.99	6.84	6.72	6.62	6.47	6.31	6.16	6.07	5.99	5.91	5.82	5.65
8	11.26	8.65	7.59	7.01	6.63	6.37	6.18	6.03	5.91	5.81	5.67	5.52	5.36	5.28	5.20	5.12	5.03	4.86
9	10.56	8.02	6.99	6.42	6.06	5.80	5.61	5.47	3.35	5.26	5.11	4.96	4.81	4.73	4.65	4.57	4.48	4.31
10	10.04	7.56	6.55	5.99	5.64	5.39	5.20	5.06	4.94	4.85	4.71	4.56	4.41	4.33	4.25	4.17	4.08	3.91
11	9.65	7.21	6.22	5.67	5.32	5.07	4.89	4.74	4.63	4.54	4.40	4.25	4.10	4.02	3.94	3.86	4.78	3.60
12	9.33	6.93	5.95	5.41	5.06	4.82	4.64	4.50	4.39	4.30	4.16	4.01	3.86	3.78	3.70	3.62	3.54	3.36
13	9.07	6.70	5.74	5.21	4.86	4.62	4.44	4.30	4.19	4.10	3.96	3.82	3.66	3.59	3.51	3.43	3.34	3.17
14	8.86	6.51	5.56	5.04	4.69	4.46	4.28	4.14	4.03	3.94	3.80	3.66	3.51	3.43	3.35	3.27	3.18	3.00
15	8.68	6.36	5.42	4.89	4.56	4.32	4.14	4.00	3.89	3.80	3.67	3.52	3.37	3.29	3.21	3.13	3.05	2.87
16	8.53	6.23	5.29	4.77	4.44	4.20	4.03	3.89	3.78	3.69	3.55	3.41	3.26	3.18	3.01	3.02	2.93	2.75
17	8.40	6.11	5.18	4.67	4.43	4.10	3.93	3.79	3.68	3.59	3.46	3.31	3.16	3.08	3.00	2.92	2.83	2.65
18	8.29	6.01	5.09	4.58	4.25	4.01	3.84	3.71	3.60	3.51	3.37	3.23	3.08	3.00	2.92	2.84	2.75	2.57
19	8.18	5.93	5.01	4.50	4.17	3.94	3.77	3.63	3.52	3.43	3.30	3.15	3.00	2.92	2.84	2.76	2.67	2.49
20	8.10	5.85	4.94	4.43	4.10	3.87	3.70	3.56	3.46	3.37	3.23	3.09	2.94	2.86	2.78	2.69	2.61	2.42
30	7.56	5.39	4.51	4.02	3.70	3.47	3.30	3.17	3.07	2.98	2.84	2.70	2.55	2.47	2.39	2.30	2.21	2.01
∞	6.63	4.61	3.78	3.32	3.02	2.80	2.64	2.51	2.41	2.32	2.18	2.04	1.88	1.79	1.70	1.59	1.47	1.00

参考文献

［1］袁卫，庞皓，曾五一．统计学［M］．北京：高等教育出版社，2012.

［2］梁前德．统计学［M］．北京：高等教育出版社，2013.

［3］陈东红，刘彩云，叶桂香．统计学原理［M］．长沙：中南大学出版社，2012.

［4］贾俊平．统计学基础［M］．北京：中国人民大学出版社，2013.

［5］贾俊平．应用统计学［M］．北京：中国人民大学出版社，2013.

［6］金勇进．抽样技术［M］．北京：中国人民大学出版社，2012.

［7］刘超．简明应用统计学［M］．北京：中国人民大学出版社，2010.

［8］徐国祥．统计学［M］．北京：高等教育出版社，2012.

［9］孔宪臣．统计学［M］．郑州：河南人民出版社，2008.

［10］陈上珠．应用统计［M］．北京：经济科学出版社，1987.

［11］（美）Mario F. Triola 著，刘立新译．初级统计学（第八版）［M］，北京：清华大学出版社，2004.

［12］（美）Robert R. Johnson，Patricia J. Kuby 著，夏国风等译．统计学［M］．北京：机械工业出版社，2010.

［13］周仁郁．统计软件［M］．成都：西南交通大学出版社，2011.

［14］http：//www. mathworks. com/ MATLABA 网站.

［15］http：//www. sas. com/ 统计分析系统 SAS.

［16］国家统计局．2012 年国民经济与社会发展统计公报．北京：国家统计局，2013.

［17］国家统计局．2012 年国民经济与社会发展统计公报．北京：国家统计局，2013.

［18］国家统计局．2012 年国民经济与社会发展统计公报．北京：国家统计局，2013.

图书在版编目（CIP）数据

应用统计学/刘贤昌主编．—北京：中国人民大学出版社，2014.7
普通高等教育“十二五”应用型本科规划教材．专业课（经管）系列
ISBN 978-7-300-19670-1

Ⅰ.①应… Ⅱ.①刘… Ⅲ.①应用统计学-高等学校-教材 Ⅳ.①C8

中国版本图书馆 CIP 数据核字（2014）第 151643 号

普通高等教育“十二五”应用型本科规划教材·专业课（经管）系列
应用统计学
中国高等教育学会　组织编写
主　编　刘贤昌
副主编　陈　忠
Yingyong Tongjixue

出版发行	中国人民大学出版社		
社　址	北京中关村大街 31 号	**邮政编码**	100080
电　话	010－62511242（总编室）		010－62511770（质管部）
	010－82501766（邮购部）		010－62514148（门市部）
	010－62515195（发行公司）		010－62515275（盗版举报）
网　址	http://www.crup.com.cn		
	http://www.ttrnet.com（人大教研网）		
经　销	新华书店		
印　刷	北京密兴印刷有限公司		
规　格	185 mm×260 mm　16 开本	**版　次**	2015 年 3 月第 1 版
印　张	19.5	**印　次**	2019 年 5 月第 5 次印刷
字　数	458 000	**定　价**	39.90 元